IMPÉRIO
DE VERDADES

A HISTÓRIA DA FUNDAÇÃO DO BRASIL
CONTADA POR UM MEMBRO DA
FAMÍLIA IMPERIAL BRASILEIRA

Luiz Philippe de
Orleans e Bragança

IMPÉRIO
DE VERDADES

A história da fundação do Brasil
contada por um membro da
família imperial brasileira

São Paulo | 2022

Impresso no Brasil, 2022.
Copyright © 2022 – Luiz Philippe de Orleans e Bragança

Os direitos desta edição pertencem à LVM Editora, sediada na Rua Leopoldo Couto de Magalhães Júnior, 1098, Cj. 46 • 04.542-001 • São Paulo, SP, Brasil • 55 (11) 3704-3782 contato@lvmeditora.com.br

Gerente Editorial: **Chiara Ciodarot**
Editor-chefe: **Marcos Torrigo**
Pesquisa: **Chiara Ciodarot**
Revisão Ortográfica e Gramatical: **Alexandre Ramos da Silva**
Preparação dos Originais: **Chiara Ciodarot**
Projeto Gráfico e diagramação: **Décio Lopes**

Dados Internacionais de Catalogação na Publicação (CIP)
Angélica Ilacqua CRB-8/7057

Orleans e Bragança, Luiz Philippe de

Império de Verdades: A história da fundação do Brasil contada por um membro da família imperial brasileira / Luiz Philippe de Orleans e Bragança – São Paulo. LVM Editora, 2022.

368 p.

ISBN: 978-65-86029-90-1

1. Brasil – História – Período colonial, 1500-1822 2. João VI, Rei de Portugal, 1767-1826 3. Pedro I, Imperador do Brasil, 1798-1834 4. Leopoldina, Imperatriz, consorte de Pedro I, Imperador do Brasil, 1797-1826   I. Título

22-2827   CDD 981.03

Índices para catálogo sistemático:
1. Brasil – História – Período colonial, 1500-1822   981.03

Reservados todos os direitos desta obra.
Proibida a reprodução integral desta edição por qualquer meio ou forma, seja eletrônica ou mecânica, fotocópia, gravação ou qualquer outro meio sem a permissão expressa do editor. A reprodução parcial é permitida, desde que citada a fonte.
Esta editora se empenhou em contatar os responsáveis pelos direitos autorais de todas as imagens e de outros materiais utilizados neste livro. Se porventura for constatada a omissão involuntária na identificação de algum deles, dispomo-nos a efetuar, futuramente, as devidas correções.

Sumário

Introdução 7

D. João VI 11
    O Criador 13
    A Criação 67

D. Leopoldina 113
    Toda Saga Busca um Herói 115
    "Ela Deveria Ter Sido Ele" 181

D. Pedro I 243
    Filho de Rei, Imperador É 245
    O Libertador 311

Bibliografia 359

Introdução

Neste ano em que se comemora o Bicentenário da Independência do Brasil, resolvi escrever *Império de Verdades* em homenagem àqueles que fizeram a história do país, fundando esta nação com base e estrutura. Uma história mais intrincada do que aparenta o senso comum, sobretudo quando muitos se esforçam para desmoralizá-la.

O que aconteceria se você soubesse que não há provas de que D. João VI andasse com frangos nos bolsos? Que a loucura de D. Maria I era, na verdade, depressão? Que D. Pedro I não era um galã de novela, nem D. Leopoldina assinou o decreto de independência? E que D. Pedro II tinha uma visão de homem comum, ao invés de nobre?

Todo país tem uma mitologia épica de fundação, e fomos por muito tempo bombardeados mais por lendas do que por fatos. Com base em estudos, relatos, testemunhos e documentos, este livro busca ilustrar a complexidade das pessoas que fizeram história e do momento em que viveram, mostrando outros lados de suas personalidades e interesses durante períodos importantes da nossa história, e que não estão nas páginas dos livros escolares. O comilão D. João VI, a educada D. Leopoldina, o temperamental D. Pedro I, o rígido D. Pedro II eram pessoas com defeitos e virtudes, e tinham em comum um fator que os liga a nós e que nos une: foram fundamentais para a construção da nação brasileira. Sem eles, não haveria Brasil.

Seus poderes, dúvidas, vontades vão muito além do pessoal. Eles incorporaram o público, pondo o Estado acima de suas questões privadas. E para quê? Para que o Brasil pudesse existir.

Não há como alegar que, sem a vinda de D. João VI, o Brasil existiria, pois ele construiria as bases de uma nação, tirando-a do status de colônia. Tampouco podemos afirmar que, sem uma união de forças entre D. Pedro I e D. Leopoldina, o Brasil conseguiria sua separação total de Portugal por meio de uma república e sem a fragmentação do território. Nem poderíamos dizer que o Brasil se desenvolveria melhor sem D. Pedro II, ou que sem D. Isabel e a Lei Áurea a escravidão teria terminado.

D. João VI, D. Pedro I, D. Leopoldina —, como eles irromperam os limites e as dificuldades de um território vasto e denso e fizeram dele uma nação? É o que saberemos nestas páginas, assim como compreenderemos que não há forma de entender o processo de construção deste país sem que essas pessoas estejam envolvidas.

E não podemos esquecer que tudo aconteceu com muita turbulência, luta, amor, medo, ira, politicagem e, sobretudo, às custas de suas próprias coroas. Quantas pessoas lutariam por algo a ponto de aceitar perder seu emprego, ou cargo, sua casa, seus amigos e aliados? E tudo isso foi feito em prol de uma crença: o Brasil.

Este livro se propõe a desmistificar as figuras históricas de D. João VI, D. Leopoldina e D. Pedro I, que foram importantes para o desenvolvimento cultural, social e econômico do país. Pretende-se romper com uma narrativa ficcional montada ao longo do tempo, e que foi se solidificando como não-ficção. Não há como desviar o olhar dos fatos e documentos presentes neste livro a cada página, a cada frase, limpos das construções políticas que perverteram o olhar da história na elaboração de um discurso que legitima uma certa visão do presente e desfaz as provas do passado. Uma deslegitimação que foi preponderante a partir do golpe republicano de 1889, quando todo um passado, construído a duras penas ao longo de 67 anos — desde a Independência e, em grande parte, no reinado de D. Pedro II — foi jogado por terra, e tudo o que representa uma monarquia, uma casa real ou Portugal é desfeito. D. João VI deixou de ser um rei para ser um glutão medroso, D. Pedro I deixou de ser o monarca de duas nações para ser um amante tirânico, D.

Leopoldina ficou desaparecida na história ou, quando surge, é assinando um papel que nunca existiu.

Entende-se a necessidade de recriar um imaginário que tivesse a forma, o volume e a cor do regime republicano ainda que essas imagens tivessem vindo das bases construídas durante o período monárquico. Não se trata apenas do Estado, mas a bandeira, o hino, nomes de lugares e datas. Isso foi convertido a favor de um novo regime, pois é por meio do imaginário/figurativo/simbolismo que se infiltra uma sociedade e cultura, e transforma-se em verdade as ficções de outrora. Tantas vezes repetida uma mentira, dela se faz uma verdade, sem fatos, sem dados, sem provas. Não são apenas os políticos atuais que vivem de *fake news*. Quantas vezes elas foram usadas para destronar reis e rainhas, causando reveses na história?

Império de Verdades busca trazer dados e fatos ao longo dos capítulos sobre essas personalidades fundamentais. Primeiro, embarcaremos na viagem de D. João VI ao Brasil, mostrando que ele não era um soberano despreparado e medroso: ao contrário, havia nele muito mais preparo, estratégia e coragem para que conseguisse arcar com a mudança de uma capital da Europa para as Américas, e em tempo recorde, numa época em que uma viagem transatlântica demorava dois meses em média. Também acabaremos com o mito do glutão tacanho e avaro, mostrando um governante correto e amado e que, mesmo diante da Revolução do Porto, não perdeu a coroa e deitou as bases de um país em apenas treze anos.

Depois pularemos para o barco de D. Leopoldina e atracaremos no Reino do Brasil. Junto dela conheceremos o que foi o jogo político que gerou o seu casamento e a fez cruzar os mares até o outro lado do mundo. Mostraremos que a Áustria não estava em melhores condições que Portugal após as guerras napoleônicas, nem que o casamento havia sido somente benéfico para os Bragança. Desfaremos a ideia de uma mulher submissa ao marido temperamental, mostrando que D. Leopoldina tinha personalidade, e ela seria fundamental para os acontecimentos que levariam à Independência do Brasil. Sem a união dela e de D. Pedro I talvez isso nunca pudesse ter acontecido. Também a mostraremos como regente e diplomata, duas faces pouco conhecidas da primeira imperatriz brasileira.

Quanto a D. Pedro I, navegaremos pelas águas caudalosas do que foi o primeiro reinado e mostraremos um homem que não herdou um país, mas que lutou por ele numa guerra já esquecida, tanto política quanto econômica. Temperamental e humano, foi alguém que teve que lidar com aliados se tornando opositores e com uma política internacional intensa e instável. Um soberano que acabou entrando para a história mais pelo que fazia na sua vida privada do que na pública, o que fez com que se deixasse escapar o fato de ter sido o único homem a reinar em dois continentes, em nações diferentes, outorgar duas constituições, compor dois hinos nacionais e que coroas de duas outras nações também lhe seriam oferecidas por causa do seu espírito libertário.

Quando se pensa em reis, imperadores, regentes, seus mandos e desmandos são sempre enfatizados pelo caráter político e se esquecem do caráter moral por detrás de suas decisões — a menos que haja uma vida recheada de imoralidades. Não há como desvincular a figura do rei ao da pessoa humana e nem a do Estado, pois é tudo uma mesma coisa. Daí a importância deste livro em explicar como eram as pessoas para que tomassem as decisões que tomaram e que fizeram história, fugindo assim das lendas.

Narrativas, lendas, mitos —, o Brasil é muito mais do que isso, e o é pela força e coragem daqueles que o fizeram ser. Por isto, este livro. Uma tentativa de desmistificar D. João VI, D. Leopoldina e D. Pedro I e mostrar que estas pessoas, gente como a gente, ultrapassaram os seus entraves pessoais com muita luta e deram a vida, literalmente, pelo Brasil.

Luiz Philippe de Orleans e Bragança

D. JOÃO VI

O Criador

Achacota e o deboche têm espaço privilegiado na memória, enquanto a virtude e a verdade minguam no calabouço do esquecimento. D. João VI (1767-1826) foi considerado por muito tempo a caricatura do que poderia haver de pior num regente, escondendo sob essa capa de inépcia todo e qualquer feito a favor do Brasil[1]. Foram tantas as tentativas de desfazer a figura de quem de fato criou as estruturas de formação de um grande país, que até mesmo a sua caracterização física foi feita de maneira jocosa. Suas conquistas foram soterradas pela imagem do comedor de frangos, que tinha medo de trovões e cuja esposa o traía até com o cavalariço. Procuraram apagar por meio de anedotas os feitos de um homem astuto, que conduzia a administração pública de maneira disciplinada e frugal. Era cuidadoso, pois tinha plena consciência de sua

---

1. Tanto os escritores Oliveira Martins (1845-1894) quanto Luís Edmundo (1878-1961) utilizaram-se da figura de D. João VI para diminuir os seus feitos, o que também ocorre em Portugal, sobretudo pela geração de 1870. Somente na primeira década do século XX Oliveira Lima tentará resgatar a figura de D. João VI e fazer dele "o fundador da nacionalidade brasileira", mostrando-o como alguém bondoso, inteligente, esperto, bem-humorado, entre outras qualidades que o faziam ser adorado pelo povo. Para mais sobre essa mudança de visão, leia BARRA, Sergio. "Em Memória do Rei". In: Entre a Corte e a Cidade: o Rio de Janeiro no Tempo do Rei (1808-1821). Rio de Janeiro: José Olympio Editora, 2008

responsabilidade para sobreviver em tempos revolucionários. Alguém capacitado para enfrentar as turbulências de forma pragmática, assim como o desafio da construção de um império nos trópicos.

Sua trajetória não era assegurada e seu governo em nenhum momento foi tranquilo. Pelo contrário. Foi uma vida repleta de impasses, guerras, revoltas e grandes mudanças. Foi preciso muito cuidado e exame minucioso para tomar as decisões corretas, sobretudo ao se tratar do monarca de um império rico por causa de suas colônias, mas de pouca projeção política dentro da própria Europa, se comparado com a Rússia, Áustria, Prússia, França ou Inglaterra.

O seu arquirrival, muito melhor afamado historicamente, no leito de morte teria dito que D. João VI havia sido o único a enganá-lo. Isso é uma bomba cujo efeito parece maior quando revelamos que estamos falando de Napoleão Bonaparte (1769-1821) referindo-se ao "sinuoso" D. João Maria José Francisco Xavier de Paula Luís António Domingos Rafael de Bragança, aquele que ficou conhecido como uma "comédia ambulante" histórica, de expressão abobalhada tanto política quanto fisicamente.

D. João VI, que dizem não ter sido respeitado nem mesmo pela própria esposa, conseguiu enganar a muitos com seu jeito introspectivo e astuto. Foi ele quem "deu a volta" no corso, que havia sido incapaz de julgá-lo por suas ações à época. A continuidade do reinado, da família, da pátria e da cultura portuguesa eram suas prioridades. É a partir dessas premissas que se consegue entender suas decisões, inclusive as de casamento. Quem não as aceita não compreenderá jamais D. João VI.

Para começar a entender a grandiosidade do ato da vinda da corte portuguesa para o Brasil, escapando de Napoleão, o que ajudaria no surgimento da nação, precisamos antes compreender quem era esse monarca, suas bases e o que estava enfrentado naquele ano de 1807 para que tomasse uma importante decisão — talvez a mais importante para a nossa história.

De Infante Improvável a Regente

Poucos sabem que D. João VI não era o primogênito e que não contavam em vê-lo rei. Antes dele havia dois irmãos mais velhos, D. José (1761-1788), o príncipe do Brasil, que era o herdeiro do trono, e D. João Francisco, que faleceria com um mês de vida. Inclusive, a existência de D. José como herdeiro levou a crer que D. João não teria tido uma educação bem formada e embasada, ou seja, seria deixada de lado. É possível, mas improvável. Quem se debruça sobre os dados da mortalidade infantil no século XVIII[2] não tem como afirmar que D. José teria tido uma criação impecável e D. João, somente seis anos mais novo, uma educação desleixada. Ambos eram representantes da Casa Real e deveriam ser preparados para a vida adulta, quando fariam casamentos dinásticos. Uniões que, eventualmente, evolveriam lidar com questões administrativas importantes, em maior ou menor escala, a depender do "cargo".

Há outro fator que deve ser levado em conta: D. João era uma garantia caso algo acontecesse com o primogênito. O que não seria tão raro. De D. João IV, o Restaurador (1604-1658) a D. João VI, o Clemente, em quase duzentos anos de Dinastia Bragança no trono português, dos sete reis que foram coroados, apenas dois eram primogênitos: o próprio implementador da dinastia, D. João IV, e D. Maria I, a mãe de D. João e a primeira mulher a herdar a coroa. Dos cinco reis, dois deles — D. João VI (1689-1750) e D. José I (1714-1777) perderam os irmãos mais velhos ainda bem pequenos, isto é, sem tempo suficiente para formalizar sua educação. Nos outros três casos, a "herança" veio bem depois, quando então já estariam educados. O herdeiro da coroa de D. João IV, D. Teodósio (1634-1653), morreu aos 19 anos de tuberculose. Quem herdou o trono foi D. Afonso VI (1643-1675) que, além de ser o quarto filho do rei, acabou morrendo sem deixar herdeiros. Então, seu irmão, o quinto filho, tornou-se D. Pedro II (1646-1709). Do impacto no imaginário português causado pelas mortes seguidas dos primogênitos da linhagem Bragança,

---

2. Após os sete anos de idade, ao passar os perigos da primeira infância e entrar na vida escolar, o avô D. José I indicou os tutores do herdeiro da coroa, D. José. Eram eles frei Manuel do Cenáculo, confessor, e Antônio Domingues do Paço, para a alfabetização.

surgiu uma lenda: a suposta maldição de que nenhum primogênito do sexo masculino dos Bragança poria uma coroa sobre a cabeça[3].

Por mito ou maldição, D. João VI não poderia ter tido uma educação inferior à do irmão. Seus atos históricos e a maneira como teve que encontrar soluções para os eventos que atormentariam seus dias de reinado são provas disso. Tampouco pode-se basear apenas nos relatos dos diplomatas, alegando que não era fluente em francês — a língua da diplomacia à época. Não é o bastante para compararmos com outros monarcas estrangeiros — e se formos mais longe, inclusive com os atuais presidentes da república; quantos destes, não tendo o inglês como língua materna, são fluentes no idioma considerado universal?

Por outro lado, não há muitas informações sobre como foi a sua educação formal. Sabe-se que teve aulas de legislação, religião, francês, latim, espanhol, etiqueta, história, etc. Como havia crescido no reino de D. José I, e a corte de seu avô girava entorno das duas grandes paixões deste monarca, a caça e a música[4], aprendeu equitação ainda cedo com o sargento-mor Carlos Antônio Ferreira Monte. No caso da música, o rei D. José I não só frequentava a ópera todos os domingos como em casa tocava em família. Enquanto ele era o violinista, suas filhas se dividiam pelos outros instrumentos[5], o que também seria obrigado aos netos. O rei também faria com que as crianças reais tivessem aulas de pintura e

---

3. A título de curiosidade, depois de D. João VI, D. Pedro I (1798-1834) — em Portugal conhecido como D. Pedro IV — não era o filho mais velho. Havia seu irmão, D. Francisco (1795-1801). Da mesma maneira que D. Miguel I (1802-1866) não era o filho mais velho. No caso do Brasil, D. Pedro II (1825-1891) tinha o irmão mais velho D. João Carlos, que morreria com um ano de idade. Na linhagem brasileira, D. Isabel (1846-1921) só se tornou herdeira com a morte de D. Afonso (1845-1847) e de D. Pedro Afonso (1848-1850). D. Pedro V (1837-1861), filho de D. Maria II (1819-1853) e neto de D. Pedro I, não deixaria herdeiros, e seu irmão D. Luís I (1838-1889) herdaria o título. O seu primogênito, D. Carlos I (1863-1908), seria assassinado junto ao príncipe herdeiro, D. Luís Filipe (1887-1908), e o irmão herdaria o título de último rei de Portugal como D. Manuel II (1889-1932).

4. Teria estudado música com o organista João Cordeiro da Silva e com o compositor João Souza de Carvalho.

5. PEREIRA, Ana Cristina; TRONI, Joana. *A Vida Privada dos Bragança – De D. João IV a D. Manuel II: o dia a dia na corte*. Edição do Kindle: 2011, localização 1028.

desenho, como ele mesmo havia tido. Vale lembrar que foi D. José I, em conjunto com o marquês de Pombal (1699-1782), que implementou a modernização da educação portuguesa criando as aulas régias, o ensino público laico em Portugal. Um homem tão preocupado com a educação de um país e a importância da música e do esporte (no caso, a caça) na formação do caráter não deixaria que um de seus netos tivesse uma educação desleixada.

A sua influência ia além das belas artes. D. João VI fez aulas de matemática com o italiano Miguel Franzini (?-1810), o que por si só é um diferencial. Na época do marquês de Pombal, uma das diversas reformas que ele implementou foi a do ensino universitário, enfatizando sobretudo a matemática, que serviria de base para várias matérias científicas e militares. Franzini viera a Portugal a convite do próprio ministro, e reorganizou as diversas instituições educacionais por onde passou, inclusive na Marinha.

Quanto a alfabetização, D. João VI teve o mesmo mestre de seu irmão D. José, o baiano Antônio Domingues do Paço (1724-1788), que por 20 anos cuidara da educação dos dois príncipes. O abade Correia da Serra chegou a declarar, num elogio à sua memória, que não poderia haver melhor escolha feita pelo marquês de Pombal, o que mostra o cuidado com a educação de ambos os príncipes:

> Veio o tempo de dar mestres aos filhos da nossa Augusta Soberana, e não ignorava o ministro que as Letras, ainda que muito importantes, são a menor parte da educação dos príncipes; os sentimentos que ouvem e os exemplos que veem são objetos de bem superior importância, são os que formam o coração, e dão hábitos à vontade, e é a vontade a potência da alma que caracteriza os soberanos, e é do seu coração que a felicidade ou miséria das nações se origina. Nada disto ignorava o ministro, e apresentou a El-Rey, para mestre dos príncipes ao Antônio Domingues [...][6].

---

6. SERRA, Correia. *Elogio de Antonio Domingues do Paço*. Posterior a 17 de janeiro de 1788. Instituto dos Arquivos Nacionais, Torre do Tombo. Arquivos particulares, Caixa 2B, A38. Disponível em: <http://chcul.fc.ul.pt/correia_da_serra/transcricoes/

Uma educação que ia além das letras, passando pela moral, pelos "bons exemplos"[7], mas cujos critérios se faziam também na boa sombra de seus tutores e criados, e de sua mãe, D. Maria I (1734-1816).

Sua mãe, por si só, é uma figura historicamente controversa, por ter alterado algumas das reformas avançadas do marquês de Pombal, proibindo as manufaturas no Brasil, entre outras coisas, aumentando assim a influência inglesa, e pelas quais ganhou o nome de Viradeira. Porém, é outra alcunha que a fez mais famosa: a Louca. Não poderia se esperar menos dos detratores da história, que preferiram realçar um problema de saúde mental ao final de sua vida para obstruir as lembranças de todos os feitos de D. Maria I, a Piedosa, conhecida por seu povo por suas obras de caridade, pela fundação da Casa Pia[8], por conceder asilo político aos perseguidos da Revolução Francesa, pelo envio de missões científicas às colônias africanas — Cabo Verde, Moçambique, Angola — e ao Brasil, pela fundação da Academia Real das Ciências, entre outras instituições de saber e ensino.

Quanto ao seu estado de loucura, hoje há estudos que sugerem a probabilidade ter sofrido de uma depressão severa[9], que pela falta de tratamento adequado na época, teria se intensificado causando alucinações

---

IAN-TT_Arq_Part_Correia_da_Serra.Cx_2B-A38.%5Bpost_1788%5D.pdf>. Acesso em: 4 de outubro de 2021.

7. Em 1790, D. João recebeu *Príncipe Perfeito: Emblemas de D. João de Solórzano*, escrito por Francisco Antônio de Novaes Campos, uma espécie de manual de conduta, comumente ofertado aos príncipes, pois era como que um espelho diante do qual se mirar e seguir na "representação de si mesmo" para o bem da nação. BARRA, Sergio. *Entre a Corte e a Cidade: o Rio de Janeiro no Tempo do Rei (1808-1821)*. Rio de Janeiro: José Olympio Editora, 2008, p.64.

8. A Casa Pia previa educar órfãos e dar assistência e recuperar por meio do trabalho os mendigos. Para os alunos mais dedicados, era oferecido o ensino de farmacologia, desenho, francês, escrituração comercial, aritmética militar, etc. Os melhores nessas oficinas ainda recebiam a chance de aperfeiçoamento profissional na Real Academia de Artilharia, Fortificação e Desenho, na Academia Real da Marinha e ainda em academias em Roma e Londres.

9. Luís Pinto de Souza alegava que a rainha padecia de "uma afecção melancólica, que tem degenerado em insânia e chega aos termos de um frenesim", sinais evidentes do que hoje seria considerado uma depressão que, em casos mais graves, na falta do tratamento correto pode acarretar alucinações.

típicas de uma depressão psicótica. A causa dessa forte depressão seria uma série de mortes de familiares aos quais era muito apegada, e num curto período: o marido, o tio, a filha D. Mariana, o bebê desta e o esposo, seu confessor e amigo frei Inácio e o filho e herdeiro da coroa, D. José, aos 27 anos de idade.

O jovem príncipe do Brasil morrera de varíola. Apesar de estar casado há 11 anos, não havia deixado herdeiros da união com sua tia materna, Maria Francisca Benedita (1746-1829), 15 anos mais velha. À época, D. João tinha 21 anos e ainda estudava, como era comum para o período. Portanto, não há como insistir na afirmação de que D. João VI tivesse tido uma educação inferior à do irmão, com base na presunção de que ele nunca herdaria a coroa após o falecimento do primogênito.

Carlota Joaquina

Reprovável sim, por outro lado, era a educação de sua jovem esposa, D. Carlota Joaquina (1775-1830). O casamento deles tinha como intuito o reforço nas relações de "amizade" entre Portugal e Espanha, e funcionava como impedimento de enlaces com outras casas reais, o que poderia gerar uma ameaça à coroa vizinha. Na verdade, foi um duplo casamento, com D. Carlota Joaquina vindo para Portugal aos 10 anos de idade, e a irmã mais velha de D. João, D. Mariana Vitória (1768-1788), indo para a Espanha casar-se com o infante D. Gabriel (1752-1788).

As cartas da Ana Miquelina, criada da infanta espanhola, falam de uma criança mimada e impertinente, repleta de maus modos, a fazer pirraça, D. João chegou a ser acertado —, além da sua incapacidade de estudar disciplinadamente. Se atingia o ponto de enlouquecer o seu mestre, o padre Filipe, chamavam D. Maria I, que diziam ser a única capaz de controlá-la. Usando a lógica — anos antes de perdê-la — a rainha questionava pacientemente a infanta por que ela não fazia o ordenado, se ela [D. Maria], como soberana de Portugal, fazia o possível pela vontade de todos[10]. Ana Miquelina relatou que a rainha gostava muito da pequena. Era paciente, falava de maneira carinhosa, distante de ser severa ou

---

10. PEREIRA, Ana Cristina; TRONI, Joana. *A Vida Privada dos Bragança – De D. João IV a D. Manuel II: o Dia a Dia na Corte*. Edição do Kindle: 2011, localização 1289-1291.

séria, chegando a dar-lhe presentes quando agia com correção. Somente em casos muito necessários ameaçava tirar seu maior prazer: passear de burro. Quando não se atrasava, a infanta espanhola acompanhava a rainha onde podia, e jogava cartas com o sogro.

Engana-se quem acha que D. Carlota Joaquina nada aprendeu dessas lições. Foi mais do que bem nos exames públicos, estarrecendo os presentes com tanta informação.

A preocupação de D. João, porém, não era com a sua educação. Era outra. "Tu bem sabes que uma criança aperreada não cresce muito"[11] e, portanto, não poderia consumar a união tão logo.

Com a morte do cunhado, tudo mudou e, de repente, D. João também caía muito doente e sem ter consumado o seu casamento. A coroa estava em perigo. Porém, o príncipe se restabeleceria e, em quatro anos, dividiriam o leito. Seria a própria D. Maria I quem acompanharia a jovem Carlota Joaquina até o quarto do esposo, ansioso por isso: "Cá há de chegar o tempo em que eu hei de brincar muito com a infanta. Se for por este andar julgo que nem daqui a seis anos. Bem pouco mais crescida está de que quando veio"[12].

Sarcasticamente, afirmava o marquês de Bombelles (1744-1822) que era preciso "fé, esperança e caridade para consumar este ridículo casamento: a fé para acreditar que a infanta é uma mulher; a esperança para crer que dela nascerão filhos; e a caridade para se resolver a fazer-lhes [...]"[13]. Para escarnecimento do marquês, foram nove os filhos gerados: D. Maria Teresa (1793-1874); D. Francisco (1795-1801); futura rainha da Espanha, D. Maria Isabel (1797-1818); o futuro imperador do Brasil e rei de Portugal, D. Pedro (1798-1834); D. Maria Francisca (1800-1834); a princesa regente após a morte do rei D. João VI, D. Isabel Maria (1801-1876); o futuro rei de Portugal, D. Miguel (1802-1866); D. Maria da Assunção (1805-1834) e D. Ana de Jesus Maria (1806-1857).

---

11. Carta enviada à irmã Mariana Vitória. LAZARO, Alice. *Se Saudades Matassem... Cartas Íntimas do Infante D. João (VI) Para a Irmã (1785-1787)*. Portugal: Chiado Editora, s/d.

12. *Ibid.*

13. *Apud* LENCASTRE, Isabel. *Bastardos Reais: Os Filhos Ilegítimos dos Reis de Portugal*. Oficina do Livro: Edição do Kindle, 2012.

A Primeira e as "Últimas" Tentativas de Golpe

Com a morte do irmão e a instabilidade mental da mãe, D. João se torna o príncipe regente em 1792, informalmente. Apesar do laudo de 17 médicos sobre o estado de saúde materno, ele não queria aceitar a incumbência, temendo que, ao restabelecer a saúde, ela poderia achar que ele estava aplicando alguma espécie de golpe, afinal, D. José, antes de morrer, estava convencendo a mãe e a todos de que a rainha deveria abdicar em nome dele.

Em 10 de fevereiro daquele ano de 1792, portanto, iniciava a sua regência, despachando em nome dela. Uma das primeiras grandes decisões que teve que tomar tinha a ver com a guerra contra a França, lutando ao lado da Espanha na campanha do Rosilhão em 1793. Por ter sido um pedido do país vizinho, com quem tinha tratados dos mais diversos e casamentos dinásticos, não pôde negar. Também assinou um tratado de auxílio mútuo com a Inglaterra no combate contra os franceses. Mais de 5400 soldados portugueses foram enviados para lutarem ao lado dos espanhóis. Essa quebra de neutralidade, a qual tentava manter há algum tempo, foi um grande erro. A Espanha, revendo sua relação com a França e assinando como aliada o Tratado de Santo Ildefonso, em 1796, deixava Portugal sozinho na guerra contra o exército francês. Por causa do tratado com a Inglaterra, os portugueses não poderiam declarar paz como haviam feito os espanhóis.

Assim que assumiu o poder em 1799, Napoleão Bonaparte forçou a Espanha a convencer Portugal a romper com os ingleses e, portanto, se aliar à França. Incapaz de aceitar isso, tendo em risco outros tratados com os ingleses, em 1801 a coalizão franco-hispânica invadiu Portugal e travou-se a Guerra das Laranjas. Portugal sofreu uma grande derrota e perdeu da região de Olivença.

Enquanto isso, a saúde da rainha só piorava. Nesse interim, também houve momentos em que o próprio D. João sofria de fortes acessos de melancolia, trancafiando-se em Mafra, mas dos quais ele conseguia sair. Em 1799 terminaram as esperanças de uma "cura" da rainha, e D. João assumiria por completo e passaria a assinar como "príncipe regente" — o que duraria até a sua aclamação em 1816, quando no Brasil.

Diferente de D. José, que tinha uma predisposição maior ao Iluminismo por influência do marquês de Pombal — que havia afastado o Estado da Igreja e da nobreza e tentado modernizar uma sociedade ainda feudal — D. João era creditado por ser mais como a mãe, a Viradeira, voltado para a religião. Há quem diga que ele teria um excesso de religiosidade beirando a superstição, assim como a rainha, o que o impediria de bem governar. Independente da sua fé, esta nunca prejudicou a sua gestão. Estado e Igreja não eram a mesma coisa durante o período joanino, por mais que seus gostos pessoais estivessem atrelados às idas ao convento de Mafra, em especial à sua cozinha e às missas cantadas. Inclusive, ao chegar no Brasil, a primeira coisa que D. João fez foi suspender a Inquisição em terras brasileiras. O fato de frequentar missas também não o fazia mais supersticioso — para os tempos atuais em que a religião está sendo apagada, pode ser estranho ver alguém frequentar a missa religiosamente, e há a dificuldade de entender que de maneira nenhuma isso o impedia de pensar livremente.

Esse gesto mais introspectivo e melancólico, misturado à sua religiosidade, fazia-o ser comparado à D. Maria I e, por consequência, temiam que ele pudesse vir a "enlouquecer" como ela. Essa predisposição à melancolia — nome dado à depressão — o fazia se fechar no palácio, e foi se aproveitando de uma desses momentos depressivos, e de uma lei que dava poderes à esposa do regente caso os filhos fossem menores de 14 anos, que tentaram tirá-lo do trono e pôr D. Carlota Joaquina em seu lugar.

Apesar de terem tido nove filhos, a relação dos dois nunca foi tranquila ou com momentos de companheirismo; ao menos não depois de crescidos — "eu lá estou de manhã e à noite e tenho jogado o burro para a [Carlota] divertir"[14].

D. Carlota Joaquina foi destruída pela história com base nas reclamações dos seus contemporâneos, pois ela não se comportava segundo os padrões da época. Afora muita mentira também em seu nome, sobretudo a respeito dos amantes, nunca comprovados, ela era uma mulher que desejava de fato governar. Suas reclamações quanto a D. João VI eram

---

14. Nas cartas à irmã D. João aparece como companheiro de brincadeiras de D. Carlota Joaquina, e ficando ao seu lado quando ela caía doente.

geralmente porque ele centralizava as funções, pois acreditava que a sua mulher não deveria se meter nas decisões reais, nem mesmo aquelas que se referiam às suas criadas de quarto ou damas de companhia. Isso gerava um embate direto, e foi se transformando em algo ainda mais tenso ao longo dos anos, envolvendo decisões políticas e os próprios filhos.

Uma das primeiras vezes que ela tentou tomar as rédeas do poder foi em 1805. D. João retornava da temporada de caça em Samora Correia, quando seus criados e oficiais foram adoecendo um a um. Não demorou muito para que o próprio príncipe regente mostrasse os sinais da doença e preferisse se tratar em Caxias. Ficou algum tempo numa quinta e depois foi para outra no Alfeite. Afastado do poder, começaram as especulações de que ele estaria muito mal e que seria preciso D. Carlota Joaquina ficar à frente da coroa portuguesa. Essa ideia era sustentada pelo marquês de Alorna, marquês de Ponte de Lima, conde de Sarzedas, conde de Sabugal e o barão de Porto Covo, que era também o banqueiro da princesa espanhola. Aproveitando-se disso, usaram a doença para especulação. Acusavam D. João de que enlouquecia como a mãe. O marquês de Ponte de Lima, em agosto de 1806, escreveu a respeito:

> O nosso homem [D. João] está cada vez pior, e pouco falta para de declarar completamente alienado; todos dizem claramente que todas as jornadas que inventa é para ter motivos para estar mais ausente. Nenhum negócio sério vai à presença do dito senhor, os biltres gozam do maior valimento, e servem sempre os seus afilhados, seja ou não justo. [...] O homem certamente está louco, até o conde de Belmonte o diz; os ministros de Estado não se hão de descuidar das regências [...][15].

A própria D. Carlota Joaquina enviou ao pai, o rei Carlos IV (1748-1819) da Espanha, uma carta contando que "o príncipe está cada vez pior da cabeça, e que por consequência tudo vai ser perdido, porque aquelas figuras estão cada vez mais absolutas, e que é chegada a ocasião de V. M.

---

15. *Apud* PEDREIRA, Jorge; COSTA, Fernando Dores. *D. João VI: Um Príncipe Entre Dois Continentes*. São Paulo: Cia. das Letras, 2008, p.145.

acudir-me e a seus netos". A solução para isso, segundo a infanta, era que "se Vossa Majestade, ordene, isto remediaria, mandando Vossa Majestade uma intimação que quer que eu entre no governo, e que não aceita réplica, e se der, será com armas na mão, para vingar as ofensas e grosserias [...]". O final da carta é apelativo, pois ela pede que ampare os netos dele, "que já não têm um pai capaz de cuidar deles"[16].

Com esse panorama montado, os fidalgos prepararam o anúncio da regência de D. Carlota Joaquina no dia do beija-mão em homenagem ao aniversário dela, dia 25 de abril de 1806. Já estava também estipulado qual seria o posto de cada um dos envolvidos dentro de um novo ministério. Só não puderam contar com a aia da princesa, D. Mariana, que havia sido dispensada há pouco tempo. A jovem, casada com Francisco Rufino de Sousa Lobato (1773-1830) — guarda-roupa, porteiro, mateiro e tesoureiro do bolsinho real e um dos homens mais próximos do príncipe-regente — contou os planos, o que chegou aos ouvidos do regente.

Recebendo a todos para o beija-mão, D. Carlota Joaquina não esperava que D. João aparecesse para congratulá-la pelos anos, desbancando assim toda e qualquer tentativa de uma nova regência. A "conspiração dos fidalgos" não foi adiante. Porém, havia sido preciso que D. João, ao descobri-la, tomasse uma atitude rápida e simples: mostrar que estava restabelecido e que qualquer história sobre a sua capacidade mental era mentira. E perante uma prova viva, não havia argumentos.

Para averiguar se haveria novas tentativas de tirá-lo do poder, D. João mandou o ajudante do intendente da polícia e o conde de Vila Verde investigarem o que se falava desde que ele estivera acamado. Queria saber até que ponto D. Carlota Joaquina estava envolvida, ou se foi apenas usada. O resultado do inquérito foi que a esposa era inocente.

Mesmo assim, o pouco que havia na relação deles teria acabado — por um período. Na época o divórcio não era uma possibilidade, muito menos para um rei católico, então, a solução encontrada era outra. D. Carlota Joaquina viveria no Palácio de Queluz[17] com D. Maria I, por quem

---

16. *Ibid.*
17. O palácio de Queluz foi construído a pedido de D. Pedro III (1717-1786), mas ele acabou por morar com o rei D. José I com toda a família na Real Barraca da Ajuda, uma

detinha carinho por tê-la criado desde sua vinda para a corte portuguesa ainda criança. Lá criaria a sua própria rede de informantes, uma segunda corte — o mesmo aconteceria no Brasil, como D. Leopoldina relataria nas cartas à família. Enquanto o príncipe regente se abrigava entre os monges no Palácio de Mafra, de quem mais gostava da comida do que dos sermões.

Se D. Carlota Joaquina estava mesmo ou não envolvida nessa tentativa de 1806 não há provas. Certo é que ela estava por detrás da Vilafrancada, em 1823, junto com D. Miguel. Porém, este golpe também seria suplantado pela argúcia de D. João VI e o poria no poder como rei absoluto[18], dando fim ao governo das Cortes — iniciado em 1820, após a Revolução do Porto[19].

Vilafrancada

No final de maio de 1823, D. Miguel havia se juntado ao 23º Regimento de Infantaria em Vila Franca de Xira, que estava insatisfeito com as decisões das Cortes portuguesas, e incentivara a dar vivas a "El-Rei absoluto". Poucos dias depois, era o 18º Regimento de Infantaria que dava vivas ao rei diante do Palácio da Bemposta, onde D. João VI estava, sendo seguidos pela guarda do palácio e os civis no entorno. A Constituição criada pelas Cortes era vaiada em altos brados, pois não havia causado qualquer mudança profunda nas estruturas do país, trocando apenas o poder de mãos, e ainda levado à perda do Brasil, sua maior fonte de riquezas.

Por um momento houve uma avaliação por parte de D. João VI. Sempre a favor da ordem e sem querer causar um banho de sangue, iria criticar as ações a favor do regime absolutista e contra a Constituição,

---

tenda armada em madeira antissísmica, com base em alvenaria. O rei havia mandado construí-la porque se recusava a dormir em palácios de pedra e cal após o terremoto de 1755. Quando um incêndio devastou parte da Barraca, em 10 de novembro de 1794, Queluz passou a ser a residência oficial da família real. Cf. PEREIRA, Ana Cristina; TRONI, Joana. *A Vida Privada dos Bragança – De D. João IV a D. Manuel II: o Dia a Dia na Corte*. Edição do Kindle: 2011, localização 1167-1170.

18. Inclusive, por meio do seu espírito conciliador, presente em boa parte de suas ações, o rei também prometeria uma nova Carta Constitucional, que não veria pronta, morrendo antes de sua conclusão.

19. Veremos mais sobre isso e sua influência na independência do Brasil nos capítulos adiante.

porém seus conselheiros argumentaram que, se ele fizesse isso, era possível que o Exército se aliasse à D. Carlota Joaquina e a D. Miguel que, por não terem jurado a Constituição, eram vistos como inimigos do regime liberal e mentores do Absolutismo.

Para demonstrar força, D. João VI mais uma vez surpreendeu a todos, aparecendo em público em Vila Franca. Ele e o filho se encontraram num momento "terníssimo", e as princesas deram uma coroa de louros que o jovem príncipe depositou aos pés do pai. Assim D. João VI recuperava integralmente seus poderes sem qualquer banho de sangue, e D. Miguel era nomeado o chefe do Exército e as tratativas de recuperar o Brasil independente começavam.

Como D. Carlota Joaquina havia se negado a jurar a Constituição em 1822, teve todos os seus direitos civis e monárquicos retirados e deveria ser exilada na Espanha. Por causa de sua saúde, foi permitido que ficasse em sua residência, a Quinta do Ramalhão, em Sintra, sem as filhas. Formavam-se, portanto, os polos de poder: o rei constitucional e a rainha conservadora. Com a Vilafrancada e a restauração de 1823, a rainha readquiria seus direitos, e ela e D. João VI apareceriam em público, mostrando-se unidos. O que também os teria reaproximado no privado: "Meu amor, não quero que passe o dia de hoje sem te expressar quanto me custa não te dar pessoalmente os parabéns dos teus anos: infinitamente desejo que contes muitos com as maiores felicidades e que acredites que eu sou esposo que muito te ama do coração"[20], escreveria D. João VI à Carlota Joaquina. Em outra, ele diria:

> Meu amor, recebi a tua carta no teatro e por isso não te respondi logo: o que faço agora, para te agradecer a tua lembrança e para assegurar-te quanto ela me penhora. Muito sinto que tenhas passado mal e muito estimaria poder dar-te todos os alívios que sinceramente te desejo como teu esposo que muito deveras te ama[21].

---

20. PEREIRA, Ana Cristina; TRONI, Joana. *A Vida Privada dos Bragança – De D. João IV a D. Manuel II: o Dia a Dia na Corte*. Edição do Kindle: 2011, localização 1459.

21. *Ibid*.

Em algumas, D. João VI chegou a assinar: "Esposo que muito te ama do coração"²².

De pouco adiantou tanto amor, dedicação e belas palavras. Em abril de 1824 tentou-se um novo golpe para tirar a coroa de D. João VI. Preso no Palácio da Bemposta, enquanto liberais eram perseguidos por D. Miguel e sua mãe, o rei conseguiu escapar com a ajuda dos embaixadores da Inglaterra e França. Refugiado numa embarcação da Marinha inglesa, D. João VI manteve a coroa mais uma vez. Quanto a D. Miguel, ele foi exilado em Viena e D. Carlota Joaquina no Palácio de Queluz²³.

Três tentativas de golpes por parte de parentes — dos que nos chegaram ao conhecimento — e todas sem sucesso indicam que D. João VI não poderia ser tão estúpido como seus detratores alegam.

Por outro lado, esperteza não era coisa da qual D. João VI se gabava. Não era uma figura conhecida pela sua vaidade, e muito menos por ficar provando a sua perícia intelectual, e soube usar disso a seu favor durante os piores períodos da história de Portugal. Suas ações e reações se provaram por si só, sem precisar bradar, atirar coisas nos outros ou tomar atitudes mais enérgicas, como havia feito o seu avô D. José I. Bastou observação, avaliação e silêncio para que D. João VI conseguisse dar um xeque-mate em Napoleão Bonaparte e manter sua coroa durante uma revolução e diversos golpes e revoltas.

---

22. *Ibid.*

23. D. João escreve a respeito: "As fatais maquinações que perturbaram este reino e produziram o atentado do dia 30 de abril contra a minha soberana autoridade, atentado cuja origem ninguém ignora e que todo o mundo lastima, me constituem na dura necessidade de intimar por este modo a rainha a minha real vontade; não podendo eu esquecer-me um só instante de que o manter a paz e a tranquilidade dos meus reinos e assegurar a felicidade dos meus vassalos são os mais sagrados deveres, que contraí quando subi ao trono em que a Providência se dignou colocar-me e que com o favor divino procurei sempre a todo o custo desempenhar. A rainha sabe que o seu augusto irmão El-Rei católico lhe dirigiu já por escrito o mais saudável conselho, sugerindo-lhe com franqueza o arbítrio de se ausentar por algum tempo de Portugal, como o mais decoroso, e o mais acertado nas atuais circunstâncias não só em razão dos motivos de interesse público que são bem notórios, mas igualmente pelo muito que a ela mesura convém, que o seu real nome não possa ser para o futuro maculado com suspeitas nem comprometido para autorizar novas intrigas e conspirações" (*Ibid.*).

Quem come Calado, não perde Bocado

A expressão popular portuguesa "quem come calado, não perde bocado" pode ser uma excelente maneira de apontar uma das grandes mentiras em torno do nome de D. João VI.

Quem acha que *fake news* são uma invenção de hoje, engana-se. A política faz uso delas há muito tempo, passando-as adiante por meio de outras tecnologias. Nos séculos XVIII e XIX não havia celulares nem redes sociais, então as informações tinham de brotar de uma maneira diferente. O caminho eram os panfletos distribuídos em mãos, os artigos de jornais assinados por anônimos ou por pseudônimos e a publicação de livros sem autoria. E o nome de D. João VI circulou por eles desde a morte D. José I e do afastamento de Pombal. Nos finais do século XVIII buscava-se desacreditar tanto o regime de D. Maria I quanto o de seu filho por meio de artigos de jornais, que alegavam a falta de capacidade de ambos em governar. Se contarmos desde essa época todas as mentiras publicadas contra seu nome, talvez possamos considerá-lo uma das figuras que mais sofreu com *fake news* na história, desde que subiu como regente em 1792.

As *fake news* de sua época, e que perduram até hoje, envolviam sobretudo sua vida pessoal, os deslizes de sua moral ou da de sua esposa, e sempre argumentavam que o excesso de religiosidade[24] seria a prova da sua falta de material intelectual e capacidade cognitiva, e com um intuito somente: mostrar a sua incapacidade para reinar.

Essas reclamações do setecentismo que o acusavam de ser despreparado, inapto e indeciso não se sustentam quando se examinam os seus feitos e percebe-se os interesses por detrás. Não tem sentido lógico um homem sem educação formal, portanto "despreparado", sem qualquer aptidão para governar e, teoricamente, indeciso tomar uma das maiores e mais intensas decisões da história, o que mudaria o curso de dois países.

---

24. "El-Rei tinha a mania das festas de Igreja, assistia as da capela da Bemposta antes de ir para as da Patriarcal, e, depois de matinas na Bemposta, que duravam até à meia-noite, porque eram de bela música, recolhia-se aos seus quartos, onde começava, com os seus particulares amigos e camaristas, as suas matinas, salmeando e cantando responsórios até ao romper do dia" (*Ibid.*) e de nada isso influenciou a sua gestão. Inclusive, ao chegar ao Brasil, uma de suas primeiras ações foi acabar com a Inquisição que aqui ainda imperava.

É claro que é preciso cuidado quando se avalia a acusação de ser "indeciso". O grande monarca Francisco II (1768-1835), imperador do Sacro Império Romano-Germânico[25], chegou a receber as mesmas acusações que veremos agora, mas a história e seus respectivos detratores não foram tão implacáveis com o austríaco quanto com o soberano português, e o porquê resta nas entrelinhas da história.

A acusação de ser despreparado já se mostrou sem sentido diante da perspectiva de um governo absolutista, em que o monarca concentra o poder e decisões de Estado em suas mãos, não podendo haver questionamentos por parte de terceiros. Quanto a ser inapto ou indeciso, isso se mostra mais uma questão de opinião do que de provas. Não há comprovação de que ele pudesse ser inapto. D. João VI procurava estar a par e acompanhar os assuntos, além de intervir em alguns casos. Na verdade, sua maneira meticulosa de trabalhar, sua necessidade de ler e reler documentos até chegar a uma conclusão atrasava os processos.

Nas cartas e documentos que era comum serem escritos por secretários ou ministros, ele fazia questão de anotar nas margens algumas conclusões, ou o que queria enfatizar. À época havia secretários para quem os reis e rainhas ditavam suas cartas, ou para quem mandavam a incumbência de as escrever. Escrever de próprio punho constituía coisa sem igual, extrema importância e, às vezes, sigilo. Numa carta de Rodrigo de Sousa Coutinho (1755-1812) para o lorde de Grenville (1759-1834), de 29 de setembro de 1799, o príncipe regente pedia que esta fosse transmitida por vias não diplomáticas a verdadeira posição do governo[26]. Seu ministro Silvestre Pinheiro Ferreira (1769-1846) alegava que havia nele uma "finura de tato que o mesmo senhor possui na justa determinação do ponto cardeal sobre que versa qualquer questão". Essas não são atitudes de uma pessoa inapta ou de alguém agindo com descaso.

Também revisava assuntos menores e até mesmo os uniformes dos militares. Para dar tempo de fazer tanto, trabalhava todos os dias — menos os dias santos —, inclusive quando doente. Tamanha era a sua fama

---

25. Veremos mais sobre o pai de D. Leopoldina no capítulo "A Aventura".

26. PEDREIRA, Jorge; COSTA, Fernando Dores. *D. João VI: Um Príncipe Entre Dois Continentes*. São Paulo: Cia. das Letras, 2008, p. 133.

de *workaholic*, que diziam que quando despachava pouco era sinal de que não estava "bem da cabeça"[27].

Além das minutas das suas cartas, D. João escrevia notas aos ministros sobre assuntos de gestão. Na nota de 25 de agosto de 1800 ao ministro Luís Pinto de Sousa (1735-1804) orienta:

> Luís Pinto. Espanha exige além de outro negociador que este leve plenos poderes para ajustar em Paris a paz debaixo das bases propostas pela França, o que muda a inteligência em que ontem deu as minhas ordens. Assim resolvi ouvir hoje o Conselho, e depois se expedirá o correio que devia partir hoje, porque levando este correio somente o nome do negociador que nomeio, sem aceitação das ditas bases propostas, é claro que não mandarão os passaportes.

E após rubricar adiciona:

> Depois de ter escrito o que fica no verso desta folha, recebo a caixa com as cartas do paquete e porque não sei se, no curto espaço daqui até as seis da tarde, Luís P. julgará ter necessidade de mais tempo para meditar sobre o que de novo vem da Inglaterra para se combinar com a resposta de Espanha, o autorizo para mudar o Conselho para amanhãs às dez horas do dia, se assim o julgar preciso, fazendo aviso ao marquês para que o participe aos conselheiros. Luís P. me responda aqui mesmo neste papel o expediente que toma[28].

Enxergamos aqui duas questões importantes para a gerência do Estado: dar tempo para os ministros pensarem e, ao mesmo tempo, mostra alguém engajado e a par dos assuntos. Se necessário, D. João VI mudava as datas do despacho para debater ainda algum assunto antes de assinar, e lia as cartas que lhe chegavam, tomando muito cuidado atingir alguma resolução que poderia afetar diversas vidas, ou um país inteiro.

---

27. *Ibid.*, p. 145.
28. *Ibid.*, p.136.

A sua postura e a maneira como se dirigia aos embaixadores ou visitantes poderia passar uma impressão diversa. Numa carta de Jean-Andoche Junot (1771-1813) para o príncipe Charles-Maurice de Talleyrand (1754-1838), o então representante francês considerava o príncipe regente um homem amável, suspicaz e zeloso de sua autoridade, mas que nunca se fez respeitar. A história não guardará D. João VI como alguém combativo, briguento, temperamental. Sua personalidade era marcada pelo jeito calado, reservado, observador, o que fazia parte da sua figura de homem desconfiado. A imagem que sobreviveu ao tempo, porém, foi a do bonachão comendo o frango com a mão e não a do rei no trono, ouvindo sem pressa.

Outra caraterística de homem extremamente profissional era a sua pontualidade. D. João VI odiava atrasos. Esse *workaholic* chegava no Paço antes do amanhecer e reunia-se até as 11 horas da noite, permitindo audiências a quem estivesse presente. Era conhecido por sua paciência em escutar os súditos nessas longas audiências e participar com comentários, mostrando profundo respeito por quem lhe falava. Também aceitava críticas sem qualquer ofensa. O marquês de Alorna reclamava, numa carta de 19 de janeiro de 1804, sobre o fato de o príncipe regente deixar contrariar-se por alguém e escutar com benevolência "verdades duras". Outra reclamação era a de que o príncipe regente deveria evitar a perda de seu precioso tempo com "gente medíocre":

> Um rei não faz figura de rei quando decide em detalhes que os seus delegados podem regular por leis existentes. O que lhe toca é fazer aquilo que só ele pode fazer. Que é escolher empregar os homens nos cargos e não os cargos nos homens, e deste modo fazer tudo o que pertence ao Estado[29].

Tamanha era a sua benevolência que, em termos de cognomes, o seu ficara o de "o clemente"; pois era bondoso, tolerante, generoso. Seus ministros reclamavam que pacientemente lia todas as cartas que lhe eram enviadas, apadrinhava os filhos de seus criados e oficiais de câmara. Não

---

29. *Ibid.*, p. 132.

faltam relatos de que era de uma bondade sem fim, o que poderia passar a impressão de alguém sem força ou que não se deixava respeitar. "Numa só coisa podia o marquês de Palmela [ministro e secretário de Estado dos Negócios Estrangeiros] contar com D. João VI, e essa homenagem deve ser-lhe prestada pela história. O seu instinto bondoso e pacífico [...]"[30]. Os que mais brilham na história são os "malvados favoritos" e seus algozes; os bons condutores tendem a cair no esquecimento.

Havia cautela e a importância de ser sempre correto com aqueles que lhe prestavam homenagens ou pediam ajuda. Nos lembretes por ele feitos ao seu secretário, há desde anotações sobre "examinar um caixote no qual traz uma cantata que se fez ao nascimento do meu António", como "se há ofícios para ler", ou "lembra-te de perguntar-me o que o visconde me falava a respeito de um coronel francês"[31].

Numa corte de interesses, em que a dúvida pairava sobre todos, era difícil acreditar que pudesse haver um monarca que sentisse apreço pelos seus súditos, mas que também era esperto o suficiente para ser desconfiado e ter sempre um pé atrás, principalmente em assuntos internacionais. Suas experiências iniciais com as promessas flexíveis da Espanha e a confusão com a França na Guerra das Laranjas o fizeram ser um homem desconfiado, mas que nunca entraria num embate direto. Não fazia parte da sua personalidade.

Como monarca, entendia o mecanismo da vida na corte. Havia crescido nela e visto a influência poderosa do marquês de Pombal sobre o seu avô, assim como o embate entre o ministro e sua mãe. Tinha conhecimento de que interesses privados poderiam se sobrepor aos públicos, e ele deveria estar atento a isso, pois o pessoal nunca poderia estar acima do Estado. Para isso, afastou a ideia de um ministro mediador das relações com os outros ministros e optara por ter vários conselheiros de Estado em contato direto com ele[32], a quem pedia conselhos e pareceres. Queria ter uma visão mais abrangente do que acontecia no reino.

---

30. *Ibid.*, p. 395.
31. *Ibid.*, p. 137.
32. Isso será revisto quando chegar ao Brasil em 1808, e um novo formato de ministério surgirá como veremos em "A Criação".

D. João VI procurou manter uma orientação iluminista, tendo ao seu redor políticos experientes, intelectuais, cientistas — dentre os quais se enquadrava Rodrigo de Sousa Coutinho. Igualmente procurava apoio para entender problemas e encontrar as soluções em estudos feitos pela Academia de Ciências de Lisboa em conjunto com a Universidade de Coimbra.

A economia foi a sua prioridade, juntamente com o progresso cultural que, quando comparado a outros países europeus, era considerado atrasado quando entrou no poder. Quanto às colônias, procurou mapeá-las, enviar expedições científicas, criou a Real Sociedade Marítima com o intuito de desenhar mapas, cartas náuticas de todo o império, e a editora Arco do Cego para publicar estudos sobre ciências e agricultura. Nos órgãos estatais, incentivou o preparo dos nobres em funções e cargos mais altos, porém houve grande resistência dos conservadores neste aspecto.

Também fazia questão que fossem homens com posicionamentos diferentes, não alinhados nem com ele, nem entre si. Porém, na falta de um primeiro-ministro, cada ministro cuidava do seu ministério à sua maneira e sem uma coerência entre si, o que gerava impasses, ainda mais nas áreas das finanças e das ações militares. No caso das finanças públicas, quando estava o marquês de Ponte de Lima no governo, por ser puritano, oligárquico, indiferente à monarquia, promovia taxações e loterias para levantar dinheiro para os cofres públicos. Quando o lugar nas finanças públicas foi preenchido por Coutinho, que primava pela monarquia sem despotismo ministerial, ele era a favor de uma maior austeridade do Estado.

D. João VI entendia que era preciso escutar diferentes pontos de vista — tanto "pombalinos" quanto "puritanos" — antes de tomar uma decisão, o que poderia demorar e o fez ser considerado indeciso. Com a ameaça militar napoleônica, os pombalinos, que eram a favor de manter um governo com bases mais iluministas, como havia feito D. José I, e os puritanos, mais conservadores e alinhados com algumas decisões de D. Maria I, se reuniriam em outros dois partidos, cada um tomando a bandeira de uma política externa cujas influências seriam as pedras fundamentais do Brasil.

Se a vida lhe dá Brioches, faça uma Francesinha[33]

Entre os anos de 1803 e 1807, o aconselhamento por meio de ministros e pontos de vista divergentes se torna ainda mais patente diante da preocupação com os rumos da situação do Estado. E em 1807 fica mais evidente nas decisões que aconteceriam ao longo do conturbado ano, sob as ameaças de Napoleão Bonaparte e as pressões da Inglaterra.

Seu conselho se dividia em dois. De um lado, o "partido francês", a favor de cooperar com a França e estar ao lado dela no Bloqueio Continental. Era encabeçado por Antônio de Araújo Azevedo (1754-1817), Seabra da Silva (1732-1813) e o duque de Lafões (1719-1806). A favor da Inglaterra, e consequentemente contra o Bloqueio Continental e a França, estava o "partido inglês", com Rodrigo de Sousa Coutinho à frente, juntamente com o marquês de Ponte de Lima. E o príncipe regente D. João estava entre os dois partidos, ouvindo a ambos. "A 'personalidade' de D. João surgia, neste contexto, como fator de ineficácia de um governo dividido: não optando por nenhuma das alternativas de orientação, o príncipe paralisava a ação dirigente e retirava a capacidade da administração"[34]. Porém, havia motivo para tal: chegar à melhor resposta. A situação era tensa demais para ser levada de maneira leviana, e não importava quanto tempo durasse para chegar a ela, pois ele acreditava que poderia ganhar tempo.

Aliar-se à França seria entrar em guerra com uma grande potência como a Inglaterra; juntar-se a esta contra a França também já havia trazido prejuízos a Portugal. Numa conjuntura ideal, a neutralidade seria a melhor opção, mas essa possibilidade não existia. Enquanto pôde, o príncipe regente tentou, postergando uma decisão que pendesse para qualquer lado. Para isso foi usando da ambiguidade, o "ficar em cima do muro", pois não havia nem dinheiro nem aparato militar para guerrear contra qualquer um

---

33. "Francesinha" é um sanduíche típico do Porto, anterior ao *croque-monsieur*. Leva pão, bife bovino, frios como presunto e *bacon*, embutidos como fiambre, salsicha, linguiça, e ainda queijo, ovo estrelado por cima e molho com base de tomate, vinho do Porto e pimenta piri-piri. Há quem diga que veio com os franceses durante a ocupação napoleônica na cidade, mas não há provas.

34. Como aponta Jorge Pedreira e Fernando Dores Costa, na biografia *D. João VI: Um Príncipe Entre Dois Continentes*. São Paulo: Cia. das Letras, 2008, p. 84.

desses países. Ao mesmo tempo, foi preciso argúcia e muita paciência para lidar com as pressões de ambos, principalmente os franceses.

Em 1803 a França enviou o general Jean Lannes (1769-1809) como representante de Napoleão. Sem qualquer educação, capaz de destratar o secretário de Estado de Negócios Estrangeiros, João de Almeida (1756-1814), como se nada fosse por considerá-lo muito inclinado aos interesses ingleses, Lannes desfez da corte joanina. Vez e outra reclamava de prejuízos pessoais, exigia indenizações sem cabimento, ordenava a demissão dos ministros alinhados com interesses da Inglaterra. A isso tudo o príncipe regente respondia com paciência e a resposta era sempre uma só: que o representante francês fizesse suas reclamações por escrito, porque era "melhor para evitar mal-entendidos", e enviasse ao funcionário responsável para que pudessem ser avaliadas junto a outras tantas. Ao que Lannes retrucava: aqueles não eram negócios a serem postos por escrito. D. João o sabia, mesmo assim fazia-se de ignorante e o pedia, pois entendia que o outro não iria adiante com as exigências. Fazer-se de ignorante era também uma tática.

Quanto às alegações de parcialidade, o príncipe regente explicava que seus ministros eram portugueses e seus vassalos, respeitando a Portugal e a seu regente. Para bom entendedor, isso bastava, mas a insistência de Lannes era tamanha, que D. João repensou e decidiu por afastar os dois ministros apontados pelo francês em uma tentativa de aproximação. À época, a França era um dos principais mercados para os produtos portugueses vindos das colônias, e ninguém tinha interesse de desfazer-se disso. E cada vez mais angariava simpatizantes da causa francesa por meio de uma campanha de panfletos.

O reinado de D. João VI não foi de paz, nem de marasmo, portanto. Teve de lidar com críticas quanto à sua pessoa, sempre considerada menor do que a promessa do que seria o governo de seu irmão[35], como também

---

35. Por muito tempo a atenção de todos esteva cravada no príncipe D. José, e prometia-se muito do seu governo — "sua capacidade e expansão mental nascente obteve crédito universal" —, o que poderia ter levado a crer que D. João nunca cumpriria tais expectativas por ficar à sombra do irmão. O representante da França, marquês de Bombelles, conhecera D. João ainda criança e relatara em seus diários que era inexpressivo e que se embaraçava com as palavras, repetindo-as. Porém, suas ações e decisões no futuro

teve de resolver grandes crises, tanto diplomáticas quanto econômicas e políticas, e, ainda assim, manteve-se no poder e com o apoio do povo até a sua morte em 1826. Das diversas crises, três grandes entraram para a nossa história por terem mudado os rumos do Brasil: a "fuga" de Napoleão em 1807, a Revolução do Porto em 1820 e a Independência do Brasil em 1822.

Napoleão a ver Navios

Não faltou educação e capacidade intelectual, nem foi descaso ou inépcia. Fazer uma manobra ousada contra Napoleão Bonaparte, algo nunca dantes empregado por qualquer governante; criar as bases de um Estado europeu em território tropical, lidar com a perda do seu mais rico território, além das seguidas subversões políticas de sua mulher e do filho D. Miguel. Diante de tantas rupturas e reconstruções, não há como afirmar que havia um monarca indolente, indeciso, e até mesmo covarde. Por suas atitudes, D. João VI se mostrou hábil, sem nunca ter perdido a cabeça e a coroa.

Ele era um homem que não gostava do caos, preferia lidar com a mais intrigante das atitudes com benevolência, evitando também os confrontos, e se rodeava de pessoas que poderiam pensar diferentemente entre si, mas que lhe dariam a amplitude necessária para enxergar as questões e alcançar a conclusão mais próxima da que seria a ideal. E a depender do assunto e da sua importância, isso poderia demorar. Seu método era um: processo. Avaliar todas as possibilidades, estudar o assunto, escutar as pessoas próximas ou alguém que estivesse mais envolvido para então reavaliar. Isso era tido como indecisão para algumas pessoas, que acreditavam que ser um monarca absolutista era sair mandando comer brioches, ou agir como quisesse, com total descaso quanto ao resultado das suas ações. Não, D. João VI poderia ter o poder absolutista, mas ele também entendia que esse poder trazia grandes responsabilidades.

---

provariam que ele era capaz. Para mais sobre o tema: WRAXALL, Nathaniel William. *Wraxall's Historical and Posthumous Memoirs (1772-1784)*, vol. 1. Londres: Bickers and Son, 1884, p. 29.

Pode um presidente de uma empresa tomar uma decisão referente a uma aquisição ou um investimento que, se mal aplicado, prejudicaria a vida de centenas de funcionários, sem entender o que acontece, sem conhecer os riscos e possibilidades, sem se aconselhar com especialistas? Pode usar apenas o poder inerente ao cargo e, de maneira leviana, tomar a decisão que naquele instante é a que lhe parece melhor? E mesmo com estudo e cautela ele pode errar e terminar fechando a empresa e prejudicando as diversas famílias que dela dependem para o seu sustento. A meta é diminuir riscos e maximizar lucros, de preferência evitando guerras e melhorando a economia com bons tratados entre países. Se o presidente de uma empresa precisa de conselheiros, estudo, tempo e cuidado para poder bem gerir uma companhia, imagine o que é necessário para um monarca que carrega o peso de um império na cabeça e a vida de milhares de pessoas que, a depender do que decida, podem vir a morrer na extrema pobreza, ou em uma guerra.

Não é tarefa fácil hoje, o que dirá antigamente, quando não havia tecnologia e informações mais acuradas como atualmente. D. João VI não tinha um telefone para ligar e falar diretamente com Napoleão Bonaparte e perguntar quais as suas reais intenções para decidir o que fazer, tampouco confiava nos ministros plenipotenciários e representantes que tentavam negociar por ele. O monarca português não podia mandar um *e-mail* ou mensagem *inbox* para o rei da Inglaterra e questionar qual a verdade por detrás do seu apoio e se ele sustentaria isso numa guerra contra a França. Não havia redes sociais, nem jornais *online*, nem *lives* mostrando o que outros monarcas faziam, se seus exércitos estavam passando pelas fronteiras enquanto fingiam negociar, se estava tendo uma crise em outro país que poderia afetar o seu dentro de poucos dias. Não havia tecnologia nem informação acurada para que alguém como D. João VI pudesse tomar rapidamente qualquer decisão, ainda mais um importante como o racha com a França ou com a Inglaterra.

Portugal versus o Mundo

Para entender a posição de Portugal na diplomacia internacional do período, é preciso antes compreender como estava a situação entre os países mais próximos aos portugueses e como era a própria estrutura militar no período joanino.

Portugal nunca foi grande, mas chegou a ser um país de extrema relevância na história mundial por ter sido o primeiro império europeu após o fim do Império Romano. Seu *status* de primeira superpotência foi atingido muito antes da existência da França ou Inglaterra no cenário global. A partir de D. Diniz, o navegador, no final do século XIII Portugal incorporou as cartas náuticas e ensinamentos trazidos das Cruzadas pelos Templários, além de seu apoio público e integral uma vez rebatizados como Ordem de Cristo. Com isso Portugal se lança numa estratégia de conquista marítima. Os avanços da sua tecnologia bélica e de navegação trazidos pela Ordem foram fundamentais para assegurar a Portugal *status* e relevância mundial até o século XIX.

Foi isso o que propulsionou esse pequeno reino a criar bases de comércio e colônias em todos os continentes. Em muitos casos os portugueses enfrentavam resistência em áreas de interesse de outros impérios e, mesmo com menos contingente de forças e recursos, invariavelmente saíam vitoriosos. Os pilotos das naus portuguesas foram requisitados a prestar serviços a vários reinos colonizadores, pois dominavam a astronomia, a cartografia e a geografia.

Enquanto isso, nesse mesmo período, as futuras grandes potências da Europa ainda se encontravam em um lodaçal de disputas familiares que atrasavam a consolidação dos seus territórios. O resultado do pioneirismo português, da tecnologia templária e de seu isolamento das zonas de conflito na Europa central foi a criação do primeiro império europeu em escala global.

No século XIX, Portugal encontrava-se em posse de vastos territórios e entrepostos em todos os continentes. Estava muito mais forte economicamente e experiente belicamente do que quando iniciara suas campanhas no final do século XIII. No entanto, nesse ínterim de 500 anos, os demais países europeus também evoluíram para a criação de seus próprios impérios e, relativo a esses, Portugal não tinha exército nem marinha poderosos o bastante para o defenderem à altura do desafio.

Em comparação, a França havia acabado de passar por uma grande transformação política e social com a Revolução Francesa, e economicamente estava se refazendo. Tinha *la Grande Armée*, comandado por um dos maiores estrategistas da história: Napoleão Bonaparte. Já a marinha francesa, apesar de numerosa, não era poderosa pois seus melhores oficiais ou a haviam deixado no início da Revolução Francesa, ou haviam sido mortos na mesma. Por outro lado, a Inglaterra era uma potência em termos de exército e de marinha, mas havia perdido uma de suas maiores colônias — os Estados Unidos da América — e estava se refazendo enquanto mantinha uma guerra com a Espanha, que ia dos mares do Atlântico para o território sul-americano, e outra com a França, no continente europeu.

As relações entre Espanha e Portugal também estavam estremecidas. A Espanha, anteriormente aliada, saíra da coalizão contra a França por meio do tratado de Santo Ildefonso. Vendo os ganhos franceses com a Campanha da Itália e do Reno, era mais rentável à Espanha mudar de lado, aliando-se à sua antiga inimiga contra a Inglaterra, do que ficar ao lado de Portugal. Para a França, a vantagem de ter a Espanha como aliada era para manter a lendária Invencível Armada espanhola ao seu lado, pois era considerada a única capaz de derrotar a poderosa frota britânica. A união dos espanhóis com os franceses não dera certo e, apesar de ter impedido o ataque inglês a Cádiz, Tenerife e Ferrol, foram derrotados na Batalha do Cabo de São Vicente (1797). Um tratado de paz foi assinado entre Espanha e Inglaterra em 1802, o que não durou dois anos.

Trafalgar é Preciso?

Os problemas entre Espanha e Inglaterra recomeçaram quando, sem sinal de desavença, navios ingleses atacaram uma frota espanhola que levava ouro e prata para Cádiz, destruindo uma fragata e capturando as outras. Não foi preciso muito mais para que os espanhóis se aliassem a Napoleão Bonaparte para invadir a Inglaterra. Porém, os planos foram por água abaixo com a batalha naval de Trafalgar.

A estratégia franco-hispânica era atrair a esquadra inglesa e levá-la até as Antilhas e depois unir-se às esquadras de Rocheford e Brest e seguir pelo Canal da Mancha para que a frota francesa passasse.

Quando a frota franco-espanhola, com cerca de 41 embarcações, saía de Cádiz para Nápoles, na altura do Cabo Trafalgar, deparou-se com a esquadra composta por 33 embarcações do almirante Nelson (1758-1805) esperando-os. Os ingleses, divididos em duas colunas, foram para cima da linha franco-espanhola partindo-a em três. A derrota foi devastadora. Somente do lado franco-hispânico foram quase 4.400 mortos, enquanto morreram 458 ingleses — entre eles o famoso lorde Nelson, atingido por uma bala durante o confronto com o navio *Redoutable*. Foram mais de 3.700 feridos de ambos os lados, e milhares de franceses e espanhóis capturados junto a 21 navios.

Para piorar o desastre da batalha naval, uma tempestade varreu os mares e parte dos navios conquistados naufragou devido às péssimas condições anteriormente causadas pela disputa.

Napoleão Bonaparte, que havia acabado de derrotar o exército austríaco em Ulm, ao saber do resultado de Trafalgar, manteve-o em segredo por algum tempo. Enquanto ficava calado para não diminuir sua grande vitória nos campos alemães, nos jornais saía a notícia que a França havia ganho a batalha naval: após os "bravos irmãos em armas" terem saído vitoriosos na Alemanha, a frota inglesa "está aniquilada! Nelson morreu!"[36]. E a notícia não se restringiu à França. O jornal inglês *Herald* soltou o primeiro boletim da Armada, uma tradução do artigo publicado no *Le Moniteur Universel*, jornal francês de viés napoleônico. Este teria publicado a notícia da vitória no dia 25 de outubro, apenas 4 dias depois da batalha — ocorrida em 21 de outubro de 1805 —, o que era pouco tempo para a época para a confirmação dos fatos.

Segundo o jornal — que alegava relatar as informações vindas do "quartel general em Cádiz" — os almirantes Villeneuve (1763-1806) e Gravina (1756-1806), indignados de estarem nos portos "a ver navios", alçaram âncoras e entraram em batalha contra a Inglaterra. Batalha esta que estava sendo evitada pelo almirante Nelson. Narrado de uma maneira vivaz, como se os almirantes francês e espanhol estivessem competindo quem alcançaria primeiro Nelson a bordo do *HMS Victory*, o artigo transformava o herói inglês num medroso:

---

36. Todas as referências deste parágrafo estão disponíveis em: "Propaganda – Franco Spanish Reaction to the Battle of Trafalgar", *A&C Society*. Disponível em: <http://navalmarinearchive.com/research/trafalgar_propaganda.html#b3>. Acesso em: 21 de setembro de 2021.

> [...] lorde Nelson adotou um novo sistema [de batalha]: com medo de nos combater à maneira antiga, a qual sabia que estávamos em vantagem, [...] Por um curto período, ele nos desnorteou [...] Lutamos frente a frente, arma a arma por três horas [...]. Os ingleses[37] começaram a desanimar, perceberam que era impossível ganhar.

E a notícia seguia se vangloriando da perícia dos combatentes de Napoleão, do temor do inimigo, dos "bravos marinheiros" cansados do combate moroso e que queriam logo ir "*à la bordage*", a surpresa dos ingleses que se atiravam na água de medo. Quanto a Nelson, o relato dizia que os dois almirantes, o francês e o espanhol, embarcaram no navio inglês e Villeneauve pegou pistolas e ofereceu um duelo para que Nelson morresse com dignidade, uma vez que havia perdido o braço e não poderia lutar com espadas. Nessa "generosidade" francesa, Nelson teria morrido. Quando iam tomar posse dos navios que não haviam afundado, uma tempestade assolou a área, causando o caos nas embarcações avariadas, e algumas encalharam nas praias. Da frota franco-hispânica, 13 chegaram ao porto de Cádiz e outras 20 "foram para algum porto e em breve saberemos mais".

Com um tom que passava do heroico para o vitorioso, o relato lembrava que deveriam ainda reparar "os estragos o quanto antes e ir novamente atrás do inimigo, provando o poder da determinação em retirar deles o império dos mares, de navios, colônias e comércio e assim obedecer a ordem de sua majestade imperial. Nossa perda foi insignificante em comparação a imensa perda dos ingleses". Porém, há um fato que não houve como esconder e foi preciso mais imaginação do que o anterior: a ausência do almirante Villeneuve. Na narrativa do jornal, "carregado além dos limites da prudência pelo ardor", o almirante foi até o navio inglês e não conseguiu retornar ao seu por causa da tempestade. Sem dizer onde estava o almirante francês, o artigo termina falando que agora era esperar impacientemente as novas ordens do imperador para "aniquilar" o resto da marinha inimiga e assim "completar o plano triunfante que tão brilhantemente foi começado".

---

37. Na época chamavam de ingleses até mesmo os irlandeses, escoceses, galeses...

Não é preciso apontar aqui todas as tintas ficcionais que pintam essa falsa vitória. É preciso, porém, contar o que curiosamente aconteceu de fato com o vice-almirante Villeneuve. Ele nunca encontrou Nelson em Trafalgar. De acordo com testemunhas, rendeu-se ao capitão James Atcherly em seu próprio navio, o *Bucentaure*, que havia sido avariado pelo *Victory*. Villeneuve foi levado à Inglaterra, sendo libertado em condicional junto aos seus homens. Em 1806 retornou à França, mas não chegou a Paris. Foi encontrado morto em Rennes, no Hôtel de la Patrie. Segundo consta nos registros policiais e nas notícias dos jornais, ele se "suicidou" com seis facadas no pulmão e uma no coração — e deixou um bilhete de despedida para a esposa.

E quem diz que *fake news* é coisa do século XXI?!

Trafalgar prejudicou a Espanha, que perdera 11 navios, teve mais de mil perdas humanas, outras 1.300 desaparecidas e 4 mil marinheiros capturados[38].

A Inglaterra aumentaria ainda mais a pressão contra os espanhóis. Cerca de um ano depois, em terras sul-americanas, nos anos de 1806 e 1807, as tropas inglesas desembarcaram nas Américas para atacar o Vice-reino do Rio da Prata — atuais Uruguai e Argentina. O intuito era apenas um: ter uma base estratégica para o comércio colonial. Primeiro houve uma tentativa de ocupar a capital, Buenos Aires, o que durou pouco mais de um mês, e no ano seguinte tentaram uma segunda vez, e igualmente não conseguiram. A milícia unida ao exército espanhol foi capaz de reduzir o exército inglês pela metade, e o fez bater em retirada. Também houve uma tentativa de invadir Montevidéu. Foram meses na vila montevideana até que fossem expulsos pelas forças hispânicas. Desta vez, a Inglaterra perdia a batalha, mas não a sua vontade de estar em território sul-americano.

Não foi preciso muito mais para que Portugal percebesse que não poderia arcar com uma aliança com a França, como havia feito a Espanha. Não somente em termos de perdas, mas ter seu comércio com as colônias

---

38. ADKINS, Roy. *Trafalgar: the Biography of a Battle*. Londres: Hachette Digital, 2004, p. 190.

cortado era impraticável. Depois de Trafalgar, a Inglaterra dominava os mares; portanto, ser seu aliado significava obter ajuda na circulação marítima entre colônias e metrópole, o que impediria um eventual ataque franco-hispânico de conquista do Brasil e dos territórios portugueses na África e na Ásia. Porém, estar com a *John Bull* era, possivelmente, reviver a Guerra das Laranjas. Não se deve esquecer que a Espanha era sua vizinha; se o príncipe regente D. João espirrasse, o rei Carlos IV diria "Salud!".

Neutralidade é para quem Pensa

D. João VI era um homem de cálculos, exames, avaliações, e manter a neutralidade ao máximo era importante. Era sempre esta a posição da diplomacia portuguesa. E como ser diferente, quando todo um império estava em risco? Era natural que houvesse indecisão e que se estivesse tentando protelar ao máximo para ganhar tempo e poder enxergar a melhor saída. Também poderia haver alguma espécie de milagre, algo externo para ajudar a resolver o impasse — como aconteceria no caso da Vilafrancada, em que não foi preciso entrar em embate direto com as Cortes para reaver o poder. Só que a França e a Inglaterra não eram nem os deputados nem os militares portugueses, e pressionavam o príncipe regente a sair de cima do muro construído por palavras ambíguas.

A questão passava a ser uma: quais seriam as perdas se se tomasse o partido de um ou de outro? Porque naquele momento em que a Europa estava explodindo, não se tratava de lucros, mas de minorar as perdas.

Quando Jean-Andoche Junot (1771-1813) era o plenipotenciário francês em Lisboa, em 1805, havia notado que, por mais que Portugal procurasse se manter neutro, deixava os ingleses usarem seus portos, sem qualquer impedimento, o que era malvisto pela França. Sempre que questionava isso, o príncipe regente e seus ministros respondiam-lhe evasivamente, com respostas dissimuladas e informais. Não queriam entrar em confronto, fosse verbal ou bélico. Nem cabia na personalidade de D. João enfrentar de imediato quem quer que fosse, independente da posição que estivesse, nem provocar incidentes diplomáticos. Ao menos, não até estar certo de qual seria a resolução a seguir, mas quando isso acontecesse já seria por meio de um decreto ou proclama. Porém, em 1805, não havia motivos para ficar se explicando... ainda. O regente preferia manter uma posição que sabia ser criticada: a neutralidade. E que tentaria até a última oportunidade, quando já estava no navio que o traria ao Brasil, dois anos após os questionamentos de Junot.

Em novembro de 1806 a situação piora quando Napoleão Bonaparte decreta o Bloqueio Continental. Nenhum navio inglês poderia aportar em portos europeus sob seu domínio para desembarcar suas mercadorias. A França queria impedir a expansão econômica daquela potência que se industrializava e dependia do comércio com o continente para escoar suas mercadorias. A lógica era apenas uma: quebrada economicamente, a Inglaterra perderia a guerra. O próprio Napoleão explicaria ao seu confessor o surgimento da ideia e como seguiria o raciocínio:

> Depois que eu percebi que era impossível invadir a Inglaterra, meditei os meios de a pôr em aperto, e lembrei-me que a exclusão do seu comércio dos mercados do Continente seria um daqueles meios; mas, para o conseguir, era preciso subjugar a Prússia, amedrontar a Áustria, amansar a Rússia, e invadir a Espanha e Portugal[39].

Em 1807 o bloqueio ficou ainda mais acirrado, com Napoleão decretando que determinadas mercadorias seriam consideradas britânicas, independente da sua origem, e embarcações cujo porto de origem fosse inglês seriam confiscadas. Um mês depois, em dezembro de 1807, navios neutros, sem bandeira, vindos de portos ingleses, seriam capturados. Tais medidas acabaram afetando a Rússia[40] e a Áustria, que resolveram adotar o bloqueio por interesses econômicos. Inimigos, inimigos, sócios comerciais à parte.

A resposta da Inglaterra foi uma: embarcações neutras em direção a portos franceses seriam capturadas.

---

39. SARRAZIN, Jean. *Confissão Geral que Fez Napoleão Bonaparte ao Abbade Maury, em 15 de agosto de 1810, Escrita em Londres pelo General Sarrazin*. Rio de Janeiro: Impressão Regia, 1811, p. 40.

40. Em 1812, por causa de problemas econômicos causados pelo Bloqueio Continental, a Rússia mudaria de aliados, deixando a França em favor da Inglaterra. A França mais uma vez declararia guerra com a Rússia e, no mesmo ano, ocorreria a famosa Campanha Russa, que abalaria a fama de Napoleão Bonaparte como gênio militar e entraria para a história como um fracasso napoleônico.

As ações de ambos os lados acabaram levando a uma escassez de mercadorias das colônias na Europa.

Não somente a Europa foi prejudicada[41]. Os Estados Unidos da América, que também procuravam manter neutralidade, foram afetados por negociar por debaixo dos panos tanto com a ex-metrópole quanto com a França. Diante da perseguição britânica, ao descobrir as negociações com os franceses, os norte-americanos aprovaram leis de embargo a mercadorias vindas da Inglaterra — um dos motivos do estopim da Guerra de 1812[42] entre os dois países. Não foi a melhor decisão. Geraria um prejuízo enorme à economia norte-americana em um ano, com uma queda de mais da metade das exportações e causando uma forte onda de desemprego.

Os Estados Unidos também seriam prova de que a neutralidade se tornava impraticável naquele período. Era preciso ter um lado.

Em 1807 a tensão chegaria ao seu ápice, e Portugal seria ainda mais pressionado a sair da neutralidade. Em 12 de agosto, o ministro pró-França Antônio de Araújo Azevedo foi a Mafra, onde estava o príncipe-regente, a fim de repassar a exigência da França de que Portugal aderisse ao Bloqueio Continental, apreendesse mercadorias e bens de ingleses e residentes ingleses, e declarasse guerra à Inglaterra até 1 de setembro. Caso contrário, seria invadido.

Neste ínterim, o general Junot treinava com suas tropas em Baiona, território francês vizinho à Espanha, como se preparando uma invasão, o que deixava a situação ainda mais tensa. Numa carta de Napoleão ao ministro de Relações Exteriores, Jean-Baptiste de Champagny (1756-1834)[43], enviada de Saint-Cloud, em 4 de setembro de 1807, o imperador francês relatava que a situação com Portugal lhe parecia ruim, mas o jeito seria aguardar as notícias do que seria decidido na data limite. E pediu que o

---

41. Em alguns casos, estimulou a produção interna em países como Suíça e Bélgica.

42. Veremos mais sobre a guerra de 1812 e como ela influenciou a nossa independência no capítulo "A Aventura".

43. Ele substituiria o príncipe Talleyrand como ministro de Relações Exteriores. Na função, ele ajudou na abdicação de Carlos IV da Espanha em nome de José Bonaparte em 1808, e ainda negociou o tratado de paz de Viena (1809) e o casamento de Napoleão com a arquiduquesa Maria Luísa Habsburgo, a irmã mais velha de D. Leopoldina.

ministro falasse a Lourenço de Lima (1767-1839), representante português na França, que, uma vez que o exército napoleônico entrasse em Portugal, não haveria como voltar atrás, e assegurava: "o Brasil pouco nos interessa, uma colônia a mais ou a menos não é nada, e que são os portos do Porto e de Lisboa e seu comércio de vinhos que nos importa de verdade"[44].

Preocupado com a resposta que teria de ser dada no início de setembro, D. João convocou o Conselho de Estado, que se reuniria no dia 19 de agosto. Escutou a todos os seus ministros, conselheiros e a quem mais achasse apropriado, pessoas estas em quem confiava: os guarda-roupas Francisco José e Matias Antônio Sousa Lobato, o responsável pelo gabinete José Egídio Alves de Almeida (1767-1832), o fiscal do erário Tomás Antônio Vilanova Portugal (1755-1839), o médico Manuel Vieira da Silva e o secretário João Diogo de Barros. Numa situação destas, era importante pensar todos os lados, ser cauteloso. O que acabou fazendo com que fosse visto como alguém indeciso, influenciável, incapaz de pensar por si próprio. É importante lembrar que seus detratores eram aqueles que o execraram politicamente quando a decisão havia sido a de deixar Portugal, alguns deles seus contemporâneos que se sentiram abandonados em Lisboa.

Rodrigo de Sousa Coutinho e João de Almeida de Melo eram contra aceitar o ultimato francês, e acreditavam que deveriam aceitar o apoio militar inglês e defender o país enquanto a família real poderia ir para o Brasil. Eram as duas vozes dissonantes, uma vez que a maioria do Conselho era a favor de aceitar a pressão francesa, e mandar preparar uma frota para eventualmente levar embora a família real. Ou seja, aliar-se à França para evitar uma guerra, mas sem que isso fosse causar embaraços com a Inglaterra, sua aliada comercial.

Entrava uma tentativa de *mise en scène* para francês ver ao se fingir que se era hostil à Inglaterra. O representante inglês em Lisboa, lorde

---

44. Os vinhos também estarão na negociação da Independência do Brasil, prova da sua importância no comércio europeu, sobretudo para os ingleses que desde o século XVII-XVIII eram os grandes mercadores de vinhos portugueses. Entre 1700 e 1756, a taxa de crescimento anual era de 5%. Para mais: CARDOSO, Antônio Barros. "Estrangeiros, Vinhos de Viana e Vinhos do Porto". *Revista Iberoamericana de Viticultura, Agroindustria y Ruralidad*, vol. 4, nº 12, p. 163-179, 2017. Disponível em: <https://www.redalyc.org/journal/4695/469552915010/html/>. Acesso em: 12 de outubro de 2021.

Strangford (1780-1855), que já buscava convencer o príncipe regente de que não se aliar à Inglaterra era uma declaração de guerra, repassou ao secretário de Estado dos Negócios Estrangeiros inglês, George Canning (1770-1827), a notícia de que Portugal tentava ganhar tempo. A ideia era fingir uma guerra com a Inglaterra, já que não teria como enfrentar a ameaça napoleônica. O único que pediam era que os ingleses não atacassem suas colônias e nem destruíssem o comércio colonial como haviam feito com a Espanha; quanto aos seus navios de guerra, poderiam ser apreendidos pela marinha inglesa.

Rumo ao Quinto Império

Enquanto Portugal tentava encontrar uma maneira de se manter neutro sem aparentar neutralidade, um antigo plano estratégico de mudança da família real reapareceu: o translado ao Brasil. A estratégia por si só da retirada do monarca durante uma invasão estrangeira não era novidade. Os próprios Habsburgos haviam feito isso em 1806, quando Napoleão chegara a Viena e se alojara em Schönbrunn. No caso dos portugueses, porém, o plano era ousado porque o príncipe regente, toda a sua família, criados, ministros, e pessoas importantes em altos cargos iriam se mudar não para outra região de Portugal: era para além-mar. Para o Brasil, que ficava a quase dois meses de viagem. Era uma estrutura faraônica cruzando os mares. E seria a primeira vez que um monarca europeu se dirigiria às Américas, algo nunca dantes tentado.

Apesar de ousada, a ideia, porém, não era inédita. Em 1580, com a invasão de Portugal pela Espanha, o Prior do Crato (1531-1595) havia sido aconselhado a ir ao Brasil. O próprio padre Antônio Vieira (1608-1697) havia previsto um "Quinto Império" no Brasil para os filhos de D. Luísa de Gusmão (1613-1666) durante da Guerra da Restauração. Luís da Cunha (1662-1749), em 1738, durante o reinado de D. João V (1689-1750), achava importante ir para as Américas, ricas em ouro, e assegurar-se o título de "imperador do Ocidente", prova do engrandecimento do império português frente às outras nações. Até mesmo o marquês de Pombal havia mandado preparar navios, que estavam ancorados em frente ao Palácio da Ajuda, caso Portugal perdesse a Guerra dos Sete Anos contra a Espanha em 1762. E não havia sido há muito tempo que o marquês de Alorna havia proposto o mesmo ao próprio D. João, na época da Guerra das Laranjas, em maio de 1801:

> Em todo o caso, o que é preciso é que Vossa Alteza Real continue a reinar, e que não suceda à sua coroa o que sucedeu à de Sardenha, à de Nápoles [...]. Vossa Alteza Real tem um grande império no Brasil, e o mesmo inimigo que ataca agora com vantagem, talvez que trema, e mude de projeto, se Vossa Alteza Real o ameaçar de que dispõe a ir ser imperador naquele vasto território onde pode facilmente conquistar as colônias espanholas e aterrar em pouco tempo todas as potências da Europa. Portanto, é preciso que Vossa Alteza Real mande armar com toda a pressa todos os seus navios de guerra, e todos os de transporte, que se acharem na Praça de Lisboa. Que meta neles a princesa, os seus filhos, e os seus tesouros, e que ponha tudo isto pronto a partir sobre a Barra de Lisboa, e que a pessoa de Vossa Alteza Real venha a esta fronteira da Beira aparecer aos seus povos, e acender o seu entusiasmo[45].

Se em 1801 essa ideia havia sido rejeitada com repugnância por D. João, agora era avaliada com mais cautela. Ter um representante da família real impediria uma invasão britânica, ou a independência do território com apoio dos ingleses. Enquanto aguardava-se uma posição da Inglaterra em aceitar os portos fechados e fingir uma guerra, e a da França em aceitar apenas parte do imposto, na reunião do Conselho em 26 de agosto surgiu a possibilidade do envio de somente o príncipe da Beira para o Brasil, o pequeno D. Pedro. Na reunião seguinte, em 2 de setembro, pensou-se em enviar o infante mais novo ao Brasil, D. Miguel, mas Coutinho era contra a separação da família real. Debateu-se então a data da viagem do príncipe D. Pedro, quem estaria na sua comitiva, o local em que ficariam, como se daria a administração da região e a possibilidade de o príncipe ter o título de "condestável do Brasil". Foi ressaltada a importância de não fazer qualquer alteração política na colônia. Também se verificou que só seria possível fazer a viagem com o

---

45. LIGHT, Kenneth. *A viagem marítima da família real*. Rio de Janeiro: Zahar, 2007.

apoio da Inglaterra, que garantiria uma passagem segura, uma vez que ela era a soberana dos mares após Trafalgar.

Por mais que a ordem tivesse sido dada e os estaleiros começassem a operar as modificações nas embarcações para ajustá-las à viagem em julho de 1807, não haveria nenhuma atitude sem ter certeza de que a Inglaterra aceitaria. Strangford, por outro lado, parecia animado com a perspectiva de portos abertos aos ingleses nas Américas.

Enquanto D. João aguardava resposta da Inglaterra, a Espanha tentava pressionar Portugal por meio do embaixador espanhol. Quando ele questionara qual seria a sua decisão, o príncipe regente avisava que só poderia lhe responder por escrito, assim ganhando mais tempo e não tendo que encarar um debate.

Por fim veio a resposta dos franceses: *Non*! Em 23 de setembro houve outra reunião do Conselho para debater a resposta de Napoleão Bonaparte, que era de se esperar. O imperador francês não aceitaria menos do que os portos fechados, súditos e propriedades inglesas apreendidos e declaração de guerra. Portugal bateu o pé, aceitando apenas fechar os portos. Não adiantava. França e Espanha não aceitariam menos do que as ordens enviadas e o prazo para acatá-las era 1 de outubro.

Antônio Araújo de Azevedo insistia na mudança do pequeno príncipe, assim protegendo o futuro da Casa de Bragança. E D. João adiava a partida ao Brasil e quem realmente viajaria. Se por um lado seria bom ter alguém da família real em terras brasileiras, e possibilitando a abertura dos portos para os ingleses, por outro, causaria suspeitas em Napoleão Bonaparte. Havia sido acordado, então, avisar à França e Espanha o envio do príncipe. E concluiu-se que, caso tomassem Portugal e tentassem retirar a coroa, o próprio D. João deveria cruzar os mares.

Ao mesmo tempo, a frota do príncipe herdeiro estava pronta, era uma questão de o príncipe regente marcar o dia do embarque. Ainda incerto por causa dos perigos em que incorreria enviar uma criança de 9 anos em viagem tão longa e com os mares em guerra, D. João decidiu conversar com outras pessoas de sua confiança, como desembargadores, o fiscal da Real Fazenda de Ultramar, procuradores, e surgiu a questão: as leis do reino proibiam a partida do herdeiro da Coroa.

Para causar ainda maior tensão, os representantes de França e Espanha pediram os passaportes. Era o sinal de que uma guerra seria declarada. Já o representante português em Londres, Domingos de Sousa Coutinho (1760-1833), teve a permissão de negociar o fechamento dos portos portugueses e uma compensação. Havia apenas uma que interessava à Inglaterra, que perdia mercado com o Bloqueio Continental: a abertura dos portos das colônias.

Tanto na reunião de 23 de setembro quanto na do dia 30, não havia qualquer decisão sobre a partida do príncipe da Beira, ou de qualquer outro membro da família real, mas chegava aos ouvidos de D. Carlota Joaquina que D. João, seus dois filhos e a infanta Isabel Maria iriam para o Brasil e a princesa espanhola e suas outras quatro filhas seriam mandadas para a Espanha, o que causaria ainda maior reboliço. Foi preciso que o príncipe regente enviasse uma carta ao rei da Espanha, seu sogro, explicando a ida do príncipe ao Brasil e que seria importante assegurar a colônia portuguesa, bem como as espanholas, diante das ameaças francesa e britânica.

O príncipe regente não convocou o Conselho ao longo do mês de outubro, mas ordenou que se reunissem e escrevessem um parecer sobre a situação e o melhor a se fazer. Os próprios ministros continuavam divididos entre se aliar à França ou lutar contra ela. Divisão também se fazia quanto a partida da família real. Rodrigo Coutinho, que não estava nas reuniões oficiais, era consultado pelo príncipe regente e tentava convencê-lo de que a melhor solução era acertar uma aliança com a Inglaterra e ir para o Brasil.

Diga-me com quem te alias, e te direis quem és

Por mais que ir ao Brasil fosse a opção mais óbvia diante de um ataque francês alinhado com a Espanha, não era a mais fácil. Havia toda uma logística que teria de ser muito bem pensada para o envio de quem fosse para o outro lado do Atlântico, o que teria tudo para dar errado. Tampouco era certo que a melhor opção seria se render, ainda que sem derramamento de sangue. Nada garantiria que os Bragança não perderiam o trono com Napoleão Bonaparte invadindo Portugal. E não havia qualquer fantasia nesse pensamento. Era uma realidade. Aconteceria com a própria família real espanhola no ano seguinte, após a Espanha ter ajudado a França a invadir Portugal. Os Bourbon perderiam mais uma coroa[46], esta dada ao irmão de Napoleão, José Bonaparte (1768-1844). Segundo o próprio Napoleão, ele havia se aproveitado da tentativa do príncipe herdeiro, D. Fernando (1784-1833), de obrigar o pai, o rei Carlos IV, a abdicar em seu favor em Aranjuez, quando a família real espanhola se preparava para embarcar para as Américas, assim como fizera a portuguesa no ano anterior.

[...] se fosse possível extinguir toda aquela raça [Bourbon] de um só golpe. Ao ódio que conservo a Casa dos Bourbon, é que se deve atribuir principalmente o meu projeto de usurpar o trono de Espanha, e conquistar aquele reino para o dar a um de meus irmãos, que eu desejava ver coroado. A execução deste meu projeto começou pela discórdia que as minhas intrigas introduziram na família real espanhola; e logo depois a presença de um exército poderoso fez aceitar a minha mediação[47].

Isso também era uma preocupação de D. João. Se ele, monarca, saísse do território europeu, a Inglaterra ou outro país poderia tomar a sua coroa, talvez os espanhóis que já lhe haviam pegado Olivença. Porém os ingleses garantiram que protegeriam a *terrinha*.

O mês de outubro foi agitado com envio de mais cartas: uma carta aos brasileiros falando que o príncipe de Beira seria o condestável, outra ao rei Jorge III (1738-1820) da Inglaterra insistindo na guerra aparente, sem ataques a Lisboa ou qualquer colônia portuguesa, e uma a Napoleão avisando do rompimento com a Inglaterra, o retorno de Domingos Coutinho para Lisboa, e o fechamento dos portos[48].

---

46. O decapitado rei francês Luís XVI era da família Bourbon.

47. SARRAZIN, Jean. *Confissão Geral Que Fez Napoleão Bonaparte ao Abbade Maury, em 15 de agosto de 1810, Escrita em Londres pelo General Sarrazin*. Rio de Janeiro: Impressão Regia, 1811, p. 50.

48. A carta régia do fechamento é publicada em 30 de outubro. "O Príncipe Regente Nosso Senhor foi servido mandar remeter à Mesa do Desembaraço do Paço o decreto do seguinte teor: Tendo sido sempre o Meu maior desvelo conservar em Meus Estados,

A questão do fechamento dos portos era fundamental à França. Em carta ao rei da Espanha, de 12 de outubro, Napoleão comentava que Portugal por "16 anos teve uma conduta escandalosa de uma potência vendida à Inglaterra", cujos interesses estão no porto de Lisboa, uma "mina de tesouros inesgotável", e se aproveitou do relaxamento das regras e obteve ajuda de toda forma, portanto, "é hora de fechar os portos do Porto e Lisboa". Em primeiro de novembro, escrevia: "o exército comandado pelo general Junot estará em Burgos e demanda que o espanhol se junte a ele para que partam numa ocupação de Lisboa e de Portugal"[49]. E falava que fará o que o rei espanhol assim desejar e finaliza com a importância de isolar a Inglaterra da Europa ao fechar todos os portos e dessa forma "dar tranquilidade ao mundo".

Se Portugal negociava abertamente com a França, também o fazia às escondidas com a Inglaterra. Em Londres, no final de outubro, Domingos Coutinho e o ministro de Negócios Estrangeiros inglês, George Canning, assinavam uma convenção secreta que, se Portugal a quebrasse, poderia ter a sua marinha atacada ou perder algum território ultramar. No acordo figurava que a família real deveria fazer a travessia atlântica, entregar a ilha da Madeira como depósito e abrir um dos portos no Brasil com um tratado de comércio especial. Do outro lado, a Inglaterra protegeria a família real e não reconheceria nenhum novo herdeiro do trono que não fosse um Bragança.

O impasse, porém, veio em seguida: os portugueses não queriam abrir nenhum porto brasileiro, fechados às nações estrangeiras, e a

---

durante a presente guerra, a mais perfeita neutralidade pelos reconhecidos beris [sic] que dela resultavam aos vassalos desta Coroa; contudo, não sendo possível conservá-la por mais tempo, e considerando, outrossim, o quanto convém à Humanidade a pacificação geral. Houve por bem acender à causa do Continente, unindo-me a Sua Majestade, o Imperador dos franceses, Rei da Itália, e a sua Majestade católica, com o fim de contribuir, quanto em mim for, para a aceleração da paz marítima. Portanto, sou servido a ordenar que os portos deste reino sejam logo fechados à entrada dos navios, assim de guerra como mercantes, da Inglaterra. A Mesa do Desembargo do Paço o tenha assim entendido e faça executar, mandando afixar este por edital e remeter a todos os lugares, onde convier, para que chegue á notícia de todos. Palácio de Mafra, em 20 de outubro de 1807".

49. Todas as cartas de Napoleão Bonaparte podem ser encontradas em francês no *site Napoleon: Histoire du Consulat et du Premier Empire by Robert Ouvrard.*

Inglaterra estava desesperada para escoar suas manufaturas por causa do Bloqueio Continental e do embargos norte-americanos.

Durante esse impasse, começaram a surgir suspeitas entre o povo português de que o príncipe regente e a família real partiriam, o que ficou ainda mais patente com o Aviso Real enviado às igrejas para um inventário da prataria. Os ingleses residentes em Lisboa correram para vender seus bens e partir para a Inglaterra. E as tropas portuguesas foram enviadas ao litoral.

Em 25 de outubro, após remeter a resposta a Napoleão, acreditando ser o suficiente, o governo português ordenou que fossem suspendidos os preparativos da partida do príncipe da Beira.

Pouco depois de enviada a carta, chegou em Lisboa no dia 1º de novembro o representante português na corte do imperador francês, Lourenço de Lima, avisando que no dia 15 de outubro o próprio Napoleão havia lhe dito que se Portugal não fizesse o que queria, os Bragança deixariam de reinar. Nesse ínterim, foi sabido que Junot já atravessava a Espanha com seu exército.

Foi dada a ordem de apreensão dos bens dos ingleses em território português e feita uma declaração de guerra à Inglaterra, e foi sugerido pelo visconde de Anadia (1755-1809) que explicassem a situação aos ingleses, que os bens depois seriam devolvidos, e que fariam vista grossa para os cidadãos ingleses fugirem, o que realmente aconteceu. Foi também pedido que lorde Strangford voltasse para Londres. Ao mesmo tempo, Lourenço de Lima retornaria à Paris com o novo plenipotenciário, Marialva, um punhado de diamantes de presente para Napoleão Bonaparte e uma proposta de casamento entre o príncipe D. Pedro e uma das filhas do general Murat. Não sabiam que logo após a partida de Lourenço de Lima, França e Espanha assinavam um tratado dividindo o território português entre si, inclusive suas colônias. O plenipotenciário português deixou a Espanha e o espanhol, Lisboa.

A Inglaterra, preocupada cada vez mais com o atraso do embarque e temendo que a França chegasse em Lisboa antes e capturasse todas as embarcações, refazendo uma armada, pressionou ainda mais os portugueses. *Sir* Sidney Smith e uma esquadra britânica foram enviados para aumentar a pressão. A ordem era escoltar a família real para o Brasil ou atacar Lisboa, como fizeram com Copenhague.

Uma Nova Dinamarca

O ataque ao porto dinamarquês acontecera entre agosto e setembro de 1807. Depois de Trafalgar, os ingleses sabiam que Napoleão precisava refazer sua armada, e temendo que ele se apropriasse da frota dinamarquesa, atacou a capital sem declarar guerra.

A Dinamarca não era aliada da França. Como tinha suas tropas nas fronteiras ao Sul do país para impedir uma invasão francesa, não pôde defender sua capital. Mesmo desabastecidos de pessoal, os dinamarqueses não aceitaram se render. A frota britânica bombardeou a cidade durante três dias seguidos, destruindo um terço de Copenhague e matando 150 pessoas. Diante dessa barbaridade, o general Peymann rendeu-se e entregou aos ingleses toda a frota dinamarquesa, que consistia em 34 embarcações e 25 canhoneiras.

Portugal não pretendia tornar-se uma nova Dinamarca e ter Lisboa bombardeada[50]. E a decisão precisava ser tomada. Não havia mais tempo e nem condições de se manter a neutralidade com Napoleão vindo pela Espanha e a Inglaterra pelo mar.

A esquadra de *sir* Smith chegou no dia 16 de novembro, bloqueando o Tejo. Enquanto isso, o exército de Junot passava as fronteiras de Portugal, tentando apertar o passo a pedido do imperador francês, mas as chuvas estavam prejudicando a caminhada, retardando a marcha.

> Na data de 21 de outubro, Portugal fez uma declaração na qual fecha os portos aos ingleses. Já lhe disse [Junot] que não deve permitir que nada impeça a sua marcha em um dia sequer, e que deverá marchar diretamente para Lisboa. Se o príncipe regente deseja manter a paz comigo [Napoleão], ele poderá enviar um plenipotenciário a Paris, mas você deverá marchar diretamente a Lisboa e, ao chegar lá, tomar posse da Armada e do Arsenal. Eu lhe enviarei vinte oficiais de marinha que se juntarão a você

---

50. Para mais sobre o ataque a Copenhague: RASMUSSEN, Jens Rahbek. "When the Fleet was Stolen and the City Burned Down: the Bombardment of Copenhagen in 1807 and Its Consequences". Disponível em: <https://web.archive.org/web/20080229045603/http://www.fco.gov.uk/Files/kfile/Translation%20of%20Skolehefte%20pamphlet%20-final.pdf>.

no 20 de novembro. Sua missão será grande se capturar a frota. Imagino que graças ao meu último despacho, acelerou a marcha. Vocês estão lentos demais, e dez dias fazem a diferença. Todas as tropas da expedição de Copenhague estão de volta à Inglaterra[51].

Napoleão estava correto: os dias de atraso fariam toda a diferença no desfecho histórico, mas não vamos nos adiantar.

Lorde Strangford conversou com *sir* Smith, mediando a favor dos portugueses. Seria ainda possível para a família real portuguesa se retirar sem retaliação britânica quanto ao sequestro dos bens e propriedades ingleses. Como Strangford relata mais tarde a seu superior, lorde Canning, teria que inibir o príncipe regente de uma aliança com a França e mostrar que se aliar à Inglaterra era a melhor solução. Como golpe final, entregou ao monarca o *Le Moniteur Universel* em que se falava do tratado de 27 de outubro, assinado em Fontainebleau, e que, desta vez, não era *fake news*.

O tratado sigiloso consistia em 14 artigos, que iam da divisão territorial entre França, Espanha e Etrúria aos títulos e herdeiros. As províncias entre Minho e Douro seriam do rei da Etrúria, que passaria a ter o título de rei da Lusitânia Setentrional; as províncias do Alentejo e Algarve seriam entregues ao príncipe da Paz, recebendo assim o título de príncipe do Algarve. As províncias de Beira, Trás os Montes e Estremadura seriam entregues à Casa de Bragança em troca dos territórios espanhóis conquistados pelos ingleses, como Gibraltar e Trinidad. O rei de Espanha seria reconhecido como Imperador das Duas Américas quando tudo estivesse resolvido, e a paz restabelecida por três anos ou mais. E quanto aos territórios portugueses de ultramar, seriam repartidos igualitariamente[52].

D. João estando certo de que não conseguiria mais protelar com a França, nem a Inglaterra aceitaria outro desfecho que a sua partida, a

---

51. Carta de Napoleão Bonaparte ao general Junot, comandante do corpo de observação da Gironda, de Fontainebleau, 8 de novembro de 1807. *Napoleon: Histoire du Consulat et du Premier Empire by Robert Ouvrard,* 7 de agosto de 2019. Referência em: <https://www.napoleon-histoire.com/correspondance-de-napoleon-ier-novembre-1807/>. Acesso em: 21 de setembro de 2021.

52. Essa divisão está prevista nos artigos do tratado secreto entre Sua Majestade Católica e o imperador da França sobre os negócios de Portugal, de Fontainebleau, 27 de outubro de 1807.

existência do tratado era o estopim para as ordens finais: a preparação do embarque, a criação de uma Junta de Governo do Reino e uma declaração sobre a partida da família real.

Os Bárbaros Batem à Porta

A marcha de Junot em terras portuguesas havia começado em 18 de novembro de 1807, com cerca de 26 mil franceses e 10 mil espanhóis[53]. O grande contingente não estava na sua melhor forma. Diante das sucessivas guerras, faltavam de botas a fardamento, sem falar em comida. Sem mantimentos e num período de intensas chuvas e frio em Portugal, as tropas tinham que atacar os vilarejos para conseguir comer. O resultado foi uma onda de horror contra a pilhagem das tropas francesas. Munidos de armas e em bandos, os camponeses portugueses começaram a se vingar por conta própria dos militares franceses que ficavam para trás, fosse por doença ou outro motivo. O nível de assassinatos chegou a tal tamanho, que Junot escreveu sobre o assunto numa carta a Napoleão, explicando que era um povo difícil de ser conquistado.

Em 22 de novembro, os soldados chegavam a Abrantes, a 118 quilômetros de Lisboa.

Dois dias depois, o Conselho de Estado se reunia pela última vez no Palácio da Ajuda e as últimas decisões foram tomadas para que o embarque fosse marcado para dali a 3 dias. Era a data limite. Não haveria mais tempo com as notícias da aproximação das tropas de Junot.

Não há como negar que 72 horas para os acertos finais da mudança da capital de um império para outro lugar era um prazo absurdo. Por mais que várias resoluções estivessem adiantadas, e que grande parte dos preparativos já estivessem prontos, seria preciso acomodar pessoas e bagagens e os diversos tesouros que não seriam deixados para os franceses[54]. Tampouco há como negar o alvoroço que deve ter sido com o

---

53. Estima-se que 23 mil eram soldados de infantaria, 2 mil de cavalaria, e mais de 700 na artilharia e nos corpos auxiliares. Dos 10 mil espanhóis, 8 mil eram de infantaria e 2 mil de cavalaria.

54. Junot vinha com uma lista de objetos que seriam remetidos a Paris assim que chegasse em Lisboa.

trânsito das carroças repletas de cortesãos e pesadas de bagagens, atoladas no lamaçal dos dias de chuva torrencial, sem conseguir se aproximar do largo de Belém, protegido pelo regimento de Alcântara[55]. Nem se pode negar que não houve indignação por parte da população, nem o seu estarrecimento, ou o medo do porvir. E o que era algo que já vinha sendo idealizado, preparado, parecia ter se transformado numa cena de fuga.

Enquanto isso, o general José Oliveira Barreto foi enviado à Sacavém, arredores de Lisboa, para atrasar Junot. Ele o havia conseguido com sucesso. Somente no dia 29 de novembro o enviado pela Junta Governativa lhe informaria a partida do príncipe regente. Nesse ínterim, o general francês escreveu uma proclamação para o povo português, que foi distribuída pela cidade. Dizia, em linhas gerais:

> Habitantes de Lisboa, o meu exército vai entrar em vossa cidade. Ele vem para salvar o vosso porto e o Vosso Príncipe da influência maligna da Inglaterra. Mas este Príncipe, aliás respeitável pelas suas virtudes, deixou-se arrastar pelos conselheiros pérfidos de que era cercado, para por eles ser entregue aos seus inimigos, atreveram-se a assustá-lo quanto à sua própria segurança pessoal, os seus vassalos não foram tidos em conta alguma. Vossos interesses foram sacrificados à covardia de uns poucos cortesãos. O Grande Napoleão, Meu Amo, me envia para protegê-los e eu os protegerei[56].

E em 30 de novembro Junot e o famoso *Grande Armée* marchavam sobre Lisboa diante de uma população em choque. Não era por estarem diante de franceses. Era pelo estado lastimável dos combatentes. Descalços, uniformes rotos, cansados, mal aguentando carregar as próprias armas, cambaleavam de cansaço e fome. Não demorou muito para que fossem insultados pela própria população e, diante do hasteamento da bandeira francesa no Castelo de São Jorge, iniciaram-se as turbulências

---

55. PEREIRA, Ana Cristina; TRONI, Joana. *A Vida Privada dos Bragança – De D. João IV a D. Manuel II: o Dia a Dia na Corte*. Edição do Kindle: 2011, localização 1342-1345.

56. JUNOT, Jean-Andoche. "Aviso do General Junot aos Habitantes de Lisboa sobre a ocupação de Portugal". *Biblioteca Nacional Digital de Portugal*. Disponível em: <https://purl.pt/26798>. Acesso em: 21 de setembro de 2021.

entre ocupantes e ocupados, o que resultaria em rebeliões e, em agosto de 1808, na retirada de Junot de Portugal, levando "armas e bagagens" após duas batalhas perdidas para o exército inglês.

Percebe-se que durante todo o tempo de negociações, em vista da demora da comunicação a cavalo, ou via barco[57], D. João e seus ministros tiveram que manter o jeito "apático", "confuso" de negociação desastrada, "sem afirmação de vontade"[58]. E teria surtido efeito. Ao menos, Napoleão achava que D. João aceitaria de bom grado ir até a França como prisioneiro, como ocorreria com o rei Carlos IV. Na carta de 12 de novembro de 1807 ao general Junot, o imperador francês dava ordens especiais quanto ao que fazer com D. João: "Diga ao príncipe regente que deve se render à França, e de uma maneira que ele o faça de bom grado. Você lhe dará oficiais cuja missão aparente será escolhá-lo, o que na verdade será para protegê-lo"[59].

Para o barão Sturmer, a excessiva educação e cordialidade do príncipe regente serviam para acobertar somente uma coisa: falsidade. "Tem tanto de finura no espírito como de falsidade no caráter"[60]. Falsidade ao querer segurar a França enquanto negociava por debaixo dos panos com a Inglaterra. Falsidade ao deixar que os planos de ida ao Brasil estivessem ocorrendo em paralelo enquanto não dizia quem embarcaria, guardando isso para os momentos finais. Falsidade, ou seria estratégia?

A confusão diplomática de 1807 vai tentar reforçar a imagem de um D. João VI indeciso e falso, o que é contraditório. Para ser falso, é preciso alguma inteligência ou argúcia. Como ser intelectualmente capaz se era indeciso por não ter conhecimento ou segurança? É possível ao

---

57. Podia-se levar, no mínimo, dez dias para os correios fazerem o circuito Paris-Lisboa. O trecho Londres-Lisboa era feito por barco e levava sete dias.

58. Oliveira Martins o acusaria, no entanto, de indolente e influenciável.

59. Carta de Napoleão Bonaparte ao general Junot, comandante do corpo de observação da Gironda, de Fontainebleau, 12 de novembro de 1807. *Napoleon: Histoire du Consulat et du Premier Empire by Robert Ouvrard,* 7 de agosto de 2019. Referência em: <https://www.napoleon-histoire.com/correspondance-de-napoleon-ier-novembre-1807/>. Acesso em: 21 de setembro de 2021.

60. "Il a autant de finesse dans l'esprit que de fausseté dans le caractere", trecho da carta de Sturmer a Metternich sobre D. João VI. Apud LIMA, Oliveira. *O Movimento da Independência (1821-1822).* Brasília: Fundação Alexandre Gusmão, 2019, p. 8.

inseguro dissimular? Para isso seria preciso ser ator, mas ele era acusado de apatia. E como ser apático quem era desconfiado, ou seria precavido? Se juntarmos tudo de que D. João já foi acusado, não temos um monarca de menor categoria, mas um gênio do disfarce, um Houdini dos palcos políticos, capaz de ser tudo, de enganar a todos, e com uma perícia que nem Napoleão Bonaparte seria capaz de prever.

Porém, não foi bem assim. A situação era complexa demais para que ele fosse um gênio, ou Napoleão um tolo, e o fator da demora na comunicação era ruim tanto para D. João VI tomar uma decisão quanto para o próprio Napoleão.

Era 17 de dezembro, o imperador francês estava em Milão quando escreveu ao irmão José Bonaparte que as notícias que tinha de Portugal eram de 28 de novembro. Dizia saber que o príncipe regente iria embarcar para o Brasil, mas que ainda estava em Lisboa. "Minhas tropas estão a poucos quilômetros dos fortes que fecham o porto". Não deu tempo. No mesmo 17 de dezembro D. João já estava em alto mar rumo ao Brasil, o general Junot havia chegado a Lisboa há pouco mais de duas semanas e enfrentava mais do que um clima tenso. No pós-escrito[61] redigido algum tempo depois do conteúdo da missiva, Napoleão informava que as tropas chegaram à Lisboa no dia 30 de novembro, mas o "príncipe real havia partido em um barco de guerra", e que conseguiram apreender cinco ou seis fragatas.

A Fuga Que Não Foi Fuga

Era preciso mais do que inteligência para uma viagem ultramar. Era preciso coragem, pesar os prós e contras com a lâmina da guilhotina pendendo sobre o pescoço e os canhões ingleses voltados para Lisboa. Frouxidão e inatividade seriam dois termos usados pelos de detratores de D. João VI quanto à retirada estratégica do monarca, transformada em uma fuga tresloucada.

Esquecem aqueles que em julho de 1807 já havia ordens de prepararem para uma longa travessia os navios de guerra ancorados no Tejo — as naus *Conde D. Henrique*, *Medusa* e *Afonso de Albuquerque*, e

---

61. À época os pós-escritos nem sempre são da data do conteúdo. Napoleão chega a pôr três datas no *p.s.* atualizando as notícias do conteúdo.

as fragatas *Carlota* e *Princesa*. Em setembro foram enviadas ordens ao vice-rei no Rio de Janeiro para que fossem interrompidas as partidas dos barcos mercantes. Dois meses depois, em 3 de outubro, foi chamada a esquadra que patrulhava o estreito de Gibraltar atrás de piratas — o brigue *Vingança*, as naus *Vasco da Gama* e *Rainha de Portugal*, e as fragatas *Minerva* e *Golfinho*.

Também se fala muito da confusão causada pela decisão do embarque tomada em cima da hora, por causa das tropas francesas, porém ninguém explica a ordem anterior de preparar embalagens especiais para a baixela francesa e para outros itens do tesouro nacional, como uma pepita de ouro nativo que viajou na cabine do príncipe regente, os diamantes e metade das moedas em circulação que estavam nos cofres do Tesouro, e a imensa prensa que havia há pouco chegado da Inglaterra e ainda estava na embalagem. Não haveria tempo de carregar tudo o que foi levado se não tivesse sido previamente preparado. Imagine Brasília levantando voo em três dias. Tribunais, ofícios, secretarias, órgãos e instituições administrativas, tudo deveria ir ao Brasil, inclusive toneladas de documentos importantes como os do Ministério do Estado, e os tesouros maiores, inclusive os dos palácios de Mafra e Queluz.

A própria notícia da partida não era tão surpreendente. Era apenas uma confirmação do que já se dizia pela cidade alta de Lisboa, apesar de haver ainda incertezas quanto a quem seria o inimigo: se os franceses ou os ingleses. Antes mesmo já havia uma corrida para a compra de passagens em outras embarcações menores, dificultada pela falta de lugar para todos. Na carta de 2 de novembro, 22 dias antes do anúncio oficial, o comerciante Pedro Gomes escreve ao sogro, o conde de Cunha, que já não se achava mais lugares por serem poucos barcos e muita gente querendo partir, e que o embaixador português na França trazia boas notícias, concluindo que o problema deveria ser então com os ingleses[62].

---

62. PEREIRA, Angelo. *D. João VI, Príncipe e Rei*, 4 vols. Lisboa: Imprensa Nacional da Publicidade, 1953, vol.1, p. 171.

Ainda assim, havia alguns atrasos nas providências finais. Na véspera, uma relação dos comandantes dos seguintes navios constava a falta de tonéis de água (*Rainha de Portugal, Conde D. Henrique, Minerva*[63], *Golfinho, Vingança, Príncipe Real, Voador* e *Príncipe do Brasil*), lenha (*Golfinho, Urânia, Vingança, Príncipe Real* e *Príncipe do Brasil*), botica (*Conde D. Henrique, Golfinho, Príncipe Real*), galinhas (*Golfinho* e *Príncipe Real*), cera, cabo e linha de barca (*Príncipe Real* e *Príncipe do Brasil*), marlim (*Príncipe Real*) e azeite (*Príncipe do Brasil*).

Quem deveria organizar o embarque era o tesoureiro da Casal Real, Joaquim Jose de Azevedo (1761-1835), junto com o mordomo-mor marquês de Vagos e o administrador da Real Ucharia conde de Redondo. O guarda-joias e o guarda-tapeçarias também foram acionados para que preparassem o necessário para a travessia da família real. O almirante Manuel Souto Maior (?-1810) deveria entregar o mapa das disposições dos navios, com o qual Azevedo acomodaria a todos. Uma das primeiras providências do tesoureiro foi o tesouro régio que estava no Palácio das Necessidades e da Igreja Patriarcal, além das acomodações da família real e membros da corte e seus respectivos criados. Conta-se que ele havia montado uma barrada no próprio cais de Belém e de lá organizava o embarque, obrigando a todos passarem por ele, pois sem a guia que entregava era impossível subir no navio.

Para aumentar a ansiedade dos organizadores da viagem, o príncipe regente D. João, na sua benevolência, havia dado permissão para quem quisesse acompanhar a família real, desde que nos navios mercantes, e o caos se fez com uma corrida atrás de lugares.

---

[63] A *Minerva* deu diversos problemas, pois só foi preparada no dia 27 de novembro para alojar o duque da Cadaval e sua família, tendo a bordo somente "biscoito e aguada", tendo que passar para o *Martins de Freitas*. Outro problema foi a falta de uma logística para o expediente dos funcionários do Real Arsenal da Marinha, mas ainda assim eles partiram na data. Por causa do estado da *Minerva*, foi ordenada a se separar da frota e seguir para a Bahia. Parou para abastecer na ilha de Santiago e seguiu, aportando na Baía de Todos os Santos em 10 de janeiro de 1808. A *Medusa* igualmente parou na costa nordestina por causa das más condições.

Com o decreto de 26 de novembro avisando a mudança da corte para o Brasil, esquentou-se ainda mais reação popular. Para facilitar seu próprio deslocamento, D. João havia já se mudado de Mafra, que ficava a 30 quilômetros de Lisboa, para o Palácio da Ajuda. Ele mesmo, abatido, ainda se perguntava se havia tomado a decisão correta[64]. Porém, não havia mais como "pagar para ver" se Napoleão iria mesmo fazer valer o tratado de Fontainebleau.

O embarque começou em 27 de novembro de 1807, num dia de grande chuva, o que dificultava, enlameando as ruas do entorno do cais de Belém. Entre 11h e meio-dia, o príncipe regente chegou junto do sobrinho D. Pedro Carlos (1786-1812). A *"fake history"* gosta de diminuir a sua figura e contar que ele embarcara vestido de mulher, ou que não havia ninguém no porto para recebê-lo, e há quem diga que havia embarcado de madrugada para não ser visto.

Depois embarcaram D. Maria I, D. Carlota Joaquina com os filhos, e as irmãs da rainha. Há aqui também uma anedota peculiar, muitas vezes contada como fato histórico: a de que a rainha, já afastada há muito tempo por causa da demência, teria dito "Não corram ou pensarão que estamos fugindo". A mãe de D. João VI seria colocada na *Príncipe Real*, junto com o filho e os netos D. Pedro e D. Miguel, o sobrinho D. Pedro Carlos e mais 1.050 pessoas, segundo um livro de bordo de um dos navios ingleses que escoltava a comitiva[65]. Em outra embarcação, a *Afonso de Albuquerque*, D. Carlota Joaquina iria com as quatro filhas. E em uma terceira, a *Rainha de Portugal*, estavam a viúva do príncipe D. José, a irmã de D. Maria I e outras duas filhas do príncipe regente.

Depois foram acomodados ministros, conselheiros, oficiais, servidores, nobres de toda espécie que haviam conseguido um lugar. Até hoje é motivo de discussão o número de pessoas que teriam feito parte

---

64. "Queria falar e não podia, queria mover-se e, convulso, não acertava a dar um passo: caminhava sobre um abismo, e apresentava-se à imaginação um futuro tenebroso e tão incerto como o oceano a que ia entregar-se", comenta José Acúrcio das Neves. *Apud* Pedreira e Costa, 2008.

65. MALERBA, Jurandir. "Sobre o Tamanho da Comitiva". *Revista Acervo*, v. 21, nº1, p. 47-62, jan/jun de 2008. Disponível em: <http://revista.arquivonacional.gov.br/index.php/revistaacervo/article/view/87/87>. Acesso em: 21 de setembro de 2021.

da comitiva[66]. O secretário do núncio Caleppi acredita ter chegado a 10 mil. Pereira da Silva e vários historiadores consideram o número de 15 mil, tendo em vista as pessoas que embarcaram em navios fretados. A marquesa de Abrantes, esposa de Junot, disse terem sido 13.800 pessoas. O estudioso Nireu Cavalcanti chegou ao impressionante número (baixo) de 444 embarcados[67]. Pedreira e Costa, biógrafos de D. João VI, levantam um número entre 4 mil e 7 mil, sem contar a tripulação. Já o historiador naval Kenneth Light fez seu cálculo pela capacidade a bordo, mesmo que no limite — como nos trazem os relatos de pessoas dormindo no tombadilho — e chegou ao número de 15 mil — em se tratando do cálculo da guarnição da esquadra naval, que é uma média de 6 mil pessoas para mais[68]. Uma listagem preenchida na hora do embarque, de repente, parou com a informação "mais de 5 mil pessoas"[69]. Quanto ao número de embarcações, há os relatos da nau capitânia *Hibernia*, que na entrada de 29 de novembro de 1807 relata ver 9 embarcações britânicas, 16 navios da esquadra portuguesa e 31 navios mercantes acompanhando-as.

Da *Príncipe Real*, D. João ainda emitiria uma proclama pedindo ao povo que aceitasse a tropa francesa "conservando sempre a boa harmonia que se deve praticar com os exércitos das nações com as quais nos achamos unidos no continente"[70]. Era perceptível no seu discurso que não pretendia se indispor com a França, mesmo partindo para o Brasil. A partida, porém, se deu somente em 29 de novembro de 1807,

---

66. *Ibid.*

67. Nireu Cavalcanti usou como base os documentos do Palácio da Ajuda, cujo número não passa de 250. Já os documentos do desembarque dão o número de 444, contando com a família real. No IHGB há um códice em que dois mapas mostram a quantidade de pessoas embarcadas. No bergantim *Voador* eram 150 pessoas, e na fragata *Minerva*, 326 pessoas. Nesse mesmo códice, existe uma relação com 514, mas se somam a muitas delas os termos ao lado: "família", "criados e criadas", "irmãos", etc. Sabe-se, por exemplo, que o duque de Cadaval chegou a levar junto da esposa e dos quatro filhos, o irmão, 11 criados, e "famílias agregadas".

68. Nireu Cavalcanti acredita no número de 7.262 tripulantes.

69. MALERBA, Jurandir. "Sobre o Tamanho da Comitiva". *Revista Acervo*, v. 21, nº 1, p. 47-62, jan/jun 2008. Disponível em: <http://revista.arquivonacional.gov.br/index.php/revistaacervo/article/view/87/87>. Acesso em: 21 de setembro de 2021.

70. *Collecção de Decretos, Editaes &c. &c. &c.* Lisboa: Typografia Rollandiana, 1808, p. 4.

quando a chuva estiara e amanhecia com o tempo aberto, favorável para navegar rumo a um novo futuro. E diferente do que o imaginário português conta, Junot não chegou a tempo de ver os navios partirem, mas a expressão "ficar a ver navios" se manteve no vocabulário popular, embarcada também para o Brasil.

O xeque-mate de D. João VI

Se houvesse um jogo de xadrez entre Napoleão Bonaparte e o príncipe regente de Portugal, diante do movimento do cavalo francês o rei e a rainha largariam na frente os peões que, juntamente com as torres, cuidariam da linha de batalha nos entornos de Lisboa e, sem o bispo[71], a família real, acompanhada da alta nobreza, correria para as naus, causando um embaraçoso final para um jogo que, a princípio, tinha tudo para terminar em xeque-mate para o imperador da França. Não havia sido uma jogada incomum, tampouco uma fuga, quem conhece políticas de guerra entende isso como uma retirada estratégica. Pois sem rei adversário para receber o xeque-mate, não há como sair vitorioso.

> Envie sem demora os dois parentes do rei, e dirija-os a Bordeaux. É extremamente importante que nestes primeiros momentos não haja nenhum príncipe da família. Também envie as 60 pessoas mais próximas do príncipe regente e dos ingleses, que se suspeite contrários, e envie-os a Bordeaux. Espera-se que você [Junot] conserve o comércio e a prosperidade deve ser um sonho mantido. Veja a miséria, a fome, os ingleses desembarcando, todas as intrigas que agitam o país, o fantasma do príncipe regente que escapou às suas costas. Qual comércio é possível haver em um território que está bloqueado e nas circunstâncias da guerra incerta que Portugal

---

71. O núncio apostólico em Lisboa, Lorenzo Caleppi (1741-1817), foi convidado por D. João a partir para o Brasil. Fez tudo o que era preciso: buscou a permissão com o visconde de Anadia e compareceu no dia do embarque. Deveria se alojar no *Martim de Freitas* ou no *Medusa*, mas ao chegar lá, diante da confusão que se fazia, não conseguiu lugar nas naus que teriam lhe reservado. Tentaria embarcar em outra sem sucesso, e acabaria desistindo dessa jornada. Conseguiria vir ao Brasil algum tempo depois, durante a Guerra Peninsular (1808-1814), vindo a falecer no Rio de Janeiro.

se encontra? O que seria sábio fazer? Primeiro, afastar os príncipes da Casa Real, os generais de terra e mar portugueses, as pessoas que foram ministros ou que estiveram em cargos de confiança; segundo, desarmar inteiramente o país e não permitir que reste nenhuma tropa de linha; terceiro, acampar suas tropas em boas posições e reunidas, a saúde e a segurança serão o resultado. É um meio de se tornar o mestre de Portugal e fazer o que se deseja. [...] Faça que removam as armas da Casa de Bragança e explique o que foi o seu reino[72].

Em outra carta, três dias depois, as indicações a Junot são para agir de todas as formas para inibir que os portugueses se voltem contra eles, pois "a nação portuguesa é corajosa". A invasão francesa de Portugal não foi uma conquista. Na verdade, não conseguiram efetivamente controlar nada, uma vez que a corte não fora capturada e as insurreições contra os invasores logo se iniciaram. Os franceses nunca tiveram paz. Diversas cidades aclamavam D. João como regente de Portugal, em retaliação às proclamações de Junot, e assassinaram vários militares franceses. No curto tempo em que Junot tentou estabelecer seu comando, procurando se reunir tanto no Palácio da Quintela, na Rua do Alecrim, com portugueses que seriam importantes, fosse dando festas, jantares e bailes, tanto quanto no Ramalhão e no Teatro São Carlos, de pouco adiantou.

Logo os franceses descobriram que o valor estratégico de Portugal ficou esvaziado, pois o que importava era o comando de suas colônias e entrepostos comerciais no mundo; e esses permaneceriam intactos, só que agora seriam comandados do Brasil. Antes de completar um ano da invasão, forças inglesas e portuguesas forçaram a rendição dos franceses e *la Grande Armée* deixava as terras portuguesas. Napoleão ainda tentaria por mais duas vezes a conquista de Portugal, mas todas com o mesmo resultado.

---

72. Carta de Napoleão Bonaparte ao general Junot, comandante do corpo de observação da Gironda, Milão, 20 de dezembro de 1807. *Napoleon: Histoire du Consulat et du Premier Empire by Robert Ouvrard,* 7 de agosto de 2019. Disponível em: <https://www.napoleon-histoire.com/correspondance-de-napoleon-ier-decembre-1807/>. Acesso em: 21 de setembro de 2021.

Em contraste, a Espanha não tinha mais governo próprio e demoraria mais seis anos de guerra contínua e sangrenta para se livrar da ocupação francesa, já que cometera o erro de ter se rendido e formado uma aliança com a França.

Até o final de sua carreira imperial, os únicos países europeus que ficaram livres do controle de Napoleão foram Inglaterra, Suécia e Portugal. Anos depois, quando questionado sobre isso em cativeiro, e se não deveria desistir da empreitada contra a Península Ibérica, Napoleão respondera ao seu confessor:

> Não desisto da empresa da península. Batalharei 30 anos e sacrificarei três milhões de soldados, antes de me deixar da conquista da Espanha e Portugal. Quem destruiu a Prússia, quem abateu a Áustria, e quem fez tremer a Rússia, não é capaz de se aviltar até ao ponto de se deixar vencer de uns poucos salteadores a quem o fanatismo dos frades fez irritar[73].

D. João VI havia conseguido ferir o ego de Napoleão, não resta dúvida.

---

73. SARRAZIN, Jean. *Confissão Geral que Fez Napoleão Bonaparte ao Abbade Maury, em 15 de agosto de 1810, Escrita em Londres pelo General Sarrazin*. Rio de Janeiro: Impressão Regia, 1811, p. 53.

Criando um País

Por séculos tentou-se construir uma imagem funesta de D. João VI, como alguém indolente, influenciado pelas opiniões alheias e hesitante por não ser capaz de pensar por si próprio. Glutão, aficionado por coxas de frango, sem higiene, fujão e traído. Não poderia haver pior retrato para um rei, ainda mais um absolutista, em cujas *Ordenações Filipinas*[74] era "lei animada sobre a terra e pode fazer lei e revogá-la quando vir que convém assim fazer"[75].

Porém, D. João VI era também diverso da imagem típica de reis absolutistas, fugindo da tirania. Tinha seus meandros, uma maneira política própria, sem enfrentamentos, indireta, cautelosa. Escutava a todos sem cair na parcialidade, colhendo o máximo possível de informações para avaliar e tomar uma decisão, um cuidado que foi entendido como hesitação cercada de influência — o que era estranho para alguém considerado "desconfiado" pelos mesmos que o chamavam de "influenciável".

---

74. Conjunto de leis de matéria civil, baseadas nas *Ordenações Manuelinas*, utilizadas pelo rei Filipe II (1527-1598) da Espanha durante o período da União Ibérica (1580-1640). Mesmo após a Restauração em Portugal, com D. João IV (1604-1656) no poder, continuaram a ser usadas até 1867, quando o Código Civil português foi implementado. No Brasil, foram utilizadas até a sanção do Código Civil brasileiro em 1916.

75. *Apud* SCHWARCZ, Lilia Moritz. *A Longa Viagem da Biblioteca dos Reis*. São Paulo: Cia. das Letras, 2002.

Não há, porém, quem negue "as virtudes características da bondade da Real Pessoa" — "[...] quase nada direi, por mui [sic] notórias", escreve o visconde de Cairu (1756-1835), que não somente conheceria o príncipe regente em seu desembarque em terras brasileiras, como com ele trabalharia no Rio de Janeiro. Contam-se das longas filas de súditos que iam às audiências públicas de segunda à sábado, estendidas até às 23h se preciso, e ele atendia mais de 150 pessoas[76] por dia, pacientemente, aconselhando e, em alguns casos, lembrando-se de outras histórias pessoais. Havia uma caderneta de anotações em que escrevia detalhes, como um memorando para se lembrar do que deveria falar com quem e evitar embaraços. A sua bondade e atenção para com as pessoas eram tamanhas que "preferiam muito dirigir-se diretamente ao monarca, sempre disposto a fazer justiça, a entender-se com seus ministros, [...] reputando-o em tal assunto muito mais adiantado do que os seus cortesãos".

O pintor Henry L'Évêque (1769-1832) foi também testemunha da sua paciência e benevolência, de quem entendia que o monarca não deveria ficar isolado em um castelo, mas aberto a receber os seus vassalos, fossem quem fossem:

> [...] o Príncipe, acompanhado por um secretário de Estado, um camareiro e alguns oficiais de sua Casa, recebe todos os requerimentos que lhe são apresentados; escuta com atenção todas as queixas, todos os pedidos dos requerentes; consola uns, anima outros. [...] A vulgaridade das maneiras, a familiaridade da linguagem, a insistência de alguns, a prolixidade de outros, nada o enfada. Parece esquecer-se de que é senhor deles para se lembrar apenas de que é o seu pai[77].

Atendia quem lhe viesse ver nas audiências públicas, sem fazer diferença, inclusive escravos[78] que conseguiam despistar os seus proprietários,

---

76. PEREIRA, Ana Cristina; TRONI, Joana. *A Vida Privada dos Bragança – De D. João IV a D. Manuel II: o Dia a Dia na Corte*. Edição do Kindle: 2011, localização 1346-1349.

77. *Apud* CARVALHO, Marieta Pinheiro de. "D. João VI: Perfil do Rei nos Trópicos". Rede Virtual da Memória Brasileira, *Fundação Biblioteca Nacional*, 2008.

78. Cairu quem conta sobre a relação de D. João VI com a abolição gradual da escravidão, já prevista por ele quando assinou os tratados com a Inglaterra anunciando o fim

o que era rotineiro na Quinta da Boa Vista. Desde a sua chegada, dizia o intendente geral da Polícia da Corte, Paulo Fernandes Viana (1757-1821), "todos sabem que os muitos milhares de escravos que existem no Brasil têm estado esperançados de que a vinda de S. A. aqui os vinha libertar dos seus cativeiros"[79]. Os escravos seguiam a mesma lógica de boa parte da população que ia vê-lo: o monarca era símbolo de justiça.

A maior parte das petições de liberdade, porém, eram antes passadas ao intendente da polícia para serem primeiro avaliadas e investigadas por ele, e supervisionadas por Tomás Antônio Vila Nova Portugal (1755-1839), ministro que não queria a Coroa se interpondo entre o escravo e o proprietário. Ainda assim, escravos conseguiam falar com o monarca e "a Quinta da Boa Vista tinha sido identificada pelos escravos como um lugar de 'acolhimento'"[80].

---

do tráfico negreiro: "Humanidade brilha não só nas muitas providências a benefício de estabelecimentos pios e de caridade cristã, mas na sua indulgência à classe infeliz, que sofre a infausta lei do cativeiro, que de repente se não pôde abolir, mas de que já deu a *iniciativa* de reformar nas providências da Carta Régia de 13 de abril e alvarás de 20 de setembro de 1808 e 24 de novembro de 1813, que tanto mitigam a sorte dos que vivem, ou se transportam, naquele triste estado" (LISBOA, José da Silva. *Memória dos Benefícios Políticos do Governo de El-Rey Nosso Senhor D. João VI*. Rio de Janeiro: Impressão Régia, 1818). Sobre esses mesmos decretos é dito no livro de Evaristo Moraes: "D. João VI bem via que, *naquele momento,* ia de encontro aos interesses dos seus súditos, mas pensava que, com a reserva constante daquelas últimas palavras, o prejuízo não resultasse muito grande. Conciliando tais interesses com os sentimentos humanitários, de que deu mais de uma prova, aqui e em Portugal, expediu, a 24 de novembro de 1813, um alvará determinando várias providências tendentes a minorar os males do tráfico, tais como as relativas à capacidade dos navios negreiros e à relativa quantidade da carga humana, à qualidade da alimentação durante a travessia, à existência de médicos a bordo, etc." (MORAES, Evaristo. *Extinção do Tráfico de Escravos no Brasil*. Capital Federal: Tipografia Martins de Araújo e Cia., 1916, p. 21). É importante lembrar que desde o período de governo de seu avô, a escravidão não era mais permitida na porção europeia do reino. Portugal havia abolido a escravidão no governo pombalino com um alvará de 1761, que proibia a importação de escravos, e outro, de 1773, que extinguia gradualmente a escravidão em seu território europeu. D. João VI, portanto, não estava acostumado com a escravidão em Lisboa, diferente do que vivenciaria em sua colônia, em que a maior parte da população era escrava.

79. *Apud* SCHULTZ, Kirsten. *Versalhes Tropical*. Rio de Janeiro: Civilização Brasileira, 2008, p. 239.

80. *Ibid.*, p. 246.

Esses cativos que conseguiam estar na audiência com o príncipe regente, com a ajuda dos criados do palácio, eram colocados em custódia protetora até o final da investigação policial, o que causava um "desequilíbrio", nas próprias palavras de Viana, do antigo sistema escravagista. Um dos casos de que se tem notícia é o da escrava Magdalena, que, descontente com a decisão do intendente Viana, contra ela e a favor do seu proprietário, foi diante de D. João. Ao que parece, o intendente refez a sua avaliação, dando a causa à mulher. Magdalena havia sido enganada com uma promessa de liberdade e "forçada a viver com ele [proprietário] como concubina, fato que, se fosse legalmente confirmado, escreveu ele 'bastaria para obter a liberdade pura'"[81]. Por fim, Viana concluiria que o "fracasso do processo judicial fazia aumentar o número de escravos peticionários"[82] e que "nem as leis de sua majestade podiam jamais sofrer que um senhor desumano pudesse ter mais liberdade do que a autoridade pública, para continuar a seu arbítrio a praticar sevícias"[83].

A relação de D. João VI com os escravos ia além dos peticionários, chegando às ruas e provando que havia limites no poder dos proprietários de escravos. Num passeio matinal pelo Rio de Janeiro, ao presenciar um escravo sendo açoitado em praça pública, D. João intercedeu por ele, impedindo que o castigo prosseguisse[84]. Tanto nas ruas quanto nos palácios, o monarca era visto como alguém a se recorrer em busca de reparação, virtuoso por estar acima das contrariedades do sistema, e a reafirmação da relação vassalo e soberano sobre a de escravo e proprietário, e não o contrário.

Vale notar que não havia força, não havia necessidade de uma resposta autoritária ou violenta; D. João buscava ser mais persuasivo e simpático do que intolerante. Tampouco isso fazia dele fraco ou "incapaz de fazer-se respeitar", alguém que "só consegue agir sob a coação do medo". John Luccock (1770-1826), viajante presente na corte joanina, considerava que

---

81. *Ibid.*, p. 248.
82. *Ibid.*
83. *Ibid.*, p. 525.
84. *Ibid.*

o príncipe regente tem sido várias vezes acusado de apatia; a mim, pareceu-me ele possuir maior sensibilidade e energia de caráter do que em geral tanto amigos como adversários costumam atribuir-lhe. Achava-se colocado dentro de circunstâncias novas e próprias para pô-lo à prova, curvando-se ante elas com paciência; se incitado, agia com vigor e presteza.

Esses aspectos ficam ainda mais em evidência quando nos voltamos para suas obras como governante.

Não haveria como ser indeciso diante da construção de um Estado nas Américas, nem quando não se dava poder total a nenhum de seus ministros, querendo ele mesmo ter o poder sobre todos, até mesmo em casos de caráter privado, como o dos escravos, ou burocráticos.

Há também críticas a uma administração omissa e avara, o que estaria relacionado à falta de pompa e circunstância em sua vida cotidiana em uma corte pobre e mal-educada. Mais uma vez, os detratores usam uma suposta má gestão da vida privada como base para ignorar a criação de um reino em além-mar, com a abertura de portos, fábricas, comércio, armazéns, estradas, a fundação de instituições que existem até hoje — como as policiais, os bombeiros, as educacionais, culturais e científicas… D. João VI foi capaz de, em treze anos, montar uma estrutura burocrática e administrativa de Estado, uma Marinha, um Exército, um Judiciário.

Por mais que fosse um apreciador dos frangos do José da Cruz Alvarenga[85] e comesse-os com torradas[86], como então sustentar uma narrativa de um "comedor de frangos" seboso incapaz de governar ou administrar um Estado nascente? Como foi possível montar toda a estrutura por meio de decretos, cartas régias, tratados, se ele não era considerado capaz? Veremos essa falácia se desfazer com a quantidade de instituições e órgãos

---

85. Cozinheiro real após a morte do seu tutor, Vicente Paulino, em 1813, e que neste cargo ficou até sua morte em 1824.

86. Segundo a pesquisadora Lúcia Bastos, não há provas de que D. João VI levasse frangos nos bolsos. *Apud* LOYOLA, Leandro. "A nova história de Dom João VI". *Revista Época*, nº 506, 30 de janeiro 2008. Disponível em: < http://revistaepoca.globo.com/Revista/Epoca/0,,EDG81336-5855,00-A+NOVA+HISTORIA+DE+DOM+JOAO+VI.html>. Acesso em: 21 de setembro de 2021.

que ele foi obrigado a criar e organizar para que uma nação pudesse existir e surgissem as fundações da independência do Brasil.

Trezentos Anos em Treze

O Brasil, até 1808, estava mais para um território colonial do que para um vice-reinado, como era reconhecido oficialmente desde 1640. À exceção do esboço de atividade e organização urbana em alguns portos, não aparentava que 300 anos haviam se passado desde o primeiro contato entre portugueses e índios. Estima-se que no início do século XIX a população total do país era de menos de 4 milhões de pessoas. O extrativismo era ainda dominante. Não se produzia ou se exportava nada além da agricultura, pecuária e minerais. Impedido de negociar diretamente com o comércio estrangeiro, ganhava pouco pela matéria-prima vendida à metrópole. Era proibido ter indústrias e manufaturas. Não possuía bancos ou sistema financeiro formal. Seu judiciário era caro e demorado, pois apenas quem tinha muito dinheiro poderia bancar os trâmites que levariam o processo à Portugal para ser julgado. O administrativo era pequeno, reduzido às regiões mais populosas e nem tudo poderia ser resolvido localmente, também a depender de uma resposta de Lisboa. Não havia imprensa. Não havia educação além da que a Igreja ou tutores privados forneciam. Para se ter um ensino formal era preciso ter dinheiro para ir estudar em Portugal ou outra capital europeia. Não havia arte e cultura e apenas a religião era a distração do povo.

Com a chegada de D. João, haveria uma transformação. Surgiria uma economia e um sistema financeiro, um judiciário, um administrativo, e ainda um forte incentivo científico, educacional e cultural, o que ajudaria socialmente o Brasil, pondo ares de metrópole na velha colônia.

Poucos sabem desse fato, mas todo o erário de Portugal foi trazido com D. João VI e a Corte para o Brasil. Estima-se que na época o valor era de 22 milhões de libras esterlinas. Esses recursos foram fundamentais para criar no Brasil os primeiros bancos, estaleiros, armazéns, estradas, portos, manufaturas, Exército, Marinha, prédios públicos, etc. É curioso que quando D. João regressou a Portugal, em 1821, muitos o acusaram e à Corte de terem varrido os bancos que eles mesmos criaram. No entanto, levaram consigo menos de 7 milhões de libras esterlinas. O balanço extremamente positivo havia sido investido na criação do Brasil[87].

As fundações edificadas por D. João VI ao longo de treze anos seriam fundamentais para o surgimento de uma nação 14 anos depois. Sem ele, não haveria como acontecerem as mudanças nos campos social, econômico e, sobretudo, político, que lançariam as bases da independência. Pois, além de pôr ordem naquele imenso território repleto de rincões ainda a serem descobertos, e começar seu processo de modernização — que seria finalizado por seu neto, D. Pedro II (1825-1891) — D. João VI acabaria plantando o gérmen da autoconsciência acerca da própria brasilidade[88], fundamental para o movimento de separação de Portugal.

Também seria no Brasil que D. João VI faria novas experimentações, dentre as quais a alteração no formato de ministros. Ao invés de ter todos lidando diretamente com ele, haveria apenas um que filtraria as questões das outras secretarias, apesar de não ter uma posição de primeiro-ministro, nem ser uma espécie de novo marquês de Pombal. Para esse cargo, que era o da Secretaria de Estado dos Negócios do Brasil[89], ficou o ex-vice-rei Fernando José de Portugal, graças a sua experiência durante o período que ficou no Brasil — como governador da Bahia de 1788 a 1801 e como vice-rei de 1801 a 1806 — e por ter presidido o Conselho Ultramarino nos anos de 1806 e 1807. Era por ele que tudo tinha que passar antes de chegar ao regente. Era ele quem também comandava a Secretaria dos

---

87. SIMONSEN, Roberto C. *História Econômica do Brasil: 1500-1820*. Brasília: Senado Federal, 2005.

88. "Se tão grandes eram os motivos de mágoa e aflição, não menores eram as causas de consolo e de prazer: uma nova ordem de coisas ia principiar nesta parte do Hemisfério Austral. O império do Brasil já se considerava projetado, e ansiosamente suspirávamos pela poderosa mão do príncipe regente nosso senhor para lançar a primeira pedra da futura grandeza, prosperidade e poder de novo império", escreveu o padre Perereca (1767-1844). SANTOS, Luís Gonçalves dos. *Memórias para Servir à História do Reino do Brasil: Divididas em Três Épocas da Felicidade, Honra e Glória: Escritas na Corte do Rio de Janeiro no Ano de 1821*. Brasília: Senado Federal, 2013.

89. Esta secretaria cuidava de assuntos que iam da criação de títulos, provimentos de ofícios e oficiais da Casa Real, doações, jurisdições, Justiça, mercês, Fazenda, Polícia e até as nomeações para a Universidade de Coimbra.

Negócios da Fazenda. A Secretaria de Estados dos Negócios Estrangeiros e de Guerra tinha como chefe Rodrigo de Souza Coutinho[90], o incentivador da transferência da corte para o Brasil e aliado da Inglaterra. A Secretária de Estado dos Negócios da Marinha e Domínios Ultramarinos era de José Rodrigues de Sá Meneses, que deveria chefiar da nomeação de governadores e militares à administração das possessões portuguesas em ultramar. Era a segunda vez na função, sendo a primeira entre 1801 e 1804.

Economicamente o Brasil também se fortificava com a vinda do príncipe regente e as guerras napoleônicas. Aproveitando-se dos combates no continente europeu, a economia brasileira ultrapassaria a portuguesa, avançando como não teria sido possível em outra ocasião, ou sem a família real vivendo em terras brasileiras. O nível de desenvolvimento que alcançou em pouco tempo foi impressionante, e o retorno viria a ser aplicado no próprio Brasil ao invés da metrópole.

Por maiores que sejam as alegações contra a partida da família real, o que teria gerado problemas econômicos a Portugal, não havia sido a saída do tesouro régio que prejudicara a economia portuguesa. As "constantes remessas de numerário para o rei e fidalgos que o acompanharam ao Brasil e ali gastavam o produto de suas rendas"[91] representava menos de 25% do erário régio. Portanto, o que ajudou no desenvolvimento econômico do Brasil foi o fim do ganho dos portugueses sobre os produtos vindos do ou comercializados no Brasil, permitindo a sua reaplicação dentro do próprio território brasileiro.

Comércio e Manufaturas

A travessia atlântica havia durado quase dois meses, entre os apertos e dificuldades causados pelo excesso de gente no pequeno espaço das embarcações. Houve racionamento de comida e água em alguns barcos, além da infestação de pragas, como piolhos, obrigando os embarcados

---

90. Rodrigo de Sousa Coutinho (1755-1812), conde de Linhares, era considerado um homem de visão, alguém que queria modernizar a monarquia — o que ele conseguiria até que morresse em 1812.

91. Francisco Antônio Correia, *História Econômica de Portugal*. Apud SIMONSEN, Roberto C. *História Econômica do Brasil: 1500-1820*. Brasília: Senado Federal, 2005.

a rasparem as cabeças, principalmente as mulheres. A única diversão eram os jogos de cartas — pacau, chincalhão, espenifre, faraó — e cantar acompanhado pela viola[92].

Porém, os ventos estavam a favor. Apenas uma tempestade, na altura da ilha da Madeira, fez com que a frota se separasse e a *Príncipe Real*, em que estava D. João, seguisse para a Bahia, a pedido do monarca. Em 21 de janeiro de 1808 entrava na baía de Todos os Santos as naus *Príncipe Real* e *Afonso de Albuquerque*, acompanhadas por um navio inglês, causando uma imensa confusão na cabeça do conde da Ponte (1773-1809), então governador da capitania da Bahia. Há dez dias ele havia recebido a notícia que a família real havia deixado Lisboa, mas não tinha ideia de que estavam se dirigindo para Salvador. Pego de surpresa, o conde da Ponte não havia preparado uma recepção digna de um soberano, nem havia qualquer espécie de preparativo. Ao subir a bordo do *Príncipe Real*, após cumprimentar o príncipe-regente, o governador perguntou como ele gostaria que fosse a sua recepção. Com a sua simpatia costumaz, D. João ordenou que viesse quem quisesse conhecer aquele que era o primeiro monarca europeu a pisar no Hemisfério Sul.

No dia seguinte, depois de 57 dias no mar, o príncipe regente D. João desembarcava às 16h e tomava a carruagem para a cidade alta, onde era esperado pelos vereadores da Câmara Municipal e parte da população curiosa. Sob o repicar dos sinos, seguiu para a Sé para um *Te Deum*. Toda sorte de gente ia ver o príncipe regente no palácio dos governadores, de negociantes e padres até as pessoas mais simples.

Foi um mês de festejos, missas, visitas a plantações. E de todas as maneiras o governador tentava atrair o gosto do monarca e fazê-lo decidir-se por ficar em Salvador. Até mesmo um palácio ele se oferecia para construir. Salvador queria voltar a ser sede do governo português nas Américas — havia sido até 1763. D. João não aceitou, mas assinou dois importantes decretos em sua estadia que fariam história: a abertura dos portos e revogação da proibição às manufaturas no Brasil (alvará de 1785), permitindo a construção da primeira fábrica de vidros, a Real Fábrica de

---

92. LIGHT, Kenneth. "D. João: Que a Justiça Seja Feita", *Revista do Instituto Histórico e Geográfico de São Paulo*, ano CXIX, volume XCVII, p. 157-170, 2013.

Vidros da Bahia. Além do vidro, diversas manufaturas foram permitidas, como a têxtil, a de pólvora, a moagem de trigo. No próprio alvará, o príncipe regente afirmava-se como "desejando promover, e adiantar a riqueza nacional, e sendo um dos mananciais dela as manufaturas [...] convindo remover todos os obstáculos, que podem inutilizar, e prestar tão vantajosos proveitos [...]"[93], ou seja, seus primeiros atos foram no sentido de expandir a economia e o bem-estar da população que o recebia.

Também seria na Bahia que D. João conheceria José da Silva Lisboa — futuro visconde de Cairu —, autor do conhecido *Princípios de Direito Mercantil* e de *Princípios de Economia Política*, em que defendia a liberdade do comércio. Tomando conselhos com este e com o marquês de Belas, iniciaria seus 13 anos de governo em terras brasileiras de maneira diferenciada — entre elas a formação do gabinete em que um ministro tutelaria todas as secretarias e ainda a Junta da Fazenda — e sem depender de seus antigos ministros, dispersos por toda a frota real, provando que o príncipe regente poderia pensar por si, ainda que mantendo o aconselhamento com pessoas que poderiam ter mais experiência técnica em alguma área do que ele.

> O príncipe, quando de sua chegada à Bahia, não tinha consigo nenhum ministro de Estado [...]. O príncipe servia-se, portanto, de D. Fernando de Portugal para tudo, e consultava e ouvia o marquês de Belas, que nessa época era maravilhoso; protegeu muito um homem de muito mérito, Silva Lisboa, deu-o a conhecer ao príncipe, disse-lhe que o devia levar consigo, fazê-lo lente de uma nova cadeira de economia política; foi consultado sobre o que se devia fazer ao comércio para benefício do Brasil, e a famosa carta-régia foi o resultado dessa boa ideia do marquês de Belas, assim como a emancipação do Brasil que se tornava indispensável[94].

---

93. "Alvará de 1808 que autoriza as fábricas de manufaturas no Brasil". *Arquivo Nacional e a História Luso-Brasileira*, 14 de junho de 2018. Disponível em: <http://historiacolonial.arquivonacional.gov.br/index.php?option=com_content&view=article&id=3675&catid=145&Itemid=268>. Acesso em: 21 de outubro de 2021.

94. *Apud* PEDREIRA, Jorge; COSTA, Fernando Dores. *D. João VI: um Príncipe Entre Dois Continentes*. São Paulo: Cia. das Letras, 2008, p. 209-210.

Em 28 de janeiro os portos brasileiros eram abertos para o comércio com as nações amigas de Portugal[95]. Finalizava assim o pacto colonial que obrigava o Brasil a negociar exclusivamente com a metrópole, revendedora dos seus produtos a outras nações. A carta régia também permitiria o ganho direto para os comerciantes, produtores e negociantes do Brasil, pois não haveria mais o atravessador europeu. A abertura igualmente valia para receber produtos dessas mesmas nações, e estava aqui a vantagem para a Inglaterra. Ela havia ajudado Portugal em troca da abertura dos portos brasileiros e isso estava claro desde o início do acordo, pois a Europa estava fechada para seus produtos com o Bloqueio Continental.

Com os tratados comerciais pretendia-se que a Inglaterra deixasse que os produtos brasileiros — açúcar, algodão, tabaco e couro — entrassem em seus portos e pudessem ser distribuídos a outros, pois era

---

95. "Conde da Ponte, do meu Conselho, governador e capitão-general da Capitania da Bahia. Amigo. Eu o Príncipe Regente vos envio muito saudar como aquele que amo. Atendendo à representação que fizeste subir à minha real presença, sobre se achar interrompido, e suspenso o comércio desta capitania, com grave prejuízo dos meus vassalos, e da minha real fazenda, em razão das críticas, e públicas circunstâncias da Europa; e querendo dar sobre este importante objeto alguma providência pronta, e capaz de melhorar o progresso de tais danos: sou servido ordenar interina e provisoriamente, enquanto não consolido um sistema geral, que efetivamente regule semelhantes matérias, o seguinte: Primo: que sejam admissíveis nas alfândegas do Brasil todos, e quaisquer gêneros, fazendas e mercadorias, transportados ou em navios estrangeiros das potências, que se conservam em paz, e harmonia com a minha real coroa, ou em navios dos meus vassalos, pagando por entrada vinte e quatro por cento; a saber: vinte de direitos grossos, e quatro do donativo já estabelecido, regulando-se a cobrança destes direitos pelas pautas ou aforamentos, porque até o presente se regulam cada uma das ditas alfândegas, ficando os vinhos, e águas ardentes, e azeites doces, que se denominam molhados, pagando o dobro dos direitos, que até agora nelas satisfaziam. Segundo: que não só os meus vassalos, mas também os sobreditos estrangeiros, possam exportar para os portos que bem lhes parecer a benefício do comércio, e agricultura, que tanto desejo promover, todos e quaisquer gêneros, e produções coloniais, à exceção do pau-brasil, ou outros notoriamente estancados, pagando por saída os mesmos direitos já estabelecidos nas respectivas capitanias, ficando entretanto como em suspenso, e sem vigor todas as leis, cartas régias, ou outras ordens, que até aqui proibiam neste Estado do Brasil o recíproco comércio, e navegação entre os meus vassalos, e estrangeiros. O que tudo assim fareis executar com o zelo, e atividade, que de vós espero. Escrita na Bahia aos 28 de janeiro de 1808. – PRÍNCIPE – Para o Conde da Ponte" (*Collecção das Leis do Brazil de 1808*. Rio de Janeiro: Imprensa Nacional, 1891).

sabido que ela preferia comprar das próprias colônias a taxas especiais do que consumir o que vinha do Brasil. Somente em 25 de junho de 1808 o parlamento inglês votou pelo favorecimento da importação do Brasil, sua armazenagem e reexportação.

Em 23 de agosto de 1808 foi criada a Real Junta do Comércio, Agricultura, Fábricas e Navegação e construída uma praça do comércio para as negociações dos comerciantes, além da fundação de aulas de aperfeiçoamento em comércio, premiações a inventos[96] e a melhorias na agricultura e indústria. Por causa da guerra na Europa, houve uma baixa em termos de comércio e transporte marítimo e foi preciso, em 11 de junho, fazer uma redução de 16% sobre mercadorias importadas por residentes brasileiros ou portugueses trazidas em navios nacionais. Vinhos e azeites e outros molhados para reexportação teriam uma taxa de 4%[97].

Com o intuito de incentivar a navegação, o comércio e a indústria, em 28 de abril de 1809 a Junta de Comércio ganhava mais atribuições. Entre elas, estavam novas isenções aduaneiras referentes a matérias-primas para uso das manufaturas — desde que comprovado o uso — e de itens das indústrias nacionais de qualquer lugar do território brasileiro, além de artigos para exportação provenientes dessas indústrias. Também se investiu na instalação de novas fábricas com parte do dinheiro da Loteria Nacional e comprava-se o fardamento das tropas dessas indústrias nacionais[98].

Apesar de ter demorado quase dois anos para a Inglaterra fazer uso dos portos brasileiros por causa da guerra com a França, ela se voltaria ao Brasil e inundaria os mercados com itens inúteis para o clima e a sociedade tropical — patins de gelo, espartilhos, lã pesada... Havia também produtos de alta qualidade que estavam abaixo do preço em comparação com os produzidos pela indústria nascente. Houve um enfraquecimento da indústria nacional com a competição[99] por causa da imperícia dos

---

96. Somente indústrias de produtos novos ganhavam esse benefício, que durava 14 anos.
97. PEDREIRA, Jorge; COSTA, Fernando Dores. *D. João VI: um Príncipe Entre Dois Continentes*. São Paulo: Cia. das Letras, 2008, p. 269.
98. Uma das primeiras a ser criadas foi a Real Fábrica de Pólvora. Depois pensou-se na fundição de ferro, com a descoberta de jazidas no morro do Pilar, em Minas Gerais.
99. SIMONSEN, Roberto C. *História Econômica do Brasil: 1500-1820*. Brasília: Senado Federal, 2005.

jovens fabricantes, mas D. João não tinha o que fazer a respeito. Muito menos diante dos dois tratados de amizade com a Inglaterra assinados em 1810, nos quais a tarifa geral *ad valorem* de importações seria de 15% para os produtos ingleses, 16% para os portugueses e 24% para os outros países, tornando a competição ainda mais acirrada.

Se por um lado os ingleses colocavam tudo o que podiam no mercado brasileiro, havia restrições aos produtos estrangeiros nos mercados do rei Jorge III (1738-1820). Só poderiam entrar aqueles que não eram produzidos pelas colônias inglesas, ou seja, o café e o açúcar estavam proibidos, o que gerava um impasse. O Brasil era agrário. O Nordeste vivia do algodão e do açúcar.

Percebendo as potencialidades em outras regiões, numa terra em que quase tudo o que se planta, dá, o príncipe regente tentou estimular no Sudeste o cultivo do café com a distribuição de sementes oriundas de Moçambique. Se por um lado a abertura dos portos para importações segurou o crescimento de parte da indústria, por outro incentivou a agricultura com isenção de impostos para novos cultivos, abrindo permissão para a plantação de oliveiras e amoreiras, anteriormente proibidas para evitar a concorrência de seus produtos com os da metrópole.

Porém, a balança não equilibrava e Portugal, com a baixa entrada de dinheiro pela abertura dos portos brasileiros, acabaria prejudicando os ingleses, que não receberiam todo o pagamento de suas vendas[100]. Mesmo diante desse complexo cenário, de 1810 a 1814 a Inglaterra ocupou um lugar privilegiado no mercado, comandando as importações, mexendo com a flutuação cambial e com o surgimento das indústrias, e, por consequência, com a vida das pessoas. A entrada de mercadorias estrangeiras fomentou o aquecimento do comércio, e nesse sentido foi positivo para comerciantes e compradores, que tinham acesso a coisas antes proibidas e a preços baixos, pois não tinham o excesso de taxação da metrópole.

Por maiores que sejam as críticas à abertura dos portos, e posteriormente aos dois tratados de amizade com a Inglaterra em 1810, é preciso explicar que havia dois motivos por detrás. O primeiro era que D. João dependia da Inglaterra para cruzar os mares, proteger o território

---

100. *Ibid.*

português na Guerra Peninsular (1807-1814) e manter sua coroa. Era a moeda de troca e a única maneira de se manter aliado da Inglaterra, e o que mais para a frente se tornaria primordial desfazer no Congresso de Viena, tendo o apoio da Áustria. O segundo era a liberdade econômica que D. João procurava dar ao Brasil e o estímulo ao seu desenvolvimento comercial, e não teria como fazer isso de outra maneira, nem com a rapidez necessária, em uma época em que o mundo saía do sistema mercantilista para a industrialização.

Essa mudança econômica, com a sua abertura e por meio de princípios liberais, foi a maneira com que o príncipe regente enxergou o crescimento econômico, industrial e, mais adiante, cultural, permitindo que o Brasil se tornasse a verdadeira potência que poderia ser e que estava amarrada sob o julgo do sistema colonial. Era a partir dela que todo o resto do sistema político-administrativo poderia existir, e o que permitiria construir outras fundações que hoje são as bases do país nas áreas de infraestrutura, saúde, cultura e tecnologia, como veremos adiante.

> [...] foi necessário procurar elevar a prosperidade daquelas partes do império livres da opressão, a fim de achar não só os meios de satisfazer aquela parte de meus vassalos, onde vim estabelecer--me; mas ainda para que eles pudessem concorrer às despesas necessárias para sustentar o lustro, o esplendor do trono, e para segurar a sua defesa contra a invasão de um poderoso inimigo. Para este fim, e para criar um império nascente, foi servido adotar os princípios mais demonstrados de sã economia política, quais o da liberdade, e franqueza do comércio, o de diminuição dos direitos das alfândegas, unidos aos princípios mais liberais, de maneira que, promovendo-se o comércio, pudessem os cultivadores do Brasil achar o melhor consumo para os seus produtos, e que daí resultasse o maior adiantamento na geral cultura, e povoação deste vasto território do Brasil, que é o mais essencial modo de o fazer prosperar, e de muito superior ao sistema restrito, e mercantil, pouco aplicável a um país, onde mal podem cultivar-se por ora as manufaturas, exceto as mais grosseiras, e as que seguram a navegação e a defesa do Estado [...] conhecendo que no reino as manufaturas deviam prosperar, isentei-as debaixo dos mais liberais princípios (do que

aqueles que antes eram adotados) de todo e qualquer direito de entrada nos portos dos meus domínios. Os mesmos princípios de um sistema grande, e liberal de comércio são muito aplicáveis ao reino, e só eles combinados com os que adotei para os outros meus domínios, é que puderam elevar a sua prosperidade àquele alto ponto a que a sua situação e as suas produções parecem chamá-lo. Estes mesmos princípios ficam corroborados com o sistema liberal de comércio, que de acordo com o meu antigo, fiel e grande aliado Sua Majestade Britânica, adotei nos tratados de aliança e comércio, que acabo de ajustar com o mesmo soberano, e nos quais vereis que ambos os soberanos procuramos igualizar as vantagens concedidas às duas nações, e promover o seu recíproco comércio, de que tanto bem deve resultar. Não cuideis que a introdução das manufaturas britânicas haja de prejudicar a vossa indústria. É hoje verdade demonstrada que toda a manufatura que nada paga pelas matérias-primas, que emprega, e que tem fora parte disto os quinze por cento dos direitos das alfândegas a seu favor, só se não sustenta, quando ou o país não é próprio para ela, ou quando ainda não tem aquela acumulação de cabedais, que exige o estabelecimento de uma semelhante manufatura. [...] A diminuição dos direitos das alfândegas há de produzir uma grande entrada de manufaturas estrangeiras; mas quem vende muito, também necessariamente, compra muito, e para ter um grande comércio de exportação é necessário também permitir uma grande importação e a experiência nos fará ver, que aumentando-se a vossa agricultura, não hão de arruinar as vossas manufaturas da sua totalidade; e se alguma houver que se abandone, podeis estar certos, que é uma prova que esta manufatura não tinha bases sólidas, nem dava uma vantagem real ao estado. [...] Assim vereis prosperar a vossa agricultura; progressivamente formar-se uma indústria sólida, e que nada tema da rivalidade das outras nações; levantar-se um grande comércio e uma proporcional marinha e vireis a servir de depósito aos imensos produtos do Brasil, que crescerão em razão dos princípios liberais, que adotei, de que enfim resultará uma grandeza da prosperidade nacional de muito superior a toda aquela que antes se vos podia procurar, apesar dos esforços que sempre fiz para conseguir o mesmo fim, e que eram contrariados pelo vício radical do sistema restritivo que então se julgava favorável, quando realmente era sobremaneira danoso à prosperidade nacional[101].

A visão econômica de D. João VI se mostraria ainda mais afiada quando, em 1813, foram encontradas jazidas de ferro em Minas Gerais. Ele imediatamente ordenou que fossem exploradas, visando "o Brasil de ferro"[102]. Montou a primeira usina brasileira, incentivando a siderurgia, o que era uma preocupação desde a época colonial. As siderúrgicas no Morro do Pilar, em Minas Gerais, e no Morro da Fábrica de Ipanema, em São Paulo, foram dois grandes exemplos dos investimentos de D. João na indústria. Outro grande investimento seria na segurança, com a criação de uma fábrica de pólvora no Rio de Janeiro.

Universidades, Academias e Livros

Tanto a economia quanto a educação eram dois pontos fortes na construção de um país para D. João VI, a ponto de seu próximo ato, ainda na Bahia, ser a criação da Escola Médico-Cirúrgica.

Em comparação às outras colônias na América do Sul, o sistema educacional estava atrasado. Desde 1551 havia universidades no vice--reino espanhol do Peru: a Universidade Nacional de Córdoba (1613) e a Universidade Maior Real e Pontifícia San Francisco Xavier de Chuquisaca (1624). Aqui havia apenas a Real Academia de Artilharia, Fortificação e Desenho criada em 1792, para o ensino superior militar e em engenharia.

Ter uma escola médica era um alívio para os jovens. Antes eram obrigados a se formar em Portugal se quisessem exercer essa profissão, o que demandava dinheiro, restringindo-se às famílias abastadas. Além da escola da Bahia, criaria a Escola Anatômica, Cirúrgica e Médica do Rio de Janeiro, vinculada ao Hospital da Misericórdia.

Também foi criado um curso de economia a pedido de José da Silva Lisboa, a quem D. João convidaria para fazer parte da sua construção de um

---

101. *Ibid.*
102. *Ibid.*, p. 570.

"império brasílico". Como base para esse império, a educação era primordial e, assim como seu avô e o marquês de Pombal, o príncipe regente retirou a alfabetização das mãos do clero e buscou desenvolver o país cientificamente. Ainda permitiria a criação de mais aulas avulsas para complementar aquelas de matemática e filosofia já existentes. Foram introduzidas teologia, moral e dogmática, cálculo integral, química, aritmética, geometria, francês e inglês, mecânica, hidrodinâmica, botânica e agricultura.

Ao chegar no Rio de Janeiro, o seu plano educacional cresceu ainda mais, não somente com a escola de medicina, mas com a Academia de Marinha, em cujas instalações havia o Observatório Astronômico. E, dois anos depois, era criada a Academia Militar, em que eram ensinadas as matérias de história natural, técnicas de guerra, tática, defesa, fortificações, matemática, química, física.

Não há como desvincular a necessidade de livros e estudos, por isso foram criados dois importantes órgãos. Aproveitando a prensa inglesa que veio na travessia da corte, primeiro "manda estabelecer imediatamente uma tipografia régia"[103] que publicaria livros científicos, tratados de economia, filosofia, agricultura e saúde[104], e *A Gazeta do Rio de Janeiro*, o primeiro jornal impresso no Brasil, que funcionava para divulgar os comunicados do governo[105]. A Impressão Régia, até 1822, publicou 1.427 documentos oficiais e 720 títulos entre folhetos, sermões, obras literárias e científicas sobre comércio, ciências naturais, agricultura, história, matemática, filosofia, economia, entre outros.

Também seria criado o Arquivo Real Militar para guardar as cartas e mapas do Brasil e outros lugares, além de planos, desenhos, relatórios e projetos para fortificações, estradas, etc., indícios de uma memória histórica que começava a ser construída.

---

103. MALHEIROS, Agostinho Marques Perdigão. *Índice Chronologico dos Factos Mais Notaveis da História do Brasil Desde seu Descobrimento em 1500 Até 1849*. Edição do Kindle, 2016.

104. PEREIRA, Ana Cristina; TRONI, Joana. *A Vida Privada dos Bragança – De D. João IV a D. Manuel II: o Dia a Dia na Corte*. Edição do Kindle: 2011, localização 1346-1349.

105. Antes da *Gazeta* havia o *Correio Braziliense* (1808-1822), impresso em Londres e cujo dono era Hipólito da Costa (1774-1823).

Em 1812 foi implantada a Real Biblioteca, com mais de 60 mil volumes, mapas, manuscritos e gravuras, vindos das bibliotecas da Coroa e da Casa do Infantado, e organizados por Joaquim Dâmaso e frei Gregório José Viegas (1753-1840). Ela ficava aberta ao público e aos interessados em estudar e se tornaria a base do que mais tarde seria a Biblioteca Nacional.

Judiciário e Administrativo

Nem tudo havia sido feito do zero, sem qualquer base ou fundação. No caso do sistema administrativo, havia pequenas repartições jurídico-administrativas da própria colônia. A questão era que as resoluções eram resolvidas em Lisboa, causando demora e provocando altas despesas. Foram desenvolvidos órgãos em cima dessa miúda estrutura. Algumas foram absorvidas numa estrutura ainda maior, como no caso do Tribunal de Relação da colônia, que respondia à Casa de Suplicação em Lisboa, e agora tinha seus desembargadores e ouvidores-gerais como membros da própria Casa de Suplicação criada no Rio de Janeiro, "[...] o que foi de suma utilidade para a administração da Justiça por não ser preciso recorrer à de Lisboa"[106].

Em 22 de abril de 1808, é a vez da criação do Tribunal do Desembargo do Paço, "tornando-se deste modo totalmente desnecessários para os brasileiros os tribunais existentes em Portugal, e facilitando-se em extremo a administração da justiça", e da Mesa de Consciência e Ordens, "competindo-lhe, bem como ao Desembargo do Paço, a jurisdição e atribuições do Conselho Ultramarino"[107]. Por todo o Brasil foram criados juízes de fora, comarcas e o Tribunal de Relação do Maranhão.

Em alguns meses é criado o Conselho da Fazenda e Interior, que faria parte da importante tríade de ministérios ao lado do Conselho da Marinha e da Guerra e o de Negócios Estrangeiros. Também haveria as instalações das Mesas de Desembargo do Paço e Consciência e Ordens, que eram um tribunal funcionando em separado, despachando pela

---

106. MALHEIROS, Agostinho Marques Perdigão. *Índice Chronologico dos Factos Mais Notaveis da História do Brasil Desde seu Descobrimento em 1500 Até 1849*. Edição do Kindle, 2016.

107. *Ibid.*

manhã de segunda a sábado e com audiências às segundas e quintas[108]. É curioso que uma de suas funções eram a de confirmar os provimentos das cadeiras de ensino realizados pelos governadores e bispos.

Foi montada a importante Real Junta do Comércio, Agricultura, Fábricas e Navegação, cujas funções incluíam criar medidas para melhorar tais matérias, estimular a fabricação de provisões, cuidar dos registros e matrículas, administração desde a pesca de baleias até a de falências comerciais, navegação, faróis e estradas, pontes, companhias de seguros e importação e exportação, aulas de comércio, etc.

A proposta desses órgãos, além de julgar, era administrar e desenvolver. E provam que era o próprio soberano que estava criando um Estado — que ganharia a sua autonomia quando transformado em reino em 1815 — com legitimidade institucional[109].

Sistema Financeiro

Ainda no ano de 1808, em 12 de outubro era fundado o Banco do Brasil. É curioso que ele surgiria antes do primeiro banco de Portugal (1821), e não foi o primeiro banco criado no Brasil. Antes dele houve um banco de fundo comum feito por negociantes e capitalistas.

A ideia de D. João era ter um que pudesse operar créditos mercantis para exportação[110], "que o meu Real Erário possa realizar os fundos de que depende a manutenção da monarquia", pois

> os bilhetes dos direitos das alfândegas, tendo certos prazos nos seus pagamentos, ainda que sejam de um crédito estabelecido, não são próprios para o pagamento dos soldos, ordenados, juros, e pensões,

---

108. "Mesa do Desembargo do Paço", *Arquivo Nacional*, Mapa Memória da Administração Pública Brasileira, 10 de novembro de 2016. Disponível em: <http://mapa.an.gov.br/index.php/dicionario-periodo-colonial/198-mesa-do-desembargo-do-paco>. Acesso em: 21 de outubro de 2021.

109. PESSOA, Sarah Regina Nascimento. *As Interpretações do Brasil do Século XIX À Luz da Economia Institucional*. Disponível em: <https://www.anpec.org.br/sul/2020/submissao/files_I/i1-773a0ccb1e9e535d128649102ad90931.pdf>. Acesso em: 21 de outubro de 2021.

110. SPIX e MARTIUS, *Reise in Brasilien*. Apud SIMONSEN, Roberto C. *História Econômica do Brasil: 1500-1820*. Brasília: Senado Federal, 2005.

que constituem os alimentos do corpo político do Estado, os quais devem ser pagos, nos seus vencimentos, em moeda corrente, e a que os obstáculos, que a falta dos sinais representativos dos valores põe ao comércio, devem quanto antes ser removidos, animando, e provendo as transações mercantis dos negociantes desta, e das mais praças dos meus domínios, e senhorios, com as estrangeiras.

Os saques dos fundos do Erário Real, contratos da Real Fazenda e vendas de produtos pertencentes ao monopólio da coroa seriam por meio do banco e com uma comissão de 2%. Bilhetes de pagamento ao portador poderiam ser usados para pagar coisas do Estado ou o Estado pagar algo. Além de depósito público, também seria o único a depositar os valores às irmandades e ordens terceiras. Portanto, suas operações consistiam em:

1º desconto mercantil de letras de câmbio, sacadas ou aceitas por negociantes de crédito, nacionais ou estrangeiros;

2º atuação como comissário, na percepção dos cômputos, que por conta de particulares, ou dos estabelecimentos públicos, arrecadar, ou adiantar, debaixo de seguras hipotecas;

3º depósito geral de toda e qualquer coisa de prata, ouro, diamantes ou dinheiro; recebendo segundo o valor do depósito, ao tempo da entrada, o competente prêmio;

4º emissão de letras ou bilhetes pagáveis ao portador à vista, ou a um certo prazo, com a necessária cautela, para que jamais estas letras ou bilhetes deixem de ser pagos no ato da apresentação; sendo a menor quantia por que o banco poderá emitir uma letra ou bilhete, a de trinta mil-réis;

5º comissão dos saques, por conta dos particulares, ou do Real Erário, a fim de realizarem os fundos, que tenham em país estrangeiro, ou nacional, remoto;

6º receber toda a soma, que se lhe oferecer a juro da lei, pagável em certo prazo em bilhetes à vista, ou à ordem do portador ou mostrador;

7º comissão da venda dos gêneros privativos dos contratos e administrações reais, quais sejam os diamantes, pau-brasil, marfim e urzela;

8º comércio das espécies de ouro e prata, que o banco possa fazer, sem que se intrometa em outro algum ramo de comércio ou de indústria estabelecido, ou por estabelecer, que não esteja compreendido no detalhe das operações, que ficam referidas neste artigo[111].

O banco foi fundado com o intuito de incentivar o crédito público e apoiar a tesouraria e a movimentação do comércio interno e externo com transações cambiais e mercantis. Ou seja, deixar o dinheiro girar e movimentar os capitais que estavam parados ou não eram reempregados.

O capital de 1.200 contos seria dividido em 1.200 ações, que poderiam ser também de acionistas estrangeiros, e proibida a penhora ou execução. Por ser algo ainda desconhecido no Brasil, demorou para que tivesse seus primeiros 100 contos, começando a funcionar somente em 11 de dezembro de 1809.

Tudo fez o governo para desenvolver a novel instituição. Promoveu a colocação de ações e criou impostos em seu favor. Os créditos do banco teriam o privilégio da cobrança executiva, como créditos de Estado. Autorizou-se a fundação de sucursais, sendo estabelecidas duas: uma na Bahia, outra em São Paulo[112].

No ano seguinte, 1810, o capital cresceria em 20 contos. O início vagaroso se estenderia por 1811, com 172 contos, e no ano seguinte conseguiria pouco mais do dobro, com 398 contos. Após quatro anos de criado, a Real Fazenda tornou-se acionista com percentagem retirada dos impostos por dez anos — imposto por arroba de tabaco da Casa de Arrecadação da Bahia e o tributo da décima sobre os imóveis nas principais cidades. Porém, somente em 1817 passaria dos 1.100 contos, e chegaria a 2.215 contos em 1820.

---

111. *Apud* SIMONSEN, Roberto C. *História Econômica do Brasil: 1500-1820*. Brasília: Senado Federal, 2005.

112. *Ibid.*

Emprego, Escravidão e Imigração

A fundação ou criação de diversos órgãos, peças da máquina estatal, permitiu que brasileiros fossem empregados em trabalhos que outrora eram escassos ou inexistentes. Outros conseguiram trabalhos no comércio, nas manufaturas, ou em profissões liberais que finalmente poderiam existir graças às universidades, academias e escolas criadas para tal. Em 1822, com a exigência das Cortes em fechar a administração do Brasil, milhares desses funcionários perderiam seus empregos, e isso os incentivaria a apoiar a independência do Brasil[113].

Também puderam ser empregados aqueles portugueses que vieram com D. João, não sendo uma força inútil e sem viver nas borlas do manto do príncipe regente.

Quanto aos escravos, desde 1808 D. João soltava alvarás para diminuir a brutalidade dos castigos sofridos por eles. Também passariam a ser aceitas as petições de escravos contra os seus proprietários e, em alguns casos, diretamente atendidas pelo príncipe regente. Em 22 de janeiro de 1815 foi assinado um tratado entre Portugal e Inglaterra para extinguir o tráfico negreiro. E pouco mais de dois anos depois, foi feita uma convenção, em 28 de julho de 1817, para apreender os negreiros que estavam burlando a lei internacional.

Percebendo que seria uma questão de tempo para a escravidão acabar, e seria preciso mais mão-de-obra diante do desenvolvimento que estava em curso, e tendo um imenso território a ser povoado, o príncipe regente começaria a incentivar a imigração. A primeira coisa a ser feita seria desfazer a proibição de estrangeiros imigrados. No decreto de 25 de novembro de 1808, qualquer estrangeiro que viesse se estabelecer, ganharia terras por sesmaria como se português fosse, e para estimular a criação de manufaturas, foram isentas matérias-primas que pudessem ser usadas (decreto de 28 de abril de 1809).

Também foram feitas as primeiras tentativas de colonização em localidades específicas. Uma delas foi a suíça em Cantagalo (Nova Friburgo):

---

113. Veremos mais a respeito nos próximos capítulos.

O governo obrigou-se a pagar a passagem até o porto do Rio de Janeiro; a dar-lhes víveres e transportes até o distrito de Cantagalo; alojamentos provisórios, enquanto os suíços não tivessem edificado sua vila ou aldeia; animais do país, como cavalos, machos, vacas, ovelhas, cabras e porcos; sementes de trigo, batatas, milho, linhaça, etc.; víveres e dinheiro durante os primeiros dois anos do seu estabelecimento. Cada colono suíço receberia, *per capita*, no Brasil, no primeiro ano, 160 réis por dia e, nos seguintes, 80 réis; isenções de impostos durante 10 anos e vários outros favores[114].

Saiu mais caro do que se pretendia, e os colonos não ficaram satisfeitos em ter que cuidar das próprias terras, segundo von Leithold[115]:

[...] muitos dos colonos vieram na ideia de serem senhores de terras e de negros, e outros tantos na esperança de reconstituírem suas fortunas e voltarem em pouco tempo [...] desapontamento foi grande quando se encontraram sem escravos e com a terra em frente para cultivá-la com os próprios braços. Desanimados, não poucos, os alemães — pois que esses imigrantes suíços e católicos eram em boa parte alemães do Sul e protestantes — fizeram-se soldados[116].

Outros desanimaram-se ao perder parte dos instrumentos de cultivo no caminho, ou por terem caído doentes. Houve também o problema de muitos velhos e crianças terem sido contabilizados, apesar de não serem mão de obra.

Deram mais certo aqueles estrangeiros que vieram abrir comércio para a nova corte que aqui se estabelecia, como os franceses, trazendo um novo sotaque para a capital do império português.

Já para os arsenais vieram portugueses. Havia saído um edital, publicado em 11 de junho de 1811, que dizia:

---

114. Oliveira Lima. *Apud* SIMONSEN, Roberto C. *História Econômica do Brasil: 1500-1820*. Brasília: Senado Federal, 2005.

115. *Meine Ausflug nach Brasilien* (Berlim, 1820). *Apud* SIMONSEN, Roberto C. *História Econômica do Brasil: 1500-1820*. Brasília: Senado Federal, 2005.

116. *Ibid.*, p. 530-531.

[...] a todos operários e artífices das diferentes oficinas de carpintaria, de marcenaria, de ferreiro, de forja, de lima; de latoaria, de cordoaria e que entendam de estufa — que queiram, voluntariamente, passar para o Rio de Janeiro, dirigindo seus requerimentos dos mesmos trabalhos para sua classificação; se lhes fará pagamento de tudo que tiveram vencido e de 4 meses de avanço de seus gêneros, pagando-se logo um aqui e os três na sua chegada àquela capital, passando para isso o despacho necessário e dando-se-lhes a passagem e de suas respectivas famílias, à razão de porão para cada uma. Outrossim, se declara que esta deliberação se estende igualmente a artistas operários que se ocupam das oficinas e se destinam aos serviços públicos e particulares[117].

Não era uma proposta ruim. Era a procura por uma mão de obra especializada que poderia ajudar a desenvolver ainda mais a economia e empregar aprendizes que um dia poderiam seguir o próprio ofício.

Segurança, Saúde e Infraestrutura

Se o príncipe regente D. João tentava desenvolver os bolsos e o cérebro do país, era preciso também protegê-los. Em matéria de segurança foi criada a Intendência Geral da Polícia e do Estado do Brasil, com o intuito de não somente proteger a população, mas a cultura, costumes e serviços de urbanização. Ou seja, fazia mais do que apenas manter a segurança dos vassalos e a do rei, organizava as guardas, fiscalizava desde obras a teatros, passaportes, permissões, detenções. Para ajudar no controle da criminalidade, por causa do aumento populacional e em meio a tanto serviço deixado para a intendência, foram oficializados dois ministros criminais que poderiam abrir processos criminais, investigar e punir. Igualmente foi criada uma divisão militar da Guarda Real da Polícia, com cavalaria e infantaria, para apagar incêndios e impedir o contrabando. Era o primeiro "corpo de bombeiros" que se tinha numa cidade em que, pela proximidade dos casarios e o uso de velas, incêndios não eram raros.

---

117. *Ibid.*, p. 534.

Em termos militares, foram instituídas a Contadoria Real, o corpo da Brigada Real, a biblioteca da Academia Naval, a Real Academia Militar, o Arquivo Militar, e houve a instalação do Conselho Supremo Militar, onde as matérias de foro militar eram tratadas. Foi decidido que os serviços prestados por voluntários teriam o prazo de oito anos e seriam anistiados aqueles que desertaram e quisessem retornar num prazo de seis meses.

A Real Academia Militar teria o curso de ciências da matemática e da observação — que englobava, além de táticas militares, fortificações e artilharia; química, física, metalurgia, mineralogia, história natural. Os formados em engenharia, geografia, topografia poderiam não somente trabalhar no exército como nas indústrias, mineração, infraestrutura — portos, estradas, pontes, etc. Isso se deu sobretudo diante da necessidade de construir estradas e portos, unindo e aproximando o país, mapeando as vastidões e aumentando a comunicação entre as regiões por meio da criação da Administração Geral dos Correios. Agora o Brasil também poderia se comunicar[118].

Em se tratando de saúde, dentro do Hospital Real Militar, em 5 de novembro de 1809, foi criada uma Escola Anatômica, Cirúrgica e Médica. Pretendia-se que os ali formados pudessem não somente medicar como ensinar a ciência médica a outros por todo o país. Inclusive, foi pedido que viessem dois alunos de cada colônia na África para estudar nesta escola. Também foi criada uma Junta da Direção Médica, Cirúrgica e Administrativa para inspecionar as aulas dadas, a Botica Real Militar para a manipulação de remédios, "para que a toda e qualquer hora se acuda aos enfermos com os específicos necessários"[119].

---

118. Na história do Brasil, não somente D. João VI era preocupado com as comunicações. O próprio D. Pedro II enxergava essa importância em um território tão vasto, aproximando as distâncias e unificando o povo. No caso do último imperador do Brasil, ele investiria no avanço das linhas telegráficas, das estradas de ferro e da telefonia. Assim como seu avô, D. Pedro II se mostraria um visionário em termos tecnológicos, culturais e educacionais, fomentando o avanço do país e solidificando as bases construídas por D. João VI.

119. "Botica Real Militar", *Arquivo Nacional*, Mapa Memória da Administração Pública Brasileira, 9 de novembro de 2016. Disponível em: <http://mapa.an.gov.br/index.php/dicionario-periodo-colonial/140-botica-real-militar>. Acesso em: 21 de outubro de 2021.

Em 4 de abril de 1811, a Junta Vacínica era fundada a fim de incentivar a vacinação da população, para que não ocorresse o mesmo que houve com D. José, morto de varíola por não ter se vacinado.

Em termos de saúde pública e prevenção de epidemias dentro da capital — o Rio de Janeiro — era preciso pensar em outras coisas além dos hospitais. No caso, foi criada uma vigilância sanitária, tendo à frente o provedor-mor da Saúde da Corte e Estado do Brasil, que deveria não somente verificar os produtos à venda nos mercados como as quarentenas das tripulações que aportavam, e visitar os matadouros e açougues. Também se passou a entender os problemas das pestes causados pela péssima infraestrutura da nova capital, rodeada dos mangues, alagadiços, lixões e enterros à flor da terra.

Os enterros dentro das igrejas eram proibidos desde 1801, mas continuavam a fazê-lo. Chegava a tal ponto que foi pedido ao vigário-geral do Rio de Janeiro que nas noites de sábado e vésperas de dias santos abrissem as portas das igrejas e incensassem com uma mistura de alcatrão, pólvora argamassada, sal e vinagre para afastar o mau cheiro das decomposições. Foi necessário ampliar o Cemitério da Misericórdia, próximo ao Morro do Castelo, e pedido que enterrassem os corpos mais fundo e usassem mais cal.

Quanto aos mangues e alagadiços, estavam por todos os lados e acabavam sendo usados como locais de descarte de lixo e de escravos que haviam morrido, cujos proprietários não queriam gastar com o enterro no Valongo. O intendente Paulo Fernandes Viana (1758-1821) tentou impedir o despejo e dragar os pântanos, sendo o primeiro edital de publicação datado de 1808, mas isso seria uma luta árdua e constante, pois era difícil vencer o vício da população.

As praias tampouco fugiam do lixo:

> [...] o monturo não cessa de se acumular nas praias. [...] A praia, terrenos baldios e becos escusos apresentam camadas espessas de abominações sempre frescas. Não há lixeiros, nem varredores, nem homens públicos cuja obrigação pareça ser a de preveni-las

ou curá-las, e pouquíssimos particulares que deem mostra de sensibilidade a esses fatos[120].

Nessa batalha constante contra o descarte irregular de lixo, sob pena de multa, outra questão a ser resolvida era a do abastecimento de água. Durante os séculos XIX e XX o Rio de Janeiro lutou contra a estiagem. A crise do abastecimento de água vem de longa data, da época do Aqueduto da Carioca, construído em 1723 para aliviar esse problema. Como não havia esgoto ou água encanada, a distribuição de água era feita por meio de chafarizes, que, nas épocas de estiagem, lotavam. Após estudos e análises, entendeu-se que um dos motivos era o desmatamento nas margens das nascentes, as queimadas de carvão e o costume de se lavar roupas no rio. Em 14 de julho de 1808 foi proibido o corte de árvores nas margens do rio Carioca, e em 20 de setembro era lançado um decreto que proibia arrancarem as árvores plantadas em largos e praças. Iniciou-se também o projeto de canalização das águas do rio Maracanã e a proibição do pastoreio. Para evitar confrontos com os donos dos terrenos às margens dos rios, em 1817 e 1818 a Coroa ficaria com as terras em torno dos rios Carioca e Maracanã, evitando assim o desmatamento[121].

Pode-se afirmar que D. João VI foi para o Rio de Janeiro o que D. Maria I foi para Lisboa. Ambos construíram pontes, estradas, calçadas, fontes, canais, plantaram árvores, limparam as vias fluviais e incentivaram a navegabilidade de rios e abastecimento de água, além da importante iluminação pública[122]. Sob seu comando tudo passaria por uma transformação. Por consequência, haveria também um encarecimento da vida,

---

120. LUCCOCK, John. *Notas sobre o Rio de Janeiro e Partes Meridionais do Brasil: Tomadas Durante a uma Estada de Dez Anos Nesse País (1808-1818)*. São Paulo: Itatiaia, 1987, p. 89.

121. Uma batalha que D. Pedro II enfrentaria seria a criação de um sistema de água e esgotos, e ainda o replantio do que hoje é a maior floresta urbana do mundo, a Floresta da Tijuca.

122. A iluminação no período joanino era precária, apenas em algumas esquinas, e por óleo de baleia, o que durava apenas as primeiras horas da noite. D. João ordenaria um aumento do número de postes de iluminação, pois isso ajudaria a baixar os altos índices de criminalidade da época. Porém, apenas com D. Pedro II é que a iluminação no Brasil sofreria uma mudança, com o avanço da tecnologia da iluminação a gás (1854) e, mais

com o surgimento de um grande grupo capaz de alto nível de consumo, com a construção de palacetes e casarões. Era uma nova cidade que nascia, incentivando também novos costumes. A moda, a alimentação, a etiqueta, tudo mudou, até mesmo as artes e a maneira de retratar o período joanino.

Ciências e Artes

Enquanto nos anos iniciais tentou-se acertar as questões administrativa, judicial e financeira, num segundo momento, a partir de 1811, D. João buscaria implementar e investir na cultura e na ciência.

É com ele que o Brasil é redescoberto através de estudos e da arte. Fundaria diversas instituições: Real Sociedade Bahiense dos Homens de Letras, Instituto Acadêmico das Ciências e das Belas-Artes, Academia Fluminense de Ciências e Artes e a Escola Real de Ciências, Artes e Ofícios.

Se, por um lado, era criado um instituto de Artes e Ciências, que deveria desenvolver estudos e estimular o conhecimento nas áreas comercial, industrial e agrícola, por outro também seria preciso o das belas artes para ser aplicada à indústria e ofícios mecânicos. Portanto, em 12 de agosto de 1816 foi fundada a escola de Belas Artes. Seriam contratados artistas franceses tanto para lecionar como para captar e representar o Brasil por meio da arte. A dupla função de artistas e professores mostrava a preocupação com o desenvolvimento técnico-profissional que poderia contribuir para a economia.

Faziam parte dessa missão artística francesa, chefiada por Jacques Lebreton (1760-1819), o arquiteto Auguste Henri Grandjean de Montigny (1776-1850), os auxiliares Lavasseur e Meunier, os pintores Jean-Baptiste Debret (1768-1848) e Nicolas Antoine Taunay (1755-1830), o gravador de medalhas Charles Simon Pladier (1786-1847), o escultor Auguste Taunay (1768-1824), o auxiliar François Bonrepos, o especialista em mecânica François Ovide, o mestre em construção naval e ferreiro Jean Level, o mestre serralheiro Nicolas Enout, os carpinteiros Louis e Hippolyte Roy, os surradores de pele Fabre e Pilitié.

---

adiante, da elétrica (1879). A primeira termoelétrica foi instalada ainda durante o Segundo Reinado, assim como a primeira hidrelétrica (1883).

Eles não só influenciariam ao retratar a exótica nação que se abria à Europa, como dariam uma fachada neoclássica francesa[123] à arquitetura da capital e ao Paço da Boa Vista. Igualmente a Capela Real sofreria reformas. Este era o local de apreço de D. João, amante de música, assim como seu avô e sua mãe. Ao mudar para o Brasil, foram mestres o padre José Maurício Nunes Garcia (1767-1830) e o famoso Marcos Portugal (1762-1830). Para apreciar melhor a música sacra, D. João mandara instalar a Capela Real na Igreja Nossa Senhora do Monte Carmelo, onde ficava escutando música horas a fio, como fazia quando em Lisboa. Chegou a patrocinar músicos e cantores da Capela Real, buscando os melhores dentre eles para formar uma orquestra e um coro. Em 1817, chegou-se ao total de 120 artistas sob sua proteção.

Ao ser patrono das artes e ciências, mandou buscar os melhores cantores europeus para se apresentarem no Teatro Real São João, que ele havia inaugurado[124] e que se tornaria o palco de importantes eventos políticos durante os anos de 1821 e 1822[125]. Inclusive, foi no período joanino que ir ao teatro se tornou uma prática elegante e refinada por parte da sociedade local, que ia se construindo com base nos costumes importados da Europa. E é quando a ópera começou a cruzar os oceanos e se manifestar nos palcos brasileiros.

Botânica e Agricultura

Da mesma maneira que haveria uma biblioteca para estudar, aberta ao público, haveria um museu. O Museu Real surgiu no decreto de 6 de junho de 1808, composto pelo acervo pessoal do príncipe regente, como ocorreria com o de D. Leopoldina anos depois. Havia desde artefatos indígenas até

---

123. Como o vidro era muito caro porque tinha que ser importado, a maioria das casas usavam gelósias, ou seja, painéis de treliça colocados em portas, balcões e janelas, que permitiam a ventilação mas impediam que curiosos avistassem o interior. Com a reforma arquitetônica na capital, as gelósias passaram a ser proibidas.

124. O teatro foi construído por meio de loterias e seria uma sociedade por ações. Foi inaugurado em 1813, com a presença da família real. Em 1824, após a promulgação da Constituição, com a presença de D. Pedro I e de D. Leopoldina, ele pegou fogo e teve de ser reconstruído. Em 1826 foi reinaugurado com o nome Teatro São Pedro de Alcântara.

125. Veremos mais sobre isso nos capítulos seguintes.

animais espalhados, gravuras, mineralogia, o que mais tivesse sido enviado à família real em algum momento de uma de suas colônias. O intuito era o de "estimular os estudos de botânica e zoologia no local".

Desde o século XVIII, na Europa, as ciências naturais eram vistas como maneiras de crescer economicamente nas áreas de mineração e agricultura. Tanto a Áustria — que mais tarde aproveitaria a ocasião do casamento entre D. Leopoldina e D. Pedro, enviando uma missão cientifica com o propósito de levar e estudar espécimes da flora e fauna — quanto a Inglaterra e a França darão importância a isso ao longo dos séculos XVIII e XIX, criando hortos e jardins botânicos para estudo, testagem e educação.

Em Portugal, junto da reforma científica e dos estudos no reinado de D. José I, e sob o jugo do marquês de Pombal, o primeiro jardim botânico criado é o da Ajuda, em 1760, para catalogar as espécies coletadas nas colônias. Inspirado neste, D. João inauguraria no Rio de Janeiro o Jardim Botânico. Mais do que um parque real, serviria para estudos de plantas, principalmente a possibilidade de cultivo de chá[126]. Seriam examinadas as especiarias que ficaram famosas com as grandes navegações — canela, cinamomo, noz-moscada, pimenta do reúno, cravo da índia, etc. — e seriam plantadas árvores frutíferas como amoreira, jambeiro, fruta do conde, lichia, chás, fruta-pão[127], entre outras.

Para que os estudos sobre plantas e sementes não se restringissem somente à instituição, eles eram publicados na Impressão Régia, e um dos maiores autores seria frei José Mariano da Conceição Veloso (1742-1811). Aqueles que tivessem o interesse de diversificar a agricultura recebiam incentivos como a doação de sementes e mudas e de isenção de taxas, pois era de interesse de D. João VI que o Brasil tivesse mais de um produto para exportação e consumo interno, resolvendo problemas importantes como o da fome.

---

126. E para isso ele incentivaria a imigração chinesa, trazendo 200 chineses para viverem o Brasil e ensinarem o cultivo do chá, uma das bebidas mais consumidas na Europa no período.

127. Veremos nos capítulos sobre D. Pedro I os estudos acerca da fruta-pão como uma maneira de solucionar o problema da fome no Brasil, idealizada por D. João VI e mantida por seu sucessor.

Revanche na Guiana Francesa

Poucos sabem que o Jardim Botânico e a Guiana Francesa estão diretamente ligados.

Ao chegar ao Brasil, uma das primeiras ações em termos de represália contra a França foi a invasão da Guiana Francesa, com a ocupação de Caiena.

A Guiana Francesa, que havia sido espanhola e holandesa antes de se tornar francesa (1667), era praticamente uma colônia penal para trabalhos forçados. Temendo que pudesse se tornar um centro bonapartista, o príncipe regente D. João decide ocupar o território, mas antes envia o tenente Valério José Gonçalves e Florentino José da Costa para espionar e avaliar um ataque surpresa. Passando-se por pescadores, eles levantaram todas as informações de que precisavam em poucos dias.

Foram necessários apenas 500 homens, comandados por João Severiano Maciel da Costa (1769-1833), distribuídos em dois barcos — *Voador* e *Infante Dom Pedro*. Em conjunto, a Inglaterra disponibilizou a canhoneira *HMS Confiance*, porém não houve grandes problemas na tomada. Tampouco houve resistência[128] à ocupação, que durou até o Tratado de Paris de 1814. As tropas portuguesas continuaram no território até 1817.

Essa ocupação, no entanto, ganharia uma outra função, inesperada. Ela ajudaria na implementação do cultivo da cana caiena no Brasil, considerada melhor do que a que era cultivada à época, além das sementes para plantio de especiarias como o cravo da índia, a noz-moscada, a canela, pimenteira, além do abacateiro, sapoti, bananeira d'Otaiti e fruta-pão. Descobriu-se que a Guiana Francesa era uma espécie de horto da França, em que plantas exóticas eram mantidas e usadas como moeda de troca em diversos mercados.

---

128. "[...] foi um feito mais de brilho, ou melhor mais de natureza a produzir efeito, do que de real importância pelos seus efeitos duradouros. A *sir* Sidney Smith (1764-1840) é atribuída nas memórias que dele publicaram a iniciativa ou lembrança da expedição. Assim fosse ou não, os portugueses intentaram essa feliz ação por desforço contra a invasão de Portugal, e para acabar com a constante ameaça de um núcleo francês no continente que, propriamente reforçado, poderia facilmente tomar a ofensiva contra os relativamente esparsos e desguarnecidos estabelecimentos portugueses na América do Sul". LIMA, Oliveira. *D. João VI no Brasil (1808-1821)*. Brasília: Fundação Alexandre Gusmão, 2019.

Entre as colônias de plantio, havia a Habitation Royale des Épiceries, também conhecida como La Gabriele, em que especiarias eram cultivadas com esmero, e muitos dados surgiam a partir de importantes estudos.

Em abril de 1809, Rodrigo Coutinho mandou trazer para Belém o maior número de árvores de especiarias e "hábeis jardineiros" não "contaminados da ideologia liberal"[129], que meses depois seriam enviados ao Rio de Janeiro[130] e fariam parte do Jardim Botânico. Para as plantas da Guiana Francesa, o governo também criou incentivos fiscais como prêmios e, mais tarde, isenção de taxas alfandegárias e dízimos para quem aclimatasse especiarias e cultivasse plantas que poderiam ser "úteis" à alimentação ou indústria.

Com o retorno da Guiana Francesa à França em 1817, Maciel da Costa, que havia sido uma espécie de governador lá, tornou-se responsável pelas especiarias do Real Jardim Botânico.

O Rato Roeu a Roupa do Rei de Portugal

Em 14 de fevereiro de 1808, a nau *Voador* chegou ao Rio de Janeiro com a notícia que o príncipe regente D. João e toda a família real e comitiva se mudavam para o Brasil em consequência da invasão pela França. A corte ficaria na cidade até que a situação melhorasse e os invasores fossem expulsos de Lisboa.

O vice-rei Marcos de Noronha e Brito (1771-1828), conde dos Arcos, correu contra o tempo para preparar o que era possível para acomodar a família real. O Rio de Janeiro era a capital do Brasil há 45 anos, e sem qualquer infraestrutura para receber tamanha comitiva. Eram 46 ruas, 19 largos, quatro travessas e seis becos, espalhados por quatro freguesias entre os morros do Castelo, Santo Antônio, Conceição e São Bento, sobre aterros malfeitos.

---

129. *Apud* SANJAD, Nelson. "Os Jardins Botânicos Luso-Brasileiros", *Ciência e Cultura*, vol. 62, nº 1, São Paulo, 2010. Disponível em: <http://cienciaecultura.bvs.br/scielo.php?script=sci_arttext&pid=S0009-67252010000100009>. Acesso em: 21 de outubro de 2021.

130. Muitas dessas especiarias na Guiana Francesa também foram exportadas para a Inglaterra.

Foram 300 anos sem grandes investimentos, somente o necessário para a proteção mínima contra ataques de piratas[131] e a sobrevivência da colônia. As casas eram em sua maioria térreas, sem janelas laterais por serem grudadas umas nas outras, e quase não havia moveis nem muito menos, decoração. As ruas eram estreitas, além de mal iluminadas, e os hábitos higiênicos não eram toleráveis. Jogava-se o lixo e as fezes pelas janelas para que escoassem por canaletas, ou despejava-se em qualquer descampado[132].

Não houve tempo para respirar. Era preciso correr com os preparativos para a recepção. E não foi sem susto que três dias depois chegou parte do comboio real, entre eles o de D. Carlota Joaquina e das infantas. O regente, acompanhado da rainha e dos infantes, chegaria apenas em 7 de março por causa da parada em Salvador. Preferindo ficar no barco até a chegada do príncipe regente, D. Carlota Joaquina acabou dando ao conde de Arcos o tempo que ele precisava para agilizar a acomodação de todos.

No meio da logística montada, foi decidido que o príncipe e a princesa ficariam no Palácio dos Vice-Reis[133], as carmelitas foram removidas para onde ficavam os frades capuchinhos, e estes para a Senhora da Glória. Para ligar o convento do Carmo ao palácio foi construído um passadiço. O antigo convento abrigaria a rainha D. Maria I, suas damas e as cozinhas, ucharia, oficinas e a igreja se tornaria a Capela Real. Foi construído um segundo passadiço para a Casa da Câmara e da Cadeia, usadas como residência do contingente palaciano, e os presos foram movidos para o Aljube. As cavalariças ficaram no quartel do esquadrão de cavalaria, que se mudou para o Rossio, e ainda foram construídos edifícios para os coches na praia Dom Manuel.

---

131. O Rio de Janeiro foi diversas vezes atacado por piratas. As duas mais conhecidas foram por corsários franceses no século XVIII, como Jean-François Duclerc (?-1711) e René Duguay-Trouin (1673-1736).

132. Também havia o problema da falta de asseio dos colonos, desacostumados a escovar os dentes, tomar banho ou fazer a barba. Era comum usarem roupas ornadas, mas sujas ou puídas, de um passado distante na metrópole.

133. Atual Paço Imperial, na Praça XV.

O problema do conde de Arcos era maior do que somente acomodar a família real e os seus criados. Era preciso também abrir espaço para todo o resto da comitiva. Sem lugar ou tempo, e muito menos dinheiro, começou-se o trabalho de avaliar quais casarões poderiam ser usados para hospedar os recém-chegados. Nas portas dos selecionadas era escrito a giz "PR" (príncipe-real), transformado pelo brasileiro bem-humorado em "ponha-se na rua". Sob as ordens do vice-rei, iniciou-se um processo de desocupação das moradias. O conde de Arcos fazia uso da antiga lei de aposentadorias, que determinava a cessão de residências aos nobres pelos próprios moradores por um baixo aluguel e por tempo indeterminado.

Os residentes que se dispuseram a entregar as moradias não eram suficientes e começou-se uma confusão para se obter mais. Os cortesãos também não facilitavam, apropriando-se dos imóveis por muitos anos — como no caso do conde de Belmonte, que chegou a ficar dez anos na casa do patrão-mor do porto[134] —, ou chegando ao abuso de alugarem as moradias para terceiros, quando não as habitavam mais. Para fugir de situações como estas, os donos dos imóveis não terminavam as casas ou começavam longas e desnecessárias obras. Segundo a lei das aposentadorias, os nobres escolhiam as casas que lhes agradavam e então notificava-se o morador. Como os europeus preferiam os sobrados, muitas pessoas passaram a construir casas térreas e foi preciso que fosse decretado pela Intendência Geral da Polícia, em 11 de junho de 1808, que casas assim fossem construídas. Para incentivar a edificação de sobrados em outras áreas, como a da Cidade Nova, o intendente Viana ainda conseguiu a permissão de D. João para que não fossem cobradas a décima — uma taxa de 10% sobre os ganhos de um local — por dez anos, e que o material e mão de obra fosse ofertado pelo governo, o que foi importante para a expansão da cidade e a criação de uma nova freguesia, a de Santana, em 1814.

---

134. CARVALHO, Marieta Pinheiro. *Uma Ideia Ilustrada de Cidade: as Transformações Urbanas no Rio de Janeiro de D. João VI (1808-1821)*. Rio de Janeiro: Odisseia Editorial, 2008, p. 82.

Não somente os alojamentos eram preocupação do conde de Arcos. Havia outra ainda maior: como alimentar todo esse povo. Ele teve que pedir aos governadores de outras capitanias para que enviassem comida. Foram recebidas carroças com todo tipo de carne, batatas, mandioca, feijão, milho.

Apesar dos contratempos e entraves, parte do povo se via em festa com os anúncios da chegada sendo gritadas pelas ruas. Era a primeira vez que poderiam ver um monarca. Cada um se preparava como podia. O comércio aqueceu com a venda de tecidos e joias, e o que mais houvesse de ostentoso no pequeno mercado do Rio de Janeiro.

"Como este Rio de Janeiro ficou grande!"[135], comentaria uma senhora negra que descia o Morro do Castelo. Parada no meio da ladeira da Misericórdia, tinha diante de si um universo novo, com construções de mais de dois andares, ruas sendo aumentadas e os milhares de navios ancorados na baía. A chegada do príncipe regente D. João mudaria mais do que apenas a estética da cidade, como o comportamento, as regras de conduta, as vestimentas, os costumes e modos de ser, numa tentativa de criar uma nova Lisboa.

Um Rei para o Brasil

A agitação virou alvoroço[136] no romper de 7 de março de 1808. Da barra foram dados sinais anunciando que chegava a esquadra que trazia o príncipe regente e a rainha de Portugal. Salvas foram dadas pelas fortalezas e navios de guerra como de costume. Na cidade do Rio de Janeiro, os trabalhos foram suspensos, as lojas e mercados foram fechadas. Os soldados correram para os quartéis para se prepararem. Todos tentaram subir os morros para ver a nau que trazia figuras tão

---

135. LUCCOCK, John. *Notas sobre o Rio de Janeiro e Partes Meridionais do Brasil: Tomadas Durante a uma Estada de Dez Anos Nesse País (1808-1818)*. São Paulo: Itatiaia, 1987, p. 28.

136. "[...] toda a cidade, concebendo o maior, e mais vivo contentamento, se pôs logo em alvoroço, movimento e confusão". SANTOS, Luís Gonçalves dos. *Memórias para Servir à História do Reino do Brasil: Divididas em Três Épocas da Felicidade, Honra e Glória: Escritas na Corte do Rio de Janeiro no Ano de 1821*, tomo I. Brasília: Senado Federal, 2013, p. 174.

ilustres, ou para as praias defronte, ou até mesmo alugavam embarcações para se aproximarem o quanto podiam. Os preparativos finais eram feitos às pressas nas ruas e nas casas que receberiam os novos hóspedes[137]. Os sinos repicaram, os foguetes estouraram, os canhões salvaram, as pessoas foram às ruas para ver a corte passar. O conde de Arcos, os nobres que haviam já desembarcado[138] e os mais ilustres da cidade foram recepcionar o príncipe regente ainda na nau.

O desembarque, porém, assim como em Salvador, foi no dia seguinte — D. Maria I desembarcaria apenas dois dias depois.

> Eram duas para as três horas da tarde, a qual estava muito fresca, bela, e aprazível [...], que desde a aurora o sol nos havia anunciado como o mais ditoso para o Brasil: uma só nuvem não ofuscava os seus resplendores, e cujos ardores eram mitigados pela frescura de uma forte e constante viração; parecia que este astro brilhante, apartando a si todo o obstáculo, como se regozijava de presenciar a triunfante entrada do primeiro soberano da Europa na mais afortunada cidade do Novo Mundo, e queria ser participante do júbilo, e aplausos de um povo embriagado no mais veemente prazer [...][139].

O primeiro desejo de D. João era ir à igreja agradecer pela viagem segura e o fato de todos chegarem bem. Diante de um altar montado no próprio cais, D. João beijou a Cruz de Nosso Senhor e seguiu um cortejo até a Igreja do Rosário, passando pela rua Direita. Autoridades locais,

---

137. "Suspenderam-se todos os trabalhos, tanto públicos, como particulares, fecharam-se quase todas as lojas, e tendas e grande parte das casas ficaram despovoadas dos seus moradores; quais correram para os altos, donde se avistava a barra, outros procuraram as praias fronteiras à mesma, estes buscavam embarcações para sair ao mar ao encontro do seu príncipe, e senhor, [...] aqueles se ocupavam em adereçar as casas para os novos hóspedes, os soldados corriam para os seus quartéis, os milicianos para as portas dos seus chefes; enfim, tanto em terra, como no mar se divisavam os mais decisivos sinais de um contentamento inexplicável" (*Ibid.*).

138. Afora a nau em que estava D. João, as outras seguiram viagem para o Rio de Janeiro como o planejado. Os viajantes das outras embarcações foram para terra e somente D. Carlota Joaquina e as filhas preferiram ficar no navio até que D. João chegasse e todos pudessem desembarcar juntos.

139. *Ibid.*

membros do Senado, nobres, militares, comerciantes, clero acompanharam o séquito real[140] pelas ruas repletas de moradores, enfeitadas com lamparinas, arcos e, para evitar o odor pesado da cidade à época e do calçamento malfeito, foram espalhadas areia branca, flores e folhas aromáticas em seu caminho.

Os sinos badalavam, as fortalezas salvavam, as pessoas aplaudiam aquele que era o primeiro monarca europeu nas Américas. Saudações de "Viva nosso príncipe! Viva o imperador do Brasil!" eram entoadas, flores eram atiradas, balcões e janelas dos casarões estavam enfeitados com colchas coloridas.

Ao terminar o *Te Deum* na igreja, a comitiva seguiu para o Paço, cujo largo estava decorado com luminárias e arcos enfeitados com versos de Virgílio, imagens do próprio D. João recebendo de um índio diamantes, ouro e o coração.

O povo continuaria nas ruas a celebração organizada pelo vice-rei, com música, dança e fogos, que D. João assistia da janela do Paço. E a esquadra inglesa, que havia acompanhado o príncipe regente, permaneceria fundeada na baía de Guanabara por muito tempo, a fim de lhe garantir proteção.

Depois de uma semana de festejos, que culminaria na cerimônia do beija-mão, viria o mãos à obra. Criou-se o primeiro ministério do novo império, e num novo formato, com um ministro liderando.

Quando ao Paço dos Vice-Reis, construído em 1743, que havia sofrido reformas para receber a majestade com pinturas, colocação de tapeçarias e forração de seda, este não agradava D. João. Em Mafra o monarca vivia soterrado em meio aos livros da biblioteca do mosteiro, missas cantadas e guloseimas da cozinha dos frades, mas no Brasil queria uma vida ao ar livre. O rico comerciante Elias Antônio Lopes (1770-1815) ofereceu sua casa de campo em São Cristóvão para o príncipe regente. Ao visitá-la, ele ficara encantado com a vista do local. De um lado era o "povoado" do Rio de Janeiro e a serra, e do outro o mar, as ilhas e a Serra dos Órgãos. Chamada de Quinta da Boa Vista, D. João aceitou se

---

140. A rainha D. Maria I só desembarcou dois dias depois, sendo acompanhada pelo príncipe regente e os netos.

mudar para lá, reformando e ampliando o local. D. Carlota Joaquina, não querendo viver afastada do reboliço do centro, optaria por uma chácara na praia de Botafogo.

Assim como em Portugal, o príncipe regente ainda mantinha a prática da caça e fazia a sesta em barracas ou debaixo de alguma árvore. Por causa da natureza, também passava temporadas na Real Fazenda de Santa Cruz, na ilha de Paquetá, na ilha do Governador e na Praia Grande[141].

Não era uma vida de esbanjamento, como também não seria a de D. Pedro I, nem a de D. Pedro II. Por maiores que tivessem sido os gastos com a construção de uma nação, órgãos, instituições, alvarás, decretos, cartas régias, a própria família real era comedida economicamente, sem grandes pompas, e só se gastava em momentos necessários[142]. Procurava-se mais investir em bolsas de estudos do próprio bolsinho imperial do que em festas e luxo[143]. A parcimônia lhes era comum, ainda que os gastos fossem altos, como seria de se esperar numa Casa Real a sustentar vários funcionários[144]. Portanto, a crítica feita à figura de D. João como a de um esbanjador, alguém

---

141. Atual Niterói.

142. Um desses momentos aconteceu em Viena, em 1816 e 1817, com o intuito de mostrar à corte de Francisco I que a união entre o príncipe D. Pedro e a arquiduquesa D. Leopoldina seria vantajosa para ambos os países, como veremos no capítulo "A Aventura".

143. D. Pedro II será um grande mecenas das artes e ciências assim como o seu avô o foi. Diversos artistas e cientistas hoje conhecidos foram financiados pelo seu próprio dinheiro, e não o estatal. Entre eles estão o músico Carlos Gomes (1836-1896), o naturalista Agassiz (1807-1873), o botânico Glaziou (1828-1906), o cartógrafo Seybold (1859-1921), o geólogo Hartt (1840-1878), os pintores Vitor Meireles (1832-1903) e Pedro Américo (1843-1905), entre outros. "[...] recebendo um pedido ou requerimento de auxílio para estudar, D. Pedro II ordena uma espécie de sindicância, primeiramente para informar-se sobre o suplicante. Depois, indaga qual a quantia necessária. Em seguida, lavra-se o decreto ou portaria e, em casos raros, transmite ordem por ofício. O estudante contemplado com a mesada imperial é obrigado a apresentar trimestralmente certificados de aproveitamento, frequência e boa conduta, e, na hipótese de achar-se no estrangeiro, assume o compromisso de, findos os estudos, regressar ao Brasil, para aqui disseminar os conhecimentos adquiridos por generosidade do monarca" (AULER, Guilherme. "Os Bolsistas do Imperador". *Cadernos do Corgo Seco*, Tribuna de Petrópolis, 1956, p. 12.).

144. Os gastos com a alimentação dos cortesãos era proporcional ao seu cargo na estrutura da Corte. Esse costume foi extinto por D. Pedro I, que controlava os gastos da imperial ucharia.

que fazia questão de sustentar toda uma corte inútil e ainda distribuir benesses a quem pedisse[145], não se sustenta por motivo algum.

O início não havia sido fácil para aqueles que largaram tudo para acompanhar a família real, tanto quanto para os próprios membros. De mil a 1.500 pessoas desembolsaram para ajudar a Casa Real e às urgências do Estado. Não sem algum interesse por trás, como era comum à época[146]. A troca se dava através de honrarias, ou alguma espécie de privilégio, fosse com retorno material, no caso de um cargo administrativo ou de uma posição mais rentável, a isenção de alguma taxa ou alguma liberdade ou perdão de dívida. Vale lembrar que o rei é "o dono do Estado [...] é o dispensador de justiça e benesses"[147], pois o rei é o Estado. Porém o Estado não conseguia se sustentar sozinho pelo tamanho da infraestrutura e da máquina empregada. Muitas vezes, era preciso conceder benesses em troca de apoio econômico, ou de contratos, ou fazer loterias, pois sem a iniciativa privada o Estado não se sustentava.

Impagável, porém, era a presença de D. João VI, o que faria toda a diferença na construção de uma nação. E o Brasil finalmente seria enxergado pelas outras nações. "As sábias medidas tomadas pelo príncipe, o estabelecimento de uma corte europeia no Brasil, a presença do chefe do Estado, fazem prosperar rapidamente a colônia"[148].

---

145. Benesses são requerimentos entregues na Mesa do Embargo do Paço, nos quais o requerente contava de que maneira ajudou o rei, fosse numa guerra, ou em alguma subscrição para ajudar os cofres reais com algum gasto, e depois ele recebia um benefício real (LOYOLA, Leandro. "Não havia Brasil antes de Dom João". *Revista Época*, nº 506, 25 de janeiro de 2008. Disponível em: <http://revistaepoca.globo.com/Revista/Epoca/0,,EDG81368-5855,00-NAO+HAVIA+BRASIL+ANTES+DE+DOM+JOAO.html>. Acesso em: 21 de setembro de 2021).

146. Malerba explica em *A Corte no Exílio*, que "se os 'homens bons' seguraram a bolsa do rei, não o fizeram por bondade, mas impelidos por uma mentalidade arcaica, própria do Antigo Regime, a mesma que explica o desvio de grandes somas das atividades produtivas para outras rentistas, ou, como foram chamadas, 'bens de prestígio'" (MALERBA, Jurandir. *A Corte no Exílio* (1808-1821). São Paulo: Cia. das Letras, 2000, p. 232).

147. BASTOS, Lúcia. *Apud* LOYOLA, Leandro. "A Nova História de Dom João VI". *Revista Época*, nº 506, 30 de janeiro 2008.

148. MALHEIROS, Agostinho Marques Perdigão. *Índice Chronologico dos Factos Mais Notaveis da História do Brasil Desde seu Descobrimento em 1500 Até 1849*. Edição do Kindle, 2016.

D. João VI conseguiu transformar uma colônia em reino em 13 anos, e sedimentar as bases para a sua independência; uma transformação política, igualmente social e cultural, e o estopim para o que viria a ser o Brasil de hoje, e que não existia até 1808.

Galinha Cantadeira é Pouco Poedeira

Foi o abade De Pradt que, em 1817, escreveu uma visão que poderia ser considerada profética:

> [...] formaram-se imediatamente duas novas combinações entre Portugal, reduzido agora a colônia, e o Brasil, vindo a ser metrópole; entre o Brasil aspirando a conservar o rei, e Portugal de sua parte aspirando a recuperá-lo; entre o Brasil vivificado e enriquecido pela presença do soberano, e Portugal humilhado e empobrecido pela sua ausência, e afligido pela distância.

Enquanto o Brasil ia crescendo, tomando a posição que outrora era da metrópole, Portugal, que considerava seu soberano um fugitivo e um medroso, seria o mesmo que aceitaria, em 24 de agosto de 1820, a Revolução do Porto, pedindo e apoiando a convocação de um Congresso Nacional — comumente conhecido como as Cortes — e uma Constituição.

Engana-se quem acha que somente do outro lado do Atlântico estava-se vivendo uma insatisfação com o afastamento do rei de Lisboa. No próprio território brasileiro, algumas províncias ao Norte estavam insatisfeitas, considerando que responder a Lisboa era melhor do que ao Rio de Janeiro. Meses depois da Revolução e da instalação das Cortes portuguesas, em 1 de janeiro de 1821 ocorreu a Revolução do Pará, que exigia uma Junta Provisória, e enviaria um delegado para responder a Lisboa. Em 10 de fevereiro foi a vez da Bahia aderir a Portugal. E o mesmo ocorreria com Pernambuco, pouco tempo depois. O próprio Rio de Janeiro não ficaria atrás. Em 26 de fevereiro uma tropa se rebelou no Largo do Rocio, aderindo ao movimento constitucional. Antes que fosse reprimido à força, a mando de D. Carlota Joaquina, D. Pedro, um jovem de pouco mais de 20 anos, que nunca teve visibilidade política, subiu ao terraço do Teatro São João para ler o decreto de 24 de fevereiro, em que D. João VI aprovava a Constituição a ser redigida pelas Cortes.

Naquele ano de 1821 foi decretada a liberdade de imprensa, e em 7 março foi decidido que D. Pedro ficaria encarregado do governo provisório, enquanto D. João voltaria a Portugal. O mesmo decreto ainda convocaria uma eleição para os delegados brasileiros que deveriam fazer parte da Constituinte em Lisboa. Não foi uma eleição tranquila, e acabou levando por um outro caminho, o qual D. João não refutou.

> Tendo-se, pois, de proceder á eleição dos deputados no Rio de Janeiro sob a presidência de Joaquim José de Queiroz, reunidos os eleitores na Praça do Comércio, e também grande concurso de povo (a maior parte ocultamente armado), levanta-se de repente grande vozeria pedindo que fosse aclamada a Constituição Espanhola. Uma deputação leva ao rei este pedido, que é aprovado por um decreto (21 de abril)[149].

A Constituição Espanhola vigorou por um dia no Brasil. No dia seguinte, em 22 de abril de 1821, D. João VI revogava o decreto diante da ordem de impedirem a sua saída do Brasil e da confusão que começava a se fazer na cidade. "Porém, sabendo-se que El-Rei quer partir, manda a Junta ordem às fortalezas para o impedirem de sair. Aumentando de mais em mais o tumulto no colégio eleitoral, é cercado o edifício pelas tropas que fazem fogo sobre os cidadãos, de que resultarão algumas mortes e ferimentos"[150]. Isso não impediu que o rei, em 26 de abril, partisse do Brasil largando as suculentas mangas que tanto gostava de descascar, e voltava a Portugal "deixando no Brasil como regente e seu lugar-tenente com amplos poderes seu filho D. Pedro"[151].

Não havia sido uma decisão fácil e nem direta, da mesma forma que não havia sido a de vir ao Brasil. O desembargador José Albano Fragoso (1768-1843), porém, teria dito a D. João VI que era a mais acertada:

---

149. *Ibid.*
150. *Ibid.*
151. *Ibid.*

[...] talvez que se objete que salvando a Portugal a retirada de Vossa Majestade arraste a perda do Brasil, mas a isto respondo que Vossa Majestade em Portugal segura os europeus, e tem meios de sujeitar os brasileiros revoltosos, e perdendo Portugal não só fica privado dos meios de o recobrar, mas perde também o Brasil.

Sabia-se dos perigos de perder o Brasil se o monarca se fosse, e o que é enfatizado na carta de D. Pedro ao pai no ano seguinte, e diante das perspectivas de independência[152].

Uma importante questão que ainda hoje se levanta é sobre o silêncio quanto aos avanços institucionais e tecnológicos trazidos por D. João VI ao Brasil, e a sua importância na fundação do país. Talvez, porque ele mesmo não se ocupava de criar uma *persona*, como Napoleão Bonaparte tanto se preocupava em fazer; talvez por influência de seus detratores; talvez porque a memória histórica é curta; talvez por causa do ditado "galinha cantadeira é pouco poedeira", ou seja, quem trabalha tem pouco tempo para se gabar.

Portanto, é preciso deixar claro que não haveria um Brasil antes de D. João VI. Não haveria nem mesmo unidade, uma vez que cada província resolvia suas questões diretamente com a metrópole e pelas distâncias, mal se comunicavam entre si. Não havia ainda um sentimento de nação, como depois surgiria por causa de D. João VI. Seria o monarca quem plantaria as sementes da futura independência do Brasil ao construir uma nação a partir de uma colônia há 300 anos perdida no espaço-tempo.

D. João VI foi a legitimação de um poder que unificou o Brasil. E, sem ele, não teria sido possível a sua independência com a rapidez com que ocorreu e a manutenção da integridade do território. É possível que o Brasil acabasse fragmentado, como ocorreu com as colônias espanholas. Como bem diria Gilberto Freyre,

> D. João VI foi uma das personalidades que mais influíram sobre a formação nacional. Muito se fala do conflito entre instituições tradicionais e inovações tecnológicas [...] foi a de um mediador

---

152. Veremos sobre isso no capítulo "Ela Deveria Ter Sido Ele".

ideal [...] entre a tradição — que encarnou — e a inovação — que acolheu e promoveu — naquele período decisivo para o futuro brasileiro [...] Muitas foram as inovações tecnológicas, de caráter principalmente econômico, introduzidas no Brasil, algumas delas de ímpeto revolucionário. Mas, conservando-se das instituições tradicionais — da religião católica e da monarquia, principalmente — formas, símbolos, ritos, valores [...] que preservassem no Brasil [...] quase nacional, características de sociedade nacional, ciosa de suas peculiaridades[153].

Quanto a Portugal, D. João ainda teria lá o seu quinhão de importância, antes de morrer em 1826.

Terrinha à Vista

As Cortes discutiam a Constituição no Palácio das Necessidades, quando foi anunciado que D. João VI retornava. Era 3 de julho de 1821. Vivia-se uma imagem bem distante da confusão da sua partida. "Estava o país tranquilo e a capital muito alegre"[154]. As duas fragatas e seis embarcações menores surgiram contra o horizonte de verão enquanto uma multidão voltava ao cais — 14 anos depois — para ver o rei que aportava. Não havia sido rápido, pois as Cortes só souberam que era ele no próprio dia da sua chegada, correndo com os preparativos da recepção.

D. João VI só pôde desembarcar após enviarem os deputados que o receberiam na nau *D. João VI*, o que se deu no dia 4 de julho, pela manhã. À altura do meio-dia, sob a salva da artilharia, o rei, D. Miguel (1801-1866) e o neto D. Sebastião (1811-1875) finalmente pisaram na *terrinha*, sob salvas, vivas, boas-vindas. Sob barracas construídas às pressas no Terreiro do Paço, o soberano foi formalmente recebido

---

153. FREYRE, Gilberto. *Oliveira Lima, Dom Quixote Gordo*. Recife: Universidade Federal de Pernambuco, 1970, p. 125.

154. *Apud* NOBRE, Ricardo. "Proteger a Liberdade, Defender a Revolução: a Poesia de Intervenção de Almeida Garrett". *Faculdade de Letras da Universidade de Lisboa*, Centro de Estudos Clássicos. Disponível em: < https://repositorio.ul.pt/bitstream/10451/29155/1/Nobre%202015.%20Proteger%20a%20Liberdade%2C%20defender%20a%20Revolução.pdf>. Acesso em: 21 de outubro de 2021.

pelas Cortes e lhe entregaram as chaves da cidade. Depois de um rápido cumprimento, seguiram para a Sé de coche, onde haveria um *Te Deum*, e de lá para o Palácio das Necessidades, para que ele jurasse a Constituição a ser redigida.

A cidade estava em polvorosa. No Palácio de Queluz, para onde havia sido levada a família real, houve o beija-mão em gala no dia seguinte, ao som de uma pequena orquestra na sala adjacente. Lisboa tentava voltar ao normal, mas as coisas e as pessoas haviam mudado após as invasões francesas e a gestão inglesa. E o próprio monarca, que havia partido como príncipe regente improvável, voltava como experiente monarca. Não se entra duas vezes no mesmo rio, ainda que ele seja o Tejo.

Como era costume para alguém que odiava quebrar a rotina, D. João VI ia para o Palácio da Bemposta e lá recebia o povo nas audiências públicas, que começavam às 8h e iam até tarde:

> Às oito horas da manhã subiu Sua Majestade para uma espécie de trono, o qual era rodeado duma grade de pano dourado, para lhe não tocarem nas pernas, de que sofria, colocando-se o camarista de semana, que era o marquês de Loulé, em pé, ao lado direito do trono, e eu, como Grande do Reino, a uma pequena distância, mais abaixo, e, em frente, o oficial-mor e o esmoler-mor, e, abrindo o porteiro da câmara a porta, principiou a desfilar, com a melhor ordem, a população cá de Lisboa, e, para se fazer ideia da concorrência, basta dizer que principiou as oito horas e acabou com luzes acesas. [...] Nestas audiências comparecia toda a gente que tinha a requerer: via-se o general, o duque, o cardeal, etc., e o cabo de esquadra e o sapateiro, desfilando na presença de El-Rei, com a mesura etiqueta[155].

Em seus últimos anos, D. João VI passaria por revezes, duas tentativas de golpe por parte da esposa e do filho mais novo e com o fim das Cortes portuguesas e da Constituição de 1822, buscaria retomar as

---

155. PEREIRA, Ana Cristina; TRONI, Joana. *A Vida Privada dos Bragança – De D. João IV a D. Manuel II: o Dia a Dia na Corte*. Edição do Kindle: 2011, localização 1459.

negociações para ter o Brasil como parte do reino unido lusitano, tentaria deixar para o povo português a sua Carta Constitucional — que seria somente redigida e implementada por seu filho, D. Pedro IV (Pedro I do Brasil) — e terminaria com sua morte um reinado de tribulações e grandes conquistas, sendo aquilo que foi: um rei reservado e que não se preocupou em mostrar mais do que era — um verdadeiro homem nobre.

É curioso observar na história das dinastias os poucos monarcas que são lembrados e o vasto número de reis sem expressão, sem missão e sem grandes conquistas. Se incluirmos seus irmãos, tios, sobrinhos, primos, etc., podemos afirmar que a maioria da nobreza passa pela história de forma incógnita. Nunca atingem reconhecimento público e caem no esquecimento de suas próprias famílias em pouco tempo. D. João VI nasceu para ser um mais um desses, mas o destino roubou-lhe essa vida de obscuridade e paz. Frente aos desafios inéditos e monumentais de seu tempo ele agiu de forma responsável, manteve sua fé e seus pés no chão enquanto profundas mudanças alteravam toda a realidade ao seu redor. E talvez tenha sido por esse seu temperamento que o destino o escolheu para que tivéssemos uma história para contar: D. João VI, o criador do Brasil.

D. LEOPOLDÍNA

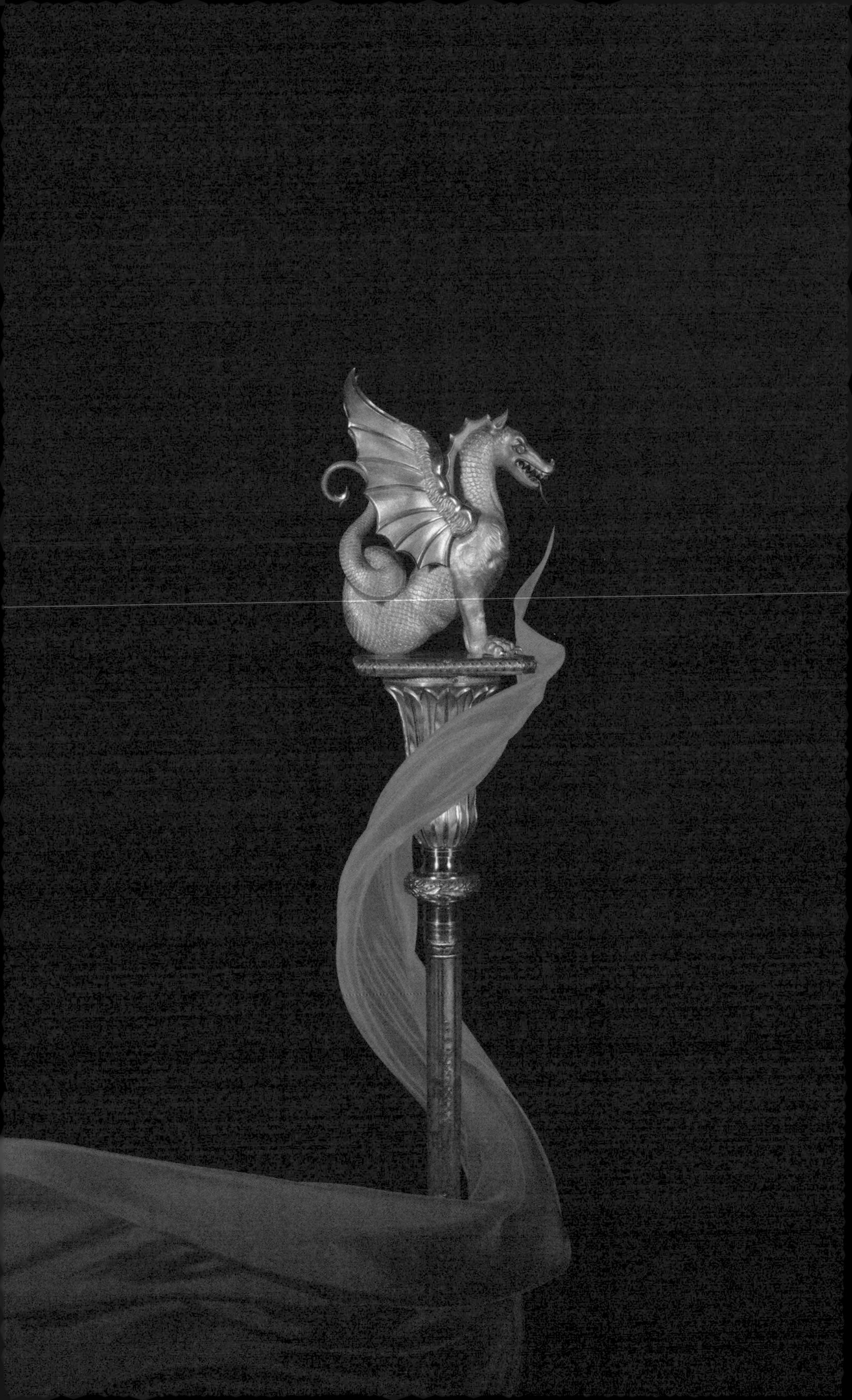

Toda Saga Busca um Herói

Carolina Josefa Leopoldina Francisca Fernanda de Habsburgo-Lorena (1797-1826)[156], também conhecida como Maria Leopoldina, nome que adotou após o casamento por procuração com D. Pedro (1798-1834), ou simplesmente D. Leopoldina, entrou para a história como uma mulher sem grandes atrativos físicos e que teria sido traída diversas vezes pelo marido. A imperatriz do Brasil não teve grande projeção até a última década, sempre eclipsada pela figura de D. Pedro I e pela sua nêmesis, a marquesa de Santos.

Porém, diante de documentos e cartas, percebe-se que D. Leopoldina contava com a confiança total de D. Pedro I e teve um papel fundamental como regente durante o período da Independência, participando ativamente das escolhas políticas junto ao marido e de seu amigo José Bonifácio. Além de apoio, ela também lutaria pelo reconhecimento internacional do novo país, sem o qual não haveria uma independência de verdade.

---

156. Leopoldina nasceu em 22 de janeiro de 1797. Era a quinta filha de doze, sendo que desses, cinco morreriam na infância. Eram seus irmãos: Maria Luísa (1791-1847), Ferdinando I (1793-1875), Carolina (1794-1795), Carolina (1795-1799), Leopoldina (1797-1826), Maria Clementina (1798-1881), José Francisco (1799-1807), Carolina (1801-1832), Francisco Carlos (1802-1878), Maria Ana (1804-1858), João (1805-1809) e Amália (1807).

Não é exagero dizer que D. Leopoldina foi regente e diplomata, uma figura que deveria ser mais do que reconhecida. Alguém que deve ser admirado, não somente por feitos políticos, mas pela própria pessoa. Querer compreender a Independência sem saber quem era D. Leopoldina, de onde veio e sua saga pessoal é praticamente impossível. Por isso, num primeiro momento mostraremos a importância da sua criação para se tornar a primeira imperatriz, os meandros do seu casamento e o lado humano que a tornou tão especial e sem o que teria sido impossível tomar as decisões e ter as atitudes que ajudaram no parto do Brasil como nação independente, como veremos mais adiante.

O Brasil, ao primeiro olhar, era mítico, *habitat* do bom selvagem de Jean-Jacques Rousseau (1712-1778) e diferente em tudo da Áustria, de suas temperaturas amenas e bosques em meio aos Alpes[157] às apertadas e bem pavimentadas ruas de Viena[158]. A Áustria, a Baviera — reinado do sul da Alemanha — e a Suíça ocupam um relevo peculiar e muito importante na formação dos mitos para dos povos de língua alemã. A convergência de florestas densas (Floresta Negra: *Schwarzewald*), lagos profundos e cristalinos e montanhas rochosas altíssimas e pontiagudas formou o cenário ideal para a proliferação de religiões germânicas e de seus deuses e entidades místicas, distintos dos deuses da Grécia e de Roma, no entanto de extrema relevância para a região na era pré-cristã até 500 d.C. Mesmo com o advento do cristianismo, vários mitos continuaram por centenas de anos em paralelo à adoção da fé cristã, tamanha era a sua força. A síntese desses dois sistemas de crenças percebe-se nas

---

157. Carta a Francisco I, de Klagenfurt, em 5 de junho de 1817, quando se dirigia para Livorno, de onde partiria para o Brasil: "Não me canso de admirar os maravilhosos Alpes nevados e as montanhas cobertas de florestas e lamento muito, muito, não poder escalá-las, principalmente na sua companhia, tão preciosa para mim, cuja falta me dói muito" (LEOPOLDINA. *Cartas de uma Imperatriz*. KANN, Bettina e LIMA, Patrícia Souza (org.). São Paulo: Estação Liberdade, 2006, p. 295).

158. "Das 110 ruas que cruzam Viena num diâmetro de quase cinco quilômetros, a maioria é estreita, povoada, mas bem pavimentada e alinhada com uma quantidade maciça de palácios e palacetes de grandes dimensões e que desafia qualquer coisa de natureza similar" (SEALSFIELD, Charles. *Austria as it is. Or Sketches of Continental Courts by an Eyewitness*. Londres: Hurst, Chance and Co., 1828)

sagas heroicas germânicas da Idade Média que narram os desafios, as aventuras, as conquistas e as tragédias tanto no plano espiritual como terrestre. De histórias assim compuseram-se os mitos fundadores dos povos germânicos e do anúncio do que eles eram e como lidavam com o mundo a sua volta. A riqueza cultural criada foi profunda e abrangente: heróis, anti-heróis, anjos, demônios, bruxas e criaturas mitológicas cristãs e pagãs coabitavam nos cânticos, hinos, histórias populares. Nos campos de batalha da Idade Média germânica, por exemplo, acreditava-se tanto em Deus que enviava o anjo da guerra, São Miguel, para garantir vitória, quanto em Odin caso morressem, pois ansiavam que suas almas fossem escolhidas pelas Valquírias, que as enviariam para o Valhala, onde se prepararíam para o confronto final dos deuses, o Ragnarok. Entender a síntese dessa e outras teses culturais da região é fundamental para entender a psique germânica até o século XIX. Foram um fator que ajudou na formação ética e moral dos povos de língua alemã, assim como na união e formação política do Sacro Império Romano-Germânico e do Império Austro-Húngaro. Havia um sistema de valores muito rico, único e próprio do contexto de onde e quando cresceu Leopoldina.

Daí pode-se vislumbrar o porquê de ela perceber o Brasil como sendo algo muito além de um território selvagem. "A entrada no porto é sem par, e acho que nem pena nem pincel podem descrever a primeira impressão que o paradisíaco Brasil causa a qualquer estrangeiro; basta dizer-lhe que é a Suíça com o mais lindo e suave céu". As palavras de D. Leopoldina na carta a seu pai, o imperador Francisco I (1768-1835), procuravam descrever aquilo que ela mesma achava ser incapaz de reproduzir em uma pintura. Uma terra nas Américas que, segundo a própria arquiduquesa, teria sido seu sonho de menina conhecer: "Creio que se trata de predestinação, já que senti sempre uma inclinação singular pela América, e até mesmo quando era criança eu dizia frequentemente que gostaria de ir até lá"[159].

---

159. Carta a Maria Amélia escrita em Viena, em 10 de dezembro de 1816. LEOPOLDINA. *Cartas de uma Imperatriz*. KANN, Bettina e LIMA, Patrícia Souza (org.). São Paulo: Estação Liberdade, 2006, p. 264.

Esse idílio, típico do período Romântico, não era apenas um maravilhamento por parte dela, uma jovem de 21 anos que procurava se encantar com a terra que a receberia de braços abertos. Mais do que sonho de uma criança, era um deslumbramento que perpassava a cabeça de milhares de viajantes que vinham conhecer a nova capital do império português. Dentre esses relatos, há os dos próprios artistas e pesquisadores da missão austríaca, admirados com o esplendor daquelas terras, entrando nos rincões e subindo até a Venezuela. Aproveitando a boa relação entre Portugal e Áustria, criada com o casamento de D. Leopoldina com D. Pedro, os cientistas e artistas se organizaram para captar ao máximo esse "paraíso" natural e levá-lo para a Europa, para a exposição *Brasilianum*, em Viena. O que era também interessante para Portugal. Uma chance de mostrar as maravilhas daquela "capital europeia" distante e diferente daquilo a que os olhos europeus estavam acostumados, e prova de que D. João VI havia tomado a melhor das decisões ao se mudar de continente durante as pressões napoleônicas. Imagine que não havia internet, rede social, nada que não fosse os relatos dessas pessoas ou esboços dos artistas que por aqui aportavam, depois de uma longa e dura viagem de meses.

A viagem de D. Leopoldina até o Brasil durou 84 dias de travessia atlântica, em meio a tempestades que a obrigaram a permanecer na sua cabine[160], segurando uma corda para que não caísse da cama, vomitando mais de doze vezes num curto intervalo de tempo, e certa da morte[161]. Uma viagem também solitária. Fazia as refeições sozinha porque, segundo o costume português, não podia estar com as damas de companhia; ou, em dias de calmaria, andava pelo convés ladeada pelo preceptor-mor e pelo estribeiro-mor. Solidão que se intensificava com as saudades da

---

160. Na carta de Metternich à sua esposa, de 11 de agosto, ele descreve os aposentos imperiais da arquiduquesa como os melhores possíveis, espaçosos e decorados com luxo. Consistem em uma grande sala de jantar, quarto de dormir, quarto de vestir e quarto de banho (METTERNICH, Richard. *Memoirs of Prince Metternich*, vol. 3. Londres: Richard Bentley & Son, 1880, p. 214-227).

161. Carta a Maria Luísa, escrita da nau capitânia *Dom João VI*, na altura de Gibraltar, em agosto de 1817. LEOPOLDINA. *Cartas de uma Imperatriz*. KANN, Bettina e LIMA, Patrícia Souza (org.). São Paulo: Estação Liberdade, 2006, p. 308.

família que havia deixado na Europa. Fazia falta sobretudo a irmã Maria Luísa (1791-1847), de quem havia se despedido com dificuldade[162] quando já embarcada na nau *Dom João VI*[163].

Portanto, não era de espantar a mistura de romantismo e alegria de D. Leopoldina ao avistar o Rio de Janeiro após quase três meses isolada num navio. Era o cumprimento do seu dever de arquiduquesa, encarado com muita fé e a noção de fazer o que era certo e próprio para seu meio. Desembarcar naquela aventura nos trópicos era desbravar uma nova fase de vida para a qual havia sido preparada desde que nascera: casar e manter a linhagem de uma casa monárquica.

Um Negócio Chamado Casamento

Casamento entre casas dinásticas não era por amor, nem se esperava que o sentimento fizesse parte do acordo. Era um contrato e, como em toda negociação, envolvia interesses de ambas as partes. No caso de Portugal, juntar-se à Áustria era ter ao seu lado uma potência que lhe auxiliaria na sua permanência no Brasil. Desde a retirada do general Junot e das tropas francesas do território português, havia uma pressão para que D. João VI voltasse para Lisboa. Os portugueses estavam cansados da presença inglesa sob o comando de William Carr Beresford (1768-1854), e a Inglaterra acreditava que a estadia da corte portuguesa em terras brasileiras impedia a sua expansão comercial nas Américas. Desde 1810 ocorriam tensões entre os dois países a respeito das importações dos

---

162. "[...] nem posso pensar na despedida da minha querida Luísa, senão meu coração se parte". Trecho da carta ao imperador Francisco I, escrita já na nau capitânia *Dom João VI*, em 10 de agosto de 1817, cinco dias antes de partir para o Brasil (*Ibid.*).

163. As lembranças daquela última noite estão nas cartas do primeiro-ministro austríaco, o príncipe Metternich: "Às seis horas da tarde a arquiduquesa Maria Luísa juntou-se a nós, quando as armas e canhões deram uma salva de tiros. O mar estava coberto de barcos e o excelente clima favoreceu a festa. À noite, os dois barcos portugueses estavam iluminados. Seus reflexos imprimiam-se maravilhosamente bem sobre o mar calmo e suave como gelo. Às dez horas da noite, o vento ficou mais forte e a maré se levantou. Nós reembarcamos em nosso frágil barquinho e reentramos no porto" (METTERNICH, Richard. *Memoirs of Prince Metternich*, vol. 3. Londres: Richard Bentley & Son, 1880, p. 214-227).

produtos ingleses que, para protesto dos próprios produtores portugueses, aportavam no Brasil com as menores taxas[164] graças aos Tratados de Cooperação e Amizade.

Tamanha era a interferência inglesa, que se tentou convencer o imperador Francisco I a aconselhar o retorno de D. João VI a Portugal. Usava-se como estratagema o amor paternal ao alegar que, com a corte portuguesa de volta ao continente europeu, D. Leopoldina não passaria pelos perigos de uma longa travessia, seguindo por uma viagem segura de Livorno até Lisboa[165]. De fato, os ingleses não mentiam. A viagem não era fácil e o evento de uma morte a bordo não era incomum. Em meio à volumosa bagagem havia três caixões[166] para uma eventual desgraça com a jovem.

"Permita Deus que proteja esse mundo flutuante de naufragar!"[167], comentaria o primeiro-ministro austríaco Klemens Metternich (1773-1859) após visitar os barcos que levariam a arquiduquesa. E não exagerava quando mencionava um "mundo" a bordo. Somente a nau *Dom João VI*, para 90 canhões — carregando apenas 36, segundo os relatos do primeiro-ministro, para abrir espaço aos cômodos da pequena corte que seguia a arquiduquesa — tinha três vezes mais o número de tripulantes e ainda levava "vacas, bezerros, porcos, ovelhas, quatro mil galináceos, algumas centenas de patos, e entre quatrocentos e quinhentos canários e aves pequenas e grandes do Brasil. Perceba que a arca do velho Noé é um brinquedo em comparação com a *João VI*"[168].

---

164. Segundo o tratado, os ingleses pagariam uma taxa de 15% sobre os valores, enquanto produtores portugueses 16% e os demais países 24%.

165. Carta para Francisco I, em Poggio Imperiale, de 7 de agosto de 1817. LEOPOLDINA. *Cartas de uma Imperatriz*. KANN, Bettina e LIMA, Patrícia Souza (org.). São Paulo: Estação Liberdade, 2006, p. 307.

166. No livro sobre a exumação do corpo dos primeiros imperadores do Brasil, Valdirene Ambiel explica a tradição dos três caixões, comum no caso do enterro da realeza pela Igreja Católica. Possivelmente, os caixões eram de madeira nobre, chumbo e de uma madeira mais rudimentar (AMBIEL, Valdirene do Carmo. *O Novo Grito do Ipiranga*. São Paulo: Linotipo Digital, 2017, p. 170).

167. Carta de Metternich à esposa, de 11 de agosto de 1817 (METTERNICH, Richard. *Memoirs of Prince Metternich*, vol. 3. Londres: Richard Bentley & Son, 1880, p. 214-227).

168. *Ibid.*

Ao que parece, os ingleses tentaram também convencer a jovem. Enquanto esperava os preparativos finais que atrasavam o embarque, D. Leopoldina reclamava que "[...] me enviam tantos relatórios e resoluções de Lisboa e Livorno para ler que em certos dias mal tenho tempo para descansar; parece que querem me forçar a ir para Lisboa, e na minha opinião seria uma atitude que poderia provocar o sério desagrado de meu sogro"[169]. E não estava errada, D. João VI não pretendia voltar para a Europa.

Mais de uma vez, D. Leopoldina mostraria ter uma visão política, um olhar que seria fundamental mais adiante, quando na época da Independência. Naquele instante, em que havia renunciado a coroa da Áustria — comum a todas as arquiduquesas e arquiduques que se casavam —, ela era somente a esposa do príncipe herdeiro do trono português a caminho de sua nova residência. Isso não a impediria de perceber que para Portugal era imprescindível afastar-se da Inglaterra, agora que Napoleão Bonaparte não era mais um perigo, aprisionado na ilha de Santa Helena, de onde não conseguiria fugir desta vez. Ou assim se imaginava.

Estamos falando do militar que havia aterrorizado a Europa por décadas, em meio a batalhas, guerras, exigências e humilhações de toda sorte. Talvez, tanto Francisco I quanto D. Leopoldina tivessem escutado a Inglaterra se soubessem dos planos de levar Napoleão Bonaparte para os Estados Unidos da América via... *Brasil!*

O Inimigo do Meu Inimigo é Meu Amigo

Para entender como Napoleão poderia cruzar os caminhos de D. Leopoldina no Brasil em 1817, vamos retroceder no tempo, e compreender como os Estados Unidos se tornariam um centro bonapartista e, futuramente, a primeira nação a apoiar a Independência do Brasil.

Voltemos para cinco anos antes da partida dela, ano em que o exército de Napoleão se imortalizaria nos campos encrespados pela neve do inverno russo. Embora 1812 seja um ano com pouco destaque na história do Brasil, foi importantíssimo na política internacional fora da

---

169. Carta a Francisco I, de 7 de agosto de 1817. LEOPOLDINA. *Cartas de uma Imperatriz*. KANN, Bettina e LIMA, Patrícia Souza (org.). São Paulo: Estação Liberdade, 2006, p. 307.

Europa, o que repercutiria no futuro do país. Fazia 30 anos que os Estados Unidos da América tentavam se firmar como nação. Independentes da Inglaterra desde o fim da Guerra Revolucionária (1775-1783) entravam em uma disputa comercial com a antiga metrópole que seria levada às últimas consequências.

Enquanto os EUA ainda engatinhavam, a Inglaterra gozava de ampla dominância política, comercial e bélica, tendo Portugal como grande aliado com seus portos abertos à "nação amiga", e mesmo as constantes batalhas contra Napoleão não impediam aos ingleses o controle sobre suas colônias. Como a maior potência da época, a Inglaterra impunha sua hegemonia sem muitos empecilhos, inclusive sobre os recém-independentes EUA. Os ingleses navegavam livremente nos mares e rios norte-americanos, sequestravam marinheiros e impunham crescentes limites ao livre comércio entre os Estados Unidos e a França. Mesmo que derrotados na Guerra Revolucionária, os ingleses se mantiveram como os mestres dos mares e profissionais da arte da guerra. Já os norte-americanos sustentavam precariamente um exército miliciano amador e mal organizado, supridos e protegidos por uma marinha sem qualquer expressão. Por mais otimistas que pudessem ser, eram totalmente incapazes de enfrentar os ingleses de igual para igual.

A relação entre os dois países seguia degringolando até que o presidente norte-americano, James Madison (1751-1836), um dos redatores da Constituição, decidiu dar um basta. Era hora de acabar com as constantes violações de soberania. Madison julgou, precipitadamente, que poderia ter sucesso rápido e fácil, uma vez que os ingleses travavam uma guerra contra Napoleão em outro continente. Aproveitando-se do contexto em que a Inglaterra se encontrava, Madison enviou uma carta ao Congresso pedindo guerra e este, formado em sua maioria por representantes nascidos após a Independência, aceitou o pedido com entusiasmo.

Os norte-americanos iniciaram o conflito com ofensivas por terra, atacando os territórios ingleses no Canadá e no centro do que é hoje os Estados Unidos. Foi um fiasco. Os milicianos, apesar de seu maior número, não estavam organizados para enfrentar nem mesmo pequenas guarnições inglesas e indígenas. Um exemplo disso foi a Batalha da Fazenda Crysler, onde novecentos soldados e voluntários canadenses e ingleses enfrentaram e derrotaram quatro mil soldados norte-americanos em combate, sem contar que os EUA tinham nesta batalha outros cinco mil soldados na retaguarda. Os ingleses retaliaram de forma inteligente. Sem tropas para um ataque terrestre, optaram pela defensiva e pela parceria com as tribos indígenas para que estas engrossassem a resistência. No mar, no entanto, os ingleses foram mais enérgicos. Decretaram embargo completo ao comércio marítimo norte-americano, arruinando a economia da nação em pouco tempo.

A vitória sobre Napoleão em 1814 ajudou acelerar ainda mais a situação e os ingleses destacaram suas divisões experientes para o *front* em território norte-americano. O pior estava por vir.

De forma muito bem planejada, os ingleses mandaram uma pequena guarnição desembarcar próximo à capital Washington e arrasá-la por completo. O Capitólio, símbolo do poder norte-americano, foi saqueado e incendiado. O fogo consumiu rapidamente a estrutura, alimentado pela Biblioteca do Congresso, com seus mais de três mil volumes, reduzindo a pó os assoalhos e tetos de madeira, derretendo esculturas e ornamentos arquitetônicos criados por William Thornton (1759-1828) e Benjamin Latrobe (1764-1820). Tamanho era o calor que as claraboias cederam, destruindo tudo.

James Madison e sua mulher foram apanhados de surpresa. Segundo o relato do escravo de Madison, Paul Jennings (1799-1874), o presidente e os generais Armstrong e Winder, o coronel Monroe, Richard Rush, Mr. Graham, Tench Ringgold e Mr. Duvall, haviam ido a cavalo até Bladensburg para ver como estava a situação da batalha contra os ingleses, enquanto a sra. Madison preparava o jantar, como de costume, para as três da tarde.

> Já que eram esperados o gabinete e vários militares e senhores desconhecidos, eu mesmo montei a mesa e trouxe a cerveja, a cidra, o vinho, e os colocado nos *coolers*. Enquanto aguardava, em torno das três horas, e Sukey, a criada, estava nas janelas, James Smith, um rapaz negro livre que havia acompanhado o sr. Madison a Bladensburg, veio galopando até a casa, acenando com o chapéu e gritando: "Fujam! Fujam! O general Armstrong ordenou a retirada!". Foi uma confusão. A sra. Madison ordenou

que trouxessem a sua carruagem e, ao passar pela sala de jantar, pegou toda a prataria que pôde e enfiou em sua velha retícula, e então entrou em seu coche com a sua criada Sukey[170].

A sra. Madison fugiu com as roupas do corpo poucas horas antes da chegada do inimigo. O mordomo John Freeman conseguiu enfiar um colchão de pena e essa foi toda a mobília salva. O porteiro francês John Susé e o jardineiro Magraw conseguiram retirar da parede o imenso retrato de George Washington e o colocaram numa carroça junto a algumas urnas de prata. E isso foi o que restou da Casa Branca.

Era o caos. A população estava nas ruas. Corria-se em qualquer direção. Aproveitando-se da confusão instaurada, uma turba invadiu a casa do presidente e levou o que pôde. O resto foi saqueado pelos soldados ingleses que, ao chegarem, banquetearam-se, beberam todo o vinho que havia sido preparado para o jantar de Madison e, na saída, fizeram questão de incendiar o lugar.

Impedidos de avançar no campo de batalha, os norte-americanos perceberam que corriam sérios riscos de se tornarem uma colônia inglesa mais uma vez. No entanto, desse prognóstico tétrico veio a reação. Organizaram e mobilizaram defesas e táticas mais eficientes, e tiveram sucesso em impedir planos para uma nova invasão inglesa. No mar, os poucos barcos da marinha norte-americana foram usados com maestria, freando a poderosa marinha inglesa em pontos chave. O que a jovem nação norte-americana aprendeu era que não conseguiria ganhar a guerra que ela mesma declarara, mas que ainda era capaz de se defender com o pouco que tinha. Um sinal para o que o Brasil viria enfrentar na Guerra da Independência entre 1822 e 1823. Uma nova luta entre metrópole e colônia, da qual a colônia sairia vitoriosa com seus escassos recursos, e bastante endividada.

Para os Estados Unidos da América foi ainda pior. A guerra de 1812 terminou em três anos e com um impasse. Politicamente, ninguém ganhou. Estrategicamente, os EUA sofreram um retrocesso, pois permaneceram incapazes de exercer sua soberania frente a um poder maior. E

---

170. JENNINGS, Paul. *A Colored Man's Reminiscences of James Madison*. Brooklyn: George C. Beadle, 1865.

terminaram o conflito ainda mais endividados e dependentes economicamente da Inglaterra do que em 1812. Por outro lado, tornou-se sede de bonapartistas, acolhendo-os e aos seus planos de resgatar Napoleão Bonaparte, passando pelo Brasil e, quem sabe, conquistando as Américas.

Napoleão à Brasileira

Após a humilhação sofrida com a guerra de 1812, e com o fim das guerras napoleônicas no continente europeu, a república norte-americana havia se tornado o local ideal para o exílio de antigos oficiais franceses. Eles fugiam da miséria de meio-soldo após a derrota de Waterloo (1815). Entre os exilados estava o próprio irmão mais velho de Napoleão Bonaparte, o destronado José Bonaparte (1768-1844)[171]. E foi preciso pouco para que surgisse o interesse de trazer Napoleão para os EUA. Em especial para Nova Orleans, capital da Louisiana, que havia sido comprada da França em 1803, e libertada na guerra de 1812 pelos esforços conjuntos de Andrew Jackson (1767-1845) e do pirata francês Jean Laffite (1780-1826), em janeiro de 1815.

Tamanho boato se espalhou e chegou aos ouvidos de D. Leopoldina. Em uma carta à irmã, Maria Luísa, escreve: "Vejo o futuro negro e acho que em breve receberemos uma visita de Santa Helena [Napoleão], pois alguém que veio dessa ilha garante que lá cruzam muitos navios norte-americanos e acho que têm algo em mente"[172].

Apesar dos mexericos, os planos nunca pareciam se concretizar. Não por falta de vontade de José Bonaparte, tampouco do próprio Napoleão. Em uma carta, o general Henri Bertrand (1773-1844) narra que "às vezes imaginávamo-nos que estávamos às vésperas de partir à América". Em Santa Helena, eles liam relatos de viagem, faziam planos. Bonaparte imaginava-se chegando na casa do irmão e depois como seria vagar pelo

---

171. José Bonaparte havia sido coroado rei da Espanha após uma jogada política de Napoleão em Baiona, que retirara a coroa do então rei espanhol Fernando VII (1784-1833), que havia deposto seus pais no motim popular de Aranjuez meses antes.

172. Carta de Schönbrunn, de 22 de junho de 1816. LEOPOLDINA. *Cartas de uma Imperatriz*. KANN, Bettina e LIMA, Patrícia Souza (org.). São Paulo: Estação Liberdade, 2006, p. 230.

vasto país americano, "único lugar em que acreditávamos encontrar a esperança de usufruir da liberdade"[173]. Tais esperanças, ainda que gastas, haviam sido despertadas quando se soube de uma revolução no Brasil (1817), em Pernambuco, o ponto do continente americano mais próximo de Santa Helena.

Tendo em mãos as cartas geográficas da ilha, analisadas pelo próprio Napoleão, José Bonaparte traçaria o plano: duas escunas com oitenta oficiais e um navio com duzentos oficiais, comandados pelo almirante Cochrane (1775-1860) — mais conhecido por seu gosto por dinheiro do que por ideais bonapartistas — sairiam de Fernando de Noronha em direção a Santa Helena.

Enquanto isso, um dos mentores da revolução pernambucana, Antônio Gonçalves da Cruz (1775-1833) — conhecido também como Cabugá — embarcaria para os Estados Unidos na esperança de apoio da primeira república das Américas e com US$ 800 mil dólares[174] para comprar armamento e contratar mercenários. O ministro dos negócios estrangeiros, Richard Rush (1780-1859), recebeu-o sem qualquer promessa ou garantia, tampouco o impediu de contratar homens, navios ou comprar armas para munir a revolução. Ainda permitiu que navios pernambucanos entrassem em águas norte-americanas e aceitassem eventuais exilados políticos caso a revolução não fosse adiante.

Não se tem conhecimento sobre como Cabugá e José Bonaparte teriam entrado em contato para dar andamento aos planos de resgatar Napoleão de Santa Helena. Há apenas os relatos das cartas do embaixador português, o padre José Correia da Serra (1750-1823) de que isso teria acontecido. É sabido, porém, que o navio fretado *Paragon* saíra da Filadélfia em 15 de junho de 1817 com o coronel Paul Albert Marie de Latapie, Louis Adolph Le Doulcet — o futuro conde de Pontécoulant — e mais dois soldados franceses a bordo. Ao chegarem em Natal, soube-se que a revolução

---

173. MURRAY, John (ED.) *The confidential correspondence of Napoleon Bonaparte with his brother Joseph, sometime king of Spain*, vol. II. Londres: John Murray, 1855, p. 373-374.

174. O que atualmente seria em torno de US$ 296 milhões de dólares, num câmbio de R$ 5,00 em 2021.

pernambucana havia sido reprimida e quatorze idealizadores tiveram penas capitais decretadas pelo crime de lesa-majestade, além da morte de outras centenas de participantes no enfrentamento com o Exército português.

O futuro conde francês aproveitou-se de sua alta educação e apresentou-se como naturalista ao governador da província, obtendo assim um passaporte para poder circular pelo território brasileiro. Já o coronel, o ordenança Artong e o soldado Roulet foram presos na Paraíba e enviados a Recife. Apesar das suspeitas contra os bonapartistas, não havia nada que os atrelasse à revolução e, portanto, foram liberados. Reunidos na casa do comerciante e representante norte-americano Joseph Ray, aguardaram a chegada de Le Doulcet. Poucos dias depois, o coronel Latapie resolveu encontrar-se com o governador de Pernambuco, que os vigiava, e contar o motivo da viagem: José Bonaparte os havia enviado com o intuito de avaliar o resgate de Napoleão via território brasileiro.

O coronel e o ordenança foram enviados ao Rio de Janeiro pelo governador, para que testemunhassem às autoridades aquele incrível fato, de onde foram liberados e partiram de volta à Europa. O soldado Roulet chegou a ficar preso na fortaleza de Brun, no Recife, e de lá saiu com a ajuda de Joseph Ray, indo para o Rio de Janeiro, depois Buenos Aires, de onde partiu para participar das campanhas de independência pela América espanhola, morrendo em 1829 no Peru. Enquanto o conde de Pontécoulant retornou à França e se tornou autor de livros sobre música e instrumentos musicais. Assim havia acabado a oportunidade de trazer Napoleão às Américas, ao menos, via Pernambuco, e o fim do sonho de independência da província pernambucana no governo de D. João VI.

Dinastia Casamenteira

A revolução pernambucana não havia somente mexido com o imaginário bonapartista. Havia atrasado a viagem de D. Leopoldina, o que revolvia suas emoções:

> [...] um mensageiro me trouxe a notícia de que insurretos em Pernambuco fizeram uma terrível revolução e que se teme pelo pobre Brasil; imagina minha situação, mal deixo o meu maior amor e talvez veja meu segundo maior amor [Pedro] perder daqui

a algum tempo seu lindíssimo reino e se encontrar em meio ao constante perigo de novas revoltas [...] aconteça o que acontecer, irei ao Brasil, pois no infortúnio sou mais necessária para consolar meu esposo[175].

Nenhuma notícia a havia abalado tanto quanto a do atraso causado pela revolta, a ponto de declarar que teria chorado se não tivesse buscado força interior. Numa carta ao pai, de 24 de julho de 1817[176], ela reclama do atraso, pois a haviam obrigado a apressar-se, uma vez que a esquadra portuguesa estava a chegar, e isso a impedira de ficar mais alguns dias no

---

175. Carta à Maria Luísa enviada de Florença, em 13 de junho de 1817, quando estava já à espera da frota que a levaria ao Brasil (LEOPOLDINA, p. 297-8). Em outra carta, datada do dia seguinte, Leopoldina revela ao pai estar "muito aborrecida porque a frota ainda não chegou, o que me deixa desconsolada, e as assustadoras notícias do Brasil quase me causaram um ataque de nervos" (*Ibid.*, p. 298). Três dias depois escreve que havia acabado de "receber a notícia muito triste de que a frota só partirá no dia 10 de julho, certamente não antes disso [dali a quase um mês], porque mais da metade da tripulação do Corado [*sic*] se deslocou com urgência para apaziguar as rebeliões em Pernambuco, que graças a Deus não são tão significativas" (*Ibid.*, p. 299). Também se encontra, entre as cartas do príncipe Metternich, uma dirigida à sua esposa, datada de 18 de junho de 1817, em que faz o seguinte comentário: "Imagino que esse assunto em Pernambuco causará rebolico em Viena, e que nossos fofoqueiros falarão como se a cidade ficasse entre Purkersdorf e Sieghartskirchen (16 quilômetros de distância). Parece que o levante não foi adiante e que as medidas de repressão estão sendo bem administradas. Não haverá efeito na partida da arquiduquesa, exceto pela necessidade de equipar apressadamente outros dois barcos para transportá-la ou para completar a sua escolta. Rogo que não mencione esses fatos aos cacarejadores da boa cidade de Viena" (Metternich, vol. 3).

176. "Vossa Majestade ficará certamente triste por lhe dizer eu que sou diariamente informada de que a esquadra portuguesa está a chegar e todos os dias verificar que é notícia falsa. O correio que trará a notícia de que a esquadra partiu de Lisboa ainda não chegou. Parece-me incrível que tenhamos sido impelidos a andar depressa em Viena porque a esquadra estava à nossa espera [...] e estejamos agora isolados de tudo que me é caro [...] estou sem entender. O conde de Metternich está ainda comigo e sustenta que certamente eu tenho um bom futuro em vista [...] Meu tio [Ferdinando III] e minha irmã me consolam, mas não há consolo quando penso que poderia ter ficado junto de V. M. todo esse tempo" (Familienkorrespondenz, pasta 304. *Apud* BRAGANÇA, Carlos Tasso de Saxe-Coburgo. "A Imperatriz Dona Leopoldina – Sua Presença nos Jornais de Viena e a Sua Renúncia à Coroa Imperial da Áustria". *Instituto Histórico de Petrópolis*, 12 de fevereiro de 2008. Disponível em: < http://www.ihp.org.br/26072015/lib_ihp/docs/ctscb20080212b.htm>. Acesso em: 2 de agosto de 2021).

seio familiar. A despedida havia sido muito difícil para D. Leopoldina. O jornal *Allgemeine Zeitung* de 4 de junho de 1817 noticiou os olhos repletos de lágrimas antes dela partir de Viena, enquanto atravessava o palácio de braços dados com o irmão Ferdinando, sendo ovacionada pelos presentes. Assim, o atraso da vinda ao Brasil somente a deixava mais ansiosa e saudosa. As visitas que recebia, os passeios pelas cidades e museus italianos, nada parecia agradar à arquiduquesa, que desejava chegar logo ao seu destino e cumprir aquilo para o que havia sido preparada: o casamento dinástico.

Se Portugal tinha interesse quanto ao apoio da Áustria no tocante à Inglaterra, principalmente no que tange a Rússia, aliada à Espanha[177], o contrato de matrimônio também previa reforçar a influência austríaca nas Américas. É importante ressaltar que desde que os Habsburgo subiram ao poder, em 1273, sua dominação territorial se dava na grande maioria das vezes por casamentos, a ponto de haver o seguinte verso: *"Bella gerant alii, tu felix Austria nube. Nam quae Mars aliis, dat tibi diva Venus"* [Deixe os outros guerrearem; você, feliz Áustria, case-se. O que Marte dá aos outros, a você lhe dará a deusa Vênus][178]. E foi o imperador do Sacro Império Romano-Germânico, Maximiliano I (1459-1519), o grande implementador dessa política. Somente com o seu casamento, o de seu filho e o de seu neto, foram anexados aos territórios Habsburgo: Espanha, Borgonha, Boêmia e Hungria, o que agigantou o território bem como o estendeu por diversas culturas e etnias. Suas fronteiras atingiram o que hoje são a Áustria e Eslovênia, parte do sudeste da Alemanha e Nordeste da Itália, países checos, Hungria e Croácia, além de outros territórios que em algum momento foram parte do império Habsburgo: Bélgica,

---

177. Tanto a Inglaterra quanto a Espanha estavam contra esse casamento. Sobretudo esta última, que queria casar o herdeiro da coroa com uma infanta espanhola, como era costume entre os Bourbon e os Bragança há algumas gerações. Vale também lembrar que Portugal chegou a tentar uma grã-duquesa russa para Pedro de Bragança, sem sucesso. Leopoldina, na verdade, era a terceira opção, depois das casas da Rússia e de Nápoles.

178. Atribuído a Matias Corvino (1458-1490), rei da Hungria, possivelmente inspirado nos versos de Ovídio em *Heroides*, quando Laodamia envia uma carta ao marido Protesilaus, que foi para a Guerra de Tróia, e escreve as seguintes linhas: "Bella gerant alii; Protesilaus amet!" [Deixe os outros guerrearem; Protesilaus, ame!].

Luxemburgo, Milão, Nápoles, Sardenha, Sicília, Parma, Lombardia, Veneza, Montenegro, Sérvia, Bósnia, regiões da Polônia e Ucrânia.

Diante dessa imensidão, os Habsburgo também detiveram o título de imperador do Sacro Império Romano-Germânico até a ascensão de Napoleão Bonaparte, que não só destrinchou esse império de quase mil anos (800-1806) como exigiu para si a coroa octogonal em ouro vinte e dois quilates com centenas de pérolas e cento e quarenta e quatro pedras preciosas em cabochão e com uma cruz latina no topo.

Napoleão era mais do que um fantasma a assombrar as histórias infantis dos arquiduques e arquiduquesas austríacos, grão-duques e grã-duquesas russos, infantes e infantas portugueses e espanhóis, príncipes e princesas ingleses, pequenos delfins franceses. Ele havia redesenhado o mapa da Europa mais de uma vez, por meio de guerras, batalhas e tratados, inclusive grande parte do território Habsburgo. Foi Napoleão quem obrigara Francisco II[179] a abdicar do seu maior título, o de imperador do Sacro Império Romano-Germânico, após a derrota na Batalha de Austerlitz (1806).

Com duração de cerca de nove horas, nos campos da Morávia, a batalha ficou conhecida por sua genialidade tática. Eram os noventa mil homens dos exércitos do *czar* russo Alexandre I (1777-1825) e do *kaiser* austríaco contra os sessenta e oito mil[180] soldados franceses carregando fuzis com baionetas, sabres e "canhões com caixa de munição do sistema desenvolvido pelo general Gibeauval na década de 1770, armamento que seria utilizado todo o período das guerras napoleônicas, tendo sido mantido em uso até as décadas de 1820 e 1830"[181].

Para Francisco, esse austríaco cuja família era seu maior bem, a pior derrota não seria os mais de dezesseis mil mortos ou feridos em campos

---

179. O pai de Leopoldina era conhecido como Francisco II quando detinha o título de imperador do Sacro Império Romano-Germânico e por Francisco I como imperador da Áustria. Também possuía os títulos de rei da Hungria, Croácia e Boêmia e presidente da Confederação Germânica.

180. Os números acerca da quantidade de soldados envolvidos variam segundo as fontes. Utilizamos aqui a *Enciclopédia Británica*.

181. MONDAINI, Marco. "Guerras Napoleônicas". *In*: MAGNOLI, Demétrio (Org.). *História das Guerras*. São Paulo: Contexto, 2013, p. 206.

de batalha, nem a perda de Veneza e de territórios que hoje são parte da Alemanha. Seu fracasso estaria no casamento de sua filha mais velha, Maria Luísa, com o próprio Napoleão Bonaparte em 1810. Levado pelo caos pessoal e familiar, essa união o faria registrar em seu testamento político ao filho as seguintes palavras: "preserve a união familiar e considere-a um dos maiores bens"[182].

É uma pena que o próprio Francisco I não tivesse considerado a família quando Georges Danton (1759-1794) veio lhe oferecer uma troca por sua tia, Maria Antonieta (1755-1793), assim impedindo que ela morresse pela guilhotina da Revolução Francesa. Talvez a história tivesse sido outra, e nesta Napoleão continuasse a ser apenas um oficial de artilharia figurante, nacionalista corso e escritor de romances[183], que nunca teria desejado um herdeiro de linhagem de alta nobreza.

Tanto Napoleão, ao se divorciar de Josefina de Beauharnais (1763-1814), quanto Francisco I, escolhendo os pretendentes de seus filhos, sabiam que como monarcas o Estado viria antes da família, ou era esperado que assim o fosse. Ambos sentiriam o peso dessas decisões como outros antes e depois deles. Soberanos que precisaram renunciar ao privado, ou ao individual, em prol de uma situação pública que muitas vezes contrariava sua vontade pessoal. Eles sabiam que o seu corpo e a sua vida eram bens públicos. E nem mesmo D. Pedro fugiria à regra. Diante dos acertos do casamento com D. Leopoldina, ele fora obrigado a deixar a mulher por quem havia se apaixonado, a atriz Noémi Thierry.

Não se deve ver com estranhamento o poderoso imperador Habsburgo oferecer a mão de sua filha mais velha, Maria Luísa, em casamento a Napoleão Bonaparte, que não lhe descia[184]. Havia motivos de Estado que envolviam questões econômicas e militares. "Meu consentimento quanto ao casamento irá assegurar ao Império alguns anos de paz política, os quais devotarei a curar as suas feridas. Todos os meus poderes estão investidos no bem-estar do meu povo. Não posso, portanto, hesitar

---

182. WHEATCROFT, Andrew. *The Habsburgs: Embodying Empire*. Londres: 1996, p. 254.
183. Em 1795, ainda um jovem soldado, Napoleão Bonaparte escreveu o romance inédito *Clisson et Eugénie*.
184. PALMER, Alan. *Metternich*. Londres, 1972, p. 86.

na minha decisão"[185]. Ainda assim, não havia como estar satisfeito em se tratando da felicidade dos próprios filhos, sobretudo ele, um homem que foi feliz em seu casamento arranjado. Porém, era preciso fazer algo pelo bem do país, por mais que fosse contra suas convicções pessoais.

No início do século XIX a Áustria estava sofrendo várias perdas territoriais, o que acarretava problemas financeiros, principalmente em decorrência das sucessivas guerras contra a França. Havia também uma crescente insatisfação com as leis iluministas implementadas por José II (1741-1790), que iam além de uma reforma administrativa, fiscal e judicial centralizadora, que ampliava e fortificava o Estado. Se, por um lado, havia problemas quanto a essa administração territorial, por outro, o fato de ter colocado a Igreja Católica dentro dos domínios do monarca havia permitido uma maior liberdade religiosa[186]. Mesmo assim, o império austríaco não era de forma alguma coeso, e sofreu diversas retaliações ao longo dos últimos anos por causa das rebeliões internas geradas por essa centralização do poder e pela imposição da língua e cultura alemãs aos demais povos.

Representantes do *Ancien Régime*, Leopoldo II (1747-1792) e Francisco I — respectivamente avô e pai de D. Leopoldina — foram constantemente obrigados a lidar com convulsões, internas e externas, causadas pelas reformas josefistas durante os seus reinados. Usaram uma polícia secreta[187] e implementaram a censura da imprensa, além de reverterem várias das reformas que haviam estremecido o poderio da dinastia Habsburgo. Para piorar, no ano de nascimento de Leopoldina, em 1797, após as derrotas para Napoleão na Alta Itália, foi assinada a Paz

---

185. METTERNICH, Richard. *Memoirs of Prince Metternich, 1773-1815*, vol. I. Nova York: 1881, p. 73-74.

186. O melhor exemplo é o Tratado de Tolerância (1781), pelo qual os protestantes teriam quase o mesmo *status* dos católicos e judeus poderiam participar de comunidades, negócios e escolas que antes eram proibidos a eles.

187. Um viajante da época relata que não era incomum a nobreza falar francês no lugar de alemão, húngaro ou tcheco, pois assim não eram entendidos pelos criados e "não são expostos ao perigo de serem traídos a cada palavra sua sendo levada à polícia secreta" (SEALSFIELD, Charles. *Austria as it is. Or Sketches of Continental Courts by an Eyewitness*. Londres: Hurst, Chance and Co., 1828).

de Campoformio, na qual a Áustria perdeu a margem esquerda do Reno, e a Bélgica e Milão foram trocadas por Veneza. Três anos depois, também contra o *Grande Armée*, Francisco I perderia Mântua e a Toscana, e se veria de mãos atadas quando o Colégio de Eleitores fosse reestabelecido, algum tempo mais tarde, tirando-lhe suas principais atribuições.

Leopoldina era pequena demais nessa época para que tivesse ideia da magnitude das ações de Napoleão e o que representava essa subjugação das antigas monarquias por aquele que se autocoroava imperador francês. Insatisfeito, talvez por causa de algum complexo de inferioridade por ser de uma família italiana de baixa nobreza, ou pela predileção de sua mãe por seu irmão mais velho, ou pelo *bullying* sofrido porque era corso e falava francês com sotaque, Napoleão marcharia em solo austríaco. Em 1805, durante a Guerra da Terceira Coalizão, chegaria a Viena e se instalaria no palácio de inverno de Schönbrunn, enquanto a família imperial fugiria. Parte dos membros iria para Ofen, e a imperatriz Maria Teresa (1772-1807), juntamente com D. Leopoldina, iria para Brünn (atual República Tcheca), quartel-general do imperador. Depois, mãe e filha seguiram para Friedek, na Silésia. O ir e vir fariam com que a imperatriz sofresse reveses de saúde, debilitando-a de tal maneira que, já quando de volta a Viena, morresse no parto de Amélia Teresa (1807).

Era 1806, quando Napoleão havia saído vitorioso de Austerlitz, e mais uma vez a Áustria perdia terreno — desta vez, a Dalmácia, Ístria, Veneto, Tirol, Voralberg e regiões ao redor do lago Constança; enquanto Salzburgo e Berchtesgaden voltavam para seus domínios[188]. Se acreditássemos em previsões de futuro, poderíamos dizer que o príncipe Kaunitz-Rietberg (1711-1794), primeiro-ministro dos monarcas Habsburgo de 1753 a 1792, havia previsto o fim da imensidão territorial ao dizer as seguintes palavras antes de morrer: "A Revolução Francesa irá fazer da Europa um grande campo de batalha. Temo que meu país

---

188. Prevendo a perda do título de imperador do Sacro-Império Romano-Germânico dois anos antes, e a fim de continuar com o *status* monárquico de sua família, Francisco se coroaria imperador da Áustria em 1804, mantendo dessa forma um título imperial hereditário aos Habsburgo.

não será um líder nessa competição, irá ser o perdedor, e aquilo que foi unido ao longo de quinhentos anos será dissolvido"[189].

Diante de tantas perdas, começou-se a tentativa de uma reforma interna do Estado austríaco, com os arquiduques Carlos (1771-1847) e Rainer (1783-1853) à frente, porém tiveram que enfrentar o conde Stadion (1763-1824) e conservadores[190] que tinham a ideia de entrar novamente num embate contra Napoleão. Os arquiduques procuraram trazer para perto de si mais pessoas que pensavam da mesma maneira, como o diplomata Friedrich von Gentz (1764-1832) e seu jovem secretário, o príncipe Metternich (1773-1859).

Para a alegria de Stadion, houve uma nova guerra com a França em 1809. Mas sua felicidade durou pouco e, desta vez, foram perdidos os territórios de Salzburgo, Hausruckviertel, Inn, Berchtesgaden, os distritos de Villach, Krain, Götz, além de Trieste, Ístria, Croácia e Galícia Ocidental. Foram tantas e seguidas perdas que Charles Sealsfield (1793-1864) ironizou Francisco I ao contar que, diante da perda de uma batalha e da captura de um exército, o imperador falaria a seus ministros: "Agora descubram onde poderemos conseguir um grande exército novamente"[191]. O mais curioso era que Francisco I conseguia mobilizar mais e mais soldados para as guerras contra a França, mesmo não sendo nem encorajador e nem brilhante. Havia algo majestoso na figura de um Habsburgo, o que era potente o suficiente para levantar mais de sessenta mil soldados treinados em 1809 e enviados para os campos de batalha pelos nobres das províncias e às custas deles[192] — e que aceitariam cruzar os mares para se tornarem soldados do Brasil de D. Leopoldina em 1822.

---

189. SEALSFIELD, Charles. *Austria as it is. Or Sketches of Continental Courts by an Eyewitness*. Londres: Hurst, Chance and Co., 1828, p. 112-113.

190. "Stadion vê o Estado imperial austríaco, criado em 1804, como somatória de países e nações enquanto associação de povos com direitos iguais e países autônomos, e apela ao patriotismo, não ao nacionalismo, no sentido de uma nação de estados" (KANN, Bettina. "A Áustria e a Corte de Viena". *In*: LEOPOLDINA. *Cartas de uma Imperatriz*. KANN, Bettina e LIMA, Patrícia Souza (org.). São Paulo: Estação Liberdade, 2006, p. 56).

191. SEALSFIELD, Charles. *Austria as it is. Or Sketches of Continental Courts by an Eyewitness*. Londres: Hurst, Chance and Co., 1828, p. 114

192. *Ibid.*, p. 115.

A derrota de Stadion o realocou como ministro das Finanças. A partir de então seria obrigado a lidar com um problema financeiro que vinha se arrastando desde o reinado de José II e que se intensificara com os gastos militares. Poderia ser considerada uma ironia do destino: você fez, agora pague. Porém, foi o Estado que pagou os empréstimos, a altos juros. O nível das finanças austríacas chegou tal ponto que, em 1811, o Estado declarara falência e a moeda estava desvalorizada. Não poderia se esperar outra coisa após tantos anos gastando com guerras.

Enquanto Stadion lutava com as contas públicas, Metternich foi nomeado ministro das Relações Exteriores. De 1809 a 1848 ele foi o grande nome da Áustria, com sua condução pragmática dos assuntos e com os olhos na reformulação do continente europeu. Diplomata e, mais tarde, chanceler da Áustria de 1821 até a Revolução Liberal de 1848, teve tarefas importantes como a *détente* com a França, em que foi negociado o casamento de Napoleão com Maria Luísa. Homem perspicaz, Metternich também entendia que enquanto prometia apoio à França na guerra contra a Rússia, sondava outras alianças que poderiam lhe ser tão úteis quanto, como com a própria Rússia em conjunto com a Prússia contra a França. Porém, prevaleceu a da França, e em 9 de março o marechal Berthier (1753-1815) era enviado a Viena para assinar o contrato nupcial, escrito nos moldes do feito para Luís XVI e Maria Antonieta.

Napoleão Bonaparte havia se divorciado da sua primeira esposa, a famosa Josefina de Beauharnais, e não por falta de amor, mas porque ela não pudera lhe dar filhos. Desde então, circulava pela Europa que o temido corso estava atrás de outra esposa e, desta vez, alguém de uma casa real que pudesse legitimar sua linhagem. "Não se fala de outra coisa senão o divórcio de Napoleão. Eu [Maria Luísa] os deixo falar e não me preocupo, tenho apenas pena da pobre princesa que ele escolher, uma vez que tenho certeza de que não serei eu a me tornar vítima da política"[193]. Que engano! Seria a própria "vítima da política". Como era comum para as arquiduquesas, Maria Luísa poderia não gostar da ideia de se casar com aquele terrível homem, considerado o próprio demônio por sua

---

193. Carta de 10 de janeiro de 1810. MARIE LOUISE. *Correspondance de Marie Louise, 1799-1847*. Viena: Charles Gerold Fils Èditeurs, 1887, p. 143.

falecida mãe — e, talvez, de forma indireta, o causador da morte dela —, mas seguiria à risca as ordens paternas como filha, nobre e Habsburgo. E Francisco I o sabia, tornando aquilo tudo mais difícil para ele.

Após assinado o acordo, em 11 de março de 1810, na Igreja de Santo Agostinho, em Viena, a arquiduquesa Maria Luísa casava-se com Napoleão Bonaparte por procuração, numa "magnificência inigualável", como diria o embaixador francês. Havia tantas pessoas presentes, em seus melhores trajes e joias, que o imperador passou por alguns "inconvenientes". Porém, os olhares estavam todos fixos na jovem noiva que não era somente bonita como muito cordial.

> Em resposta aos meus votos de felicidade, ela me disse que faria de tudo o que estivesse em seu alcance para satisfazer vossa majestade o imperador Napoleão e para contribuir à felicidade da nação francesa a qual, a partir daquele momento, tornava-se sua também[194].

Dois dias depois, a jovem de 18 anos faria o mesmo percurso de sua tia-avó, Maria Antonieta, indo para a França e lá passando por mais duas cerimônias — civil e religiosa. Logo ao chegar na França, seria submetida ao mesmo ritual de sua antepassada austríaca, quarenta anos mais tarde. Todas as suas roupas foram retiradas, representando o despojo da identidade austríaca, e após um banho, foi vestida — no caso, pela irmã de Napoleão — com roupas francesas. Quanto ao marido, 22 anos mais velho, Maria Luísa só o conheceria em 27 de março, em Compiègne.

Nesse ínterim, a pequena Leopoldina entrava para a Ordem da Cruz da Estrela, símbolo da passagem para a vida adulta, criada pela imperatriz Eleonora von Gonzaga (1630-1686) em 1662 para damas da alta nobreza, com o intuito de usar a religião como bússola moral para a vida diária e ações de caridade, as quais a acompanhariam ao Brasil, sendo fundamentais na sua maneira de lidar com o que viria lhe acontecer. E assim, a jovem se tornava elegível ao casamento com alguma casa dinástica.

---

194. SAINT-AMAND, Imbert de. *The Memoirs of the Empress Marie Louise*. Londres: Remington & Co. Publishers,1886, p. 145-147.

A Dança dos Tronos no Congresso de Viena

A Áustria havia tentado seguir pelo casamento ao invés da guerra, mas não adiantava. Nem a união de Maria Luísa e Napoleão Bonaparte, nem as péssimas condições financeiras da Áustria impediram que mais uma vez houvesse guerra com a França.

Havia em Francisco I[195], como em D. João VI, algo que não era hipocrisia, mas que se parecia como uma atitude escorregadia. Ambos nunca eram diretos, soavam indecisos, porém sem sê-lo. E enquanto Francisco I foi visto pela história como alguém honrado e sério, D. João VI foi tratado como um medroso. Ignoraram por completo que ambos possuíam um ardil natural que confundia os mais perspicazes, como aconteceu com Napoleão, enganado pelos dois monarcas. No caso do austríaco, Francisco I havia prometido uma união de forças juntamente com a união de corpos entre o corso e Maria Luísa para, pouco depois, não somente não ajudar o genro como entrar numa nova coalizão contra a França.

Desta vez, porém, quando todos imaginavam que ali se daria uma nova derrota, o azarão austríaco venceu, em outubro de 1813, a Batalha dos Povos, em Leipzig, lutando ao lado dos exércitos russo, prussiano e sueco.

O derrotado Napoleão recuou. Foi obrigado a abdicar ao trono francês em abril de 1814, e seguiu para o exílio na ilha de Elba, sem a companhia da sua adorável esposa. Maria Luísa recusara o chamado do marido, preferindo voltar para Viena na companhia do único filho do casal e aguardar Metternich decidir o seu futuro.

Por ser esposa do corso, Maria Luísa fora proibida de participar do rebolico em Viena, transformada em sede do congresso em que as potências europeias se reuniriam para arrumar a bagunça deixada pelas guerras napoleônicas. Ficava a par do que acontecia por meio das cartas de Leopoldina:

> Nossa vida atual não me agrada em nada: das dez da manhã às sete da noite estamos continuamente em vestido de gala, de pé, passando o dia em cumprimentos e ociosidade. Todos os dias temos

---

195. SEALSFIELD, Charles. *Austria as it is. Or Sketches of Continental Courts by an Eyewitness.* Londres: Hurst, Chance and Co., 1828, p. 139.

um jantar de 34 pratos, que começa às quatro e dura três horas, já que o czar da Rússia [Alexandre I] deixa-nos esperando durante duas horas; gosto muito do rei da Prússia [Frederico Guilherme III], pois é um príncipe muito bonito e bem-educado. A czarina da Rússia [Isabel Alexeievna] também tem todo o meu aplauso, é um tanto embaraçada, mas de resto tem bom coração. Hoje chegaram o rei [Maximiliano I], a rainha [Carolina de Baden], o príncipe herdeiro e o príncipe Carlos da Baviera, que me agradam muito. Estamos todos muito cansados e confesso que não consigo me alegrar, como as outras pessoas, vendo todos esses soberanos. Fico bastante desolada quando tu, querida irmã, tem frequentemente aquelas dores d'alma e podes ter certeza de que me solidarizo contigo. Não vejo mais teu filho; [...] há pouco, quando a princesa Taxis e o rei da Dinamarca [Frederico VI] o viram no escritório, acharam-no a criança mais adorável e linda do mundo; a princesa me pediu que eu te apresentasse seus respeitos e te dissesse como se solidariza contigo na tua situação; falei com ela após o almoço um dia desses durante meia-hora[196].

Com o Congresso de Viena, a Áustria voltava a dar as cartas na mesa europeia, arrumava as fronteiras, devolvia o poder aos destronados — como o da França ao irmão do guilhotinado Luís XVI, o rei Luís XVIII — e legitimava a antiga ordem por meio da Santa Aliança. Este acordo, assinado entre Rússia, Prússia e Áustria, previa a supervisão da aplicação das ações garantidas e ainda o policiamento para que não houvesse a possibilidade de uma nova Revolução Francesa, combatendo assim os movimentos liberais e antiabsolutistas. Com isso, as três nações voltavam a se tornar grandes potências, dividindo o poder com a outra vitoriosa, a Inglaterra.

Repleto de frases como "reconstrução da ordem social", "regeneração do sistema político europeu", "uma paz duradoura fundada na justa divisão de forças", o Congresso tentava manter um "ar de dignidade e grandeza à

---

196. Carta à Maria Luísa, em Schönbrunn, de 28 de setembro de 1814. LEOPOLDINA. *Cartas de uma Imperatriz*. KANN, Bettina e LIMA, Patrícia Souza (org.). São Paulo: Estação Liberdade, 2006, p. 215.

assembleia solene"[197], mas todos sabiam qual era a sua natureza e não havia enganos quanto a isso: dividir os despojos de guerra. O que era por si só tenso, confuso, difícil, repleto de jogos de poder e segredos. Cada país tinha sua própria agenda. Alguns queriam o enriquecimento, outros mais território, outros aumentar o seu poder ou fortalecer alianças proveitosas para o futuro. Enquanto o *czar* Alexandre I não conseguia crescer em poderio e vastidão como pretendido para si e para a aliada Prússia, o imperador Francisco I conseguiu se desvencilhar dos desejos de restaurar os Bourbon em Parma, colocando a sua filha Maria Luísa no ducado.

Quanto à comitiva portuguesa, não houve uma grande representação nos negócios uma vez que D. João VI não estava presente para conseguir apoio. A única questão que se pretendia era manter a coroa dos Bragança e seus territórios, inclusive aqueles que haviam sido perdidos para a Espanha no Tratado de Badajoz[198], como Olivença. Além disso, Portugal tentaria receber os dois milhões de francos de indenização da França, firmada no tratado de paz de 20 novembro de 1815.

Com a reafirmação da legitimidade anterior à Revolução Francesa em 1789 e das fronteiras[199], que trouxe os Bourbon de volta ao trono francês, os Bragança puderam ficar calmos. Até segunda ordem. Tudo parecia a favor de Portugal, que não tinha maiores ambições que a de manter seu lugar na Europa. Porém, o Congresso reconhecia como território português apenas Portugal, e seu soberano estava nas Américas, no Rio de Janeiro, o que dava a entender que "o trono estava vazio". A solução desse impasse veio por meio do ministro de Relações Exteriores francês Charles-Maurice de Talleyrand-Périgord (1754-1838), que propôs a elevação do Brasil a reino, criando-se assim o Reino Unido de Portugal, Brasil e Algarves, o que se concretizaria em 16 de dezembro de 1815. Foi uma grande virada

---

197. *Memoir by Frederick von Gentz*, February 12, 1815. *Apud* METTERNICH, Richard. *Memoirs of Prince Metternich, 1773-1815*, vol. I. Nova York: 1881, p. 553.

198. Assinado em 6 de junho de 1801 entre Portugal e a Espanha coligada com a França, pôs fim à Guerra das Laranjas (para mais, veja o capítulo "O Criador"). Em 1808, já no Brasil, D. João VI anulou todos os tratados assinados com a França, alegando nunca terem sido respeitados pelo imperador francês.

199. Por uma jogada diplomática, a França conseguiu manter as de 1792.

a favor do Brasil, que deixou de ser vice-reino para ter o mesmo *status* de Portugal, com o qual comporia o Reino Unido de Portugal, Brasil e Algarves (lembrando que, com a restauração do reino de Portugal em 1640 por D. João IV, duque de Bragança, o Brasil deixou de ser colônia e foi elevado à condição de vice-reino). Como toda boa ação tem de ser punida, essa elevação também causaria revolta nos portugueses, gerando problemas políticos que adiantariam a Independência do Brasil[200].

Outro tema complexo em que Portugal precisava de ajuda era o tráfico de escravos, pois a Inglaterra pressionava para seu fim — e consequentemente a expansão das indústrias nascentes — e França, Portugal e Espanha, que tinham colônias além-mar e uma economia dependente da mão de obra escrava, queriam um fim gradual para poderem se adaptar a um novo regime de trabalho. Portugal concordou em "abolir gradualmente o comércio de escravos em toda a extensão das suas possessões", considerando o tráfico "repugnante aos princípios da Humanidade e da moral universal". Numa estratégia diplomática apoiada pela Rússia, conseguiu ainda fazer que se restringisse apenas à costa da África, ao Norte do Equador, o que tirava o Brasil da linha de ação, e o que era de interesse da Inglaterra, pois atingia diretamente os Estados Unidos da América — com quem tinha acabado de guerrear. Quanto à abolição da escravidão, o assunto ficou a cargo das negociações entre os Estados, levando em consideração que esforços seriam empreendidos para esse fim:

> [...] bem entendido que não se descuidarão de nenhum meio próprio para assegurar e acelerar o seu curso, e que a obrigação recíproca, contraída pela presente declaração, entre os soberanos, que nela tomaram parte, não será havida por cumprida senão no momento em que um sucesso completo haja coroado os seus esforços reunidos.

Também foi acordado que a Inglaterra deveria pagar um valor a Portugal pela apreensão de navios negreiros rumo ao Brasil e perdoaria uma dívida de 1809, e ainda que o tratado de 1810 seria anulado. Não

---

200. Veremos mais sobre isso em "Ela Deveria Ter Sido Ele".

foi tão mal assim para um reino quase sem representação no Congresso. Porém, os sinais dos abalos entre Inglaterra e Portugal já estavam presentes. Ter D. João VI no Brasil significava para a Inglaterra, então, não ter domínio sobre ele como se gostaria, nem sobre o comércio português. E esse desgosto cresceria com a união entre a Casa de Bragança e a Casa de Habsburgo, que mutuamente se apoiariam. Se Portugal, por um lado, precisava de uma potência amiga na Europa para protegê-lo, como se mostrara necessário no Congresso, a Áustria precisava de dinheiro por meio de bons contratos com uma nação que, ao que tudo indicava, prosperava em terras brasileiras. Seria o acordo ideal, mas que só viria dois anos depois do final desse encontro de potências.

As negociações entre os países duraram meses, e o pai de Leopoldina, anfitrião do evento, foi considerado o grande monarca ao ter vencido Napoleão e o exilado. Viena poderia não ser grande como Londres, nem bonita como Paris, ou elegante como Berlim, ou maravilhosa como São Petersburgo[201], mas ela brilhava como nos tempos áureos da grande Maria Teresa da Áustria (1717-1780), com torneios, bailes, jantares comemorativos para as autoridades, e as disputadas *petites soirées* oferecidas por Metternich — que, dizia-se à boca miúda, não eram frequentadas pelo *czar* russo após ter ofendido o primeiro-ministro durante as tratativas para obter o Ducado da Varsóvia como indenização de guerra[202].

---

201. SEALSFIELD, Charles. *Austria as it is. Or Sketches of Continental Courts by an Eyewitness*. Londres: Hurst, Chance and Co., 1828.

202. "Tivemos quatro ou cinco audiências privadas com o *czar*; ele estava tão obstinado, que nada poderia fazê-lo mudar de ideia. Sua exasperação e violência cresciam de uma audiência a outra, e a última, em 24 de outubro, foi caótica a ponto de o príncipe declarar aos seus amigos que, após o que ele presenciou, jamais poderia ver o *czar* em privado novamente. Ele manteve a palavra, com a exceção de uma explicação que ele sentiu que não poderia não ocorrer, mas ele nunca mais poria os pés no mesmo cômodo que o *czar*. Ambos ainda são vistos na corte, e em meio a grandes reuniões oferecidas por terceiros. Mas desde 21 de outubro, o *czar* não vai a qualquer baile ou festa na casa do príncipe Metternich. Por mais que tenham tentado suas irmãs, o arquiduque Palatino, seu cunhado, diversos amigos, todas as mulheres que ele conhece em Viena, ninguém consegue desfazer essa repugnância. [...] ele [*czar*] sempre mantém que o príncipe o ofendeu mortalmente a ponto de nunca mais terem qualquer conversa. Não preciso adicionar que tal acusação é completamente falsa, que é o *czar*, elevado por sua paixão,

Como diria a respeito o príncipe Charles-Joseph de Ligne (1735-1814), com ironia: "*Le congrès ne marche pas, il danse*" [O Congresso não avança, ele dança]. E não há como falar de Viena sem lembrar que é a capital da valsa, apresentada à nobreza pela primeira vez nos festejos comemorativos do próprio Congresso, comandados pelo compositor austríaco Sigismund Neukomm (1778-1858), aquele que viria a ser o professor de composição e harmonia de D. Pedro I e de piano de D. Leopoldina.

Como comentou Leopoldina em carta à irmã, os diversos eventos era cansativos, ainda mais sendo anfitriã. Os bailes, por si só, normalmente começavam às 20h, não sendo educado chegar antes ou na hora exata. O atraso possuía alguma virtude. Após a entrega dos chapéus, casacos, *pelisses*, xales e capas ao criado da chapelaria, rumava-se por uma série de salas preenchidas por pessoas a conversar e a tomar refrescos de frutas. As alcovas eram ocupadas por mesas de carteado. Havia também os espetaculares bufês decorados com flores, espalhados pelos ambientes. Porém, é o salão a peça central, convidando todos a dançar com sua forte iluminação, e a orquestra enchendo os ouvidos com *polonaise, cotillon, quadrille* e, por fim, a valsa. "Todos dançam com inimitável graça, leveza, longe do ar calculado, e com tamanha elegância provando ser de fato uma das mais belas espécimes de danças já testemunhadas"[203].

Em fevereiro de 1815, enquanto a Europa celebrava, enchendo os salões de risos e valsas até o raiar do sol, os representantes dos principais países estavam ocupados se reunindo e tendo suas desavenças desfeitas por meio de importantes negociações territoriais e Leopoldina tentava matar as saudades de sua irmã predileta[204], um brigue suspeito, pintado

---

que deve ser culpado pelo ocorrido nessas audiências, e que o M. de Metternich conduziu a si mesmo até o presente momento com toda a sabedoria e educação características dele, e com toda a propriedade inerente à sua pessoa e maneiras". *Memoir by Frederick von Gentz*, February 12, 1815. *Apud* METTERNICH, Richard. *Memoirs of Prince Metternich, 1773-1815*, vol. I. Nova York: 1881, p. 563.

203. SEALSFIELD, Charles. *Austria as it is. Or Sketches of Continental Courts by an Eyewitness*. Londres: Hurst, Chance and Co., 1828.

204. Desde o casamento de Maria Luísa, Leopoldina só havia visto a irmã uma vez, em julho de 1812, em Praga, enquanto Napoleão e Francisco I se reuniam.

propositadamente nas cores da Inglaterra para não causar desconfiança, levantava âncora em Portoferraio, na ilha de Elba, ao anoitecer. Ia rumo à costa francesa, a duzentos e sessenta quilômetros, na companhia de mais seis barcos. Entre os 1.150 homens a bordo estava nada menos do que um dos maiores estrategistas de que já se teve notícia: Napoleão Bonaparte. Acompanhado de um punhado de fiéis soldados franceses, que faziam a sua guarda pessoal, em 20 de março entrava em Paris, ovacionado. Preparava-se para os seus famosos cem dias de reinado, que poderiam ter sido mais se em seu caminho não tivesse surgido o duque de Wellington (1769-1852). Deixando as tratativas do Congresso, o militar inglês iria ao encontro do exército de Napoleão, que havia invadido a Bélgica.

A estratégia de Napoleão era lutar com um dos aliados de cada vez. Primeiro foi ao encontro dos prussianos em Ligny, derrotando-os. Depois o seu exército se digladiou com o de Wellington em Quatre Bras. Com o "empate" nesta última batalha, o exército anglo-aliado bateu em retirada para a região ao sul do vilarejo de Waterloo, e os franceses foram ao seu encalço.

Lutaram uma das maiores e mais decisivas batalhas da história militar. Foram quase nove horas de combate até que, por debaixo dos sopros de canhões e artilharia, foram ouvidos os gritos: "*Le Garde recule! Sauve qui peut!*" [A guarda recuou! Salve-se quem puder!]. A invencível Guarda Imperial napoleônica havia falhado, e o exército francês entrava em desbaratamento, o que culminaria na sua derrota em 18 de junho de 1815. Estima-se que vinte e seis mil soldados franceses foram mortos ou feridos (em torno de 55% do total de baixas sofridas em apenas um confronto). Com essa derrota devastadora, o corso foi obrigado a partir para a ilha de Santa Helena, o mais isolado possível e com vigia, para que não conseguisse fugir como de Elba. E de fato nunca sairia, por maiores que tivessem sido as tentativas de seu irmão José Bonaparte de resgatá-lo, inclusive se aproveitando de uma revolta no Brasil.

A nova vitória sobre Napoleão fez com que Viena se enchesse de diamantes, pompa, festas, bailes, da música de Beethoven e do fim da censura no teatro com peças de Goethe, Shakespeare, Schiller, Lessing. Era o auge da arte austríaca, transformando Viena na capital cultural da Europa, ainda que para alguns visitantes estivesse atrás somente de Paris:

A imagem da elite austríaca é menos deslumbrante do que a francesa, contudo, mais sólida. Há menos extravagância, menor variedade do que em Paris, mas é infinitamente mais real. É essa firmeza que tem preservado a sua riqueza, mesmo que por séculos, menos afetada pelos últimos desastres, enquanto a nobreza francesa e dos estados alemães estão, no geral, mais ou menos empobrecidos.

Talvez, o empobrecimento estivesse escondido debaixo das joias e diamantes da aristocracia, incrustrados numa capa de empréstimos bancários. O dinheiro era gasto, mas a inflação só engordava, até ser sanada com a criação do Banco Nacional, em 1817 — e que será sustentado pelo Banco Rothschild na crise de 1820-21.

Napoleão Bonaparte não havia somente devastado os campos e vilarejos europeus, havia quebrado economicamente a Áustria e o interior da família Habsburgo.

Um Sobrinho-Neto para Maria Antonieta

Em 1816, para a tristeza de D. Leopoldina, Maria Luísa era enviada a Parma para cair no ostracismo. Não havia lugar para a esposa de Napoleão Bonaparte na Europa marcada pelos ideais da Revolução Francesa. Seu filho, o duque von Reichstadt[205], ficaria com a família Habsburgo. Sem a mãe e em meio as picuinhas da corte vienense, Franz — como ficou conhecido — era constantemente defendido por sua tia Leopoldina, com quem brincava e por quem tinha carinho. Até a sua ida ao Brasil, Leopoldina se preocupava em mandar à irmã informações sobre a saúde do filho e o andamento da sua educação, pois imaginava o sofrimento daquela separação:

> Teu filho visitou-nos ontem, e ele parece muito bem e está adorável; o querido papai teve a bondade de incumbir-me de tomar conta dele, o que faço com muito prazer; no almoço sentou-se ao meu

---

205. Napoleão Francisco Carlos José Bonaparte (1811-1832) recebeu o título de Rei de Roma ao nascer e foi considerado o único herdeiro direito de seu pai, embora nunca tendo sido reconhecido pelos franceses. Aos 7 anos de idade recebeu o título de duque von Reichstadt de seu avô Francisco I, porém não poderia exercer qualquer posição política. Morreu aos 21 anos de idade de tuberculose e sem deixar herdeiros.

lado e o querido papai e eu te garantimos que, sem querer te adular, ele nos divertiu regiamente com os segredos que contou206.

Se por um lado Napoleão era feroz e cortante, por outro, seu filho, o duque de Reichstadt era terno, melancólico e tímido. Em termos de aparência, tinha o semblante e os lábios do pai, e os intensos olhos claros da mãe. Já suas maneiras não eram simples e comuns, como era hábito entre os arquiduques e arquiduquesas, possuindo um ar de nobreza extrema, como se soubesse que ali havia alguém digno de nota, e com a mesma nobreza montava seu cavalo árabe, presente do avô, provando ter os genes de excelente cavaleiro de seu pai[207].

E quanto à própria D. Leopoldina, com quase 20 anos, surgia uma desesperança em conseguir um matrimônio dinástico. Numa tristeza conformista, de quem poderia terminar como diretora da Imperial Coleção de Minerais, comentava: "[...] ontem o querido papai me confortou com a promessa de me nomear a mineralogista da corte, caso eu fique em casa; parece-me que há pouca perspectiva de decisão [sobre casamento], e garanto-te que já me resignei totalmente à vontade divina"[208]. O tom

---

206. Carta à Maria Luísa, de Baden, em 9 de julho de 1816. LEOPOLDINA. *Cartas de uma Imperatriz*. KANN, Bettina e LIMA, Patrícia Souza (org.). São Paulo: Estação Liberdade, 2006, p. 234.

207. Sealsfield relata o seu encontro com o jovem em seu livro sobre a Áustria da seguinte maneira: "De todos os membros da família, o duque de Reichstadt é o que nos faz sentir mais empatia. Parece-me que ele tenta fazer com que esqueçam o mal causado por seu pai. Ele é, de fato, um jovem interessante, belo, com a expressão e os bem formados lábios de seu pai, e os olhos azuis de sua mãe. Não se pode perceber a juventude nascente, com toques de melancolia e introversão, sem sentir uma emoção profunda. Ele não tem aquele jeito tranquilo e simples dos arquiduques, como se em todo lugar que estivessem fosse como estar à vontade em casa. Seu comportamento é mais digno, nobre ao extremo. Em seu corcel árabe, presente de seu avô, ele cavalga com nobreza, o que leva a crer que será um excelente cavaleiro, tal como seu pai o foi. Como possui uma grande fortuna, seu destino irá depender de seus talentos e inclinações". SEALSFIELD, Charles. *Austria as it is. Or Sketches of Continental Courts by an Eyewitness*. Londres: Hurst, Chance and Co., 1828, p. 141-143).

208. Carta de Schönbrunn, de 22 de junho de 1816. LEOPOLDINA. *Cartas de uma Imperatriz*. KANN, Bettina e LIMA, Patrícia Souza (org.). São Paulo: Estação Liberdade, 2006, p. 230.

era melancólico, por mais tentadora que fosse a proposta. Um prêmio de consolação, poderia pensar à época em que ser mulher era ter apenas um papel: esposa e mãe. Para quem gostava tanto de estudar minerais[209], era importante, ainda que não o ideal. Por mais que D. Leopoldina gostasse de ficar no gabinete de minerais, ela sabia que, como todas as arquiduquesas antes e depois dela, havia apenas uma meta: um casamento dinástico. Ou seja, fortalecer as alianças políticas, territoriais e dinásticas. Não conseguir isso era falhar.

Haviam-se passado sete anos desde o casamento de sua irmã mais velha, que se mudara para Parma depois do Congresso de Viena. E há poucos meses, D. Leopoldina fugira por pouco de um enlace com o príncipe Leopoldo de Salerno (1790-1851), irmão de sua mãe. O tio acabara optando por se casar com sua irmã, um ano mais nova, Maria Clementina (1798-1881). Seu próprio pai também se casava, pela quarta vez, com a também já viúva Carolina Augusta da Baviera (1792-1873). Diante de tantos casamentos, estando na idade propícia, não conseguir um enlace seria desastroso para ela mesma. E qualquer aceno de interesse era um alívio. "Graças a Deus espero não me tornar mais a mineralogista da corte e que o destino de todas as mulheres seja também o meu e que também encontre um esposo [...]"[210].

Nos bastidores, o pai decidia seu futuro, negociando com o príncipe da Saxônia, Frederico Augusto (1797-1854)[211]. Chegou-se aos ouvidos da jovem que não faria o tipo do príncipe, o que a teria deixado intranquila. D. Leopoldina não se achava bonita e sabia que era preciso se esforçar para manter a conversa com alguém, preferindo ficar sentada e calada apenas escutando os outros. Enquanto isso, surgia uma outra possibilidade, a ida

---

209. Veremos sobre isso mais adiante no subcapítulo "Bela Inteligência".
210. Carta à Maria Luísa, em Schönbrunn, de 2 de agosto de 1816 (*Ibid.*, p. 239). Em uma carta anterior à Maria Luísa, de Baden, em 9 de julho de 1816, comenta com algum ímpeto: "Acho que as perspectivas quanto à minha definição são favoráveis, porque o querido papai há pouco disse: 'Não acredito que a Leopoldina ainda esteja aqui no próximo inverno', mas pelo amor de Deus, não reveles que te confiei isso, pois o querido papai não quer que ninguém saiba" (*Ibid.*, p. 234).
211. Frederico Augusto acabaria se casando com outra irmã de Leopoldina, Maria Carolina (1801-1832) em setembro de 1819, em Dresden. Não tiveram descendentes.

ao Brasil por meio de Rodrigo Navarro de Andrade[212]. Portugal queria unir a Casa de Bragança com os Habsburgo por meio do príncipe D. Pedro e da princesa D. Isabel Maria — que era oferecida ao arquiduque e herdeiro da coroa Ferdinando. A proposta envolvendo o arquiduque não era viável, segundo Metternich, já quanto a D. Pedro, era tentadora, ainda mais em se tratando de D. Leopoldina.

Em comparação à Saxônia, que havia surgido em 1806 com o desmantelamento do Sacro Império Romano-Germânico e com o apoio da França, Portugal era um negócio mais atrativo não só por sua riqueza e domínios além-mar, como também uma garantia à segurança interna contra movimentos constitucionalistas e externa contra os mandos e desmandos da Inglaterra. E se o fator distância poderia ser um óbice, foi rapidamente derrubado com a informação de que, a princípio, a ideia era que D. Leopoldina deveria apenas ficar dois anos em terras brasileiras, tempo em que se daria o retorno dos Bragança a Portugal. O fato da moça também não se importar fez seu pai tomar a decisão a favor.

Como o bem articulado diplomata que era, o marquês de Marialva[213] fez questão de pintar o Brasil e a família real da melhor maneira possível. Com paciência esclareceu quaisquer dúvidas e atiçou ainda mais a curiosidade a respeito do príncipe, em particular quanto aos seus gostos e beleza. Ostentação também fez parte das tratativas, como o retrato do príncipe emoldurado com imensos brilhantes, porém, o que chamara a atenção da arquiduquesa foram os traços do príncipe da Beira: "O retrato do príncipe quase me enlouquece [...] é tão bonito como Adônis"[214].

Era agora uma questão de D. Leopoldina preparar o enxoval e estudar mais sobre o Brasil e o português enquanto o contrato era acordado.

Como qualquer contrato de negócios, foram diversas reuniões entre as partes até que o pacto nupcial fosse concluído com doze artigos, anexos

---

212. Rodrigo Navarro de Andrade (1765-1839), o Barão de Vila Seca, era ministro plenipotenciário em Viena no ano de 1817. Diplomata experiente, trabalhou como encarregado de Negócios Estrangeiros em São Petersburgo e na Sardenha.
213. Pedro José Joaquim Vito de Menezes Coutinho (1775-1823) era diplomata e, como embaixador especial em Viena, assinou o tratado de casamento.
214. Carta de 15 de abril de 1817. LEOPOLDINA. *Cartas de uma Imperatriz*. KANN, Bettina e LIMA, Patrícia Souza (org.). São Paulo: Estação Liberdade, 2006, p. 284.

e ainda a negociação do dote, que era volumosa e obrigaria a existência de um "contradote" ofertado por D. João VI. Como o rei de Portugal não tinha no momento os valores estipulados, foi colocada uma cláusula que poderia ser considerada humilhante: para garantir o contrato, seriam hipotecadas as entradas públicas e propriedades da coroa — listadas num documento anexo ao pacto[215]. Enviado ao Brasil, foi assinado pelo

---

215. "Dom João, por graça de Deus, rei do Reino Unido de Portugal e do Brasil e Algarves, d'aquém e d'além mar em África, senhor de Guiné e da conquista, navegação e comércio da Etiópia, Arábia, Pérsia e da Índia. Faço saber aos que esta minha carta de hipoteca virem. Que nos artigos quarto e oitavo do Tratado ajustado concluído e assinado na corte de Viena aos vinte e nove de mês de novembro do ano de mil oitocentos e dezesseis para os augustos desposórios do príncipe real dom Pedro, meu muito amado e prezado filho, com a sereníssima arquiduquesa da Áustria Carolina Josefa Leopoldina, filha do muito alto e muito poderoso imperador de Áustria, rei de Hungria e de Boêmia, meu bom irmão e primo, pelos ministros para este efeito nomeados de ambas as partes, se convencionou que as somas nos sobreditos artigos especificados de duzentos mil florins do Reno assinados a sereníssima arquiduquesa em dote, pelo seu augusto pai e a de igual quantia por mim estipulada a título de contradote, fazendo ambas as parcelas quatrocentos mil florins do Reno e bem assim a de oitenta mil florins do Reno anuais em se constituíram as arras, tendo por hipoteca geral a totalidade das rendas deste Reino Unido de Portugal e do Brasil e Algarves e especial àqueles bens da minha coroa, que eu fosse servido designar para segurança do dito dote, contradote e arras: e atendendo a que os bens da Casa de Bragança por pertencerem diretamente aos príncipes primogênitos e sucessores deste Reino Unido, além de serem mui suficientes pelo seu grande rendimento, são os mais próprios para neles se constituir a especial hipoteca que naqueles artigos foi estipulada em nome do príncipe real futuro esposo: hei por bem como administrador da pessoa e bens do sobredito meu muito amado e prezado filho, dom Pedro, príncipe real do Reino Unido de Portugal e do Brasil e Algarves e duque de Bragança, que as rendas da mesma Casa de Bragança fiquem de agora em diante especialmente obrigadas hipotecadas pela melhor forma de direito, para segurança e satisfação daquelas somas em que se ajustaram o dote, contradote e arras na forma declarada nos mesmos artigos quarto e oitavo do mencionado contrato matrimonial. Pelo que mando a todos os tribunais deste Reino Unido de Portugal e do Brasil e Algarves, à Junta do Estado e Casa de Bragança, ministros e mais pessoas a quem possa pertencer o conhecimento desta minha carta, que por firmeza de tudo o que dito e mandei passar duas do mesmo teor, ambas por mim assinadas e seladas com o selo pendente das minhas armas, para ser uma remetida para a corte de Viena e ficar outra depositada no arquivo da secretaria do Estado e Casa de Bragança a cumpram e guardem e façam inteiramente cumprir e guardar sem dúvida alguma não obstantes quaisquer leis, decretos, constituições, usos e costumes em contrário, os quais sou servido derrogar para este efeito somente como se de qualquer deles fizesse expressa e especial menção. E valerá como se fosse passada pela

rei e pelo príncipe, e foi pedida a dispensa papal, uma vez que Pedro e Leopoldina eram aparentados. Ambos eram bisnetos do rei Carlos III da Espanha (1716-1788).

O Brasil entrava no mapa da história. Na Áustria, aquele território desconhecido passava a ser notícia. Artigos sobre o país pipocavam no *Wiener Zeitung*. Relatava-se em minúcias o espetáculo que Marialva causara em sua chegada a Viena, com o intuito de chamar a atenção para as riquezas de Portugal e do Brasil. D. João VI queria ostentar, fazer com que todos notassem o esplendor que Portugal vivia nas Américas, que havia feito a aposta acertada ao deixar o território europeu. Foi permitido que o embaixador levasse diamantes, ouro, além de um crédito de dez mil libras para serem gastas com luxo. Marialva instalou-se num palacete na praça Minoritas, no primeiro distrito, não muito distante do palácio Hofburg, e com mais de cinquenta criados em ricas librés para servi-lo. Era o local ideal para os imensos banquetes e festas que dava para encantar a nobreza vienense.

Se na carta do embaixador francês falava-se da suntuosidade dos festejos do casamento de Napoleão Bonaparte em Viena, o rei português não ficaria atrás ao proporcionar uma série de festas em que a pompa era tão ou maior do que a circunstância. Aquele casamento era a chance de Portugal mostrar que a família real havia feito a escolha perfeita ao ir para o Brasil, tornando-se os monarcas mais ricos da Europa — ou assim parecendo ser. Diante da esfarrapada Europa, que tentava se reerguer de anos de guerra, Portugal se exibia com pedras preciosas dos tamanhos de olhos arregalados, presentes dos mais caros como louças, joias, ouro e condecorações a todos que haviam ajudado no enlace.

À medida que se aproximava o casamento por procuração, maior era o nervosismo de D. Leopoldina. Não havia arrependimento. Estava certa de cumprir o seu dever, mas havia ansiedade em poder logo encontrar o futuro marido. "[...] estarei na situação esquisita, extremamente

---

chancelaria, posto que por ela não há de passar sem embargo da ordenação em contrário. Dado no palácio do Rio de Janeiro aos sete dias do mês de abril do ano do nascimento do nosso senhor Jesus Cristo de mil oitocentos e dezessete. El-Rei" (Documento original. Disponível em: <http://historiacolonial.arquivonacional.gov.br/index.php?option=-com_content&view=article&id=3514:casamento-de-d-pedro&catid=139&Itemid=283>. Acesso em: 1 de outubro de 2021).

desagradável, de ser uma esposa sem marido, e isso é estranho"[216]. Para ela, o matrimônio não era apenas uma questão diplomática, política ou econômica, era também religiosa e moral. A cada dia que passava, porém, analisava o pequeno retrato de Pedro, e mais apaixonada "a brasileira"[217] se mostrava pela ideia de estar casada com alguém tão fascinante — de acordo com Marialva.

No domingo, 11 de maio de 1817, ao meio-dia e meia, diante de chefes de várias repartições da corte, entre eles ministros, conselheiros e altos dignitários, o arcebispo e o embaixador português, houve o Ato de Renúncia, o mesmo realizado por suas irmãs. Com a mão sobre a Bíblia, renunciava ao direito hereditário à coroa austríaca e a bens que viriam por parte de seus pais. Esse documento, assinado na presença do imperador e com mais de cinquenta testemunhas assinando embaixo — entre elas, Marialva — é o primeiro documento por ela assinado como "Maria Leopoldina", nome que ficaria depois registrado pela história.

Alguns dias depois, no ritmo da despedida, pai e filha são vistos passeando como de costume no Prater. "Não sou capaz de dizer a você, minha boa irmã, quão feliz estava ontem, passeando de coche com o bom papá. Disse tantas coisas paternais e cheias de amor que ainda hoje estou intimamente comovida. Quem não se deve julgar sumamente feliz por possuir um pai desse quilate?[218]". Também foram ao Kärntner Theater, o que também era comum para uma família que amava a música e o teatro. D. Leopoldina, por si só, não se mostrava muito afoita pelas artes dramáticas quando morava em Viena, reclamando delas, mas sentiria falta quando no Brasil, diante das proibições do marido antes da Independência.

---

216. Carta de Viena, de 7 de novembro de 1816. LEOPOLDINA. *Cartas de uma Imperatriz*. KANN, Bettina e LIMA, Patrícia Souza (org.). São Paulo: Estação Liberdade, 2006, p. 255.

217. Maneira como seus irmãos a chamavam depois dos acertos nupciais.

218. Carta à Maria Luísa. *Apud* BRAGANÇA, Carlos Tasso de Saxe-Coburgo. "A Imperatriz Dona Leopoldina – Sua Presença nos Jornais de Viena e a Sua Renúncia à Coroa Imperial da Áustria". *Instituto Histórico de Petrópolis*, 12 de fevereiro de 2008. Disponível em: <http://ihp.org.br/?p=5413>. Acesso em: 1 de outubro de 2021.

A cerimônia de casamento por procuração ocorreu apenas em 13 de maio de 1817, com a presença de todos os membros da corte e em grande gala. O arquiduque Carlos (1771-1847), tio da noiva, foi o procurador do noivo na ocasião, mesma função solene que teve no casamento da jovem Maria Luísa ao representar Napoleão Bonaparte. Um imenso cortejo seguiu pelo palácio Hofburg até a Igreja de Santo Agostinho (1327), dentro do complexo palaciano, reformada em estilo gótico no século XVII. O longo cortejo começava com os dignitários, depois os irmãos do imperador juntamente com os arquiduques e arquiduquesas, a arquiduquesa d'Este e o arquiduque herdeiro Ferdinando. O arquiduque Carlos, representante de D. Pedro, vinha ao lado do embaixador de Portugal. Seguia os capitães da guarda imperial ladeando o imperador e, por fim, a imperatriz acompanhando D. Leopoldina pela mão, com um vestido enfeitado de brilhantes tal qual a sua tiara e o retrato de Pedro preso ao peito. Recebidos pelo príncipe arcebispo e os dignitários eclesiásticos na porta da igreja, seguiram para o altar-mor, onde seria celebrado o casamento. Ao final, o cortejo rumou ao palácio, onde começaram os cumprimentos e o banquete ao som da orquestra da corte.

Apesar de considerar um dos dias mais bonitos de sua vida, foi cansativo a ponto de Leopoldina escrever à irmã, que não pôde estar presente: "[…] a cerimônia de ontem me fatigou demais, porque usei um vestido terrivelmente pesado e (um) adorno na cabeça, porém o bom Deus me deu a força espiritual suficiente para suportar com firmeza todo aquele comovente ato sagrado"[219]. A cerimônia relatada pelos jornais falava da pompa e da sorte de quem estaria se casando com D. Leopoldina[220], mesmo sentimento que o pai tinha graças à educação que sabia haver dado a ela: "[…] estou bem certo de que minha filha fará tudo que pode para lhe agradar, posso me gabar, e você também poderá contribuir para a sua felicidade ao seu lado. A partir de agora me tenha como um bom pai […]"[221].

---

219. Carta de 14 de maio de 1817. (*Ibid.*)

220. "Inveja não se deve ter dos reis ou príncipes, mas somente do homem que se casou com Leopoldina" (*Allgemeine Zeitung*, 22 de maio de 1817. *Ibid.*).

221. Carta de Francisco I a D. Pedro, documento no Arquivo Nacional de Viena, coleção de Casamentos Imperiais (*Ibid.*).

O grande baile seria dado alguns dias depois, oferecido por D. João VI e organizado por Marialva nos caminhos floridos do parque Augarten, "lugar de recreação dedicado a todos"[222]. Como o baile teve que ser adiado por seis dias por indisposição da noiva, e a comida iria estragar, Marialva a enviou aos hospitais e aos pobres de Saint Marx. O adiamento também atrasou a ida para Livorno, de onde sairia a comitiva rumo ao Brasil. Para aumentar o azar do embaixador português, chovia muito, o que dificultava os preparativos da festa no domingo, 1º de junho[223]. Havia sido contratado o arquiteto Carl Moreau, membro da Academia de Belas Artes, para planejar desde a recepção dos convidados até os salões principais do pavilhão que abrigariam a dança e o banquete, iluminados por milhares de lâmpadas sobre um fundo dourado, permitindo que resplandecessem ainda mais. O brasão entrelaçado dos noivos estava por todo lugar, assim como a decoração de flores exóticas aos olhos vienenses — possivelmente, oriundas do Brasil. Criados serviam os convidados distribuídos por mesas dispostas em quatro ambientes. Afastados numa sala própria, toda decorada em dourado e como uma tenda em seda branca, ficava a família imperial.

O mais impactante, porém, era o salão de baile de dimensões nababescas, sustentadas por trinta e duas colunas decoradas por flores e espelhos[224], para mais de mil e quinhentas pessoas. Foi erigido numa rotunda em meio aos jardins, atrás do pavilhão, e ladeado por pequenas áreas para descanso, conversa e jogos. Os jardins também iluminados, porém, foram inviabilizados pela forte chuva que desabou sobre a festa. O que não prejudicou a abertura do baile, com D. Leopoldina dançando a *polonaise* com o marquês de Marialva. Em se tratando dela, deveria ter ficado extremamente nervosa. Não gostava nem de dançar e nem de

---

222. A inscrição sobre o portão principal do parque é: "*Allen Menschen gewidmeter Erlustigungs-Ort von Ihrem Schaetzer*" [Um lugar de recreação dedicado a todos por seu Admirado], o termo "admirado" se refere ao monarca.

223. Informações retiradas do *Österreichischer Beobachter*, nº 180, de 12 de junho de 1817 (*Ibid.*).

224. Todo o material usado, que ficou em exposição por alguns dias para os curiosos, foi vendido e o dinheiro revertido à caridade (doc. 38 de 1817, Zeremonialprotokol. *Ibid.*).

ser o centro das atenções, o que a fazia suar. Esta seria a sua grande luta interna quando no Brasil. Como regente, ela seria o centro das atenções num momento delicado como o da Independência, tendo que lidar diretamente com homens mais velhos e mais experientes, desacostumados com uma voz feminina reinante. Seu desconforto pode ser mais bem compreendido quando temos como base os ensinamentos da avó materna de Leopoldina, a rainha Maria Carolina das Duas Sicílias (1777-1830), que seriam usados na educação das arquiduquesas de Áustria para que elas não reclamassem as escolhas maritais:

> Estou convencida de que para a verdadeira felicidade de nossos filhos é preciso afastá-los do mundo [...]. Penso que devemos tratar as nossas princesas severamente e sem nenhum contato com homens de modo que não possam fazer comparações, achando, portanto, amáveis e unindo-se àqueles que Deus lhes terá reservado.

Deus reservaria muito mais a ela do que um marido. Porém, naquele 1817, por enquanto ela somente dançava madrugada adentro no seu baile de casamento, à espera de zarpar para o Novo Mundo.

O Co-Cunhado de Napoleão

"Ele me ama muito. Eu respondo ao seu amor sinceramente. Há algo muito atraente e ansioso sobre ele que é impossível resistir"[225]. Estas palavras, enviadas numa carta ao imperador Francisco I não eram de D. Leopoldina sobre D. Pedro. Eram de Maria Luísa e se referiam a Napoleão Bonaparte, o casamento político cuja sombra de arrependimento marcava a experiência política e, sobretudo, de pai de Francisco I. O inesperado aqui não é um soberano se arrepender de uma jogada política, é para quem imagina que os casamentos por conveniência poderiam não possuir nenhum elo de afeição, por mínimo que fosse. E seria esse elo, forjado em grande parte por princípios morais ensinados aos pequenos

---

225. MARIE LOUISE. *Correspondance de Marie Louise, 1799-1847*. Vienna: Charles Gerold Fils Èditeurs, 1887.

Habsburgo, que faria a diferença na nossa Independência, mas não vamos nos adiantar.

É melhor antes entender que, diferente do que se poderia pensar, D. Pedro não estava se casando "acima" com uma dinastia e uma nação em condições muito melhores do que os Bragança ou o império português. A Áustria tinha um lugar de prestígio na Europa desde o Congresso de Viena, mas estava quebrada economicamente e com seu império esfacelado, enquanto Portugal prosperava e crescia com a mudança da sede para as Américas. Porém, a dúvida restava. Francisco I estaria fazendo outra escolha errada ao casar sua filha com alguém que estava tão distante? Um passo mal-dado e D. Leopoldina poderia ser, assim como Maria Luísa, execrada politicamente[226].

Não havia sido uma decisão tomada com tranquilidade e, muito menos, leviandade. Era tão importante que a própria Maria Luísa alertara a irmã quanto à escolha do seu futuro marido. Ela havia experimentado na pele uma má decisão, mas como havia sido criada para ser obediente às vontades paternas, não havia escapatória senão aceitar que agora era malvista pelo resto do mundo.

D. Leopoldina, assim como a irmã antes dela, aceitaria a proposta de Portugal. Considerava ser aquele o desejo de seu pai e soberano. E o faria sem questionar. Era este o seu dever monárquico:

> Quanto a mim, podes ficar certa de que estou feliz, porque tenho a consciência de ter obedecido a meu pai e de talvez ser útil à minha amada pátria; além disso, diz-se que todo o lado masculino da

---

226. Por questões políticas e para não criar impasses com Portugal, proibiram Leopoldina de ver a irmã em Parma, o que a deixava injuriada. Por fim, ela conseguiu convencer o pai de ter a irmã em sua partida ao Brasil, o que parece não ter prejudicado ou ferido as relações diplomáticas com D. João VI que, segundo Marialva, não via problemas neste encontro. Esse apoio seria repassado à Maria Luísa diversas vezes nas cartas vindas do Brasil, nas quais Leopoldina enfatizava que a família Bragança não tinha nada contra Maria Luísa, e até gostavam dela e se solidarizavam com a sua condição de "exilada": "[...] além disso, durante o Congresso ele mandou que seus ministros te apoiassem muito e te garanto que Marialva sempre fala de ti com o maior respeito [...]" (Carta de Viena, de 26 de novembro de 1816. LEOPOLDINA. *Cartas de uma Imperatriz*. KANN, Bettina e LIMA, Patrícia Souza (org.). São Paulo: Estação Liberdade, 2006, p. 262).

família [Bragança] é digno de estima, e como esposa certamente cumprirei com prazer todas as minhas obrigações, para honrar-te, minha caríssima, que me conduziste até hoje tão adequadamente com teus bons conselhos e ensinamentos [...]"[227].

O público e o privado se confundem quando se trata de monarquias. E o encargo aumenta quando isso deve ser selado como um acordo nupcial que influenciará guerras ou alianças comerciais. Por mais que não tivesse uma preparação como estadista, D. Leopoldina tinha consciência dessa importância político-econômica de tanto ver e assimilar durante a sua vivência na corte vienense: "[...] sou feliz, faço a vontade de meu amado pai, e posso ao mesmo tempo contribuir para o futuro de minha amada pátria, com as oportunidades que surgirão de novos contratos comerciais [...]"[228].

Não havia engano. Ela sabia, como sua irmã também: não eram casamentos por amor. Porém, ao presenciar o carinho e companheirismo de seu pai e sua mãe, e dele com as outras esposas, Leopoldina começou a criar as esperanças de que isso também era possível para si desde que se dedicasse a amar o esposo. Talvez estivesse influenciada pelas obras românticas que começavam a se espalhar pelas livrarias europeias, nas bibliotecas particulares, e nas mãos das jovens e ávidas leitoras. Apesar de ter um gosto muito próprio por novelas de caráter moral e educativo, Leopoldina não poderia não romantizar a sua própria situação e o fascínio que era atravessar mares ao encontro de um prometido esposo — "o desejo de ver meu futuro esposo me deixa terrivelmente impaciente"[229]. Alguém exótico, diferente dos que conheceu no Congresso de Viena, ou que teve que conviver em encontros diplomáticos. Um mistério que aos poucos ia sendo desvelado por meio das conversas com Marialva, que o pintava como um jovem culto, educado, compreensivo e amado pelo povo. A cada encontro com Marialva, ou com algum português, mais próxima de D. Pedro e do Brasil ela ia se sentindo:

---

227. Carta de Viena, de 7 de novembro de 1816 (*Ibid.*, p. 255).
228. Carta de Viena, de 26 de novembro de 1816 (*Ibid.*, p. 262).
229. Anotação na carta de Leopoldina para Maria Luísa em Viena, 8 de novembro de 1816 (*Ibid.*, p. 256).

> Se estar apaixonada significa não ter outra coisa na cabeça a não ser o Brasil e dom Pedro, então estou; mas se o retrato chegar e corresponder exatamente à descrição que fizeram dele, então ficarei com meu entusiasmo, que me faz sentir tudo mais intensamente do que as outras pessoas[230].

E não foi sem decepção que Leopoldina recebeu de presente o tal medalhão com a pintura de D. Pedro emoldurada por diamantes. O príncipe Metternich chegou a comentar que "só nas fabulosas crônicas orientais é que se poderia encontrar a descrição de algum objeto análogo que lhe fosse comparável"[231]. Pelo retrato que se tem de D. Leopoldina, já casada com D. Pedro, podemos ter uma ideia do que era o medalhão, símbolo da riqueza brasileira.

Quanto à própria figura de D. Pedro, num primeiro momento, Leopoldina buscava qualidades: "Acabo de receber o retrato de meu mui amado Dom Pedro, não é excepcionalmente bonito, mas tem olhos maravilhosos e um belo nariz, mas seus lábios são ainda mais grossos que os meus; os brilhantes da moldura do retrato são do tamanho do solitário que papai tem em seu chapéu da Toscana [...]"[232]. Alguns dias depois, em uma carta à sua tia Maria Amélia, descreve o retrato de alguém agradável, bondoso e bem-humorado[233], o que confirmaria as suas expectativas — criadas por Marialva. A espera misturada ao senso de dever e ao romantismo pode ser mais bem notada quando, mais alguns dias apreciando o medalhão, Leopoldina escreve à irmã:

> [...] o retrato do príncipe está me deixando meio transtornada, é tão lindo como um Adônis; imagina uma bela e ampla fronte grega, sombreada por cachos castanhos, dois lindos e brilhantes olhos

---

230. Viena, 14 de dezembro de 1816 (*Ibid.*, p. 266).
231. METTERNICH, Richard. *Memoirs of Prince Metternich*, vol. III. Londres: Richard Bentley & Son, 1880.
232. Carta de Viena, de 9 de abril de 1817. LEOPOLDINA. *Cartas de uma Imperatriz*. KANN, Bettina e LIMA, Patrícia Souza (org.). São Paulo: Estação Liberdade, 2006, p. 282.
233. "[...] minha impressão é de que ele é agradável, e sua fisionomia exprime muita bondade e bom humor; além disso, todo mundo garante que é muito amado pelo povo e bastante aplicado [...]" (Carta de Viena, 12 de abril de 1817, *Ibid.*, p. 282).

negros, um fino nariz aquilino e uma boca sorridente; ele todo atrai e tem a expressão *eu te amo e quero te ver feliz*; asseguro-te, já estou completamente apaixonada; o que será de mim quando vir o príncipe todos os dias?[234]

As emoções que foi alimentando, os sonhos românticos que foi construindo e que aparecem nas cartas, foram incentivando seus estudos de português e suas leituras sobre o Brasil. Era uma maneira de estar mais próxima ao seu futuro, e de entender um lugar que era tão fantástico como o Eldorado. E da mesma forma que ia se apaixonando pela perspectiva de quem seria D. Pedro, enamorava-se pelo país antes mesmo de chegar:

> [...] acabei de ler uma esplêndida descrição, de 1810, daquele país realmente magnífico [...] a Baronesa Honenegg leu-a comigo e exclamou *esplêndido! magnífico!* incessantemente e repetia *oh! se pudesse ir junto*; eu teria uma grande comitiva se quisesse, pois todos querem ir ao Brasil[235].

Havia aqueles que não achavam uma boa ideia que estivesse aceito esse enlace, diminuindo-o aos olhos da jovem e tendo que enfrentar a sua injúria. "Tia Palatinus chegou ontem; agora gosto menos dela, porque fez comentários irônicos sobre meu destino no Brasil; acho que deveria ser mais tolerante e amigável"[236]. Havia uma indiferença à tia que ela não podia aceitar na irmã. Tentava convencer a Maria Luísa que sua decisão era acertada e que o Brasil era o seu lugar:

> Minha boa e velha irmã, concordo contigo que é uma grande decisão, mas está tomada e, se pudesse me ver agora em meu quarto, dirias que tenho razão; o Brasil é um país magnífico e ameno, terra abençoada que tem habitantes honestos e bondoso; além disso

---

234. Viena, 15 de abril de 1817 (*Ibid.*, p. 284).
235. Viena, 4 de outubro de 1816 (*Ibid.*, p. 250). Sabe-se que 24 damas de companhia se ofereceram ir com a comitiva, assim como 12 camaristas e 4 pajens. Muitos desses voltariam anos depois, por problemas com os pagamentos e com a corte portuguesa, o que deixaria D. Leopoldina ainda mais sozinha e isolada.
236. Viena, 8 de novembro de 1816 (*Ibid.*, p. 256).

louva-se toda a família, têm muito senso e nobres qualidades; logo a Europa estará insuportável e daqui a dois anos posso viver aqui novamente, mas esteja convicta de que meu maior empenho será corresponder à confiança que toda a família e meu futuro esposo em mim depositam, através do meu amor por ele e meu comportamento [...]"[237].

A preocupação de seu pai com a empolgação da jovem, que antes se via sem expectativas maritais e que agora estava rumando para um país exótico para ficar ao lado de um príncipe considerado digno, também era a da sua irmã. Maria Luísa procurava aconselhar Leopoldina a não achar que tudo seria às mil maravilhas como contavam. Por conhecer os jogos de poder envolvendo casamentos, e percebendo Leopoldina como alguém que poderia facilmente se ferir, alertava-a. Se viessem da boca de Marialva, deveria ainda mais desconfiar. Assim como Metternich na época de Napoleão, ele previa um ganho político e não amoroso. Leopoldina, por outro lado, dizia garantir-se e ter em mente a "[...] certeza de que, embora cada ser humano tenha seus defeitos, também tem qualidades boas e magníficas e os habitantes daquele país ainda são, graças a Deus, os menos corrompidos [...]"[238]. Não havia como não se preocupar com as ilusões que ela estava causando a si mesma e que eram atiçadas pelo embaixador e quem mais pudesse falar sobre o país e a família real. A jovem arquiduquesa chegara a estudar botânica porque lhe falaram que o príncipe era interessado no assunto e ela não queria falhar de maneira alguma.

Se a apreensão do imperador austríaco era a de ter feito uma má escolha, se a apreensão da duquesa de Parma era com as ilusões que D. Leopoldina estava criando para si mesma, apenas a preocupação dela em não estar à altura dos Bragança parecia se aproximar da que tinha Metternich. Porém, o que era "estar à altura dos Bragança" para D. Leopoldina não era o mesmo para o primeiro-ministro. Como todo pragmático, tinha um olhar aguçado para conjunturas políticas. Ele escreveu à esposa sobre a educação da jovem e o que poderia vir a ser um problema futuro:

---

237. Viena, 4 de outubro de 1816 (*Ibid.*, p. 249).
238. Viena, 21 de outubro de 1816 (*Ibid.*, p. 251).

Não posso parabenizar o imperador pela educação da arquiduquesa agora a mim confiada. Nunca vi criança tão mimada e desajuizada. Tem entre outras coisas uma camareira, uma verdadeira megera, que a deixa fazer e dizer todos os absurdos, pois acha que sangue jovem tem que fazer sua vontade. Para te provar o delicado cuidado dessa boa mulher, basta contar-te que recentemente quase bateu no médico porque ele ousara dar a entender à sua alteza que ela não devia comer vinte vezes ao dia para não se destruir[239].

E talvez ele não estivesse tão errado assim. Não se tratava de uma educação intelectual, pois Leopoldina era uma jovem aplicada nos estudos, sobretudo quanto à mineralogia, porém era o seu temperamento o que preocupava, inclusive à sua irmã Maria Luísa, e se tornaria uma questão na sua convivência com D. Pedro, que também o era.

Recatada ou Temperamental

A história nunca escondeu o temperamento forte, passional e impulsivo de D. Pedro I, muitas vezes fazendo dele um tirano, um libertino e um marido cruel. E da mesma forma que a história se reescreve com a descoberta de achados arqueológicos[240] e de arquivos e documentos escondidos, não podemos negar que D. Leopoldina também tinha seu quinhão de temperamento, o que criava uma tensão ainda maior num casamento que não havia sido por amor, mas por questões político-econômicas.

Não se deve ignorar o fato de que D. Leopoldina era uma pessoa de personalidade forte e que tinha uma preocupação constante em controlar

---

239. Metternich em Bagani di Lucca, 28 de julho de 1817 (METTERNICH, Richard. *Memoirs of Prince Metternich*, vol. III. Londres: Richard Bentley & Son, 1880).

240. Os estudos e exames feitos nos corpos de D. Leopoldina e D. Pedro I por Valdirene do Carmo Ambiel foram muito importantes para desmentir mitos e narrativas políticas que foram crescendo em torno das imagens de ambos. Uma das mais famosas é a de que D. Pedro I teria empurrado a esposa de uma escada e ela não somente teria quebrado a perna como abortado o filho que esperava, o que levara à morte. Pelo que constam os exames, nada indica que ela tenha quebrado qualquer osso e as causas de sua morte são debatidas no livro *O Novo Grito do Ipiranga*, da autora.

o próprio temperamento. Ela mesma menciona isso em diversas cartas à irmã e ao pai. Se avaliarmos o ambiente em que havia sido criada, não se poderia esperar outra coisa de alguém que teve tudo entregue nas mãos conforme sua vontade, quando jovem. Assim como D. Pedro, ela era fruto de seu meio. Não há como negar que uma criação de uma arquiduquesa da Áustria não gerasse uma pessoa autocentrada. Ser o centro das atenções e ter as vontades atendidas faziam parte da sua construção como "corpo real", o que foi muito bem personificado em Luís XIV (1638-1715), o Rei Sol, ao redor do qual todos os outros integrantes da corte giravam. No Brasil, o maior exemplo utilizado é a própria sogra de D. Leopoldina, Carlota Joaquina, infanta de Espanha, cuja má fama à época era tamanha, que a própria arquiduquesa menciona os comentários a seu respeito ainda quando estava na Áustria:

> [...] na opinião geral, não apenas dos portugueses, mas de todos os viajantes, o príncipe tem muito senso, bom coração e amor por seus pais. Mas a única coisa que temo é minha futura senhora sogrinha, que, segundo o querido papai, dizem ser desleixada, intrigante; porém o rei é, ao que parece, um excelente soberano, que mantém as rédeas e os filhos afastados dela o máximo possível [...][241].

Nos primeiros meses de chegada, os relatos de D. Leopoldina são de paciência, carinho, admiração, sobretudo no que se refere a D. João VI. Havia nele algo do pai. A maneira de escutar a todos antes de tomar uma decisão e agir, a paciência em receber e escutar os súditos nas audiências do beija-mão, a centralização de cada resolução ou burocracia.

Após esse início em que tudo era novidade e beleza, foi se deprimindo diante da solidão que se instalava na Quinta da Boa Vista, com a crueza da convivência com pessoas com quem não tinha afinidade nenhuma e com os mexericos da corte portuguesa. No mundo idílico de D. Leopoldina, cuja infância era perfeita, não havia as tensões entre os cortesões e familiares. Todos se dariam muito bem. Munida de sua

---

241. Carta de Viena, de 26 de novembro de 1816. LEOPOLDINA. *Cartas de uma Imperatriz*. KANN, Bettina e LIMA, Patrícia Souza (org.). São Paulo: Estação Liberdade, 2006, p. 262.

própria inexperiência perante a vida, foi uma grande decepção ter de estar com pessoas que lhe eram totalmente estranhas e oriundas de uma cultura que não estava nas páginas dos livros. Antes de casar-se, ainda na Europa, havia lido livros sobre a história do Brasil e de Portugal, trazidos pelo marquês de Marialva, e durante o seu preparo, esteve em contato com diplomatas e portugueses que viviam em Viena. Isso lhe causara a impressão do que iria encontrar em terras brasileiras, ou seja, pessoas com educação francesa: "Estou certa de que a nobreza será linda e agradável; graças a Deus, a nobreza e os costumes da corte portuguesa são como em Paris, prefiro algo mais leve e agradável ao aborrecido e formal"[242].

Ledo engano. Seriam, segundo ela, todos tolos. E ver que tanto D. Pedro quanto outros iam se envolvendo com pessoas rudes ou de caráter duvidoso a irritava. D. Leopoldina abominava pessoas que gostavam se chamar a atenção da pior forma em busca de projeção ou de benefícios. Esse aspecto fazia parte da sua personalidade, algo que trazia desde a época em que pessoas tentavam prejudicar a reputação de sua irmã. "[...] assim são as coisas: as pessoas rudes e tolas são sempre mais valorizadas e as quietas e sensatas sempre as últimas"[243].

Ela estava mais inclinada à máxima: "Bem-aventurados os mansos, porque herdarão a Terra" (Mt 5, 5). Sua criação, enraizada na Igreja Católica, igualmente a levaria a reclamar quanto ao excesso de sensualidade presente na corte. Ao assistir uma apresentação de lundu, conta que ficara "suando"[244], morrendo de vergonha por considerar indecente. Tanto esse suor de nervoso, quanto à sua aparência mais despreocupada e sua falta de atenção com o sobrepeso seriam usados contra ela na corte, e alguns contemporâneos partiriam disso para explicar o romance entre D. Pedro e Domitila de Castro (1797-1867).

---

242. Viena, 29 de dezembro de 1816 (*Ibid.*, p. 270).

243. Carta à Maria Luísa de Schönbrunn, 24 de setembro de 1816. (*Ibid.*, p. 247)

244. O suor de estresse era causado não só em momentos de timidez, mas também nos de apreensão e excesso de recato, como na vez em que foi ao teatro com o pai. "O teatro anteontem foi horrível; nunca ouvi algo tão indecente; admira-me que o querido papai tenha achado tão bonito que o cavaleiro salteador queira levar a mulher de um outro a se casar com ele da maneira mais imoral; eu suava tanto de vergonha e calor como se estivesse mergulhada em água", de Baden, 25 de julho de 1816 (*Ibid.*, p. 237).

Sem conseguir ter e nem manter o respeito, causando diversos desconfortos, D. Leopoldina se isolava ainda mais. Nem mesmo com as mulheres da família real conseguia aceitar, horrorizada que suas cunhadas mais jovens e solteiras sabiam de coisas que somente eram de conhecimento das mulheres casadas[245]. Para ela, era prova de que D. Carlota Joaquina era tudo o que diziam: uma devassa que deixava a educação das filhas ao léu.

Se por um lado afastava-se da sogra e da corte, pelo outro estava em lua-de-mel com o país — comparado à Suíça, que ela não conhecia, mas entendia como um elogio. Misturada à paixão pela natureza, preferia cada vez mais passear pelas matas em vez de se juntar às pessoas as quais repugnava. Coletava material, catalogava, empalhava e embalsamava os animais. Caminhava, passeava e caçava acompanhada das camareiras — nunca ia sozinha, ainda que na companhia de padre ou criado — ou, muitas vezes, na companhia de D. Pedro. Era comum saírem pela manhã e, novamente, no final do dia, após a sesta dele. Seu cotidiano era ler ciências naturais, história, literatura. Gostava de escrever, desenhar e pintar aquarelas. E adorava fazer música com o esposo, mas ainda assim sentia-se sozinha sem a família por perto.

Tampouco podia andar pelas ruas do Rio de Janeiro, reservadas ao calor e mosquitos, que tanto detestava, e aos escravos ou libertos. Para se ter uma ideia, no senso em 1821, 45% dos habitantes da capital eram escravos. Ainda que houvesse melhorias urbanas com a abertura de ruas, aterros, estradas e calçamento, não podia ir ao teatro — vivendo um "estilo de vida em que nunca se vai ao teatro"[246] —, nem recebia visitas[247], o que causava "um pouco de desgosto e tédio, por falta de distração".

---

245. D. Leopoldina só foi aprender sobre seus deveres matrimoniais quando já havia sido aceito o pedido de casamento, apesar de ainda não ter sido formalizado. A função coube à nova madrasta: "Ontem à noite estive numa situação desgastante, uma vez que a querida mamãe me apresentou todos os deveres e transtornos do estado civil que em breve iniciarei; suei terrivelmente, mas mantenho-me firme e com satisfação, pois nada há no mundo sem alegrias e penas e estar casada é sempre muito mais agradável, principalmente quando se pode pensar na perspectiva de poder ser útil à querida pátria, pois então suporta-se a distância com alegria […]", de Viena, 21 de novembro de 1816 (*Ibid.*, p. 261).

246. Carta de 11 dezembro de 1817 (*Ibid.*, p. 320).

247. Carta de 20 de janeiro de 1818. (*Ibid.*, p. 324).

Seu isolamento se completaria com a falta de notícias da família. A correspondência demorava cerca de cinco a seis meses para chegar, o que também era difícil para alguém tão apegada aos seus. Com o passar dos anos, com a distância da possibilidade de um retorno à Europa — enterrada no Dia do Fico —, as suas cartas à família começam a se encher de críticas, julgamentos, tristezas, calor, dores de barriga, passeios solitários, problemas de saúde, sobrepeso, infidelidades e, sobretudo, melancolia misturada a revolta. A sua impaciência, que tanto buscava domar, se instalava e gerava brigas com D. Pedro que terminavam com ela chorando nervosa e ele tentando consolá-la.

Para bom entendedor, um ditado popular basta para captar essa relação inicial: dois bicudos não se beijam.

Demoraria algum tempo para que conseguissem se completar e apoiar de uma maneira que mudaria o curso dos fatos no Brasil. E isso seria impossível se D. Leopoldina fosse a 'mosca morta', ou a pobre coitada que a história tentou produzir. Ela era uma arquiduquesa de muita personalidade e, com o tempo, foi aprendendo a lidar com as próprias frustrações, diante das expectativas não cumpridas em solo brasileiro, e com o marido que, como todo homem do seu período, ainda mais sendo da alta nobreza, era temperamental, difícil e detinha voz de comando sobre tudo e todos.

Havia também outro fator complicador: a comunicação entre o casal não era das melhores. Não somente em termos de língua — D. Pedro mal falava francês e D. Leopoldina tinha dificuldades com o português[248] —, mas de barreiras culturais. Cada um havia sido criado numa realidade distinta, com vivências que não eram nem parecidas e que eram dificilmente suplantadas.

A família de D. Leopoldina era, a princípio, bem estruturada em contraposição ao que se falava dos Bragança[249]. Considera-se que os

---

248. Ela começara a aprender a língua logo que surgiu a proposta do casamento em 1816: "Hoje terei minha primeira aula de português, que é muito difícil, principalmente por causa da pronúncia pela garganta e o cecear" (*Ibid.*, p. 252).

249. Havia um ditado em boca pequena sobre os últimos filhos de Carlota Joaquina, "Nem de Pedro, nem de João [eram], mas do João dos Santos da Quinta do Ramalhão". Quem também menciona isso num livro de memórias, lançado em 1837, é a duquesa de Abrantes, Laura Junot (1784-1838), esposa do fracassado general francês que foi retirado

Habsburgo tinham uma base moral mais conservadora, eram bem-educados e altamente sofisticados — motivos que teriam levado Napoleão a se casar com Maria Luísa. Não se pode, porém, achar que os Bragança não tinham uma política conservadora e altamente moral. Basta lembrar de D. Maria I e de D. João VI. Ambos eram bem-educados, apesar de não serem altamente cultos ou sofisticados.

Quando se trata de bons modos, os vienenses talvez sejam o ápice do que era considerado a perfeição. Porém, um fato revelador e que poucas pessoas sabem é que, da mesma forma que D. Leopoldina criticava a corte portuguesa, os cortesãos vienenses criticavam o seu pai ao chegar na corte austríaca. Ainda quando um jovem arquiduque, Francisco havia sido duramente criticado pelo seu tio José II — à época imperador — por ter tido uma educação falha, o que o obrigaria a reeducar o menino mimado e fleumático para que se tornasse um imperador digno do Sacro Império Romano-Germânico: "Esse menino não serve para nada, irá estragar tudo novamente" — referindo-se às novas reformas[250]. Para o imperador José II, Francisco não tinha nem destreza corporal e nem boas maneiras, tendo que ser educado pelo método de Jean Martinet[251] (?-1672). Era uma disciplina marcial com base no medo e no desconforto, no isolamento para que o raciocínio fosse mais coerente e a pessoa se tornasse mais autossuficiente. Estas seriam as bases que, mais tarde, adaptariam para todos os membros da alta nobreza Habsburgo.

Nem D. João VI e nem D. Pedro ignoravam que este estava se casando com alguém que havia sido preparado com severa educação e rigidez protocolar. E isso parecia se sobressair ainda mais quando em comparação com a criação mais solta do infante. Desde a chegada ao

---

de Lisboa por Napoleão Bonaparte por não ter conseguido conter o povo português e nem prender a família real.

250. SEALSFIELD, Charles. *Austria as it is. Or Sketches of Continental Courts by an Eyewitness*. Londres: Hurst, Chance and Co., 1828, p. 112-113.

251. Jean Martinet era um coronel do exército francês de Luís XIV e inspetor geral, precursor dos treinos militares padrão com o intuito de tornar pessoas comuns em grandes soldados e assim não necessitando gastar com mercenários ou solados profissionais. Também introduziu a baioneta e bases militares, o que modernizaria as guerras e levaria a França a vitórias militares.

Brasil, afastado dos negócios de Estado, centralizados em seu pai, D. Pedro divertia-se em meio à gente comum, fugindo das aulas de frei Sampaio, e sem horários rígidos. No caso de D. Leopoldina, havia hora até para brincar ou conversar com os pais.

Era um casamento construído sem qualquer base comum além de ambos serem provenientes de casas reais, e com falta de comunicação e entendimento. Essa falta de afinidade não significava falta de idealização romântica. Ao menos, pelo lado de D. Leopoldina. Ela havia presenciado a relação de seus pais e acreditava ser possível o mesmo num casamento dinástico quando se era perseverante. Seu olhar romântico, ou infantil, a impedia de perceber que a relação de seus pais era extremamente criticada. Acusavam Maria Teresa de dominar o marido, influenciá-lo e isolá-lo, a ponto de terem presenciado discussões em que o imperador Francisco I reclamava de se sentir sufocado por ela[252].

Pelo lado de D. Pedro, tampouco faltava libido, o que preencheu os nove anos de casamento com nove gestações, três das quais não chegaram ao final. No início do casamento, as reclamações de D. Leopoldina não eram de que o marido não se sentia atraído por ela. Ao contrário. O infante de 19 anos e a arquiduquesa de 20 anos viviam uma robusta lua-de-mel, que duraria alguns meses — "[...] perdão pela letra ruim, mas meu infantil esposo está empurrando a minha mão"[253]. No início, ela dormia pouco, reclamando que o esposo não a deixava descansar. Fora necessário que conversassem para que ele entendesse que D. Leopoldina precisava de algum tempo para se refazer, tanto da viagem quanto das noites em claro, e para cuidar das dores de estômago e barriga — o que

---

252. A segunda esposa de Francisco I, Maria Teresa da Sicília, amava as artes, tendo atuado como cantora em concertos dentro da corte. Também pintava com gosto, e teve duas músicas compostas para si, por Beethoven (*Septeto em mi bemol maior, op. 20*) e Haydn (*Theresienmesse*). Além de um espírito alegre e vivaz segundo alguns relatos, era religiosa e caridosa, mas os que mais marcavam eram as críticas à maneira como ela procurava isolar o marido, evitando deixá-lo a sós e sempre servindo de consultora para toda as suas decisões políticas.

253. Carta de São Cristóvão, de 12 de novembro de 1817. LEOPOLDINA. *Cartas de uma Imperatriz*. KANN, Bettina e LIMA, Patrícia Souza (org.). São Paulo: Estação Liberdade, 2006, p. 314).

ele achava ser um bom presságio, mas que ela sabia serem causadas pela cozinha portuguesa.

A história fez de D. Pedro um pai excepcional, que se preocupava tanto com os filhos legítimos como com os ilegítimos, a sofrer com eles quando caíam doentes. Ter filhos era uma alegria para ele. E, após tantas tentativas, a primeira filha do casal a nascer foi Maria da Glória (1819-1853), por quem D. Leopoldina e D. Pedro tinham adoração. A mãe vivia a escrever aos familiares sobre as conquistas da criança e os medos quanto à sua educação em meio a uma corte indecente e em que ela não confiava. E quanto mais ia se afastando do marido e se isolando, assim como muitas mulheres da sua época, procurou a própria felicidade no cumprimento dos seus deveres maternos — o que lhe havia sido incutido de criança:

> [...] estou certa de que se pode, como dizes, querida irmã, ser muito feliz cumprindo rigidamente as obrigações; além disso podes estar certa de que me empenharei na educação de meus filhos; como sou muito boa com todas as crianças, amarei os meus ainda mais; quanto aos hábitos, mudá-los-ei tanto quanto possível e necessário, principalmente se for do agrado da minha nova família e de meu esposo, pois meu maior empenho será viver para levar alegria e satisfação a meu esposo e meus filhos; nisso consistirá todo o meu trabalho e felicidade[254].

Era um filho por ano, o que não era só cansativo como impedia que Leopoldina pudesse sentir alguma autoestima quanto ao próprio corpo. Isso também prejudicava a relação, pois ela via D. Pedro inclinado a outras mulheres mais escandalosas, ou as tais "mundanas" que ela tanto detestava. "[...] quero me comportar em todas as situações como é apropriado e não como as mulheres mundanas de hoje"[255]. Ela só conheceria Domitila de Castro (1797-1867) — a famosa marquesa de Santos[256] — anos depois

---

254. Carta de Viena, de 21 de outubro de 1816 (*Ibid.*, p. 251).
255. Viena, 14 de dezembro de 1816 (*Ibid.*, p. 266).
256. Era tão gritante a influência de Domitila sobre o príncipe, que o embaixador Mareschal chegou a escrever a Metternich em ofício de 24 de outubro de 1825: "[...] é

(1822), porém, esta viria a resumir tudo o que abominava numa mulher: chamativa, interesseira, intrometida, vivaz e infiel. Quando olhamos as páginas manuscritas por D. Leopoldina, em que, ainda na Áustria, listava regras de como deveria ser e agir para atingir a perfeição que era esperada das arquiduquesas Habsburgo, percebemos que todos os itens são contrários ao que representaria a marquesa de Santos.

Em busca pela virtuosidade:
- Possa ser a minha virtude indispensável a modéstia, para preservar a pureza do meu coração;
- Nunca irei parar de lutar contra meus próprios sentimentos, a começar pelos mais sérios;
- Sempre enxergarei a mentira como um trabalho do diabo e uma praga na sociedade;
- Permita que nunca tenha uma expressão de arrogância ou altivez, que seja séria e modesta, honesta e clemente, graciosa e educada com aqueles pequenos e grandes;
- Numa conversa devo escolher as minhas palavras com cautela e nunca falar apenas para obter alguma vantagem própria.

Comportamento em geral:
- Evitarei me vestir de uma maneira que chame a atenção para mim mesma;
- Não satisfarei gastos desnecessários que possam interferir nas despesas da casa, contudo, deverei dar esmolas o suficiente e evitar trivialidades para que possa ajudar mais os necessitados;
- Qualquer extra na renda deverei usar primeiramente para dar apoio a instituições dedicadas à educação dos jovens e ao auxílio aos doentes;
- Possa meu coração ficar fechado aos pensamentos corruptíveis mundanos; evitarei a satisfação prejudicial, elegância imprópria, vestir ambíguo ou escandaloso.

---

impressionante o quanto a influência desta mulher ganhou espaço junto a D. Pedro, e é de se temer que venha a crescer e dure por mais tempo".

Esse caráter mais recatado, verdadeiro e intolerante à mentira estava ligado à Casa de Habsburgo, que estava apoiada no tripé disciplina, piedade e senso de dever. Aos nove anos de idade, Leopoldina já escrevia: "não oprimir os pobres. Ser caridosa. Não reclamar do que Deus lhe deu, mas melhorar seus hábitos. Devemos perseverar honestamente para sermos bons". Estes eram os princípios educacionais que pregava seu avô, o imperador Leopoldo II:

> Após avaliar amplamente e com cuidado o caráter de uma criança, deve-se educá-la de acordo com suas próprias tendências, contudo, o mais importante é ganhar a confiança da criança, assim encorajando-a a ser honesta e a estar aberta, e instalar uma repulsão pela mentira, dualidade, engano e fofoca. Deve-se ensinar apenas a única paixão que alguém pode ter: pela Humanidade, pela compaixão e pelo desejo de fazer os outros felizes.

Ao ler isso, pode-se entender todas as cartas de Leopoldina e a sua busca por fazer os outros felizes, agir com decoro, ser piedosa, ter disciplina e, sobretudo, saber qual o seu dever e agir com verdade. As regras de conduta, portanto, deveriam ser seguidas a fim de evitar erros e que sempre se lembrasse a agir com correção.

"Agir com correção", provar que havia aprendido tudo que lhe fora ensinado de criança, parecia ter se tornado uma obsessão desde a chegada incógnita do marquês de Marialva para negociar o casamento em 1816, o que deveria demorar cerca de quatro meses e que acabara levando mais tempo. Ao menos, os banquetes diários oferecidos a ela, que duravam mais de duas horas, obrigavam-na a ficar em contato com outras pessoas, o que foi ajudando a ser menos tímida, mais aberta. Leopoldina entendia que isso era um treinamento para o porvir: "futuramente não poderei viver como eremita, e me deixarei levar pela correnteza dos acontecimentos desse grande mundo"[257]. Também tentava reparar menos na "fisionomia não muito espirituosa" do embaixador e prestar atenção ao seu bom senso

---

257. Viena, 4 de janeiro de 1817 (LEOPOLDINA. *Cartas de uma Imperatriz.* KANN, Bettina e LIMA, Patrícia Souza (org.). São Paulo: Estação Liberdade, 2006, p. 272).

e cultura, o que a fazia se sentir nervosa com as suas visitas, não tanto por sua falta de educação ou traquejo social inadequado, mas pela excessiva timidez misturada a recato — e suor.

- Tentarei sempre ter uma hora regular para acordar e dormir e assim evitar excesso de sensualidade durante o meu período de descanso;
- Nos dias santos e domingos, devo impor-me um número pequeno de mortificações tais como negar um dos pratos da refeição, manter silêncio por um período, ou privar-me de um prazer; ao fazer tudo isso, contudo, sem que os outros percebam;
- No último dia do ano, reavaliarei o meu comportamento em geral.

Dividida em quatro partes — geral, comportamento, virtudes e pós-núpcias — a lista de regras de conduta da arquiduquesa é prova do quanto ela buscava aperfeiçoar-se segundo as máximas da Igreja, da sua criação moral e da sua própria visão de vida, inclusive em se tratando dos oprimidos. O que mantinha unidas as noções de dever e sacrifício — hoje dois termos aparentemente estranhos a uma pessoa da mesma idade da arquiduquesa —, portanto, era a rígida moral cristã na qual se apegava como tábua de salvação nos piores momentos e que permeava boa parte de suas atitudes. Desgastava-se com o fato de não ter dinheiro para ajudar o próximo segundo a caridade cristã. E não lhe escapou, por exemplo, o dinheiro que D. João VI havia enviado para dar aos marinheiros que cuidaram da sua travessia atlântica, o que poderia ter enchido os olhos dela de bondade para enxergar toda e qualquer ação do soberano dali por diante.

Como costume naquele tempo, o dinheiro prometido no contrato nupcial ia diretamente para as mãos do marido, para que ele usasse da melhor maneira. Com a partida de D. João VI, os problemas financeiros também eram uma questão para o casal de regentes. D. Pedro estava sempre reduzindo a receita e sobrava muito pouco para que D. Leopoldina conseguisse pagar os criados que haviam vindo consigo da Europa, ou dar as esmolas que eram tão importantes. Ao mesmo tempo, para piorar a situação de seu casamento, ela acreditava que o dinheiro ia para Domitila, que estava sempre bem-vestida e repleta de joias. "Aquela bruxa sedutora", que lhe deixava em extremo estado de melancolia e humilhação, obrigando-a a pedir dinheiro emprestado aos amigos mais próximos e que ia se tornando motivo de brigas cada vez maiores entre ela e o marido.

D. Leopoldina não era somente boa, era também simples. Não ostentava, nem se colocava acima de ninguém. Teria sido fácil para ela abrir seus baús repletos de um rico enxoval e usar as roupas mais elegantes. Preferia calças para cavalgar, vestidos mais simples e que não dificultavam os movimentos e pressionavam a barriga das diversas gravidezes.

Maria Graham (1785-1842), tutora da pequena Maria da Glória e amiga, conta que quando recebia D. Leopoldina em sua pequena biblioteca, como manda a etiqueta europeia, deixava uma cadeira para a imperatriz e ficava de pé. Porém, diferentemente de outras nobres, D. Leopoldina não descansava até que a tutora trouxesse uma cadeira para que ela também se sentasse e pudessem conversar. "[...] este traço de simplicidade, como um de cem que poderia citar desta espécie de afabilidade da mais amável das mulheres"[258].

Conduta após o casamento:

- Após o 13 de maio, meu casamento, eu me encarrego de:
- Domar minha veemência, e ser boa àqueles ao meu redor para que possa me acostumar com atos de gentileza e submissão;
- Evitar meus pensamentos pecaminosos, pois de agora em diante pertenço ao meu marido;
- Trabalhar diligentemente para melhorar a minha educação;
- Fazer todo esforço possível para falar a verdade[259].

Talvez, Leopoldina não fosse exatamente uma pessoa impaciente ou temperamental como ela mesma se entendia. Seu excesso de correção e sua ingenuidade a faziam enxergar a si mesma como uma pessoa em processo de construção, o que era enfatizado pela sua moral cristã. Ela

---

258. GRAHAM, Maria. *Correspondência entre Maria Graham e a Imperatriz D. Leopoldina*. Belo Horizonte: Editora Garnier, 2020, p. 92.

259. O documento original, levantado por Gloria Kaiser, está escrito em francês e pode ser encontrado nos arquivos privados da família imperial em Petrópolis.

era uma jovem sincera e recatada, com pouco conhecimento do mundo e de outras realidades diferentes da sua, e que acreditava que poderia falar o que pensava sem que isso pudesse voltar contra si mesma, por meio de intrigas e das línguas ferinas, porque para ela todos sempre lhe escutariam e obedeceriam, como deveria ter sido desde a sua infância. "Quero ser sincera, pois meu coração sempre foi aberto"[260].

Bela Inteligência

Em 5 de novembro, ao entardecer, uma salva em sua homenagem de vinte e um tiros vindos dos canhões das fortalezas de Santa Cruz e de São João assustou D. Leopoldina. Não era uma invasão, não era uma guerra, era a esposa do príncipe da Beira que aportava em terras brasileiras. A bela entrada da Baía da Guanabara, ladeada pelas duas massas de granito revestidas de verde e plantas das mais diversas sobre as quais planavam aves coloridas, era de tirar o fôlego. Estar no Brasil era estar dentro das pinturas de Johann Wenzel Bergl (1719-1780) desenhadas nas paredes de Schönbrunn. E não foi sem encantamento que D. Leopoldina aportou sob os gritos e aplausos, com outras embarcações se aproximando para ver de perto a realeza do velho continente.

Ao anoitecer, uma hora depois de fundear, a galeota com a família real aproximou-se. O rei, que estava com dores na perna, não pôde subir na nau *Dom João VI*, mas a recebeu com a cordialidade que lhe era inerente na sua embarcação, assim como todo o séquito. A jovem estava exultante, ansiosa, coração na boca e não haveria de ser diferente. Iria encontrar pela primeira vez "aquele que devia decidir o destino da sua vida toda"[261].

Após a apresentação do rei, D. Pedro foi à esposa e lhe entregou uma caixa em ouro decorada com um pássaro em diamantes e pedras preciosas. Tanto a caixa ostentosa quanto o príncipe eram de se admirar. "[...] o príncipe D. Pedro, marido da nossa princesa, ele tem uma bela

---

260. Viena, 14 de dezembro de 1816 (LEOPOLDINA. *Cartas de uma Imperatriz*. KANN, Bettina e LIMA, Patrícia Souza (org.). São Paulo: Estação Liberdade, 2006, p. 266).

261. Anotações de Nanny. *Apud* REZZUTTI, Paulo. *Leopoldina: a História Não Contada*. São Paulo: Leya, 2017.

fisionomia, é ainda melhor que seu retrato. Belíssimo homem"[262]. Um jovem de 19 anos, cabelos escuros anelados, olhos negros que se furtavam a olhá-la de vez em quando.

"Todos são anjos de bondade, especialmente meu querido Pedro, que além de tudo é muito culto. Embora esteja casada com ele há apenas dois dias, ele merece todo o meu respeito e atenção, pois seu comportamento, sob todos os aspectos, é admirável"[263]. Ela não teria como pensar diferente, não num primeiro momento. Para D. Leopoldina, D. Pedro era alguém lindo, bom e compreensivo e que estava disposto a aprender consigo, ou seja, a corroboração de toda a sua idealização.

Quanto à sua própria beleza, ela não se considerava bonita, e lutava há algum tempo contra o bócio e problemas de estômago[264]. Tinha os cabelos loiros quase cor de palha — o que para alguns, como a baronesa de Montet, seriam considerados "desbotados". Sempre estavam presos em cachos, de acordo com a moda do início do século XIX, emoldurando o rosto pálido e arredondado, quase sem queixo, marcado pelos lábios carnudos, que detestava. Os lábios eram herança de sua mãe, Maria Teresa de Nápoles e Sicília, assim como os olhos azuis claros, considerados a sua máxima beleza. Diziam que sempre parecia séria, por causa da rigidez protocolar misturada à timidez, e alguns contavam que a achavam sem graça, sem postura, por causa da sua aparente aversão ao espartilho — ainda que, antes da vinda ao Brasil, agradecesse à sua irmã Maria Luísa, que lhe havia mandado alguns[265] —, e o que poderia ser explicado pelos constantes períodos de gestação.

---

262. Ibid.

263. São Cristóvão, 8 de novembro de 1817 (LEOPOLDINA. *Cartas de uma Imperatriz*. KANN, Bettina e LIMA, Patrícia Souza (org.). São Paulo: Estação Liberdade, 2006, p. 313).

264. . "Espero que tua saúde esteja já perfeita; a minha não está tão boa porque Monsieur Stifft me deu algo contra meu início de bócio, que me provoca reação no estômago e barriga", escreveu de Viena, 15 de outubro de 1816. Alguns dias depois, em 18 de outubro, repete a mesma questão que a preocupava: "Agora estou tomando sódio por causa de minha tendência ao bócio, que quero eliminar porque me disseram que futuramente poderia ser prejudicial" (*Ibid.*, p. 251-252).

265. "Agradeço-te muitíssimo pelos espartilhos, serviram-me perfeitamente e me dão uma linda postura", carta de Viena, de 4 de janeiro de 1817 (*Ibid.*, p. 272).

Hoje seria errado julgar se a arquiduquesa da Áustria era bonita ou feia. Não nos cabe dar juízo de valor sobre a sua beleza, fora dos padrões estéticos atuais, tampouco levar em consideração os relatos da época, ou avaliar o grau de realismo das pinturas que perduraram. O importante é avaliar o quão fundamental D. Leopoldina foi para a construção do nosso país em termos de nação e identidade, assim como a presença ao lado daquele que foi o primeiro imperador do Brasil.

Segundo outra máxima popular: por detrás de um grande homem, há uma grande mulher. Ainda que ele tivesse 1,73m. de altura e ela não mais do que 1,60m.[266], estamos diante de duas grandes personalidades históricas que, apesar de não terem tido uma convivência marital ideal, estavam lado a lado na construção de um país. Para tanto, a beleza não era necessária, e sim o intelecto. E não faltava inteligência ou educação a D. Leopoldina, todas as arquiduquesas tinham conhecimento para, se necessário, governar.

A vida da arquiduquesa, quando criança, era dividida entre o castelo de Hofburg, Palácio Imperial de Schönbrunn, Palácio de Hetzendorf e o Palácio de Luxemburgo, este último residência de verão e em cujos jardins a sua mãe, a imperatriz Maria Teresa havia mandado construir o castelo de Franzensburg, um labirinto e um teatro ao ar livre para seus filhos crescerem criativamente. Era uma infância "agitada" pela cultura e música, com apresentações de peças, balés, concertos de quartetos — no qual o imperador era o primeiro violino —, truques de ótica e prestidigitação, em que os próprios arquiduques e arquiduquesas participavam, pois fazia parte da sua educação — acostumassem-se a uma plateia, a falar e a evitar a timidez. Era agitado, até divertido, mas distante e isolado da realidade extramuros.

Outro conselho do imperador Leopoldo II, além da paixão pela Humanidade, compaixão, apoio aos pobres e felicidade do povo, era que "os príncipes devem convencer-se em primeiro lugar da igualdade dos homens, de que todos têm os mesmos direitos e que eles devem sacrificar

---

266. Segundo uma mensuração de ossos longos feita por Valdirene do Carmo Ambiel, D. Leopoldina mediria entre 1,54 e 1,60 de altura. D. Pedro I era 1,66 a 1,73 metros (AMBIEL, Valdirene do Carmo. *O Novo Grito do Ipiranga*. São Paulo: Linotipo Digital, 2017).

àqueles toda a sua existência, suas inclinações e seus divertimentos a qualquer oportunidade". Os jovens e futuros monarcas Habsburgo não eram privados do cerimonial da corte, exercido em festas em comemoração aos aniversários e onomásticos e com personalidades do alto escalão do governo. De pequena, D. Leopoldina estava rodeada de pessoas para lhe servir: aia, preceptora, camareira, foguista, porteiro, criadas de quarto. A educação formal começava aos sete anos de idade, diferente das escolas normais que eram a partir dos dez anos. As aulas iniciais eram de aritmética, escrita, leitura, alemão, francês, italiano, dança, pintura, história, geografia, música e lições de cravo. Algum tempo depois, eram introduzidos geometria, física, literatura, latim e canto.

Como era tradição que cada Habsburgo aprendesse um "ofício burguês" — seu pai aprenderia jardinagem e o seu irmão relojoaria — no caso de Leopoldina, ao mostrar-se inclinada às ciências naturais, seus professores não a impediram de se debruçar sobre os livros de mineralogia, zoologia e botânica. Sua rotina diária era estrita, também parte do "manual de educação habsburguense", que consistia em oração ao se levantar, aulas, almoço, jardinagem, passeio, leitura e memorização. Mais precisamente, com uma pontualidade germânica, buscava-se a cada três horas de aula ter uma caminhada ou uma refeição, pois o exercício físico era altamente valorizado, ainda mais em se tratando da caminhada. Havia hora para as visitas a membros da família e a museus ou exposições.

Tanto a preocupação com a moral e religião dos jovens arquiduques e arquiduquesas quanto com a sua submissão ao Estado eram fundamentais. Para os Habsburgo, a educação estava intrinsecamente ligada à formação de caráter de uma pessoa, por isso a preocupação em dar uma boa educação aos descendentes — o que gerará brigas entre D. Leopoldina e D. Pedro por aquela não poder decidir pela educação das filhas em 1824[267].

Do instante em que soube que seria a futura rainha de Portugal, ao se casar com o príncipe herdeiro, e que iria morar no Brasil por um "curto"

---

267. Carta de 10 de setembro de 1824. LEOPOLDINA. *Cartas de uma Imperatriz.* KANN, Bettina e LIMA, Patrícia Souza (org.). São Paulo: Estação Liberdade, 2006, p. 428-430.

período, D. Leopoldina não se furtou a descobrir tudo o que podia sobre ambos os territórios. Uma leitora ávida, sempre a pedir dicas de leitura ou livros[268], leu o livro *Skizze von Brasilien* [*Croquis do Brasil*] (1808) de Joaquim José Antônio Lobo da Silveira, e outros como *Histoire du Brésil* (1815) de Alphonse de Beauchamp[269] (1767-1832), livros sobre a história de Portugal e o *Jornale Lusitanico*. Também quis saber dos gostos da família real e de D. Pedro, em especial. Aprendeu a cavalgar à moda portuguesa[270], como faziam as infantas, e se empenhou na música ao saber que toda a família Bragança gostava: "Agora estou mais empenhada na música, que é muito apreciada no Brasil, e quero aproveitar todas as oportunidades para me tornar popular no meu futuro país"[271].

Quando a conheceu, Maria Graham[272] considerou D. Leopoldina uma mulher bem-educada e "cultivada", ou seja, com cultura e conhecimento, além de amável e respeitável, e cuja paciência, prudência e coragem foram fundamentais para que aceitasse a suas futuras condições como regente durante o período da pré e pós-Independência do Brasil.

A Mineralogista da Corte

A bagagem de D. Leopoldina constava de 46 caixas, muitas delas com material de mineralogia que havia ganhado de presente do seu pai. Era a sua grande paixão e um *hobby* que se mostraria ainda mais apaixonante quando soube que D. Pedro "se interessava" pelo assunto: "Estou bastante ocupada em reorganizar a minha coleção mineralógica

---

268. Depois de instalada no Brasil, há em suas cartas listas de livros que ela pede para que consigam para ela.

269. Elogiado pelo Visconde de Cairu (1756-1835), em 1826, como "estrênuo e eloquente advogado do Brasil".

270. A moda portuguesa é como hoje se cavalga, ou seja, com o cavalo entre as pernas. Na Europa, no século XIX, usava-se a sela inglesa, obrigando a moça a se sentar de lado, atravessada sobre o dorso do animal. Ao que parece, era desta maneira que a jovem cavalgava, até por ser considerada mais recatada do que à maneira portuguesa.

271. Viena, 4 de outubro de 1816 (LEOPOLDINA. *Cartas de uma Imperatriz*. KANN, Bettina e LIMA, Patrícia Souza (org.). São Paulo: Estação Liberdade, 2006, p. 250).

272. Entrada no diário datada de 23 de julho de 1823 (GRAHAM, Maria. *Diário de uma Viagem ao Brasil*. Belo Horizonte: Itatiaia, 1990, p. 316-318).

e escrever um catálogo em francês de acordo com Haug, uma vez que meu futuro esposo também é mineralogista, assim minha alegria é duas vezes maior"[273]. É de conhecimento que o príncipe português nunca se interessou por tal tema, levando a crer que ou ela entendeu errado a informação, ou foi informada de maneira errada. Seja como for, a decepção deve ter sido grande, porém isso não a impediu de se envolver com seus estudos. Numa carta à Maria Graham, que estava na Inglaterra, pede que encomende com o fabricante de instrumentos matemáticos William Cary (1759-1824) "uma balança mineralógica para saber o peso das pedras preciosas"[274].

Tampouco era estranho que passasse horas, dias, pintando aquarelas das descobertas de moluscos, e que pedisse à Maria Graham "obter os gêneros e espécies que faltam no catálogo de conchas que vos envio, comunicando os objetos de História Natural que quiserem do Brasil, para fazer permuta"[275], nem que colecionasse orquídeas e plantas que colhia nos passeios pela Floresta da Tijuca, nem que fizesse a taxidermia de aves e pequenos animais que ela mesma caçava[276]. Eram gostos que vinham de pequena, quando em Schönbrunn.

A botânica fará parte de sua vida e da Quinta da Boa Vista, em especial. Ao perceber que não havia nada sobre a história natural do país, com a ajuda da missão científica austríaca, que viria a partir do seu casamento para documentar a fauna e flora brasileiras, D. Leopoldina procurou reorganizar a extinta Casa dos Pássaros[277]; assim, influenciando Tomás Antônio de Vilanova Portugal (1755-1839), surgiu o gabinete de botânica, em 6 de junho de 1818.

---

273. Viena, 21 de novembro de 1816 (LEOPOLDINA. *Cartas de uma Imperatriz*. KANN, Bettina e LIMA, Patrícia Souza (org.). São Paulo: Estação Liberdade, 2006, p. 261).

274. Carta de 8 de setembro de 1825 (*Ibid.*, p. 441).

275. Carta de 10 de outubro de 1824 (*Ibid.*, p. 431).

276. RIBEIRO, Arilda Inês Miranda. "Contribuição da Imperatriz Leopoldina à Formação Cultural Brasileira". ANPUH, *XXIII Simpósio Nacional de História*, Londrina, 2005. Disponível em: <http://snh2015.anpuh.org/resources/anais/anpuhnacional/S.23/ANPUH. S23.0144.pdf>. Acesso em: 1º de agosto de 2021.

277. Primeiro Gabinete de História Natural do Brasil, fundado em 1784 pelo vice-rei Luís de Vasconcelos. Com a criação do Museu Nacional, em 1813, ele foi extinto.

A Expedição Austríaca

O imperador Francisco I aproveitou o casamento para fazer uma expedição científica para enriquecer o Museu de História Natural, e foi o chanceler Metternich que assumiu o projeto por seu interesse em ciências. O primeiro-ministro pediu ao diretor do Museu Imperial de História Natural, Carl Franz von Schreibers (1775-1852), que escolhesse os cientistas que deveriam participar. Durante suas explorações Brasil afora, os cientistas e artistas deveriam coletar madeiras, animais, minerais e plantas com a ajuda de tropeiros e o apoio de escravos e alguns índios, e enviá-los à Europa. Ao final, seria preparada uma exposição sobre essa desconhecida terra chamada Brasil.

Foram escolhidos, e aceitaram a incumbência, o zoólogo Johann Natterer (1787-1843), o botânico e chefe dos jardins do palácio Belvedere, em Viena, e do parque do palácio de Schönbrunn Heinrich Wilhelm Schott (1794-1865) e o ajudante de caça e embalsamador Ferdinand Dominik Sochor (?-1826). Como diretor científico da expedição foi chamado o professor de História Natural da Universidade de Praga, Johann Christian Mikan (1769-1844). Ainda estavam no grupo o mineralogista e botânico da Universidade de Praga Johann Baptist Emanuel Pohl (1782-1834), o pintor e paisagista Thomas Ender (1793-1875)[278], o pintor naturalista Johann Buchberger (?-?), o bibliotecário e mineralogista Rochus Schüch (1788-1844) — que se radicou no Brasil e se tornaria o pai do barão de Capanema — e seu assistente Franz Joseph Frühbeck (1795-?), o médico e ornitólogo Johann Kammerlacher (?-?) e o paisagista G. K. Frick (?-?). Ao saber da expedição, o grão-duque Ferdinando III

---

278. Antes de chegar ao Rio de Janeiro, no meio do caminho a expedição parou em Pula, Malta, Gibraltar e Madeira, para reparos nos barcos, o que foi retratado por Thomas Ender, juntamente com a vida a bordo. No Brasil, por meio de caminhadas, passeios, escaladas no Corcovado, Ender também pintou tanto a exuberância da vegetação quanto a simpleza dos casarios e igrejas coloniais, a dinâmica da vida no palácio de São Cristóvão e o engenhoso sistema de águas criado em 1740. Atualmente, as 782 obras de Ender, entre aquarelas e esboços, representantes do período Viennese Biedermeier, estão guardadas no Kupferstichkabinett da Academia Vienense de Belas Artes. São das poucas sobreviventes da revolução de 1848, que destruiu grande parte das obras da expedição (KAISER, Gloria. "The Austrian Painter Thomas Ender", *Scribd*, janeiro de 2010. Disponível em: <https://pt.scribD.com/document/248566217/Thomas-Ender>. Acesso em: 1º de agosto de 2021).

da Toscana enviou o botânico naturalista Giuseppe Raddi (1770-1829), o pai da ecologia na Itália, que levaria mais de 450 espécimes e sementes para montar o herbário de Florença. E o rei da Baviera Maximiliano I (1756-1825) pediu que fossem enviados o zoólogo Johann Baptist von Spix (1781-1826) e o botânico Karl Phillipp von Martius (1794-1868). Este se tornaria famoso pela publicação do maior estudo sobre a flora, o *Flora Brasilinensis*, com a catalogação de vinte mil espécies vegetais, sendo cinco mil inéditas. Martius e Spix lançariam juntos *Viagem pelo Brasil nos Anos 1817 a 1820*, em três tomos, descrevendo a experiência que foi atravessar São Paulo e Minas Gerais até Goiás, Bahia, Pernambuco, Piauí, Maranhão e chegando a Belém do Pará. Numa época em que os únicos meios de transporte eram mula, cavalo e barco, imagine o quanto demorou e tudo o que foram capazes de ver e descobrir, alcançando regiões a que nenhuma pessoa antes havia chegado.

Para conseguir lidar com as dimensões continentais, a expedição teve que se dividir entre a região litorânea até Cabo Frio, São Paulo e Rio de Janeiro. Depois de algum tempo, e por questões de saúde, Ender, Buchberger e Mikan voltaram para a Europa com espécimes de animais vivos. E os outros, sobretudo Pohl e Natterer, adentraram o Brasil, atravessando Minas Gerais e indo até Goiás, e Mato Grosso, respectivamente. Pohl voltou para a Áustria em 1821, com duzentos animais, mais de mil e quinhentos espécimes de plantas e dois índios botocudos. Acompanhado de Sochor, que viria a falecer em 1826, Natterer subiu o Amazonas e só retornou a Viena em 1836, acompanhado de esposa e filhos, caixas com diversos artefatos indígenas e um catálogo repleto de novas espécies de peixes, pássaros e borboletas.

Não era a primeira vez que vinha uma expedição científica ou artística ao Brasil, da mesma forma que a francesa, encomendada por D. João VI, também não o foi. A primeira ocorreu no século XVII, durante a ocupação holandesa, organizada por Maurício de Nassau. Entre os estudiosos estavam os pintores Frans Post (1612-1680) e Albert Eckhout (ca.1610-1666), o cartógrafo Cornelis Golijath (ca.1616-1662), o astrônomo Georg Marcgraf (1610-1644) e o médico Willen Piso (1611-1678)[279], este para estudar as

---

279. Marcgrad e Piso escreveriam o primeiro livro científico sobre a fauna e flora brasileiras, *Historia Naturalis Brasiliae*, publicado em Amsterdã em 1648.

doenças dos trópicos. Com a expulsão dos holandeses e a fim de evitar que informações sobre o Brasil pudessem facilitar uma nova invasão, os portugueses impediram a publicação de textos estrangeiros que fizessem referência ao território brasileiro, tornando-o ainda mais misterioso até a chegada da comitiva real em 1808.

Ter a possibilidade de ter documentado um país desses por meio dos estudos da fauna e flora brasileiras, do mapeamento das fronteiras geográficas a partir do ecossistema, era uma grande questão para a Áustria.

Após a Independência do Brasil, em 1822, novas expedições foram incentivadas, desta vez com a proposta de estudar, avaliar e criar a identidade nacional com bases antropológicas e arqueológicas. Dados que antes não se tinha sobre as tribos indígenas, sua cultura e cultivos, inclusive sobre a vida dos escravos, começaram a ser feitos e recolhidos. Relatórios extensos e um mapeamento do país nunca dantes feito surgiu. Spix encontrou ossos identificados como de mastodonte, ou de mamute, que, depois de estudados, foram remetidos à França. Por ordem imperial, todas as anotações eram obrigatoriamente feitas em duplicatas para que uma cópia ficasse no Brasil, assim já arquivando o material.

Com a morte de D. Leopoldina, em 1826, houve um arrefecimento nessa missão nacional, mas a criação do Instituto Histórico e Geográfico Brasileiro (IHGB), em 1838, visando a busca por uma identidade nacional que unisse o país, isso voltaria a se tornar importante. E seria o filho dela, D. Pedro II (1825-1891), que traria à tona essa herança Habsburgo e reforçaria o caráter científico e educacional no Brasil. Assim como a mãe, estaria à frente, apoiando com bolsas de estudos para os pesquisadores e cujos valores saíam do próprio bolsinho imperial — não era o governo imperial que pagava, era o próprio imperador.

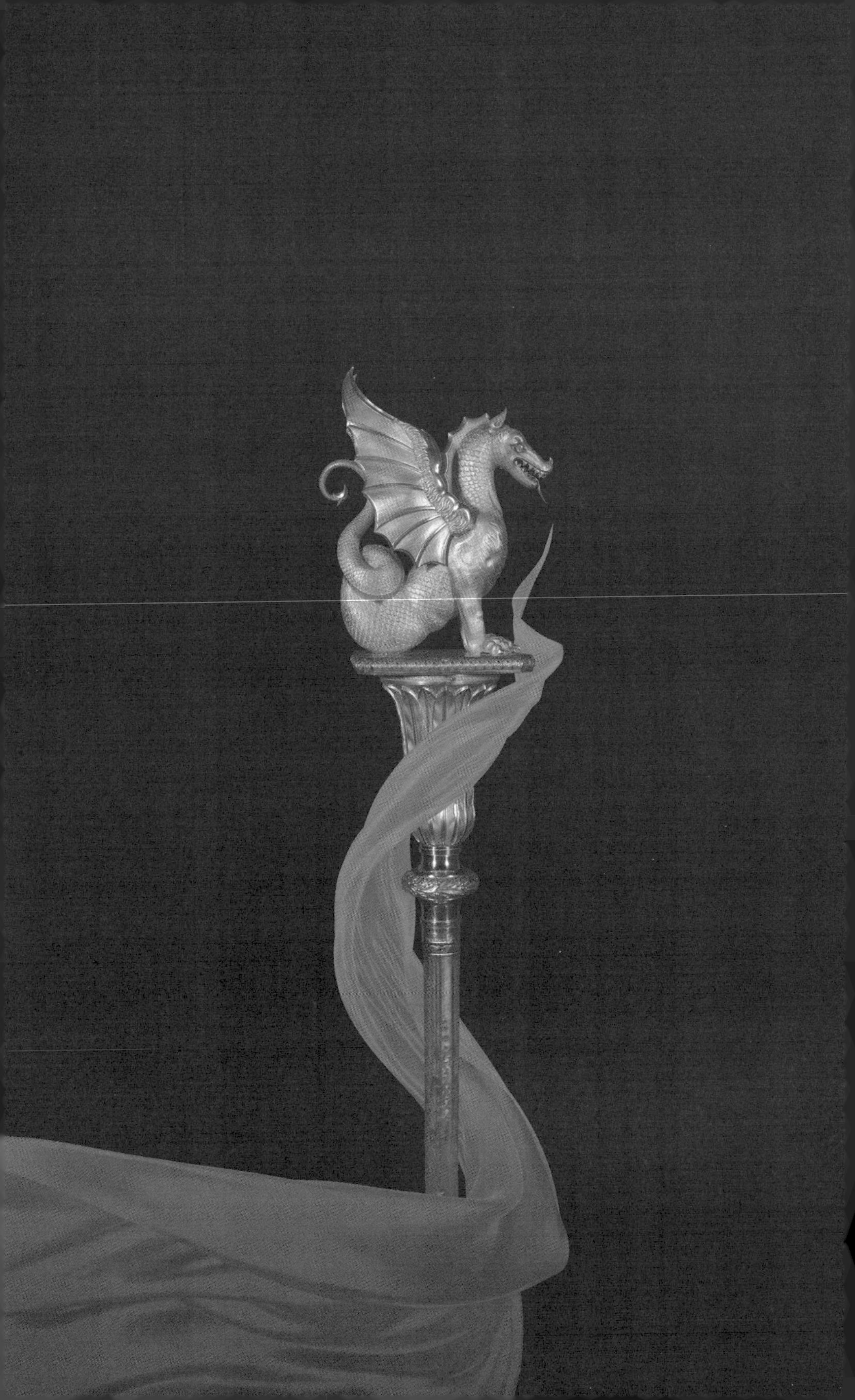

"Ela Deveria Ter Sido Ele" [280]

Após os primeiros anos de acertos e erros de convivência marital, dentro de um ambiente inóspito, D. Leopoldina sairá das sombras de D. Pedro e ganhará o palco político de uma forma que somente ela conseguiria, como se, de alguma forma, estivesse sendo preparada para o papel que viria a exercer.

Não há como desvincular o processo de independência do Brasil de D. Leopoldina e de todo o suporte que ela deu para que ocorresse, muitas vezes tendo que ser firme. Também não há como não falar dos fatos desse processo sem entender primeiro quem era a mulher por trás dele: sua inteligência, sua astúcia, sua credibilidade, sua educação, sua moral, sua imagem, sua simplicidade, seu jeito de lidar com o marido — aprendido com os anos de casamento — e seu conhecimento da corte portuguesa. Uma mulher que, segundo José Bonifácio (1763-1838), e o contexto de uma época, deveria ter nascido homem.

---

280. "[...] ela deveria ser ele", teria dito José Bonifácio ao conselheiro Drummond diante das ações de D. Leopoldina como regente durante o período da Independência. *Apud* OBERACKER Jr., Carlos Henrique. *A Imperatriz Leopoldina,* Rio de Janeiro: Imprensa Nacional/Conselho Federal de Cultura/Instituto Histórico e Geográfico Brasileiro, 1973, p. 275.

O teor dessa frase pode assustar, mas quando se entende a posição da mulher no Brasil daquela época, compreende-se o que o Patriarca da Independência quis dizer: D. Leopoldina era admirável politicamente e merecia ter poder. Numa leitura mais crítica, pode-se também inferir que as atitudes dela durante a regência deveriam ter sido as de D. Pedro. Ambas as interpretações são válidas. Ambas serão desenvolvidas neste capítulo.

Fico ou Não Fico, Eis a Questão

"O século da cegueira". Foi assim que D. Leopoldina definiu o período histórico que levaria a uma nova política mundial, oriundo do Iluminismo e das alterações provocadas pela Revolução Francesa no imaginário europeu, abrindo caminho à queda do Absolutismo e erigindo as novas diretrizes constitucionais das nações. Não era estranho que ela tivesse algum rechaço às novas ideias. Talvez humanizasse o sistema absolutista, demonizado pelos pró-liberalismo; ou talvez houvesse algum trauma quanto à questão, afinal, havia vivido o desenrolar da revolução na França ainda na sua infância e adolescência, marcadas por Napoleão Bonaparte. Ou, pior, vivia o temor misturado à revolta diante da constante ameaça provocada pelo sistema de Cortes, implementado em Portugal em 1820 pela Revolução Liberal do Porto. Não há como negar, ao ler os decretos e exigências, que era uma ameaça constante e pungente, cujo poder acabaria por obrigar o retorno da família real portuguesa a Lisboa. Algo que feria não apenas a si própria, como ao legado de seu marido e filhos.

O motivo dessa exigência remonta a 1807, com a partida de D. João VI da Europa. Com o deslocamento da capital do império português para o Rio de Janeiro, Portugal ficou ocupado pelas tropas inglesas, comandadas pelo marechal-general William Carr Beresford (1768-1854), que não era benquisto pela população, sobretudo após enforcar doze oficiais do exército português, que seriam da maçonaria Grande Oriente Lusitano e estariam envolvidos em uma conspiração de 1817 contra o rei. Somavam-se a isso os fatos de a população ter empobrecido com a troca da sede da monarquia e da perda do monopólio comercial sobre o Brasil. Política e economicamente, o país estava no chão e era preciso se reerguer.

Sem aguardar pela ajuda do rei, que estava longe e sem pretensões de retornar, em 24 de abril de 1820 deu-se a revolução que formaria uma junta governante provisória. Esta convocaria, em setembro daquele ano, as Cortes Gerais e Extraordinárias — acionadas pela última vez em 1697 —, e organizaria as eleições para deputados. Três meses depois de formado o Soberano Congresso foi aprovada a base da Constituição, que deveria ser jurada pelo rei. Foi um processo rápido, que se beneficiou do tempo que demorava para uma notícia chegar ao Brasil, algo bem distante da sensação de tempo real que a internet nos proporciona.

Ou Vai, Ou Racha

Após avaliar e examinar muito bem, à maneira cautelosa e demorada que lhe era comum, D. João VI decidiu que os membros da família real iriam retornar ao continente europeu. Não poderia haver melhor notícia para D. Leopoldina. Com saudades da família, era seu maior desejo voltar. Diferentemente do rei português, que gostava do Brasil, desde 1818 a arquiduquesa pedia ao pai que intercedesse junto ao sogro. Ela estava farta da falta de vida cultural, da maneira antiquada e devassa da corte se portar e do isolamento causado pelo afastamento familiar. Não havia bailes, a ponto de Leopoldina sentir saudades de valsar, mas havia muitas festas religiosas que chegavam a durar oito horas e eram extremamente cansativas — somava-se a isso o fato de que não eram para rezar e sim para conversar, o que a exauria ainda mais. Sentia-se isolada. Era "a estrangeira" naquela corte, pois era sabido que os cortesões preferiam que o casamento de D. Pedro tivesse sido com uma portuguesa ou com uma espanhola, conforme o costume da Casa de Bragança, e nada que a arquiduquesa austríaca fizesse poderia soar correto ou comum. Não havia meios e nem empatia. As diferenças culturais eram muito grandes, e um fosso era cavado cada vez mais fundo. Maria Graham relataria que as portuguesas nobres que compunham a corte só falavam a própria língua e tinham uma etiqueta resumida à da corte, sua única instrução era saber ler e escrever, o suficiente para suas intrigas diante da frustração que era ter como soberana alguém que não compreendiam.

Para aumentar seu isolamento, "[...] meu esposo pensa segundo os novos princípios [liberalismo] e meu sogro segundo os bons e verdadeiros [absolutismo], por isso me encontro em situação crítica, entre os deveres de uma boa esposa e o de súdita grata e filha obediente"[281]. Ela sabia que não poderia entrar em embate com o marido, cujo temperamento era conhecido, como também sentia que não poderia não o apoiar, uma vez que havia sido criada para estar ao lado das decisões do cônjuge, por mais que estivesse propícia a dar suporte a D. João VI.

Apesar de D. Pedro ter uma atração pelos "novos princípios" — afinal, era leitor de Henri Benjamin Constant de Rebecque (1767-1830) e de Gaetano Filangieri[282] (1753-1788) —, por uma questão de educação agia com muita deferência em relação ao pai conservador, aguardando com alguma ansiedade o momento em que D. João VI permitiria que pudesse se envolver nos negócios de Estado. Como todo bom absolutista, isso demoraria, ou somente se daria após a sua morte, o que era respeitado por D. Pedro. Essa relação de obediência era percebida pela própria D. Leopoldina. D. Pedro era alguém extremamente educado e civil com o rei — o que para nós, hoje, pode parecer um excesso de formalidade, mas fazia sentido à época em que pedir a bênção ao familiar mais velho era mostra de respeito e admiração pela sabedoria causada pela vivência dos anos. Esse respeito e admiração se restringiam somente à figura paterna; quando se tratava da mãe, era inexistente.

E dada a relação pai e filho, ao contrário do que podem dizer, D. Pedro nunca cravaria uma faca nas costas de D. João VI. Se a Independência do Brasil ocorreu, não foi a título de ambição ou traição, nem uma passada de coroa. Foi um processo longo, complexo, com batalhas no Norte do país, e a todo momento examinado com cuidado por D. Pedro, pois tudo o que ele não queria era causar uma confusão familiar ou entre nações. "'Guia-te pelas circunstâncias com prudência e cautela'.

---

281. Carta à Maria Luísa de 20 de dezembro de 1821. LEOPOLDINA. *Cartas de uma Imperatriz*. KANN, Bettina e LIMA, Patrícia Souza (org.). São Paulo: Estação Liberdade, 2006, p. 372.

282. TORRES, João Camilo de Oliveira. *A Democracia Coroada*. Brasília: Edições Câmara, 2017, p. 63-68.

Esta recomendação é digna de todo homem, e muito mais de um pai a um filho e de um rei a um súdito que o ama e respeita sobremaneira", escreveu em carta ao pai a respeito do que este lhe havia ensinado[283], e que D. Pedro trazia junto ao peito.

Porém, tanto no pai quanto no filho, essa cautela era tamanha que causava a sensação de indecisão, e que poderia parecer hereditária. Se não fosse D. Leopoldina e, sobretudo, por José Bonifácio "extirpá-la" no momento certo, a história do Brasil poderia ter sido outra.

Não vamos nos adiantar aqui, da mesma maneira que D. Pedro não se adiantaria ao pai. A princípio, obedecia às suas ordens, por mais atraído que fosse às novas ideias. O que valeu a pena. Colheria os frutos da espera, nem tão demorada assim. Diante desse "espírito de liberdade" que obrigava o retorno dos Bragança a Portugal, D. João VI decidira dividir parte de seu poder com o príncipe herdeiro. D. Pedro retornaria a Lisboa como seu representante, enquanto o monarca permaneceria na tranquilidade do Brasil, tomando seus banhos de mar no Caju, deliciando-se com as frutas tropicais e se divertindo com as histórias dos súditos que vinham vê-lo nas audiências do beija-mão. Realizava-se assim também o sonho de Leopoldina de rever a família, porém ela estava grávida e uma longa viagem marítima seria um problema. Somou-se a isso o fato de que nem ela queria se separar do marido e nem ele dela[284].

A pressão das Cortes aumentava, e o rei achou melhor convocar uma Assembleia também no Brasil para adaptarem a nova Constituição portuguesa aos termos do reino sul-americano. Esta decisão havia sido um açoite nos ideais de supremacia portugueses, e uma nova revolta se fez. Desta vez, em terras brasileiras, com os militares encabeçando o levante e exigindo que a Constituição fosse aceita como uma só para todo o império

---

283. PEDRO. *Cartas de D. Pedro, Príncipe Regente do Brasil, a Seu Pai, D. João VI, Rei de Portugal (1821-1822)*. EGAS, Eugenio (Org.). São Paulo: Tipografia Brasil, 1916, p. 104.

284. Em 11 de março de 1821, Leopoldina envia uma carta à irmã contando que acompanharia o esposo de volta para Portugal. Logo em seguida, em carta ao pai, conta que queriam que fossem em separado, porém pede o apoio de D. João VI, que a entende e aceita que o casal não seja separado, e que eles possam ir após o seu resguardo do nascimento do filho João Carlos (1821-1822).

português. Quem acabaria servindo como diplomata nesse impasse entre D. João VI e as tropas seria o próprio D. Pedro. E seria nessa situação de intermediário que apareceria pela primeira vez como figura pública, confirmando os medos de Leopoldina. Em carta ao pai, ela comentava esse fascínio de D. Pedro a favor dos pensamentos constitucionais e de que forma isso a preocupava, a ponto de dividi-la também:

> Infelizmente, o feio fantasma do espírito de liberdade se apossou por completo da alma de meu esposo; o bom, excelente rei, tem todos os antigos, nobres e autênticos princípios e eu também, pois me foram inculcados em minha tenra idade e eu mesma amo apenas a obediência para com a pátria, o soberano e a religião. O senhor percebe, querido pai, como é difícil minha situação entre os deveres de boa e amorosa esposa, súdita valente e filha obediente. Queria tanto unir ambos e obedecer estritamente, porém me vejo forçada a sacrificar um dos dois quando chegar a delegação de Lisboa[285].

Essa divisão sobre que posição assumir, se esposa ou filha/súdita, não demoraria muito tempo. Percebendo o que talvez fosse melhor, D. João VI tomaria a decisão final que iria mudar a história do Brasil: ele iria voltar a Portugal para "abafar o espírito revolucionário"[286] e deixaria seu filho D. Pedro como regente do Reino do Brasil[287].

---

285. Carta de 2 de abril de 1821. LEOPOLDINA. *Cartas de uma Imperatriz*. KANN, Bettina e LIMA, Patrícia Souza (org.). São Paulo: Estação Liberdade, 2006, p. 376.

286. GRAHAM, Maria. *Correspondência entre Maria Graham e a Imperatriz D. Leopoldina*. Belo Horizonte: Editora Garnier, 2020, p. 65.

287. Da mesma maneira que houve muito vai-e-vem de ideias quanto à partida da família real para o Brasil em 1807, neste período se deu o mesmo e podemos ver isso nas cartas de Leopoldina à família. A cada momento ela anuncia uma decisão diferente: ora ela e Pedro vão, ora é apenas Pedro e ela quer ir atrás, ora os filhos ficam no Brasil, ora os filhos vão com o rei. É ela quem nos relata a partida do rei para Portugal após Pedro jurar a Constituição portuguesa, e que eles irão em seguida, deixando os filhos no Brasil. Numa carta posterior, ela conta que o rei levará seus dois filhos e ela e Pedro permanecerão no Brasil, o que lhe trazia sofrimento. Numa carta de dias depois (28 de abril de 1821), Leopoldina pede a Georg Anton von Schäffer que lhe frete um navio para Portugal para que possa seguir Pedro, pois é informada de que ele iria sem ela.

No dia 25 de abril de 1821 D. João VI embarcava rumo à Europa, abandonando suas suculentas mangas, belezas naturais e um povo carismático. Ia tomado de dor. Um carinho especial havia se enraizado no monarca durante os treze anos em que construíra um país a partir de uma colônia atrasada, ainda que rica. E à medida em que surgia um reino oriundo da sua própria visão de país, cimentava as bases de uma nação que se faria independente no ano seguinte à sua partida, sem lhe causar surpresa. Se não fosse pela criação de todo um aparato burocrático-administrativo, cultural, educacional e econômico-financeiro, talvez o Brasil não tivesse conseguido com tamanha presteza a sua liberdade.

D. João VI havia dado o serrote, e seria D. Pedro quem iria serrar os grilhões.

Ou, pode-se dizer que se deve mais a D. João VI do que ao próprio D. Pedro a nossa independência total. Ao menos, era a impressão que o príncipe tinha. Em uma carta a seu pai, no ano seguinte à sua partida, no auge do reboliço dos fatos, em 19 de junho de 1822, comenta: "Eu ainda me lembro, e me lembrarei sempre, do que vossa majestade me disse antes de partir dois dias, no seu quarto: 'Pedro, se o Brasil se separar antes seja por ti que me hás de respeitar do que para algum desses aventureiros'"[288]. Não há como dizer que D. João VI não tinha visão.

---

288. A carta na íntegra, de 19 de junho de 1822, mostra que D. Pedro não somente respeitava o pai como fazia questão de inteirá-lo de tudo que acontecia, com a profunda devoção de filho e súdito que amava o seu soberano: "Meu pai e meu Senhor, tive a honra e o prazer de receber de vossa majestade duas cartas, uma pelo Costa Couto e outra pelo Chamberlain, em as quais vossa majestade me comunicava o seu estado de saúde física, a qual eu estimo mais que ninguém, e em que me dizia: 'Guia-te pelas circunstâncias com prudência e cautela'. Esta recomendação é digna de todo homem, e muito mais de um pai a um filho e de um rei a um súdito que o ama e respeita sobremaneira. Circunstâncias políticas do Brasil fizeram que eu tomasse as medidas que já participei a vossa majestade; outras mais urgentes forçaram-me por amor à nação, a vossa majestade e ao Brasil a tomar as que vossa majestade verá dos papéis oficiais que somente a vossa majestade remeto. Por eles verá vossa majestade o amor que os brasileiros honrados lhes consagram à sua sagrada e inviolável pessoa e ao Brasil, que a Providência Divina lhes deu em sorte livre e que não quer ser escravo de luso-espanhóis, quais os infames déspotas (constitucionais *in nomine*) dessas facciosas, horrorosas e pestíferas Cortes. O Brasil, Senhor, ama a vossa majestade, reconhece-o e sempre o reconheceu como seu rei; foi sectário das malditas Cortes, por desgraça ou felicidade (problema difícil de decidir-se), hoje, não só abomina

Havia diplomacia, verdade e D. Pedro acautelava-se para que D. João VI não achasse que se tratava de alguma espécie de golpe. Era provável que o rei de Portugal tivesse seus traumas por conta de D. Carlota Joaquina. Na carta de 21 de maio de 1822, o jovem contava ao pai que havia aceitado o título de Defensor Perpétuo do Brasil ao invés de Protetor, pois considerava que o Brasil não precisasse de proteção, uma vez que Portugal não era um inimigo; ainda assim, resumia os fatos para que não fossem surpresa ao pai nem o que acontecia e nem as suas atitudes. Já na carta de 19 junho do mesmo ano não havia como ser mais claro sobre os eventos e como as coisas seriam conduzidas se Portugal persistisse em submeter o Brasil a condições coloniais depois de ter sido uma metrópole: "a separação do Brasil é inevitável". Pôr em palavras era importante, principalmente quando eram lidas pelos próprios intermediários das

---

e detesta essas, mas não lhes obedece nem obedecerá mais, nem eu consentiria tal, o que não é preciso, porque de todo não querem senão as leis da sua Assembleia Geral Constituinte e Legislativa, criada por sua livre vontade para lhes fazer uma Constituição que os felicite *in eternum* se possível for. Eu ainda me lembro, e me lembrarei sempre, do que vossa majestade me disse antes de partir dois dias, no seu quarto: 'Pedro, se o Brasil se separar antes seja para ti que me hás de respeitar do que para algum desses aventureiros'. Foi chegado o momento da quase separação, e estribado eu nas eloquentes e singelas palavras expressadas por vossa majestade, tenho marchado adiante do Brasil, que tanto me tem honrado. Pernambuco proclamou-me príncipe regente sem restrição alguma no Poder Executivo, aqui consta-me que querem aclamar a vossa majestade imperador do Reino Unido e a mim rei do Brasil. Eu, senhor, se isso acontecer, receberei as aclamações, porque me não hei de opor à vontade do povo a ponto de retrogradar, mas sempre, se me deixarem, hei de pedir licença a vossa majestade para aceitar, porque eu sou bom filho e fiel súdito. Ainda que isto aconteça, o que espero que não, conte vossa majestade que eu serei rei do Brasil, mas também gozarei a honra de ser de vossa majestade súdito, ainda que em particular seja, para mostrar a vossa majestade a minha consideração, gratidão e amor filial tributado livremente. Vossa majestade, que é rei há tantos anos, conhecerá muito bem as diferentes situações e circunstâncias de cada país, por isso vossa majestade igualmente conhecerá que os Estados independentes (digo os que nada carecem como o Brasil) nunca são os que se unem aos necessitados e dependentes; Portugal é hoje em dia um Estado de quarta ordem e necessitado, por consequência dependente; o Brasil é de primeira e independente, *atqui* que a união sempre é procurada pelos necessitados e dependentes, *ergo* a união dos dois Hemisférios deve ser (para poder durar) de Portugal com o Brasil e não deste com aquele, que é necessitado e dependente. Uma vez que o Brasil todo está persuadido desta verdade eterna, a separação do Brasil é inevitável, a Portugal não buscar todos os meios de conciliar com ele por todas as formas.

Cortes antes de chegarem nas mãos do rei. Porém, não havia novidade nem para D. João e nem para D. Pedro, que não eram homens ignorantes, diferentemente do que a história tentou retratar.

"Liberal" Geral

O início do governo de D. Pedro como príncipe regente, ainda em 1821, começava com nova insurreição. Desta vez, exigia-se que ele jurasse as bases da Constituição que estava sendo feita — assim como seu pai havia realizado meses antes. Não parecia ser problema nem para o príncipe, nem para os próprios brasileiros, somente para D. Leopoldina, assombrada pelo temor de uma nova Revolução Francesa.

Peço a vossa majestade que deixe vir o mano Miguel para cá seja como for, porque ele é aqui muito estimado e os brasileiros o querem ao pé de mim para me ajudar a servir ao Brasil, e a seu tempo casar-se com a minha linda filha Maria. Espero que vossa majestade lhe dê licença, não queira lhe cortar a sua fortuna futura, quando vossa majestade, como pai, deve por obrigação cristã contribuir com todas as suas forças para a felicidade de seus filhos. Vossa majestade conhece a razão, há de conceder-lhe a licença que eu e o Brasil tão encarecidamente pedimos pelo que há de mais sagrado. Como filho respeitoso e súdito constitucional, cumpre-me dizer sempre a meu rei e meu pai aquela verdade, que de mim é inseparável; se abusei peço perdão, mas creio que falar a verdade nunca é abuso, antes, é obrigação e virtude ainda quando ela for proclamada e contra o próprio sujeito ou pessoa de alto coturno. As minhas cartas anteriores a esta, como haviam de aparecer a quem atacado a Deus e a vossa majestade, e tendiam a felicitar a nação toda, havia mister serem muito fortes; mas vossa majestade, conhecedor da verdade e amante dela, saberia desculpar o meu atrevimento de me servir de cartas de vossa majestade para atacar atacantes, perdão peço e decerto alcanço. Dou parte a vossa majestade que as minhas filhas estão boas (da Maria remeto um retrato tal qual ela) e a princesa está também boa e já com uma falta de doze dias neste mês e parece-me não ser falsa. Remeto no meio dos papéis um figurino a cavalo da Guarda de Honra, formada voluntariamente pelos paulistas mais distintos da província e em que tem entrado também desta província: os de São Paulo têm na correia da canhanha São Paulo e os do Rio de Janeiro. Tenho a honra de protestar novamente a vossa majestade os meus sentimentos de amor, respeito, submissão de filho para um pai carinhoso e de súdito para um rei justo. Deus guarde a preciosa vida e saúde de vossa majestade como todos os bons portugueses, e mormente nós brasileiros o havemos mister. Sou de vossa majestade súdito fiel e filho obedientíssimo que lhe beija a sua real mão – Pedro". Em: PEDRO. *Cartas de D. Pedro, Príncipe Regente do Brasil, a Seu Pai, D. João VI, Rei de Portugal (1821-1822).* EGAS, Eugenio (Org.). São Paulo: Tipografia Brasil, 1916, p. 104.

Aqui está uma verdadeira miséria, todos os dias novas cenas de revolta; os verdadeiros brasileiros são cabeça boa e tranquila, as tropas portuguesas estão animadas pelo pior espírito e meu esposo, infelizmente, ama os novos princípios e não dá exemplo de firmeza como seria preciso, pois atemorizar é o único meio de pôr termo à rebelião; receio que tome consciência tarde demais, com seu próprio prejuízo, e só posso ver um futuro negro; Deus sabe o que ainda acontecerá conosco [...] O que mais me dói são meus filhos, que vêm ao mundo numa época tão ruim[289].

Não há como negar, sendo filha de quem era, que ela estivesse contra o espírito do liberalismo e com medo das tropas inflamadas e da falta de pulso firme de D. Pedro, inclinado a uma monarquia constitucional. E não somente ele. "Cada dia as coisas ficam mais confusas e infelizmente todas as cabeças do governo foram tomadas por princípios totalmente novos, e paciência! Eu, porém, permaneço fiel ao meu antigo modo de pensar e princípios austríacos"[290]. Tanto D. Leopoldina quanto seu pai, Francisco I, e o próprio D. Pedro, vinham de uma linhagem de "déspotas esclarecidos", monarcas absolutistas, com o poder concentrado, que procuravam agir com alguma base iluminista, desde que não perdessem o poder.

Para Francisco I era preciso manter o Estado e a economia e afastar os sentimentos nacionalistas que fragmentariam o poder de impérios de grande extensão territorial. Para tanto, ele viajava, dava audiências, recebia a todos sem distinção, não importando de onde viesse e para quê. Assim como D. João VI, o *kaiser* estudava cada parte do processo administrativo, o que gerava atrasos e o fazia ser considerado alguém "sem força de vontade" e "sem visão de estadista" — note que eram as mesmas críticas feitas ao monarca português —, mas mantinha a seu favor um

---

289. Carta de São Cristóvão, de 9 de junho de 1821. LEOPOLDINA. *Cartas de uma Imperatriz*. KANN, Bettina e LIMA, Patrícia Souza (org.). São Paulo: Estação Liberdade, 2006, p. 381. Numa outra carta, esta ao marquês de Marialva, Leopoldina enfatiza a situação: "Temos aqui quase diariamente tumultos revolucionários das tropas de Lisboa; o povo e o exército do Brasil são excelentes e fiéis súditos, mas a força lhes impõe silêncio; eu não sei que fim este terrível turbilhão de espírito constitucional levará; [...]". (*Ibid.*)
290. *Ibid.*

forte aparato de censura e rede policial. Um viajante chegou a comentar que muitos nobres austríacos falavam em francês por não confiarem em seus próprios criados, que poderiam delatá-los à polícia.

Num primeiro momento, demoraria para que D. Leopoldina aceitasse as novas formas de pensar — o que se daria de forma gradual —, pois seria como romper com a legitimidade monárquica que o *Ancien Régime* defendia, protegida pela Santa Aliança, da qual a Áustria fazia parte, ou pior, levar a uma nova Revolução Francesa. Isolava-se, assim, como de costume, com suas opiniões antiliberais enquanto D. Pedro se cercava dessas "almas liberais mesquinhas", participando de jantares, reuniões e bailes com as Forças Armadas, o que a deixava cada vez mais preocupada. Como o marido não estava enxergando isso? Por que não fazia nada a respeito das tropas rebeladas, como seria esperado de um regente com base absolutista?

> [...] eu não sei que fim este terrível turbilhão do espírito constitucional levará; embora eu me considere culpada dos sentimentos liberais, acho esses daqui liberais demais, e antevejo um futuro funesto e estou muito contente que nosso excelente soberano tenha se atirado aos braços da sua bem-amada pátria [...][291].

Se D. Leopoldina esperava que D. João VI, como monarca absolutista, resolvesse a questão, este expectativa duraria pouco. Ela assistiria às humilhações que seu sogro passaria. Ao chegar em Portugal o rei não pôde desembarcar, tendo que aguardar até que as Cortes aceitassem recebê-lo. Em Lisboa, era prisioneiro em seu palácio, afastado de muitos dos seus validos e sem qualquer voz executiva. Há quem conte, com algum sarcasmo, que o rei pela manhã abria o *Diário do Governo* para saber quais leis "ele" havia assinado.

Se retornar para Portugal significava ser refém das Cortes, ficar no Brasil estava se tornando a melhor opção. Numa carta de 2 de julho de 1821, há uma mudança no discurso de D. Leopoldina, trocando a desafortunada sorte por uma nação próspera:

---

291. Carta ao Marquês de Marialva, de 9 de junho de 1821 (*Ibid.*, p. 382).

Acabou-se a esperança de viajar rapidamente para a Europa, o que, sendo bem honesta, é sorte [...] o Brasil é, sob todos os aspectos, um país tão maduro e importante, que é incondicionalmente necessário mantê-lo. O Onipotente conduz tudo para o nosso bem, e o bem comum vem antes do desejo individual, por mais intenso que seja[292].

Era seu dever, mais uma vez, chamando-a. Tal como havia sido ensinada de pequena, era preciso esquecer das vontades e desejos e enxergar o "ficar" como uma missão divina para manter o Brasil.

Se, por um lado, ter um regente nas terras brasileiras acalmava os brasileiros, por outro, atiçava as Cortes. Não haviam gostado de saber que D. Pedro e sua esposa haviam permanecido, ainda mais ele como príncipe regente, uma vez que era pretendido desfazer o período joanino e devolver o Brasil ao *status* de colônia. Exigiu-se, então, o retorno do casal real com o pretexto de D. Pedro terminar seus estudos. Ao mesmo tempo, as Cortes decretaram o fechamento de diversas repartições públicas, tribunais, todo um aparato administrativo e jurídico. Era o desmantelamento da máquina pública, o que geraria uma revolta ainda maior da população brasileira, agora desempregada e novamente subordinada a uma morosidade transatlântica. O próprio barão de Mareschal, diplomata austríaco, em carta a Metternich, em janeiro de 1822, comentava que as Cortes deveriam "estar dementes" com tais resoluções. Forçavam a um retorno ao estado anterior ao de vice-reino, com as províncias dirigindo-se diretamente a Lisboa. Era querer uma revolução ainda maior do que a do Porto!

Percebendo isso, algo mudaria em D. Leopoldina, sendo "incondicionalmente necessário mantê-lo [o Brasil]" e, de repente, tornar-se pró-Independência era estar "avançando pela densa da justiça, e verdadeiro liberalismo"[293]. Claro que isso não se deu de um dia para o outro. Foi preciso alguns meses entre a partida de D. João VI e o Dia do Fico. No início, o casal real se mostrara disposto a acatar as decisões das Cortes e voltar a Portugal. Assim evitariam um embate político, mas a cada decreto foram percebendo a instabilidade que foi se fazendo e, por meio do aviso de pessoas próximas, entenderam que sair do Brasil seria perdê-lo por completo.

---

292. Carta à Maria Luísa, de 2 de julho de 1821 (*Ibid.*, p. 383).
293. Carta de 6 de novembro de 1822 (*Ibid.*, p. 413).

A União Faz a Força

As primeiras bolhas da provável ebulição social surgiram nos jornais e, logo em seguida, nas reuniões secretas dos "patriotas brasileiros" — de quem D. Pedro recusava aproximar-se, temendo ser mal interpretado por parte das Cortes e do pai. Foi D. Leopoldina, por incrível que pareça, quem fez o primeiro contato com frei Sampaio, um dos idealizadores do movimento, e os "brasileiros". E deve ter sido ele quem lhe explicara que o desejo era de uma emancipação política apenas — em outras palavras: continuar sua independência como Reino do Brasil, mas vinculado ao *commonwealth* do império português.

Quando D. Leopoldina reparou que talvez Portugal estivesse já perdido para as Cortes, com D. João VI feito de mero fantoche, e que se os rumos das coisas seguissem no Brasil, o último bastião dos Bragança também seria perdido, ela procurou convencer o marido que o melhor seria ficar e lutar para que o Brasil conseguisse se manter como um reino e não se fragmentasse em repúblicas, como as colônias espanholas. Dessa maneira, seus filhos herdariam um trono, ainda que tropical. Numa carta a seu secretário Georg Anton Schäffer, D. Leopoldina relata suas tentativas de aproximar D. Pedro dos ideais brasileiros:

> Fiquei admiradíssima quando vi, de repente, aparecer meu esposo, ontem à noite. Ele estava mais bem disposto para os brasileiros do que eu esperava, mas é necessário que algumas pessoas o influam mais, pois não está tão positivamente decidido quanto eu desejaria. Dizem aqui que tropas portuguesas o obrigarão a partir. Tudo então estaria perdido e torna-se absolutamente necessário impedi-lo. Pernambuco deseja voltar à obediência, mas não quer nada saber das Cortes, não deverá, porém, manifestá-lo sob pena de ele não aquiescer. Responda-me depressa por escrito, pois não convém visitar-me, a fim de que não desconfiem[294].

Uma das máximas do avô paterno de D. Leopoldina, o imperador Leopoldo II, era de que além da humanidade, compaixão, apoio aos pobres e felicidade do povo, "os príncipes devem convencer-se em primeiro

---
294. Carta sem data. (*Ibid.*, p. 389)

lugar da igualdade dos homens, de que todos têm os mesmos direitos e que eles devem sacrificar àqueles toda a sua existência, suas inclinações e seus divertimentos a qualquer oportunidade"[295]. Se isso estava cristalino para o casal real não se tem conhecimento, mas parecia palpitarem esses princípios em ambos. Tanto D. Pedro quanto D. Leopoldina renunciariam à vida no continente europeu, próxima aos parentes e amigos, um universo culturalmente rico no início do século XIX, em prol da defesa de um país de dimensões continentais, rico em matéria-prima e herança de seus filhos.

Sim, Leopoldina conseguiria convencer o marido, juntamente com assinaturas vindas das províncias e pedidos para que não fosse embora nem aceitasse as imposições das Cortes. Representantes do Senado da Câmara do Rio de Janeiro foram encontrar-se com D. Pedro, e José Clemente Pereira seria bem claro em seu discurso: "A saída de vossa alteza real dos Estados do Brasil será o fatal decreto que sancione a independência deste Reino"[296]. Era 9 de janeiro de 1822, e a resposta de D. Pedro entraria para a história, forjando o Dia do Fico. Além de ficar no Brasil, prometeu que os decretos das Cortes não seriam cumpridos. O intuito era manter o território unido e a ordem.

Ideais à parte, é durante esse período que se percebe a parceria entre o casal real. Havia um companheirismo político entre D. Leopoldina e D. Pedro que não era visto em D. João VI e D. Carlota Joaquina, com o excesso de centralismo dele e a gana por participar do poder dela[297]. Lembrava um pouco da relação entre seu pai Francisco I e sua mãe Maria Teresa, mas sem a parte do domínio dela sobre ele. Entre a arquiduquesa e o príncipe surgiria uma confiança mútua, um apoio, uma segurança que seriam fundamentais. Tamanha era essa união, que se tentou separá-los

---

295. OBERACKER Jr., Carlos Henrique. *A Imperatriz Leopoldina*, Rio de Janeiro: Imprensa Nacional/Conselho Federal de Cultura/Instituto Histórico e Geográfico Brasileiro, 1973.

296. Numa carta ao pai, Leopoldina explicava que a situação da independência começa a se fazer e que queriam aclamá-lo [D. Pedro] imperador, mas que ele não iria trair ninguém, jurado ser sempre fiel a "Vossa Majestade, à Nação e à Constituição Portuguesa" (REZZUTTI, Paulo. *Leopoldina: a História Não Contada*. São Paulo: Leya, 2017, p. 205). E a princípio, a ideia era mesmo esta: manter a ordem, a regência e o território.

297. Carlota Joaquina era tão malvista que, numa carta à irmã, Leopoldina comenta que não poderia enviar nada pela Condessa Kuenburg, pois D. João VI não confiava nela por estar sempre com a esposa.

por meio de uma carta falsa, "assinada" por D. João VI (Oberacker, p. 256). E essa confiabilidade de D. Pedro nela ficaria ainda mais evidente não somente por seus conselhos, mas ao entregar a regência a ela durante um dos momentos mais importantes: o da Independência.

Dois dias depois do Fico, tropas portuguesas, levantadas pelo general Avilez, foram às ruas causar o caos, quebrando coisas, atacando pessoas. D. Pedro e D. Leopoldina, que estavam no teatro, perceberam que as pessoas da plateia começavam a se remexer nos assentos, a murmurar e, aos poucos, o espaço do espetáculo perdeu protagonismo para o que acontecia fora do palco. O rebuliço chegou a tal ponto que algumas pessoas começaram a ir embora. Sabendo o que se passava, D. Pedro se viu obrigado a discursar para acalmar as pessoas. Explicou a insurreição e que seria melhor permanecerem até o final da ópera do que estar nas ruas à mercê dos rebeldes. A arquiduquesa ficou ao seu lado o tempo todo, grávida de oito meses, mostrando força, coragem e companheirismo.

Ainda que tivessem algumas diferenças ideológicas, com D. Pedro mais ligado ao liberalismo e D. Leopoldina mais contrária a essa nova ideia, era claro para ela que ele não estava completamente certo se havia sido a melhor das decisões, porém o apoio dela era incondicional, sem qualquer perspectiva em relação à própria vida, ainda que procurasse orientá-lo segundo os preceitos da Casa da Áustria.

Ao final do espetáculo, o príncipe foi arregimentar as tropas a favor dos brasileiros e seguiram para a fábrica de pólvora para mantê-la protegida dos portugueses. Juntaram-se aos batalhões brasileiros, sacerdotes, gente de todo tipo e ainda os oficiais portugueses a favor de D. Pedro, totalizando dez mil pessoas[298]. Não houve um enfrentamento, por mais que os dois mil soldados portugueses fossem bem mais hábeis que os simples "brasileiros". O general Avilez e as tropas portuguesas foram se refugiar em Praia Grande, atual Niterói, e aguardaram.

Enquanto isso, D. Leopoldina era levada até São Cristóvão e de lá, madrugada adentro, escoltada para a Fazenda de Santa Cruz juntamente com os filhos. Seria naquele lugar afastado que ela conheceria José Bonifácio de Andrada e Silva (1763-1838) poucos dias depois.

---

298. REZZUTTI, Paulo. *Leopoldina: a História Não Contada*. São Paulo: Leya, 2017.

O Mineralogista da Corte

Talvez estivesse D. Leopoldina mais ansiosa em receber o bem afamado José Bonifácio do que o velho Andrada em estar diante da descendente da grande Maria Teresa da Áustria[299]. Ao saber que o vice-presidente da província de São Paulo estava a caminho do Rio de Janeiro e havia desembarcado em Sepetiba, próximo à fazenda real, a arquiduquesa não conseguiu esperar o retorno da escolta que havia mandado recebê-lo. Foi ao encontro deles. Não havia como não se impressionar com a sua cordialidade e candura, ou como José Arouche de Toledo Rendon (1756-1834) comentou, em carta ao irmão de Bonifácio, Martim Francisco, "entre outras expressões capazes de arrancarem lágrimas aos homens de sentimentos honrados"[300].

E Bonifácio era um homem que, ao que tudo indicava, era mais do que honrado: era um sábio. Maria Graham, que teve o prazer de conhecê-lo, admirava-o por sua cultura e educação — "Era um homem de raro talento" e, como boa parte dos estudiosos, encurvado. Havia feito seus estudos em Direito, Matemática e Filosofia Natural em Coimbra, e depois, com uma bolsa do Real Erário, seguira por uma viagem científica pela Europa, vendo o caos da Revolução Francesa quando estava em Paris em 1790, e seguindo viagem para se aperfeiçoar em mineralogia e química, retornando ao Brasil apenas 30 anos depois.

Falando primeiro em francês e depois em alemão, Bonifácio conversou com a arquiduquesa e foi ela quem lhe comunicou que seu marido ia nomeá-lo secretário do Reino, Justiça e Negócios Estrangeiros. Educadamente Bonifácio recusou o convite, o que obrigou D. Leopoldina a insistir. Por fim, convenceu-o a conversar com D. Pedro e depois tomar a decisão final, a qual seria positiva para a história do Brasil.

---

299. Maria Teresa da Áustria (1717-1780), bisavó de Leopoldina, foi uma grande estadista por 40 anos, fundadora do primeiro hospital de Viena e tornando obrigatória a necropsia, inclusive da família real, e decretando que crianças entre seis e 12 anos, de ambos os sexos e todas as classes sociais, frequentassem as escolas. Também deu permissão a pessoas de religiões que não a católica para frequentarem as universidades.

300. *Apud* MENCK, José Theodoro Mascarenhas. *D. Leopoldina: Imperatriz e Maria do Brasil*. Brasília: Câmara dos Deputados, 2017, p. 72.

Se, por um lado, a ida à fazenda real havia sido oportuna, pois D. Leopoldina tivera a chance de mediar um encontro e impedir uma provável recusa por parte de Bonifácio, por outro, seu filho João Carlos fora vítima do translado. Em 4 de fevereiro de 1822, o pequeno morria em consequência de uma doença mal recuperada por causa da viagem. Em carta a D. João VI, D. Pedro acusava de assassinato a insurreição das tropas portuguesas:

> Uma violenta constipação cortou o fio de seus dias. Este infortúnio é o fruto da insubordinação e dos crimes da divisão portuguesa. [...] A divisão auxiliadora, pois, foi a que assassinou o meu filho e neto de vossa majestade. Em consequência, é contra ela que levanto minha voz[301].

E assim termina a possibilidade de qualquer boa relação com as Cortes. A morte de seu filho marcaria as decisões de D. Pedro daí em diante, sendo mais duro com quem estivesse contrário ao Brasil. E o general Avilez seria o primeiro a sofrer sua ira, sendo expulso sob ameaça de fogo.

Apesar de prever um futuro negativo[302], e de toda a apreensão e irritação que tomava as circunstâncias, D. Leopoldina acompanhava tudo o que se passava pelos jornais, pelas conversas, não se fazendo distante — ainda que não opinando diretamente — nem com a morte do filho. Um novo ministério montado por D. Pedro, do jeito que ela mesma aconselhava que fosse feito, começou. José Bonifácio estava à frente e uma das primeiras resoluções foi que nenhuma ordem vinda das Cortes poderia ser cumprida sem o aval de D. Pedro. Foi também convocado um Conselho de Estado com procuradores de todas as províncias brasileiras. A ideia era chegar a um regime constitucional.

Ainda não havia uma definição de independência total por parte de D. Pedro, nem mesmo D. Leopoldina se mostrava inclinada a tal[303].

---

301. PEDRO. *Cartas de D. Pedro, Príncipe Regente do Brasil, a Seu Pai, D. João VI, Rei de Portugal (1821-1822)*. EGAS, Eugenio (Org.). São Paulo: Tipografia Brasil, 1916.

302. "Vejo um futuro negro no mau espírito que domina com violência por toda parte" (LEOPOLDINA. *Cartas de uma Imperatriz*. KANN, Bettina e LIMA, Patrícia Souza (org.). São Paulo: Estação Liberdade, 2006, p. 394).

303. Em carta em 12 fevereiro de 1822, ela escreve: "rodeada por convicções revolucionárias [...] isso nada mais é que guerra civil por todos os lados, que foi apoiada aqui

Queria apenas manter as reformas implementadas por D. João VI que faziam do Brasil um reino com os mesmos direitos e poderes de Portugal, com total autonomia administrativa e com "os ministros [...] filhos do país que sejam capazes [...] de um modo análogo aos dos Estados Unidos da América do Norte" (p. 389). Ou seja, uma Constituição também para o Brasil, mesmo que ela ainda não estivesse convencida de que ter uma monarquia constitucional seria bom.

A insistência das Cortes e seus mandos e desmandos foram escalando junto à ideia de um corte definitivo por parte da população prejudicada. Uma pressão surgia, enquanto outras províncias mais ao Norte estavam enviando deputados para fazerem parte das Cortes — preferiam eles responderem diretamente a Lisboa do que ter o Rio de Janeiro mediando a relação. O Brasil dividia-se[304] e não havia mais dúvidas de que se fosse entregue a Portugal, ele se faria completamente independente, nem que por meio de uma guerra. "[...] o Brasil é grande demais, poderoso e, conhecendo a sua força política, incapaz de ser colônia de um corte pequena, por isso custará ainda muitas lutas duras e sangrentas", escrevia Leopoldina à sua irmã em 1º de agosto de 1822[305].

E as chances de Leopoldina voltar para a Europa minguavam até que, percebendo não haver mais volta, envia uma carta ao pai comentando a situação e fazendo questão de deixar explícito que estaria ligada aos "caros princípios pátrios" e, se caso as coisas dessem errado e D. Pedro fosse morto como Luís XVI, aí sim ela voltaria com as filhas à Áustria:

> Aqui há uma verdadeira confusão, por toda parte reinam modernos princípios populares da tão bem exaltada liberdade e independência; agora se trabalha numa assembleia popular, imaginada de forma democrática, como no país livre da América do Norte.

---

por algum tempo; eu porém a bloquearei, quando a força europeia chegar, pois há uma rivalidade muito grande e ódio contra ambos os partidos, não sem motivo" (*Ibid.*, p. 392).

304. Em carta ao pai de 7 de março de 1822, D. Leopoldina enfatiza: "[...] aqui reina um verdadeiro caos de ideias e cenas, tudo surgido do logro chamado espírito de liberdade, [...] meu esposo declarou que ficará aqui; embora pensemos diferentemente em alguns aspectos, é melhor que me cale e observe silenciosamente" (*Ibid.*, p. 393).

305. (*Ibid.*, p. 402).

Meu esposo, que lamentavelmente ama todas as novidades, está deslumbrado e infelizmente, parece-me, no final pagará por todos; com relação a mim estão desconfiados, o que me deixa muito feliz, pois assim não sou obrigada, graças a Deus, a expressar a minha opinião e pelo menos estou livre de briga; esteja convicto, querido pai, aconteça o que acontecer, de que nunca esquecerei o que devo à religião, aos meus caros princípios pátrios, e fique despreocupado, pois confio no Onipotente, que nunca abandona quem Nele confia firmemente, no pior dos casos, e se as coisas tomarem o rumo da Revolução Francesa, como receio, verei minha querida pátria com minhas filhas, pois infelizmente tenho certeza de que a venda do deslumbramento não cairá dos olhos de meu esposo[306].

Apesar da sua aproximação dos brasileiros e de entender que a evolução dos acontecimentos não poderia parar, a convocação de uma Assembleia, em 3 de junho de 1822, parecia temerária para Leopoldina. Bastava recordar do que as Cortes haviam feito em Portugal, e as resoluções do liberalismo em outros sistemas absolutistas mundo afora. Porém, por mais que tivesse uma visão política com base nos fatos, procurando estar sempre informada, não percebia que, desta vez, ela e o marido não eram vistos como o inimigo, e sim como o aliado. Essa percepção é importante para que se entenda de que maneira D. Pedro seria colocado à frente dos eventos da Independência, ao invés de ser atropelado por eles.

D. Leopoldina não estava acostumada, talvez, dado o seu isolamento construído na infância como arquiduquesa, ao contrário de D. Pedro que, com uma criação mais livre, vivia entre o povo, o que se tornaria muito benéfico para ele como fator agregador. Ao notar que o povo aclamava D. Pedro como seu defensor, e que ele poderia ser a salvação de uma situação que pendia para o pior, D. Leopoldina não conseguiu mais cumprir a promessa feita ao pai de não envolvimento, ou de afastamento das opiniões, pois "embora o senhor sempre tenha proibido, o meu coração e mente, amantes apenas da verdade, de falar abertamente, não posso deixar desta vez de tentar minha sorte". Relatou a Francisco I o que

---

306. São Cristóvão, 23 de junho de 1822 (*Ibid.*, p. 399-400).

acontecia, como se explicando a situação com um olhar de quem queria o importante apoio do soberano da Áustria em situação tão delicada, e a compreensão paterna:

> Segundo todas as notícias confiáveis da pátria-mãe infiel, a única conclusão a que se pode chegar é que sua majestade, o rei, está sendo mantido pelas Cortes numa prisão elegantemente disfarçada; nossa partida para a Europa é impossível, já que o nobre espírito do povo brasileiro se mostrou de todas as formas possíveis e seria a maior ingratidão e erro político crassíssimo se nosso empenho não fosse manter e fomentar a sensata liberdade e consciência de força e grandeza deste lindo e próspero reino, que nunca poderá ser subjugado pela Europa, mas talvez com o tempo possa fazer o papel de anfitrião; eu porém estou convicta, querido papai, como deseja tudo o que é nobre e bom, de que o senhor nos apoiará na medida do possível e com toda a força e poder possíveis[307].

Esta carta demonstra a mudança total de D. Leopoldina, daquela que não acreditava numa Constituição e que temia os ventos de mudança política para quem se tornou a porta-bandeira da liberdade, tratando a Europa como uma "subjugadora" e Portugal como uma "pátria mãe infiel". A partir de então, ela teria um papel ainda mais expressivo, fundamental, não somente participando das decisões de D. Pedro — sobretudo com relação a confiar em José Bonifácio — como sendo a sua regente quando o marido foi obrigado a se ausentar numa tentativa de unir as províncias e impedir o esfacelamento do Brasil.

Poucos sabem que D. Leopoldina chegou a ser regente do Brasil por um curto período de semanas, mas dada a sua capacidade de escutar e de ser escutada com zelo, somada à educação e cultura bem enraizadas na infância, além do coração e moral bem incutidos, entende-se que não se poderia ter feito melhor escolha.

---

307. São Cristóvão, 8 de agosto de 1822 (*Ibid.*, p. 403).

A Regente do Brasil

"Hoje em dia, quando um dos nossos herda o trono, já não se trata, como outrora, de uma propriedade devidamente adquirida, mas sim de um cargo, de uma pesada incumbência, é preciso quebrar-se a cabeça para reinar tanto quanto possível de acordo com os desejos dos seus súditos"[308]. As palavras de Leopoldo II da Áustria parecem muito boas definir a situação em que D. Leopoldina e D. Pedro se encontravam: ambos herdaram no nascimento um cargo público de suma importância, em que o particular estava abaixo das coisas do Estado, e deveriam viver em função dos seus súditos. Para tanto, era preciso ouvi-los e mostrar-se presente. O desgoverno causado pelas ações das Cortes seria a ruína, e a possibilidade de "qualquer um" tomar o poder em situação tão frágil politicamente era real. Numa época em que não havia internet e as notícias demoravam meses para chegar, pois vinham em montaria ou barco, era preciso então que D. Pedro fizesse pessoalmente o papel de unificador.

Para firmar a união com as províncias, D. Pedro foi até Minas Gerais. Neste período de semanas deu-se a primeira regência de D. Leopoldina, que foi dividida com José Bonifácio. Pouco tempo depois de ter voltado, com a alma lavada por ter conseguido o apoio dos mineiros, D. Pedro foi para São Paulo, deixando que a esposa ficasse à frente do Conselho de Estado. Ela estava a par, por meio do Schäffer e do barão de Mareschal, de toda a movimentação contrária a José Bonifácio, e procurou defender aquele que acreditava ser uma boa influência para seu marido.

O barão de Mareschal, em especial, relatou numa carta a Metternich ter aconselhado a arquiduquesa a não se envolver com a política brasileira. Não havia como. Ela estava envolvida a partir do momento em que pessoas da corte que eram portuguesas e a favor da causa tentavam ganhar a sua simpatia, como europeia que era. As mesmas que não a haviam bem recepcionado, que a viam como "a estrangeira", que prefeririam que D. Pedro não tivesse casado com uma austríaca. Estava envolvida uma vez que o trono de seus filhos estava em jogo, inclusive a sua própria

---

308. OBERACKER Jr., Carlos Henrique. *A Imperatriz Leopoldina,* Rio de Janeiro: Imprensa Nacional/Conselho Federal de Cultura/Instituto Histórico e Geográfico Brasileiro, 1973.

existência o estava: "Nós, pobres princesas, somos tais quais dados, que se jogam e cuja sorte ou azar depende do resultado"[309].

Como toda mulher de alta nobreza, D. Leopoldina havia sido criada para ser mais do que esposa e mãe, deveria também educar e pensar nos interesses familiares com uma posição quase diplomática e, se preciso, tomar o poder, como havia feito a bisavó Maria Teresa. Se após o Fico ela se tornara conselheira do marido, ainda que sutilmente, para impedir que ele ficasse "deslumbrado" demais, e tivesse se aproximado de brasileiros como frei Sampaio e se aliado a José Bonifácio por ver neste alguém que poderia ajudar, foram essas estratégias, ainda que cautelosas, que culminariam na independência total do Brasil e garantiriam o primeiro e o segundo reinados.

Quando na sessão de número doze, de 14 de agosto de 1822, D. Pedro propõe ao Conselho sua partida para São Paulo "para acomodar as dissenções internas, que a agitavam, e derramar sobre aqueles povos o bálsamo da consolação, e da tranquilidade" e que D. Leopoldina ficaria em seu lugar na presidência do Conselho de Ministros e Estado, não houve impedimento ou voto contrário[310]. Ao tomar posse da regência,

---

309. Em carta de 17 de setembro de 1826 ela faz clara referência ao destino da sua irmã Maria Luísa, e ao de outras nobres que tiveram que aceitar casamentos políticos e viver segundo as circunstâncias do momento, sem saber o que seria delas em termos privados quando a questão pública se sobrepunha (LEOPOLDINA. *Cartas de uma Imperatriz*. KANN, Bettina e LIMA, Patrícia Souza (org.). São Paulo: Estação Liberdade, 2006, p. 449).

310. O decreto que fala sobre a regência de D. Leopoldina diz: "Tendo de ausentar-me desta capital por mais de uma semana para ir visitar a província de São Paulo, e cumprindo a bem dos seus habitantes e da segurança e tranquilidade individual e pública, que o expediente dos negócios não padeça com esta minha ausência temporária, hei por bem que os meus ministros e secretários de estado continuem nos dias prescritos, e dentro do Paço, como até agora, debaixo da presidência da Princesa Real do Reino Unido, minha muito amada e prezada esposa, no despacho do expediente ordinário das diversas secretarias do estado e repartições públicas que será expedido em meu nome, como se presente fora; e hei por bem outrossim que meu conselho de Estado possa igualmente continuar as sessões nos dias determinados ou quando preciso for, debaixo da presidência da mesma princesa real, a qual fica desde já autorizada para, com os referidos ministros e secretários do Estado, tomar todas as medidas necessárias e urgentes ao bem e salvação do Estado; e tudo me dará imediatamente parte para receber a minha aprovação e ratificação, pois espero que nada obrará que não seja conforme às leis existentes e aos sólidos interesses d'Estado. O Ministro de Estado dos Negócios do Reino e Estrangeiros o tenha assim entendido e faça executar os despachos necessários. Palácio do Rio de Janeiro, 13 de

a primeira medida dela foi proibir a festa da Revolução do Porto (24 de agosto). Se havia alguma dúvida quanto ao seu preparo, verificou-se que não faltava. Qualquer arquiduque ou arquiduquesa havia recebido estudo e treino para momentos como este, e D. Pedro nunca poderia ter pensado em melhor pessoa do que ela para governar. Porém, por mais que confiasse nela, não era um poder ilimitado. Tudo passava pela assinatura do marido, que ia recebendo as cartas e despachos onde estivesse.

Haviam sido os três irmãos Andrada — José Bonifácio, Martim Francisco e Antônio Carlos — que aconselharam D. Pedro a visitar as capitanias do Sul, entendendo que a visibilidade dele o faria "extremamente popular"[311]. Para se ter uma ideia do tamanho dessa popularidade, ele viajou acompanhado do secretário, dois criados e dois jovens amigos — entre eles o famoso Chalaça —, sem qualquer guarda ou grande comitiva. Quando era 7 de setembro, tinha dezenas de seguidores. A gigantesca comitiva era formada por pessoas que ia conhecendo e se reuniam ao seu redor[312].

---

agosto de 1822 com a rubrica de S. A. R. o Príncipe Regente. José Bonifácio de Andrada e Silva". (PEDRO. *Decreto: Tendo de ausentar-me desta Capital por mais de uma semana [...]*. Rio de Janeiro: Impressão Nacional, 1822. Disponível em: <https://digital.bbm.usp.br/handle/bbm/2409>. Acesso em: 21 de setembro de 2021).

311. GRAHAM, Maria. *Correspondência entre Maria Graham e a Imperatriz D. Leopoldina*. Belo Horizonte: Editora Garnier, 2020, p. 71.

312. Conta-se que estavam presentes no grito do Ipiranga Luiz de Saldanha da Gama, veador (fidalgo) da Princesa Real, nomeado interinamente ministro e secretário de Estado especial, para acompanhar o Príncipe Regente, assistir ao despacho e expedir as respectivas ordens. Guarda de Honra 1º comandante, coronel Antônio Leite Pereira da Gama Lobo (de São Paulo); 2º comandante interino, capitão-mor Manuel Marcondes de Oliveira e Mello, depois barão de Pindamonhangaba (da mesma cidade); Sargento-mor Domingos Marcondes de Andrade (de Pindamonhangaba); Tenente Francisco Bueno Garcia Leme (da mesma cidade); Miguel de Godói e Moreira e Costa (da mesma cidade); Adriano Gomes Vieira de Almeida (da mesma cidade); Manuel Ribeira do Amaral (da mesma cidade); Benedito Corrêa Salgado (da mesma cidade); Francisco Xavier de Almeida (de Taubaté); Vicente da Costa Braga (da mesma cidade); Fernando Gomes Nogueira (da mesma cidade); João José Lopes (da mesma cidade); Rodrigo Gomes Vieira (da mesma cidade); Bento Vieira de Moura (da mesma cidade); Flávio Antônio de Melo (de Paraibuna); Salvador Leite Ferraz (de Mogi das Cruzes); José Monteiro dos Santos (Guaratinguetá); Custódio Leme Barbosa (da mesma cidade); Sargento-mor João Ferreira de Sousa (de Areias); Cassiano Gomes Nogueira (São João Marcos cidade do Rio de Janeiro); Floriano de Sá Rios (da mesma cidade); Joaquim José de Sousa Breves

Quem não gostaria de ficar perto de uma celebridade? Porém, não havia estrelismo. Nessa viagem, D. Pedro se provou um homem de gostos comuns, o que causava mais fascínio. Em alguns casos, nem mesmo era reconhecido por seu trato informal e desinibido, distante das imagens históricas. Apesar dos banquetes que lhe eram oferecidos, não se fazia ofendido se não acontecia. Conta-se que, vindo na frente da comitiva e trajando as roupas de um soldado que havia pegado emprestado, ao chegar na fazenda Pau d'Alho foi recebido pela senhora da casa como um simples soldado. Como estava preparando a casa para receber o príncipe regente, ela lhe ofereceu um prato de comida para que comesse na cozinha junto aos escravos, o que ele fez sem qualquer problema. Quando o dono da fazenda, coronel João Ferreira, que fazia parte da comitiva e vinha mais atrás, chegou e o viu comendo sentado na escada da casagrande, quase teve uma síncope.

D. Pedro provava que havia uma qualidade, talvez, em não ter tido a criação de um príncipe europeu. Não temia cruzar o Brasil no lombo de uma mula, atravessando estradas perigosas, molhado, sujo, jantando "toucinho e farinha de mandioca"[313], dormindo sobre um pedaço de madeira ou pernoitando nas residências que achasse no caminho. Talvez se não fosse essa sua bravura, não teria escutado os Andrada e ido para outros rincões do Brasil, para que, conhecendo-o, apaziguasse os ânimos das províncias e ganhasse aliados.

(da mesma cidade); Antônio Pereira Leite (de Resende) Sargento-mor Antônio Ramos Cordeiro, veio acompanhando o correio-real; José da Rocha Corrêa (da mesma cidade); David Gomes Cardim (da mesma cidade); Eleutério Velho Bezerra (do Rio de Janeiro); Antônio Luís da Cunha (da mesma cidade); Oficiais e criados da Casa Real Guarda-roupa Joaquim Maria da Gama Freitas Berquó, depois Marques de Cantagalo; Criado particular João Carlota; Criado particular João Carvalho; Criado particular Francisco Gomes da Silva, o Chalaça; Pessoas particulares Brigadeiro Manuel Rodrigues Jordão (de São Paulo); Padre Belchior Pinheiro de Oliveira (de Minas Gerais); Empregado Público, Paulo Bregaro, oficial do Supremo Tribunal Militar, na condição de correio-real (RIBEIRO, Antônio Sérgio. "Acompanhe a Viagem de D. Pedro até as Margens do Ipiranga em 7 de Setembro de 1822". *Assembleia Legislativa do Estado de São Paulo*, 4 de setembro de 2003. Disponível em: <https://www.al.sp.gov.br/noticia/?id=285344>. Acesso em: 21 de setembro de 2021).

313. GRAHAM, Maria. *Correspondência entre Maria Graham e a Imperatriz D. Leopoldina*. Belo Horizonte: Editora Garnier, 2020, p. 71.

Enquanto não havia inibição nem falta de coragem para D. Pedro, D. Leopoldina, acompanhada de José Bonifácio, despachava e sentia muita vergonha de estar acompanhada de tantos homens taciturnos ao seu redor[314]. Para quem nunca havia gostado de interagir por timidez, o esforço havia sido grande: "[...] meu adorado esposo partiu para São Paulo e neste momento estou encarregada de todos os afazeres, que é o maior sacrifício que posso lhe fazer e ao Brasil"[315]. As reuniões duravam até seis horas[316], o que era extremamente cansativo para quem não estava acostumado. "O encargo dos negócios de Estado; eis a exigência da tranquilidade e do bem públicos"[317].

Porém, nem a timidez nem o cansaço a impediriam de trabalhar. E não a fariam segurar as suas opiniões, desta vez. Algumas destas sobreviveram ao tempo. São as notas de D. Leopoldina para José Bonifácio em que fala acerca de algumas nomeações, como no caso da feita para o governo de Santa Catarina; um tal Soares que já havia sido péssimo em Pernambuco e se mostrava favorável às Cortes, o que poderia ser um problema para eles. Havia um tom de confidência também, como no caso do encontro que teve com Francisco Misutella. No relato a Bonifácio, conta que ele teria ido lhe falar algo contra a emancipação, e ela pedira para se calar e unir seus esforços pelo bem do Brasil. Entre as várias mensagens ao amigo Andrada, a mais interessante é sobre as cartas que vieram de Lisboa, as quais não escondia dele: "[...] que fazem toda a diligência para ver se semeiam a discórdia entre nós ambos, mas

---

314. "Fui à audiência e tive muita vergonha, à Glória também, que foi uma festa lindíssima, e muita gente; o frei Sampaio pregou muito bem [...] Na cidade fala-se muito de ter barulho na eleição dos deputados, não querendo o barão de Santo Amaro, Bispo e Manuel Jacintho, por serem do antigo sistema" (19 de agosto de 1822. LEOPOLDINA. *Cartas de uma Imperatriz*. KANN, Bettina e LIMA, Patrícia Souza (org.). São Paulo: Estação Liberdade, 2006, p. 408). Pode-se ver que ela procurava manter D. Pedro a par de tudo o que estava acontecendo.

315. Pós-escrito à carta de 12 de agosto de 1822 (*Ibid.*, p. 404).

316. "Tive ontem um despacho de seis horas que fiquei mais cansada do que se fosse a São Paulo a cavalo!! Deus queira que voltasses em breve, meu gênio não é para tudo isso!", escreve em carta de 19 de agosto de 1822 (*Ibid.*, p. 408).

317. Carta de 15 de agosto de 1822, para o marquês de Marialva (*Ibid.*, p. 404).

eles se enganam, sou alemã (que quer dizer constante e teimosa)"[318].
Não se tratava apenas de ser alemã, se assim o fosse, não colocaria nas cartas a Bonifácio "nós brasileiros". Tratava-se de tentar apartá-la de D. Pedro, provando não conhecerem a constância de seus sentimentos e sua dedicação à empreitada que havia aceitado no dia em que renunciou à sua herança à coroa da Áustria e assinara como Maria Leopoldina.

Talvez fosse difícil para alguns entender que ela havia tomado a causa para si porque, em primeiro lugar, era o certo a fazer e, em segundo, porque era apaixonada pelo marido — ao menos, era fiel a ele. Juntos, o casal era uma força política que perturbava. Não conseguiram separá-los naquele momento. A única coisa que decepcionava D. Leopoldina era quando D. Pedro não se dignava a lhe mandar notícias por dias, o que a feria: "quando se ama com ternura uma pessoa, sempre se acha momentos e ocasiões de provar-lhe a sua amizade e amor"[319]. Ela estava naquela posição por ele e isso era evidente; e talvez evidencie o motivo da escolha. D. Pedro sabia que podia confiar em Leopoldina; diferentemente de sua mãe, ela nunca o destronaria. Não havia ambição na jovem, nem paciência para comandar uma nação, apenas a vontade de fazer o que fosse o melhor para a sua família e, consequentemente, para o Brasil. A verve familiar era tamanha em sua vida, que mantinha uma relação diplomática com D. João VI sem rusgas ou tensões. Numa carta ao sogro, de 20 de agosto de 1822, comenta a saúde da filha, a viagem de Pedro a São Paulo e o quão sacrificante foi para ela ficar no lugar dele. Não há um corte na relação e nem Leopoldina o quer, procurando manter a unidade familiar por debaixo dos interesses de Estado.

Resoluções para 1822

Algumas questões importantes foram decididas sob a sua regência, entre elas a contratação de lorde Thomas Cochrane (1775-1860), que tinha lutado pela independência do Chile. E outras foram fundamentais para que medidas mais drásticas fossem tomadas diante das recém-chegadas ordens das Cortes. Elas diziam que desconsideravam o pedido do Brasil de

---

318. *Ibid.*, p. 406.
319. *Ibid.*, p. 408.

uma representação como um todo e não fragmentada. Além disso, havia ordens expressas para que José Bonifácio fosse preso e enviado a Lisboa para ser julgado. Somava-se a isso a anulação dos decretos do príncipe regente, entre eles o do Conselho, e a ordem expressa de que D. Pedro retornasse a Portugal, onde concluiria seus estudos. E se o "desgraçado e miserável rapazinho", aquele "mancebo ambicioso e alucinado" se recusasse, seria encerrado no palácio de Queluz.

As ameaças estavam feitas e eram enfatizadas pela chegada de navios e soldados portugueses a Salvador. No auge das tensões, em 29 de agosto de 1822, Leopoldina envia uma carta a Pedro pedindo o seu retorno para que decisões fossem tomadas diante das péssimas perspectivas:

> Meu querido e muito amado esposo, mando-lhe o Paulo[320]; *é preciso que volte com a maior brevidade*, esteja persuadido que não só amor, amizade que me faz desejar mais que nunca sua pronta presença, mas sim as críticas circunstâncias em que se acha o amado Brasil, só a sua presença, muita energia e rigor podem salvá-lo da ruína. As notícias de Lisboa são péssimas: 14 batalhões vão embarcar nas três naus, mandou-se imprimir suas cartas e o povo lisboeta tem-se permitido toda a qualidade de expressões indignas contra sua pessoa, na Bahia entraram 600 homens e duas ou três embarcações de guerra. Os ministros de Estado lhe escrevem esta carta, aqui inclusa, e assentou-se não mandar os navios para o sul porque o Lecor se desmascarou com Moratto e era capaz de embarcar a tropa para Santa Catarina; a sua vinda decidirá depois se sempre quer mandá-las. Todos aqui estão bons e Maria já sai e o Manuel Bernardes a curou muito bem. Receba mil abraços e saudades muito ternas desta sua amante esposa[321].

---

320. Paulo Bregaro, o mensageiro enviado para levar os ofícios urgentes a D. Pedro no Ipiranga. Ele havia sido escolhido por sua excelência como cavaleiro. Oberacker, com base nos relatos de Vasconcelos de Drummond, acredita que ele não teria levado esta carta, já que no dia 7 de setembro houve mais de um correio, e sim os despachos e cartas do Conselho de Estado.

321. *Ibid.*, p. 411.

A carta chegou nas mãos de D. Pedro pouco antes das datadas dos primeiros dias de setembro, fundamentais para motivar o Grito do Ipiranga. Na sessão de número 13, do dia 2 de setembro de 1822, o Conselho de Estado se reunia, encabeçado por D. Leopoldina, para discutir as notícias recebidas de Lisboa. Após aprovada a ata da sessão anterior, o conselheiro Obes discursou a respeito das notícias vindas de Portugal, sobre o envio de tropas e os insultos propagados contra "nosso augusto defensor", dizendo "que se não perdesse tempo: que as Cortes tinham tirado a máscara exigindo de sua alteza real uma obediência a mais humilhante, e do Brasil uma humilhação como nunca se exigira dos nossos maiores". Como represália decidiu-se o embargo dos fundos da Companhia dos Vinhos do Douro, e que seriam precisas medidas de segurança e defesa. Para tanto, cada conselheiro deveria apresentar um plano, e que se juntassem num projeto de campanha os conselheiros militares e ministros de Guerra e Marinha.

Após perceber qual seria o posicionamento das pessoas presentes, José Bonifácio também teria falado das diversas tentativas do Brasil se manter unido a Portugal, mas que havia se chegado a um limite ao querer transformar o país em colônia, sem um governo centralizado, e que D. Pedro deveria ser avisado para proclamar logo a Independência do Brasil[322]. D. Leopoldina aprovou com entusiasmo[323]. Parecia que o casal real já havia aventado tal possibilidade, uma vez que ela não ficou

---

322. Segundo Melo Moraes, em *História do Brasil-Reino e Brasil-Império*, tomo I, teria dito ele "[...] ter chegado a hora de acabar com aquele estado de contemporizar com os seus inimigos; que o Brasil tinha feito tudo quanto humanamente era possível fazer para conservar-se unido com dignidade a Portugal; mas que Portugal em vez de acompanhar e agradecer a generosidade com que o Brasil o tratava, insistia nos seus nefastos projetos de o tornar a miserável condição de colônia, sem nexo e nem centro de governo, que, portanto, ficasse com ele a responsabilidade da separação. Propôs que se escrevesse ao sr. D. Pedro para que Sua Alteza Real houvesse de proclamar a independência sem perda de tempo. Todos os ministros foram unânimes em favor desta ideia. A Princesa Real que se achava entusiasmada em favor da causa do Brasil, sancionou com muito prazer a deliberação do conselho". *Apud* OBERACKER Jr., Carlos Henrique. *A Imperatriz Leopoldina*, Rio de Janeiro: Imprensa Nacional/Conselho Federal de Cultura/Instituto Histórico e Geográfico Brasileiro, 1973, p. 274).

323. Segundo o relato do conselheiro Vasconcelos de Drummond.

em dúvida quanto a que curso tomar, o que também estava evidente nas cartas de D. Pedro ao pai avisando da ideia de independência.

Um relato interessante é o do conselheiro Antônio de Meneses Vasconcelos de Drummond (1794-1874), considerado um jovem inteligente e capaz. Aos 15 anos de idade foi convidado para integrar a recém-inaugurada chancelaria (1809). Era grande amigo dos irmãos Andrada, participando junto a eles do Conselho de Ministros e, mais tarde, indo para o exílio em Paris, voltando somente em 1830 para tomar parte do corpo diplomático. Em suas memórias comenta os detalhes dos preparativos do que que seria a reunião de 2 de setembro, em cujas vésperas havia recebido a visita de José Bonifácio. Diante das novas ordens das Cortes e da atitude indecisa do príncipe regente frente à uma separação, "que ele desde logo entendeu que se não devia adiar [...] O príncipe já estava em São Paulo, e se a ocasião não fosse aproveitada, quem sabe se outra se poderia proporcionar tão cedo"[324], Bonifácio pedia apoio a Vasconcelos e que levasse para a reunião os papeis sobre o poderio bélico da Bahia[325].

---

324. "O príncipe regente achava-se então em São Paulo, para onde tinha partido em 14 de agosto, a fim de pôr cobro aos distúrbios que ali estava causando José da Costa Carvalho à causa da independência. José Bonifácio havia também naquele dia ou na véspera recebido novas de Lisboa, e, juntas estas com aquelas que eu trazia, julgava conveniente acabar com os paliativos e proclamar a independência. Fosse esta a causa isolada ou cumulativa com os seus desejos de ser a independência proclamada na sua província, o caso é que ele desde logo entendeu que se não devia adiar esse solene ato. O príncipe já estava em São Paulo, e se a ocasião não fosse aproveitada, quem sabe se outra se poderia proporcionar tão cedo" (DRUMMOND, Vasconcelos de. *Anotações de Vasconcelos de Drummond à Sua Biografia*. Brasília: Senado Federal, 2012, p. 101).

325. "Despediu-me e ordenou que eu me achasse às 11 horas da manhã no Paço de São Cristóvão, mas que lhe entregasse antes todos os papéis que eu trazia, e para o que me esperava até as 9 horas. Às 8 horas eu já estava com ele, entreguei os papéis, e eram tais e tão minuciosos que nada faltava para que se pudesse conhecer por eles o verdadeiro estado da Bahia. Do Recôncavo as informações e os ofícios secretos e confidenciais do benemérito desembargador Gondim. Da cidade da Bahia, os mapas e o estado completo da força armada de mar e terra e dos hospitais. A força de cada navio, seu armamento, artilharia, munições de boca e de guerra, etc. Enfim o estado moral e as desavenças que reinavam entre os adversários. O atraso em que se achavam os pagamentos e os recursos financeiros com que podiam contar. Era um registro completo ou estatístico do acampamento da Bahia. Alguns destes documentos eu os havia recebido das próprias mãos do general Madeira. O contentamento de José Bonifácio não podia ser maior" (*Ibid.*).

José Bonifácio já havia planejado como se daria a proposta de uma independência total de Portugal, com a ajuda de seu irmão Martim Francisco[326], que habilmente faria a proposição inicial.

Às 11 horas da manhã me achei no Paço de São Cristóvão. José Bonifácio já lá estava. Havia conselho. Beijei a mão à princesa. No conselho decidiu-se de proclamar a independência[327]. Enquanto o conselho trabalhava, já Paulo Bregaro estava na varanda pronto a partir em toda a diligência para levar os despachos ao príncipe regente[328].

A reunião terminara às 15h, com o oficial da Secretaria do Conselho Supremo Militar e porteiro Paulo Emílio Bregaro pegando os despachos e cartas de José Bonifácio, do diplomata inglês Henry Chamberlain[329] (1796-1844) e de D. Leopoldina e indo rumo a D. Pedro, sob o esbravejar de José Bonifácio: "Se não arrebentar uma dúzia de cavalos no caminho, nunca mais será correio; veja o que faz"[330].

A carta que D. Leopoldina enviara para D. Pedro, de acordo com as anotações do conselheiro Drummond, que estava presente quando ela

---

326. "Achando-se nesta época reunida em conselho toda a administração presidida pela princesa D. Leopoldina, o sr. Martim Francisco [...] propôs que o Brasil devia se declarar independente [= separado] de Portugal visto a má conduta das Cortes portuguesas para com ele; esta ideia foi energicamente defendida pelo sr. José Bonifácio [...] e apoiada pelo resto do ministério [...]". *Apud* OBERACKER Jr., Carlos H. "'O Grito do Ipiranga' — Problema que Desafia os Historiadores", *Revista de História [S. l.]*, v. 45, nº 92, p. 411-464, 1972. Disponível em: <https://www.revistas.usp.br/revhistoria/article/view/131868>. Acesso em: 24 de setembro de 2021.

327. Por questões de terminologia, como bem aponta Oberacker, não se tratava da independência porque esta já estava declarada desde 1 e 6 de agosto, mas da separação definitiva de Portugal.

328. DRUMMOND, Vasconcelos de. *Anotações de Vasconcelos de Drummond à Sua Biografia*. Brasília: Senado Federal, 2012, p. 101.

329. Para o padre Belchior, Chamberlain era o "agente secreto do príncipe", mas ele não explica o motivo da alcunha. Segundo o sacerdote, o cônsul-geral inglês teria escrito sobre a deserdação de D. Pedro em nome de D. Miguel, o que poderia ter causado o acesso de fúria do príncipe-regente. *Apud* OBERACKER Jr., Carlos H. "'O Grito do Ipiranga' — Problema que Desafia os Historiadores", *Revista de História, [S. l.]*, v. 45, nº 92, p. 411-464, 1972. Disponível em: <https://www.revistas.usp.br/revhistoria/article/view/131868>. Acesso em: 24 de setembro de 2021.

330. *Ibid*.

a teria lido em voz alta, deixara o conselheiro admirado com "o espírito e a sagacidade da princesa"[331], algo raro para alguém tão jovem. Dizia:

> Pedro, o Brasil está como um vulcão. Até no Paço há revolucionários. Até portugueses são revolucionários. Até oficiais das tropas são revolucionários. As Cortes portuguesas ordenam a vossa partida imediatamente, ameaçam-vos e humilham-vos. O Conselho de Estado aconselha-vos para ficar. Meu coração de mulher e de esposa prevê desgraças, se partirmos agora para Lisboa. Sabemos bem o que têm sofrido nossos pais. O rei e a rainha de Portugal não são mais reis, não governam mais, são governados pelo despotismo das Cortes que perseguem e humilham os soberanos a quem devem respeito. Chamberlain vos contará tudo o que sucede em Lisboa. O Brasil será em vossas mãos um grande país. O Brasil vos quer para seu monarca. Com o vosso apoio ou sem o vosso apoio ele fará a sua separação. O pomo está maduro, colhei-o já, senão apodrece. Ainda é tempo de ouvirdes o conselho de um sábio que conheceu todas as cortes da Europa, que além de vosso ministro fiel, é o maior de vossos amigos. Ouvi o conselho de vosso ministro, se não quiserdes ouvir o de vossa amiga. Pedro, o momento é o mais importante de vossa vida. Já dissestes aqui o que ireis fazer em São Paulo. Fazei, pois. Tereis o apoio do Brasil inteiro e, contra a vontade do povo brasileiro, os soldados portugueses que aqui estão, nada podem fazer[332].

---

331. "Não sei se Bregaro arrebentou muitos cavalos, o que sei é que ele deu boa conta de sua comissão, e que fez a viagem em menos tempo do que até então se fazia muito à pressa. A princesa mandou-me esperar e era para que eu visse a carta particular que S. A. escrevia ao príncipe. Eu a li e tive ocasião de admirar o espírito e a sagacidade da princesa". (DRUMMOND, Vasconcelos de. *Anotações de Vasconcelos de Drummond à Sua Biografia*. Brasília: Senado Federal, 2012, p. 102).

332. Até hoje discute-se a autenticidade desta por não se ter a original. Para mais sobre o assunto, leia: OBERACKER Jr., Carlos Henrique. *A Imperatriz Leopoldina,* Rio de Janeiro: Imprensa Nacional/Conselho Federal de Cultura/Instituto Histórico e Geográfico Brasileiro, 1973, p. 273 a 283.

Independência ou Sorte?

Há quem ainda diga que não houve uma luta ou batalha pela Independência do Brasil, como a que aconteceu nos Estados Unidos da América; que D. João VI falou para o filho fazer a separação no grito e que não houve tensões quanto a isso; ou que Portugal era uma metrópole pouco controladora, chegando a ser despreocupada, esquecendo-se por completo que o Brasil era o território mais rico de todo o império português no período, e que perdê-lo causaria sérios danos à economia. Quem dera o Brasil tivesse tido alguma dessas sortes. Houve guerra, houve tensão familiar, houve Portugal chiando, como também houve o grito.

"Parece que nada é impossível neste mundo; vivenciamos tantos acontecimentos inesperados e imprevisíveis para a razão humana". As palavras de D. Leopoldina a Maria Luísa identificam o momento de estranheza comum às grandes reviravoltas da história, quando o passado não mais se sustenta e o futuro se torna incerto, assim como os protagonistas mudam de ideia ou de rumo sem saber qual roteiro seguir. Da mesma forma que D. João VI não decidiu ir embora de Portugal de uma hora para outra, D. Pedro não acordou uma bela manhã resoluto em tornar o Brasil completamente independente, nem D. Leopoldina simplesmente pegou a pena e o tinteiro e assinou o decreto da Independência — até porque não existe um.

Da mesma maneira que a vinda da corte portuguesa ao Brasil em 1807 foi um processo acelerado pela pressão da chegada das tropas napoleônicas, a Independência do Brasil foi a culminação de um processo de emancipação política de meses, que foi adiantado pela pressão das Cortes portuguesas em recolonizar a nação, inclusive já com desembarque de tropas.

Antes do 7 de setembro, D. Pedro havia assinado um decreto em 1º de agosto de 1822, em que pedia aos brasileiros união e apoio à Assembleia Geral Constituinte e Legislativa que ele havia convocado, com deputados de todas as províncias. Além de elencar todos os motivos da insubordinação às Cortes, ainda tocava na soberania e independência política do Brasil e que seu pai, D. João VI, deveria ser mantido como rei, ainda que o príncipe fosse o seu defensor. Para alguns historiadores, esta poderia ser considerada a declaração da nossa Independência:

Está acabado o tempo de enganar os homens. Os governos que ainda querem fundar o seu poder sobre a pretendida ignorância dos povos, ou sobre antigos erros e abusos, têm de ver o colosso da sua grandeza tombar da frágil base sobre que se erguera outrora. Foi, por assim o não pensarem, que as Cortes de Lisboa forçaram as províncias do Sul do Brasil a sacudir o jugo que lhes preparavam; foi por assim pensar que eu agora já vejo reunido todo o Brasil em torno de mim; requerendo-me a defesa de seus direitos, e a mantença da sua liberdade e independência. Cumpre, portanto, ó BRASILEIROS, que eu vos diga a verdade; ouvi-me, pois. [...] Acordemos, pois, generosos habitantes deste vasto e poderoso império, está dado o grande passo da vossa independência e felicidade, há tantos tempos preconizadas pelos políticos da Europa. Já sois um povo soberano; já entrastes na grande sociedade das nações independentes, a que tínheis todo o direito. A honra e dignidade nacional, os desejos de ser venturosos, a voz da mesma natureza mandam que as colônias deixem de ser colônias, quando chegam à sua virilidade, e ainda que tratados como colônias não o éreis realmente, e até por fim éreis um reino. Demais; o mesmo direito que teve Portugal para destruir as suas instituições antigas e constituir-se, com mais razão o tendes vós, que habitais um vasto e grandioso país, com uma povoação (bem que disseminada) já maior que a de Portugal, e que irá crescendo com a rapidez com que caem pelo espaço os corpos graves. Se Portugal vos negar esse direito, renuncia ele mesmo ao direito que pôde alegar para ser reconhecida a sua nova Constituição pelas nações estrangeiras, as quais então poderiam alegar motivos justos para se intrometerem nos seus negócios domésticos e para violarem os atributos da soberania e independência das nações. [...] Não o duvideis, BRASILEIROS; vossos representantes ocupados não de vencer renitências mas de marcar direitos, sustentarão os vossos, calcados aos pés e desconhecidos há três séculos; consagrarão os verdadeiros princípios da monarquia representativa brasileira, declararão rei deste belo país o senhor D. João VI, meu augusto pai, de cujo amor estais altamente possuídos; cortarão todas as cabeças à hidra d'anarquia e a do despotismo: imporão a todos os empregados e funcionários públicos a necessária responsabilidade; e a vontade legítima e justa da nação nunca mais verá tolhido a todo o instante o seu voo majestoso.[...] Não se ouça pois entre vós outro grito que não seja "UNIÃO DO AMAZONAS AO PRATA", não retumbe outro eco que não seja "INDEPENDÊNCIA". Formem todas as nossas províncias o feixe misterioso que nenhuma força pode quebrar. Desapareçam de uma vez antigas preocupações, substituindo o amor do bem geral ao de qualquer província, ou de qualquer cidade. Deixai, ó BRASILEIROS, que escuros blasfemadores soltem contra vós, contra mim, e contra o nosso liberal sistema injúrias, calúnias e baldões; lembrai-vos que, se eles vos louvassem, o Brasil estava perdido. Deixai que digam que atentamos contra Portugal, contra a mãe pátria, contra os nossos benfeitores; nós, salvando os nossos direitos, punindo pela nossa justiça, e consolidando a nossa Liberdade, queremos salvar a Portugal de uma nova classe de tiranos. [...] Brasileiros em geral! Amigos, reunamo-nos; sou vosso compatriota, sou vosso defensor; encaremos, como único prêmio de nossos suores, a honra, a glória, a prosperidade do Brasil. Marchando por esta estrada ver-me-eis sempre à vossa frente, e no lugar do maior perigo. A minha felicidade (convencei-vos) existe na vossa felicidade; é minha glória reger um povo brioso e livre. Dai-me o exemplo das vossas virtudes, e de vossa união. Serei digno de vós[333].

Tanto D. Pedro quanto D. Leopoldina sabiam que a independência viria e que não havia militares o suficiente para o impedir: "Já dissestes aqui [São Cristóvão] o que ireis fazer em São Paulo. Fazei, pois. Tereis o apoio do Brasil inteiro e, contra a vontade do povo brasileiro, os soldados

---

333. Texto na íntegra da "Proclamação de 1º de Agosto de 1822", Legislação, *Câmara dos Deputados*. Disponível em: <https://www2.camara.leg.br/legin/fed/procla_sn/anterioresa1824/proclamacao-41282-1-agosto-1822-575736-publicacaooriginal-99010-pe.html>. Acesso em: 24 de setembro de 2021.

portugueses que aqui estão nada podem fazer"³³⁴. Suas cartas não mentem, sobretudo as de D. Pedro ao pai e decretos como o que vimos acima. Seria uma questão de tempo, mas as ordens das Cortes apressavam o relógio, adiantando a hora que chegou no fim da tarde do dia 7 de setembro, em Moinhos, próximo ao córrego do Ipiranga. Como havia expressado José Bonifácio no *post scriptum* de sua carta, "o dado está lançado e de Portugal não temos a esperar senão escravidão e horrores. Venha vossa alteza quanto antes e decida-se; porque irresoluções e medidas d'água morna, à vista desse contrário que não nos poupa, para nada servem e um momento perdido é uma desgraça"³³⁵. Em resumo: "Decida-se!". Até o último momento havia em D. Pedro uma dúvida sobre se estaria fazendo a coisa certa, o melhor para todos e não enfiando um país no desgoverno ou numa guerra —, ou seria um temor sobre como o pai reagiria a tudo aquilo?

Talvez a ida a São Paulo tivesse mais do que o intuito de apaziguar os ânimos da revolta de 23 de maio, organizada por Francisco Ignácio de Souza Queiroz. Talvez não fosse exatamente "para dar pronto remédio a tais desordens e atentados que diariamente vão crescendo"³³⁶. Talvez fosse uma tentativa de se afastar da capital e das pressões do Conselho de Estado, talvez conhecer pessoas e ouvir outras opiniões, talvez avaliar qual seria a melhor resolução. "Decida-se!". Somente no primeiro dia de viagem entre Rio de Janeiro e São Paulo, D. Pedro teria percorrido em torno de sessenta e seis quilômetros a cavalo, terminando a noite na fazenda de Santa Cruz. Depois de seis dias, teria ido rezar na capela construída para a Nossa Senhora da Conceição Aparecida. No final, após percorrer mais de seiscentos e trinta e quatro quilômetros em mulas e cavalos por treze dias, pernoitando em diversos vilarejos e fazendas, D. Pedro chegaria a São Paulo.

---

334. *Apud* OBERACKER Jr., Carlos Henrique. *A Imperatriz Leopoldina*, Rio de Janeiro: Imprensa Nacional/Conselho Federal de Cultura/Instituto Histórico e Geográfico Brasileiro, 1973, p. 273-283.

335. *Apud* OBERACKER Jr., Carlos H. "'O Grito do Ipiranga' — Problemas que Desafia os Historiadores", *Revista de História [S. l.]*, v. 45, nº 92, p. 411-464, 1972. Disponível em: <https://www.revistas.usp.br/revhistoria/article/view/131868>. Acesso em: 24 de setembro de 2021.

336. *Ibid.*

Ficou por dez dias na capital da província e depois desceu para Santos. Havia ocorrido uma confusão no vilarejo litorâneo, causada pelo enforcamento de doze soldados, que apenas pediam equiparação salarial entre os soldos deles e dos militares portugueses. Aproveitou a estadia para visitar fortes, tropas e a família Andrada.

Quando estava de retorno para São Paulo, no dia 7 de setembro recebeu o correio por duas vezes. No primeiro, acompanhado somente pelo coronel Marcondes, pois estavam destacados do grupo, lê a correspondência e comenta que as Cortes "queriam massacrar o Brasil"[337]. Depois eles reencontram a comitiva e, novamente, D. Pedro pede que sigam pois precisava "prover-se" — estava com fortes cólicas intestinais. É quando recebe o segundo correio, possivelmente trazido por Paulo Bregaro.

Além das cartas de D. Leopoldina, uma das mais contundentes teria sido a de José Bonifácio, em que se fez necessária a pressão para que D. Pedro tomasse um posicionamento definitivo:

> Senhor, [...] O momento não comporta mais delongas ou condescendências. A revolução já está preparada para o dia de sua partida. Se parte, temos a revolução do Brasil contra Portugal, e Portugal, atualmente, não tem recursos para subjugar um levante, que é preparado ocultamente, para não dizer quase visivelmente. Se fica, tem, vossa alteza, contra si, o povo de Portugal, a vingança das Cortes, que direi?! Até a deserdação, que dizem já estar combinada. Ministro fiel, que arrisquei tudo por minha pátria e pelo meu príncipe, servo obedientíssimo do senhor Dom João VI, que as Cortes têm na sua detestável coação, eu como ministro, aconselho a vossa alteza que fique e faça do Brasil um reino feliz, separado de Portugal, que é hoje escravo das Cortes despóticas. Senhor, ninguém mais do que sua esposa deseja sua felicidade e ela lhe diz em carta, que com esta será entregue, que vossa alteza deve ficar e fazer a felicidade do povo brasileiro, que o deseja como seu soberano, sem ligações e obediências às despóticas Cortes portuguesas, que querem a escravidão do Brasil e a humilhação

---

337. *Ibid.*

do seu adorado príncipe regente. Fique, é o que todos pedem ao magnânimo príncipe, que é vossa alteza, para orgulho e felicidade do Brasil. E, se não ficar, correrão rios de sangue nesta grande e nobre terra, tão querida do seu real pai, que já não governa em Portugal, pela opressão das Cortes; nesta terra que tanto estima vossa alteza e a quem tanto vossa alteza estima[338].

Tanto José Bonifácio como D. Leopoldina enfatizavam que no meio deles havia revolucionários, ou pró-Portugal ou pró-Independência, e que era chegado um momento de decisão. Submeter-se às ordens das Cortes portuguesas era humilhar-se, como acontecia com D. João VI, e em nada evitaria uma separação que era eminente.

> O Conselho do Estado aconselha-vos para ficar. Meu coração de mulher e de esposa prevê desgraças, se partirmos agora para Lisboa. [...] O Brasil será em vossas mãos um grande país. O Brasil vos quer para seu monarca. Com o vosso apoio ou sem o vosso apoio ele fará a sua separação. O pomo está maduro, colhei-o já, senão apodrece [...][339].

Enfurecido pelas notícias[340], lidas em voz alta pelo padre Belchior Pinheiro (1775-1856), que o acompanhava e era um dos homens mais preparados que havia ao seu redor, D. Pedro amassou os papéis, pisou-os — depois teriam sido recolhidos pelo próprio padre. Provando confiança no sacerdote, voltou-se para o religioso e perguntou: "E agora, padre Belchior?"[341]. Ao que teve como resposta: "Se vossa alteza não se faz rei

---

338. *Ibid.*
339. *Apud* OBERACKER Jr., Carlos Henrique. *A Imperatriz Leopoldina,* Rio de Janeiro: Imprensa Nacional/Conselho Federal de Cultura/Instituto Histórico e Geográfico Brasileiro, 1973.
340. Há relatos de que haveria cartas da família de Portugal: irmãs, mãe e pai. Quanto à carta de D. João VI, o padre Belchior resume que se tratava de obedecer à lei portuguesa.
341. Os diálogos deste parágrafo foram retirados do relato do padre Belchior, vigário de Pitangi, amigo dos irmãos Andrada e formado em direito civil em Coimbra, além de possuir carreira política. Segundo Oberacker, a narração dos fatos aconteceu por meio de uma carta enviada a M. J. Rocha e divulgada por Assis Cintra. (OBERACKER Jr.,

do Brasil, será prisioneiro das Cortes e, talvez, deserdado por elas. Não há outro caminho senão a independência e a separação". Pensativo, D. Pedro ia até a "besta baia gateada"[342], que estava mais adiante, quando parou. "Padre Belchior, eles o querem, eles terão a sua conta. As Cortes me perseguem, chamam-me com desprezo de rapazinho e de brasileiro. Pois verão agora quanto vale o rapazinho. De hoje em diante estão quebradas as nossas relações; nada mais quero com o governo português e proclamo o Brasil, para sempre, separado de Portugal". O pequeno grupo que o acompanhava deu vivas: "Viva a Liberdade! Viva o Brasil separado! Viva D. Pedro!". Ao ajudante de ordens, o tenente Canto e Melo[343], D. Pedro avisou: "Diga à minha guarda que eu acabo de fazer a independência completa do Brasil. Estamos separados de Portugal"; ao que ele obedeceu.

A Guarda de Honra, que estava mais abaixo, numa casinha à beira da estrada, nas margens do riacho, aguardava em descanso o príncipe que, ao que indica, sofria de uma disenteria[344] à época. De repente, poucos minutos depois de Bregaro ter passado por eles, surgia D. Pedro. Vinha apressado, adiantado ao tenente Canto e Melo. Não deu nem tempo de os guardas tomarem suas montarias. Ao atingir a comitiva, D. Pedro avisou que as relações entre Portugal e Brasil estavam partidas: "Amigos, as Cortes portuguesas querem escravizar-nos e perseguem-nos. De hoje em diante, nossas relações estão quebradas. Nenhum laço nos une

---

Carlos H. "'O Grito do Ipiranga' — Problema que Desafia os Historiadores", *Revista de História*, [S. l.], v. 45, nº 92, p. 411-464, 1972 Disponível em: <https://www.revistas.usp.br/revhistoria/article/view/131868>. Acesso em: 24 de setembro de 2021).

342. Em outras palavras, uma mula amarelo-avermelhada, comum para subir a Serra do Mar entre Santos e São Paulo.

343. Irmão de Domitila de Castro, futuramente a marquesa de Santos.

344. "Conta Gama Lôbo: 'Já havíamos subido a serra, quando D. Pedro queixou-se de ligeiras cólicas intestinais, precisando por isso apear-se para empregar os meios naturais de aliviar os sofrimentos'. O cel. Marcondes confirma o seu colega e diz: 'O mesmo príncipe [achou-se] afectado de uma disenteria que o obrigava a todo o momento a apear-se para prover-se', e o padre Belchior menciona o mesmo incidente de uma maneira mais pitoresca, anotando: 'pois vinha de quebrar o corpo à margem do riacho Ipiranga, agoniado por uma disenteria com dores que apanhara em Santos'" (*Ibid.*, p. 425).

mais!"³⁴⁵. E arrancou do chapéu o laço azul e branco³⁴⁶, símbolo do país. "Laços fora, soldados!³⁴⁷ Viva a independência, a liberdade, e a *separação do Brasil!*". Ao que responderam, arrancando as fitas dos braços: "Viva o Brasil livre e independente! Viva D. Pedro, seu defensor perpétuo!". Desembainhando a espada, o príncipe e os demais "presentes prestaram o juramento de honra que para sempre os ligava à realização da ideia generosa de liberdade"³⁴⁸: "Pelo meu sangue, pela minha honra, pelo meu Deus, juro fazer a liberdade do Brasil". D. Pedro embainhou a espada e foi à frente da comitiva, depois voltando em pé nos estribos: "Brasileiros, a nossa divisa de hoje em diante será Independência ou Morte!³⁴⁹".

Não havia celulares, câmeras, nem qualquer dispositivo de registro de imagem ou voz que marcasse os fatos tal qual como ocorridos às margens do Ipiranga. O que temos, além de alguns relatos, é a imagem

---

345. Lobo Gama, presente à cena, teria relatado que ele teria dito: "Amigos! Estão, para sempre, quebrados os laços que nos ligavam ao governo português! E quanto aos topes daquela nação, convido-os a fazer assim". *Apud* OBERACKER Jr., Carlos H. "'O Grito do Ipiranga' — Problemas que Desafia os Historiadores", *Revista de História, [S. l.],* v. 45, nº 92, p. 411-464, 1972. Disponível em: <https://www.revistas.usp.br/revhistoria/article/view/131868>. Acesso em: 24 de setembro de 2021.

346. O conselheiro Drummond relata que os laços azuis e brancos foram substituídos por verdes. Ao ser recebido por D. Leopoldina, quando ia ver o príncipe que havia retornado, ela "[…] tratou-me com aquela alta benevolência com que ela sabia agraciar os súditos que de alguma forma se distinguiam, e deu-me um laço de seda verde que seu augusto esposo havia adotado como sinal da independência, dizendo-me que era das fitas do seu travesseiro, porque já tinha desmanchado em laços para dar todas as outras fitas verdes que tinha" (DRUMMOND, Vasconcelos de. *Anotações de Vasconcelos de Drummond à Sua Biografia*. Brasília: Senado Federal, 2012).

347. O coronel Gama Lobo diz que a frase na verdade teria sido esta: "É nos topes que nos indicam como súditos daquela nação, convido-vos a fazerdes assim". *Apud* OBERACKER Jr., Carlos H. "'O Grito do Ipiranga' — Problemas que Desafia os Historiadores", *Revista de História, [S. l.],* v. 45, nº 92, p. 411-464, 1972. Disponível em: <https://www.revistas.usp.br/revhistoria/article/view/131868>. Acesso em: 24 de setembro de 2021.

348. *Ibid.*

349. A frase "Independência ou Morte", presente nos relatos do coronel Gama Lobo e do coronel Marcondes, pode ser vista como uma ironia da expressão "Constituição ou Morte" bradada na Revolução do Porto e presente no dístico estendido no quartel do 16º Batalhão de Infantaria. E passou a ser usada nas bandeiras e estandartes da Guarda Nacional a partir de 22 de março de 1823.

do quadro de Pedro Américo de Figueiredo e Mello (1843-1905), feito sob encomenda para o presidente da Comissão do Monumento do Ipiranga[350], o barão de Ramalho. A proposta era fazer em três anos um "quadro histórico comemorativo da proclamação da Independência pelo príncipe regente D. Pedro nos campos do Ipiranga", e para tanto o pintor acadêmico fez uma longa e expressiva pesquisa sobre as roupas[351], costumes da época e o que estava acontecendo para saber quem figuraria em tal imagem de 415 x 760 cm. Finalizado em 1888, o quadro está longe de ser o retrato de uma época — e nem seria essa a intenção do pintor neoclássico. É um ícone para um momento histórico importante, no qual D. Pedro, em meio à gente de todo tipo, com uniforme de gala ao invés da sua "fardeta de polícia" e luvas, sobre seu cavalo marrom, empunha uma espada luzidia enquanto segura as cartas que teriam motivado o seu Grito do Ipiranga.

Ao ler os testemunhos da época, percebe-se que não foi um feito grandioso como o quadro encomendado. É até interessante ressaltar que o próprio 7 de setembro não tinha grandes ares de celebração até a época da regência. A data considerada mais importante e mais celebrada era o natalício de D. Pedro I, que era o mesmo dia da sua aclamação como imperador: 12 de outubro. No protocolo da corte de dezembro 1822, por exemplo, não consta o dia 7 de setembro como dia de gala. E o então imperador ainda decretou "sendo conveniente memorizar a gloriosa época da Independência do Brasil e sua elevação à categoria de Império [...] o número de anos que decorreram da mencionada época [...] deverá contar-se de o memorável dia 12 de outubro do presente ano". A data somente se tornará oficialmente o Dia da Independência quando, em 3 de

---

350. Atualmente, encontra-se no Museu Paulista, também conhecido como Museu do Ipiranga.

351. Um olhar mais atento percebe que as fitas que marcam os chapéus dos militares são azul e vermelho, como o estabelecido por decreto de 17 de janeiro de 1797, o que posteriormente foi alterado para azul e branco a partir da decisão da sessão das Cortes em 22 de agosto de 1821 — ficando nestes tons até a Vilafrancada e a restituição da legislação anterior. Outra curiosidade é que na sessão das Cortes, chegou-se a pensar em colocar nas cores verde e amarelo pelo deputado e maçom Manuel Gonçalves de Miranda (1780-1841), o que foi rejeitado. Preferiu-se as cores azul e branca que estavam no estandarte de D. Afonso Henriques (?-1185), o primeiro rei de Portugal.

maio de 1823, na fala do trono na abertura da Assembleia Constituinte, D. Pedro irá aludi-la como sua primeira declaração a favor da Independência total e será celebrada naquele ano com tudo o que seria esperado de uma data comemorativa: salva de artilharia, desfile militar, *Te Deum* na Capela Imperial, beija-mão no Paço da Cidade e espetáculo de gala no teatro. Ainda assim, continuaria em segundo lugar em termos de festejos por causa do 12 de outubro.

Com ou sem ares de grande fato histórico, afinal, aqueles que vivem esses eventos nunca os têm como históricos até que surja um afastamento temporal deles. Naquele mesmo dia, D. Pedro entrou em São Paulo e, ao anoitecer, foi ao teatro para assistir a peça *O Convidado de Pedra*, de Tirso de Molina (1584-1648), sobre o intrépido amante Don Juan. Já com o dístico de ouro "Independência ou Morte" — e feito de emergência pelo ourives Lessa — apresilhado num laço verde e amarelo, foi aclamado sob vivas ao "primeiro rei brasileiro!". Porém, foi somente no dia seguinte que ele fez a proclamação e pediu apoio dos paulistas no caso de uma eventual guerra e problemas partidários, finalizando com "A divisa do Brasil deve ser 'INDEPENDÊNCIA OU MORTE'. Sabei que, quando trato da causa pública, não tenho amigos e validos em ocasião alguma. Existi tranquilos: acautelai-vos dos facciosos sectários das Cortes de Lisboa; e contai em toda a ocasião com o vosso Defensor Perpétuo". E assina Príncipe Regente, pois ainda não havia sido aclamado.

No dia 10 de setembro, ao raiar do dia, partiu rumo ao Rio de Janeiro. Enfrentando temporais, conseguiu fazer a viagem no tempo recorde de cinco dias. Enquanto estava a caminho, numa carta de 13 de setembro, D. Leopoldina reclamava que o marido respondia aos ofícios, mas não retornava e "o estado das coisas não é nada bonito, e eu já não estou para sofrer maroteiras, as quais só o senhor com medidas energéticas pode remediar"[352]. Dois dias depois ele chegava trazendo consigo chuva e frio. O conselheiro Drummond conta que, "apesar do mau tempo e do incômodo de saúde fui a São Cristóvão beijar a mão do príncipe. Sua Alteza me recebeu com a maior consideração. [...] passou

---

352. LEOPOLDINA. *Cartas de uma Imperatriz*. KANN, Bettina e LIMA, Patrícia Souza (org.). São Paulo: Estação Liberdade, 2006, p. 412.

o braço sobre os meus ombros e assim me levou para o seu quarto". Apartado dos outros, conversaram por um tempo e, segundo o próprio conselheiro, teria sido o primeiro a chamar D. Pedro de "majestade", o que foi corrigido pelo príncipe.

O mesmo carinho ele narra ter recebido de D. Leopoldina que, "com aquela alta benevolência com que ela sabia agraciar os seus súditos que de alguma forma se distinguiam", deu a ele um laço de seda verde, símbolo da Independência, "dizendo-me que era das fitas do seu travesseiro".

> Conservei este precioso dom com religioso cuidado e, apesar do exílio, da perseguição e da vida errante que levei depois, não me separei dele senão por último e quando já não tinha vista. De todos os objetos preciosos que perdi no incêndio de agosto, é talvez este o que mais lamento. Marcava uma época tão gloriosa para o meu país como satisfatória para mim. Era o dom de uma princesa que não nascera no Brasil, mas que o [no original, eu] amava como se nele nascida fosse. Fui testemunha ocular e posso asseverar aos contemporâneos que a princesa Leopoldina cooperou vivamente dentro e fora do país para a independência do Brasil. Debaixo deste ponto de vista o Brasil deve à sua memória gratidão eterna[353].

Amigos, Amigos, Diplomacia à Parte

Por que o Dia da Independência não possuía um poder além de imagético? Porque ele não tinha qualquer efeito imediato. Era como uma tomada de decisão daquele que estava se acautelando em tomar uma postura definitiva e que poderia acarretar graves problemas. O Brasil, para ser de fato independente, precisaria de somente uma coisa: reconhecimento internacional. O que poderia se dar por meio de uma guerra, de uma aliança, de pressões político-econômicas, de qualquer forma, mas, sem isso, as nações inexistem. E a primeira que de fato deveria dar esse reconhecimento deveria ser Portugal.

---

353. DRUMMOND, Vasconcelos de. *Anotações de Vasconcelos de Drummond à Sua Biografia*. Brasília: Senado Federal, 2012, p. 102-3.

Em 21 de outubro de 1822, 45 dias após o Grito do Ipiranga, D. Pedro escreveu uma proclamação aos portugueses na qual explicita as razões do seu rompimento: "[...] toda a força é insuficiente contra a vontade de um povo que não quer viver escravo: a História do mundo confirma esta verdade [...]"[354]. E colocava a culpa nas Cortes que "não lhe apresentando o futuro outra perspectiva, senão a da colonização e a do despotismo legal, mil vezes mais tirânico que as arbitrariedades de um só déspota", tornaram-se o motivo da criação de uma Assembleia Legislativa brasileira e tendo ele, D. Pedro, "para seu defensor perpétuo, honroso encargo que com ufania aceitei, e que saberei desempenhar à custa de todo o meu sangue". Achava que as Cortes iriam aceitar isso, porém ocorreu o inverso e "decretaram-se tropas para conquistá-lo [o Brasil] sob o frívolo pretexto de sufocar suas facções" e ainda humilhando o rei D. João VI e D. Pedro, o "herdeiro do trono". Diante de "tão críticas circunstâncias o heroico povo do Brasil, vendo fechados todos os meios de conciliação", aclamou no dia 12 de outubro D. Pedro como seu "Imperador Constitucional, e proclamando sua Independência", um direito que "ninguém pode contestar-lhe". Anunciando que havia sido em boa hora, talvez tarde para um país que "teria avultado em prosperidade, se há mais tempo se tivesse separado de Portugal; se há mais tempo o seu bom siso e a razão tivessem sancionado uma separação que a natureza havia feito", culminou o texto, deixando claro que o Brasil não era mais parte da antiga monarquia portuguesa, mas que isso não era necessariamente um problema para as "antigas relações comerciais": bastava que Portugal não o atacasse militarmente. Foram dados quatro meses para que Portugal decidisse se iria continuar "uma amizade fundada nos ditames da justiça e da generosidade, nos laços de sangue e em recíprocos interesses", ou se eles travariam "a guerra mais violenta, que só poderá acabar com o reconhecimento da independência do Brasil ou com a ruína de ambos os Estados".

---

354. Proclamação de 21 de outubro de 1822. Legislação, *Câmara dos Deputados*. Disponível em: <https://www2.camara.leg.br/legin/fed/procla_sn/anterioresa1824/proclamacao-41489-21-outubro-1822-576283-publicacaooriginal-99504-pe.html>. Acesso em: 24 de setembro de 2021.

Houve a guerra. Ocorreu em algumas províncias no Norte — Bahia, Piauí, Maranhão e Grão-Pará — em que se concentravam tropas portuguesas que, antes da Independência, estavam inclinadas a obedecer às Cortes portuguesas em troca de maiores ganhos. O diferente dessa guerra é que não eram portugueses contra brasileiros, mas batalhões de portugueses e brasileiros a favor de manter a união Brasil-Portugal contra batalhões de portugueses e brasileiros a favor da Independência. Não se tratava de uma divisão de nacionalidade, porém de ideais. Fora os mercenários franceses e ingleses haviam sido contratados para lutar pela independência, os mesmos que uma vez estavam em lados opostos nas guerras napoleônicas.

6 de agosto de 1822

Enquanto a guerra se fazia, era preciso encontrar aliados do outro lado do Atlântico, ainda que fosse difícil convencer alguém da Santa Aliança. Não era novidade. Era sabido que ter aliados para pressionar Portugal a aceitar essa cisão era fundamental. Tanto que em 6 de agosto de 1822, um mês antes do Grito, D. Pedro já entendia essa importância e procurava por este reconhecimento, ainda que somente por vias comerciais. E criou um manifesto em que explicava às nações amigas o que havia acontecido — "[...] falam os fatos, e contra a verdade manifesta não pode haver sofismas" — e pedia para direcionarem as tratativas direto com o Brasil e não por meio de Lisboa.

O manifesto ganhava um ar de desabafo, como outros publicados por D. Pedro, adentrando explicações sobre "a série dos factos emotivos que me têm obrigado a anuir à vontade geral do Brasil, que proclama à face do Universo a sua Independência política"[355] diante das tentativas de acabar com os direitos do país. Partindo de Cabral, passando pela lei do Quinto, D. Pedro contava os anos de exploração tanto de indígenas quanto de colonos portugueses por meio de "leis de sangue, ditadas por paixões

---

355. Manifesto de 6 de agosto de 1822. Legislação, *Câmara dos Deputados*. Disponível em: <https://www2.camara.leg.br/legin/fed/manife_sn/anterioresa1824/manifestosem-numero-41437-6-agosto-1822-576171-publicacaooriginal-99440-pe.html>. Acesso em: 23 de setembro de 2021.

e sórdidos interesses" e os diversos impedimentos para a melhoria da colônia, sempre com o intuito de causar dependência e empobrecimento da população. "Queriam que os brasileiros pagassem até o ar que respiravam e a terra que pisavam [...] Se o Brasil resistiu a esta torrente de males, [...] deveu-o a seus filhos fortes e animosos que a natureza tinha talhado para gigantes". E ainda que subjugado a todos esses infortúnios e vilanias, ainda assim recebeu D. João VI e sua família com júbilo, provando-se um povo bom e honrado. "E que ganhou o Brasil em paga de tantos sacrifícios? A continuação dos velhos abusos, e o acréscimo de novos, introduzidos, parte pela imperícia, e parte pela imoralidade e pelo crime".

Quando Portugal "se levantou" com "o grito da regeneração política da monarquia" achava-se que seus interesses estariam assegurados, o que não aconteceu. A "apregoada regeneração consistia em restabelecer astutamente o velho sistema colonial". Defendendo D. João VI[356], D. Pedro afirmava que essa tentativa foi atribuída "à vontade e ordens de meu augusto pai, El-Rei o Senhor D. João VI, a quem o Brasil deveu a sua categoria de Reino, querer derribar de um golpe o mais belo padrão que o há de eternizar na História do Universo". Além das tropas militares causando confusão, D. Pedro reclamava da imensa dívida do Tesouro ao Banco Nacional, e que a retirada das rendas provinciais e a não sagração dos contratos administrativos assinados por D. João VI causaram a falência do banco e "inumeráveis famílias" ficaram "arruinadas, ou reduzidas à total indigência".

---

356. "Ainda não contentes os facciosos das Cortes com toda esta série de perfídias e atrocidades, ousam insinuar que grande parte destas medidas desastrosas são emanações do Poder Executivo; como se o caráter d'El-Rei, do Benfeitor do Brasil, fosse capaz de tão maquiavélica perfídia como se o Brasil e o Mundo inteiro não conhecessem que o senhor D. João VI, meu augusto pai, está realmente prisioneiro de Estado, debaixo de completa coação, e sem vontade livre como a deveria ter um verdadeiro monarca, que gozasse daquelas atribuições que qualquer legítima Constituição, por mais estreita e suspeitosa que seja, lhe não deve denegar: sabe toda a Europa e o Mundo inteiro que dos seus ministros, uns se acham nas mesmas circunstâncias e outros são criaturas e partidistas da facção dominadora [...] achando-se o nosso rei prisioneiro e cativo, a mim me compete salvá-lo do afrontoso estado a que o reduziram os facciosos de Lisboa. A mim pertence, como seu delegado e herdeiro, salvar não só ao Brasil, mas com ele toda a nação portuguesa". (*Ibid.*)

Seguiu falando das exigências do seu retorno e da "extinção total dos tribunais", o que levava à falta de confiança nas Cortes, "vendo-se a cada passo ludibriado". Diante de tamanho e cruel inimigo, que usava da ganância e da humilhação, e "colocado pela Providência no meio deste vastíssimo e abençoado país", D. Pedro explicava que se imbuiu, como "herdeiro e legítimo delegado d'El-Rei, meu augusto pai", de cumprir seus "deveres sagrados" ao escutar os pedidos para que ficasse e fez cumprir suas resoluções somente após ouvir a opinião pública, nomeando procuradores gerais de todas as províncias para serem seus conselheiros e aceitando o título de Defensor Perpétuo.

Uma Assembleia Constituinte e Legislativa foi convocada. E, ainda assim, perante Deus e as nações amigas e aliadas, queria deixar claro que não desejava cortar os laços com Portugal, e que defenderá os direitos legítimos e a Constituição que virá do Brasil.

E finalizava com o pedido e oferta:

> Espero, pois, que os homens sábios e imparciais de todo o mundo, e que os governos e nações amigas do Brasil hajam de fazer justiça a tão justos e nobres sentimentos. Eu os convido a continuarem com o Reino do Brasil as mesmas relações de mútuo interesse e amizade. Estarei pronto a receber os seus ministros e agentes diplomáticos, e a enviar-lhes os meus, enquanto durar o cativeiro d'El-Rei, meu augusto pai. Os portos do Brasil continuarão a estar abertos a todas as nações pacíficas e amigas para o comércio lícito que as leis não proíbem. Os colonos europeus que para aqui emigrarem poderão contar com a mais justa proteção neste país rico e hospitaleiro. Os sábios, os artistas, os capitalistas e os empreendedores encontrarão também amizade e acolhimento. E como o Brasil sabe respeitar os direitos dos outros povos e governos legítimos, espera igualmente por justa retribuição, que seus inalienáveis direitos sejam também por eles respeitados e reconhecidos, para se não ver, em caso contrário, na dura necessidade de obrar contra os desejos do seu generoso coração.

Contratos comerciais, esta era a expressão chave para muitas nações que pretendiam expandir ou prosperar. E não havia sido sem pensar nisso que a Áustria havia permitido o casamento da arquiduquesa D. Leopoldina com o "Bragança do fim do mundo"; era para "contribuir para o futuro de [sua] amada pátria, com as oportunidades que surgirão de novos contratos comerciais"[357], que poderiam permitir boas negociações de matéria-prima. E quando se tratava de casamento e diplomacia, os Habsburgo eram peritos. D. Leopoldina tentaria utilizar seus bons genes a favor do Brasil que, segundo ela, esteve ao seu lado e da família quando abandonados pelas nações poderosas.

Aproveitando a diplomacia familiar, para mostrar que D. Pedro tinha Francisco I em alta consideração, ela lhe mandou uma *Missa Solene*, *Sinfonia* e *Te Deum* que o marido havia composto, de acordo com ela, sem ajuda do compositor austríaco Sigismund von Neukomm[358] (1778-1858), mas que pecam por serem teatrais demais[359].

---

357. Carta de 26 de novembro de 1816. LEOPOLDINA. *Cartas de uma Imperatriz*. KANN, Bettina e LIMA, Patrícia Souza (org.). São Paulo: Estação Liberdade, 2006, p. 262. Foi exatamente neste ano que se fez a primeira tentativa de exportação de produtos austríacos, e sem sucesso, uma vez que ou a carga acabou danificada durante a longa travessia, ou era de pouca utilidade perante a realidade do brasileiro, além do preço alto gerado por uma desanimadora taxação de 24%, o que era ainda mais absurdo perante os similares ingleses a uma taxa bem menor. Este e os outros foram bons fatores para que a Áustria abandonasse a ideia de um tratado comercial.

358. "Estava bastante ocupado nesse país feérico, onde tudo é maravilhosamente belo e grandioso, da entomologia à horticultura e, no entanto, meu catálogo aumentou em 45 peças de música compostas no Rio de Janeiro. Compus uma dessas peças, a grande missa (*Sancti Francisci*), a pedido expresso da esposa de D. Pedro para seu pai Francisco I, imperador da Áustria. Eu ouvi mais tarde, em 1842, na capela particular do imperador em Viena a execução dessa missa, feita com a maior das perfeições" (NEUKOMM, Sigismund. "L'Autobiographie de Sigismund Neukomm". *Musicologie.org*. Disponível em: < https://www.musicologie.org/theses/neukomm_01.html>. Acesso em: 23 de setembro de 2021). É interessante lembrar que antes de ser professor de composição e harmonia de D. Pedro I e de piano de D. Leopoldina, Neukomm havia coordenado a programação musical do Congresso de Viena em 1815 e veio ao Brasil na comitiva do duque de Luxemburgo, que vinha estabelecer relações diplomáticas entre o Reino de Portugal e a França, e ficou por meio da proposta do Conde da Barca.

359. São Cristóvão, 17 de fevereiro de 1821. LEOPOLDINA. *Cartas de uma Imperatriz*. KANN, Bettina e LIMA, Patrícia Souza (org.). São Paulo: Estação Liberdade, 2006, p.

A união familiar dos Habsburgo parece não ter sido capaz de sustentar as relações diplomáticas entre Áustria e Brasil, o que era o temor da jovem e motivo de tantas explicações nas cartas ao pai. A certeza de que a relação estava estremecida surgiu com a ausência do embaixador Mareschal na coroação de D. Pedro I. Entendendo aquilo como falta de apoio da Áustria, D. Leopoldina pediu ao pai, em 12 de dezembro de 1822, "[...] que observe por um ponto de vista e creia firmemente que que não poderia ser de outra forma, para afastar o espírito popular das ideias republicanas"[360]. Diante do silêncio da Áustria, que aguardava uma posição de Portugal, ela escreve novamente. Desta vez, na longa carta a Francisco I, D. Leopoldina relata o que aconteceu pois, ao que parece lhe "apresentaram sob uma ótica errada"[361]:

> Desde que meu esposo tomou as rédeas do Estado, Deus sabe que não por sede de poder ou ambição, mas para satisfazer o desejo do probo povo brasileiro, que se sentia sem regente, dilacerado em seu íntimo por partidos que ameaçavam, com uma anarquia ou República; qualquer um que se encontrasse na mesma situação faria o mesmo, aceitar o título de imperador para satisfazer a todos e criar a unidade; estou convicta, querido pai, de que devem ter lhe dito ou escrito que querem instituir aqui uma Constituição igual à das vis Cortes portuguesas ou das sanguinárias Cortes espanholas; é uma mentira grosseira, e para provar tomo a liberdade de citar os editoriais. A família real não apenas está segura, como desfrutamos do amor e confiança do povo, de quem temos as demonstrações mais comoventes e seguras. A grandeza do Brasil é de supremo interesse para as potências europeias, especialmente do ponto de vista comercial, e o maior desejo das Cortes aqui reunidas é fechar contratos comerciais com as possessões austríacas na Itália e estabelecer seu monopólio comercial em seus portos, o que seria

---

374. Para quem tiver interesse, algumas composições de Pedro I estão disponíveis no site *Musicabrasilis*: <https://musicabrasilis.org.br/compositores/d-pedro-i>. Acesso em: 6 de setembro de 2021.

360. LEOPOLDINA. *Cartas de uma Imperatriz*. KANN, Bettina e LIMA, Patrícia Souza (org.). São Paulo: Estação Liberdade, 2006, p. 414.

361. *Ibid.*, p. 417.

extremamente vantajoso para minha querida pátria, pela riqueza extraordinária do Brasil em madeiras corantes e mercadorias coloniais. A assembleia das Cortes possui membros da máxima capacidade e dignidade, que honram o poder real e sabem mantê-lo; a assembleia compõe-se de duas câmaras, o imperador tem veto absoluto, seus conselheiros e ministros particulares são de sua escolha, sem qualquer protesto nem intromissão, assim como sua criadagem e cargos na corte; o imperador possuirá todas as atribuições que fomentem o êxito de seu governo, como chefe do poder executivo e como dirigente da máquina política. É meu dever fazer o papel de intercessora do nobre povo brasileiro, pois todos nós lhe devemos algo; nas circunstâncias mais críticas este povo fez os maiores sacrifícios, que demonstraram o amor à pátria, para proteger sua unidade e o poder real. [...] devido a uma administração sensata e adequada, as finanças nunca estiveram em melhor situação, e todos contribuem voluntariamente para as necessidades do país [...] Todas as províncias se unem, animadas pelo mesmo interesse, mesmos anseios. Agora nada mais me resta desejar senão que o senhor, querido pai, assuma o papel de nosso verdadeiro amigo e aliado; certamente será para meu esposo e para mim um dos nossos dias mais felizes quando tivermos essa certeza; quanto a mim, caríssimo pai, pode estar convicto de que, caso aconteça o contrário, para nosso maior pesar, sempre permanecerei brasileira de coração, pois é o que determinam minhas obrigações como esposa, mãe e a gratidão a um povo honrado, que se dispôs, quando nos vimos abandonados por todas as potências, a ser nosso esteio, não temendo quaisquer sacrifícios ou perigos[362].

Sobre esta imensa missiva, tão importante para o Brasil e para ela e D. Pedro I, D. Leopoldina escreve ao barão von Stürmer:

[...] escrevi a meu amado pai com toda a sinceridade possível, apresentando-lhe sob a ótica verdadeira a situação calma e próspera do Brasil, agraciado com uma Constituição sensata, da qual

---

362. Carta de 6 de abril de 1823 (*Ibid.*, p. 418).

o portador desta lhe dará os principais artigos. Agora nada mais me resta senão desejar como prova de sua amizade e a forma de pensar de um alemão probo que o senhor seja o intermediário junto ao meu amado pai a fim de que ele se declare protetor e aliado do Brasil, o que seria um dos mais felizes e lindos dias para mim e meu esposo [...] seria bom chamar de volta o barão Mareschal, que desfruta aqui de péssima reputação [...] ele é muito perigoso porque o Brasil está disposto a firmar acordos comerciais extremamente vantajosos com as possessões austríacas na Itália que prometem lucros extraordinários às cidades italianas comerciantes[363].

Por dois longos anos D. Leopoldina persistiu no contato e sem retorno. Escrevia cartas aos conhecidos. Aproveitava que falava francês e recebia os diplomatas numa tentativa de angariar apoio. Então, já mais impaciente, escreveu ao próprio pai mais diretamente pedindo que intercedesse pelo reconhecimento do país "papel de nosso verdadeiro amigo e aliado"[364]. A sua maneira de atrair são as vantagens comerciais que antes não haviam dado certo por causa da forte influência inglesa sobre Portugal[365]. E explicando, caso fosse a preocupação paternal, que o regime constitucional era moderado e com uma Assembleia de duas câmaras: uma com deputados e outra com senadores escolhidos por D. Pedro, e que seu marido teria veto absoluto e escolheria os ministros.

Por que tamanha preocupação com a Áustria? Ter Francisco I ao seu lado era ter a chance de ver vários países seguindo na mesma direção.

Imaginando que seu pai poderia não compreender a situação em que se dera a Independência, por mais que o manifesto de D. Pedro às nações

---

363. *Ibid.*, p. 419.

364. *Ibid.*

365. Carta do Conde Stahl a Francisco I em 10 de abril de 1820: "Creio que a ideia de um tratado comercial entre a Áustria e o Brasil deve ser completamente abandonada. A Inglaterra jamais consentirá que um governo, em que ela influencia tão profundamente, possa proceder de maneira tão contrária a seus interesses comerciais". *Apud* CLEMENTE, Fabiana Brett; CARRION, Michelle Karine Muliterno; DEDECEK, Thiago Schenkel. "Relações Diplomáticas Entre Brasil e Áustria No Período de 1822 a 1889". *Portal de Revistas do UNICURITIBA*. Disponível em: <https://core.ac.uk/download/pdf/235995863.pdf>. Acesso em: 23 de setembro de 2021.

amigas já tivesse sido publicado há quase um ano, e Francisco I preferisse ficar ao lado de Portugal, D. Leopoldina também pediu à irmã Maria Luísa que intercedesse pelo reconhecimento do Brasil[366], principalmente junto a Metternich[367], "que é afeiçoado a ti".

> [...] quanta coisa tenho para fazer, já que ajudo meu esposo em seus afazeres; agora tudo vai bem e está calmo (embora na Europa se observem os fatos equivocadamente); acredita-me, amiga do coração, aqui há uma Constituição sensata e tudo está diferente do ignóbil comportamento e cortes portuguesas. [...] que intercedas com tua inteligência junto a nosso querido pai e ao príncipe Metternich, que é afeiçoado a ti, para que sejam nossos aliados e reconheçam o governo do Brasil; [...] embora o Brasil seja capaz, por sua grandeza, força e poderio, de resistir a todas as potências europeias unidas [...][368].

Não adiantou de maneira direta. A única coisa que ela conseguiu foi um atraso da Áustria em responder a Portugal sobre uma aliança para intermediar a volta do Brasil ao Reino Unido.

D. Leopoldina não desistiu e, desta vez, a carta foi a D. João VI pedindo a ratificação da Constituição do Brasil, mostrando a todos que era o "mais generoso dos pais"[369]. Tampouco fez qualquer diferença imediata.

Por dois anos ela tentou, mas seria o ano de 1824 que traria melhores auspícios ao Brasil. Os Estados Unidos da América foram o primeiro país a reconhecer a Independência, uma vez que fazia parte do seu projeto de reconhecimento de todas as ex-colônias das Américas. E D. Leopoldina recebeu uma missiva de seu pai que a deixaria "[...] com a certeza doce e confortante de que o senhor, querido pai, está satisfeito com minha

---

366. Carta de 10 de abril de 1823. LEOPOLDINA. *Cartas de uma Imperatriz*. KANN, Bettina e LIMA, Patrícia Souza (org.). São Paulo: Estação Liberdade, 2006, p. 419.

367. Conhecido como o "cocheiro da Europa" por estar à frente de todas as relações políticas entre países. Uma pessoa de suma importância para se ter a favor.

368. Carta de 10 de abril de 1823. LEOPOLDINA. *Cartas de uma Imperatriz*. KANN, Bettina e LIMA, Patrícia Souza (org.). São Paulo: Estação Liberdade, 2006, p. 419.

369. KAISER, Gloria. "2nd September 1822 – Brazil Becomes an Independent Empire". *The World of the Habsburgs*. Disponível em: <https://www.habsburger.net/en/chapter/2nd--september-1822-brazil-becomes-independent-empire>. Acesso em: 23 de setembro de 2021.

atitude". Elogiando os ensinamentos paternos, que "sempre permanecerão no fundo do meu coração", ela afirmava, com a dedicação filial que lhe era inerente, "que a única glória e orgulho consistem em cumprir estritamente todos os deveres como esposa e mãe e mostrar-me, pelo cumprimento estrito dos ensinamentos da Casa da Áustria, como seu digno membro". O mais importante, porém, ela deixou por último ao, mais uma vez, dizer que o que estava sendo feito pelo Brasil seria o melhor e não haveria como ser de outra forma: "Creia-me, querido pai, penso exatamente como o senhor a respeito da situação do Brasil e desejo que tudo transcorra feliz e tranquilamente da forma como o senhor teve a bondade de me explicar e como me acostumou a pensar"[370].

Mas se ela conseguiu o entendimento do pai, não o conseguiu do soberano austríaco. Os países europeus, sobretudo a Áustria, que fazia parte da Santa Aliança, não reconheciam a independência do Brasil com base nos acordos do Congresso de Viena, que tratava de defender o sistema absolutista e reforçar a legitimidade monárquica. Para que a Áustria viesse a apoiar o Brasil, seria preciso que a Constituição brasileira garantisse os princípios legítimos monárquicos e desse maior liberdade ao soberano, atendendo a um dos critérios da Santa Aliança e, segundo Metternich, servindo de exemplo para as repúblicas nas Américas[371].

Para pressionar quanto a isso, ainda que José Bonifácio e o próprio D. Pedro I estivessem de acordo, enviaram Daiser sob o pretexto de "aconselhar" o monarca. Não deu certo, e a Áustria só viria a reconhecer a independência em 13 de dezembro de 1825, quando finalmente teria um tratado comercial com o Brasil[372], e meses antes da morte da maior austríaca que se conheceu no Hemisfério Sul.

Também degringolou a Constituição de 1823, com as pressões para a diminuição do poder monárquico, e com José Bonifácio, frente às

---

370. Carta de 9 de julho de 1824. LEOPOLDINA. *Cartas de uma Imperatriz*. KANN, Bettina e LIMA, Patrícia Souza (org.). São Paulo: Estação Liberdade, 2006, p. 426-7.

371. *Ibid.*

372. O primeiro tratado foi o de Comércio e Navegação, de 30 junho de 1826. Infelizmente, diante da necessidade de reconhecimento e de tratados, alguns acabaram sendo mal negociados e prejudicando o Brasil e as indústrias nascentes. Tratados como este com os austríacos, portanto, depois dos seis anos de validade, não foram renovados.

discussões, indo para a oposição. Diante das dificuldades e das revoltas causadas pela carta magna, D. Pedro I dissolveu a Assembleia e outorgou ele mesmo a Constituição de 1824 com quatro poderes: Legislativo, Judiciário, Executivo e Moderador, sendo os dois últimos comandados por ele. Com esse documento ele conseguiria a aceitação da Europa, principalmente da Áustria, mas o reconhecimento oficial viria somente após o de Portugal.

Ao final, porém, quem iria interceder pelo Brasil era outra que tinha tantos genes diplomáticos quanto comerciais: a Inglaterra. Para chegar a essa resposta tardia (1825) à demanda de 15 de outubro de 1822, quando o Conselho de Estado brasileiro deu permissão, por meio do ministro dos Negócios da Fazenda, para fazer "uma proclamação, ou manifesto a Portugal declarando-lhe com decoro e gravidade como a um grande povo compete, que o Brasil tem proclamado e cimentado a sua Independência, e que está pronto a dar a última gota de sangue de seus filhos para sustentá-la. Que se dentro de quatro meses não reconhecê-la lhe fará cruenta guerra, estancando logo todas as relações comerciais; e se neste período enviassem novas tropas, seria esta remessa tomada como formal declaração de guerra". José Bonifácio não aceitaria que o Brasil se sujeitasse a nenhuma nação[373]. Enviou o marquês de Barbacena com documentos que comprovavam aos ingleses que os acordos comerciais

---

373. Segundo o conselheiro Drummond, amigo do "Patriarca da Independência", "o caráter de José Bonifácio não era para consentir que, governando-o, um poder estranho se intrometesse entre o governo e a nação. Recebia a todos, utilizava o serviço de todos em proveito da causa pública, mas não se deixava influir por ninguém. A ideia de se conferir ao príncipe o título de Imperador e não de Rei nasceu exclusivamente de José Bonifácio, e foi adotada pelo príncipe com exclusão de outra qualquer. Nos conselhos alguma oposição houve quem fizesse a esta ideia, não por considerá-la prejudicial, mas somente pelo temor de que viesse ocasionar algum embaraço para o reconhecimento das outras nações. Os que assim pensavam opinavam pelo título de Rei, que não acharia os mesmos embaraços, sobretudo da parte das grandes potências da Europa. José Bonifácio refutou todos esses argumentos, que lhe pareciam infundados. 'O Brasil', dizia ele, 'quer viver em paz e amizade com todas as outras nações, há de tratar igualmente bem a todos os estrangeiros, mas jamais consentirá que eles intervenham nos negócios internos do país. Se houver uma só nação que não queria sujeitar-se a esta condição, sentiremos muito, mas nem por isso nos havemos humilhar nem submeter à sua vontade'. Estas e outras palavras de igual peso e consideração ele as disse, em minha presença, a Mr. Chamberlain, encarregado de negócios da Inglaterra" (DRUMMOND, Vasconcelos de. *Anotações de Vasconcelos de Drummond à Sua Biografia*. Brasília: Senado Federal, 2012, p. 107).

entre Portugal e Inglaterra seriam prejudiciais ao Brasil e que não seriam reconhecidos se a soberania brasileira também não o fosse. Isso foi o bastante para que surgisse o Tratado de Paz e Aliança intermediado pela Inglaterra, entre Brasil e Portugal.

1825, o Ano Em Que o Brasil se Tornou Independente

O grito do Ipiranga pode ter acontecido em 7 de setembro de 1822, às 4 horas da tarde, em Moinhos, próximo ao riacho, mas a sua verdadeira independência ocorreu apenas 29 de agosto de 1825 por meio do Tratado de Paz e Aliança formalizado entre Brasil e Portugal com mediação da Inglaterra, interessada economicamente na "liberdade" brasileira. Desde 1808, o Brasil era o seu terceiro maior mercado importador, e não seria bom perdê-lo.

É por meio desse tratado que finalmente Portugal reconheceria que o Brasil não era mais território português, o que abriria terreno para o reconhecimento de outros países. Para isso, porém, o Brasil teve que pagar, à época, dois milhões de libras esterlinas — dívida de Portugal com a Inglaterra e dar, ainda que somente no papel, o título de imperador do Brasil a D. João VI.

Não é de surpreender que havia ainda a esperança de unir Portugal e Brasil sob uma mesma coroa. Antes do tratado, D. João VI enviara uma carta a D. Pedro I com instruções para negociarem uma unificação que, apesar de não reconhecer a independência do Brasil, previa uma emancipação ao permitir uma regência ampla e com o exercício de um Legislativo com base em uma "carta particular", com o fim da distinção entre brasileiros e portugueses como cidadãos de segunda e primeira classe, respectivamente, e que as contas da Marinha e corpo diplomático — que seria um mesmo —, dotação régia e dívida pública seriam pagas por ambos os reinos.

Esta carta nunca chegou a ser lida por D. Pedro I.

Não havia mais volta depois de feita a Independência.

A Inglaterra, interessada em manter seu comércio, nomeia o ministro dos Negócios Estrangeiros, George Canning (1770-1827) para mediar a situação e conseguir o reconhecimento. O local escolhido foi Londres e a Áustria foi chamada. Foram cinco sessões durante cinco meses, sem se chegar a qualquer consenso. Portugal queria a restituição do comércio e das propriedades portuguesas, e o Brasil queria a aceitação da Independência. Determinado a resolver o impasse, Canning enviou ao Brasil Sir Charles Stuart (1779-1845), com uma escala em Lisboa para explicar que não haveria como unir novamente Brasil e Portugal sob uma mesma coroa, correndo o risco de, se assim ocorresse, perder um dos territórios. D. João VI acabou por aceitar a independência e ao longo de nove conferências foram delineadas as bases do que seria o tratado. Também foi preciso que fossem estipuladas as regras de sucessão, socorros mútuos, indenizações e negociação de tratados comerciais.

Estava claro para D. João VI que D. Pedro não era o imperador legítimo, pois apenas ele, como soberano, poderia dar tal poder a alguém. Foram feitas três propostas nas quais o título de soberano pertencia a D. João, variando apenas o título e a forma do seu exercício — ora era imperador do Brasil e rei de Portugal e dos Algarves; outra era rei do Reino Unido de Portugal, do Brasil e Algarves; ou imperador de Portugal, Brasil e Algarves. A questão era que em todas ele cedia a D. Pedro a soberania para governar.

É importante ressaltar que D. João VI mostrava a intenção de "por termo aos males e dissensões que têm ocorrido no Brasil" e "restabelecer a paz, amizade e boa harmonia entre povos irmãos", mantendo para si e seus herdeiros "o título e dignidade de imperador do Brasil e rei de Portugal e dos Algarves", mas dando a D. Pedro, "de livre vontade", a soberania do Brasil, e entregava as ordens militares de Cristo, Santiago e Avis. Após isso, voltaram-se às negociações dos demais assuntos, chegando ao consenso sobre a dívida pública, responsabilização de indenizações, restituição das propriedades portuguesas apreendidas, princípios dos tratados de comércio, etc.

Tendo isso em mãos, Sir Stuart seguiu para o Brasil e não teve uma recepção boa de imediato, questionando-se os títulos de D. João VI e os princípios de sucessão. Debatidas as três propostas enviadas pelo rei de Portugal, a que estava com maior dificuldade de aceitação foi a questão da soberania, uma vez que D. Pedro I havia sido coroado imperador por vontade do povo e de Deus e não por cessão de D. João VI. Tendo isso sido acertado, todos os outros se seguiram, finalizando no pagamento de dois milhões de libras esterlinas, assim quitando qualquer dívida ou reclamação.

Por fim, a Inglaterra reconheceu o Brasil como império independente em 7 de setembro de 1825. Dizem que D. Pedro teria distribuído cópias do tratado pelas janelas do palácio e que teria removido o dístico 'Independência ou Morte', que usava desde outubro de 1822.

Tanto o imperador de 26 anos quanto sua esposa e aliada não poderiam imaginar que em menos de um ano após a assinatura do tratado, o rei de Portugal — e primeiro imperador do Brasil — estaria morto, o que levaria a outra disputa hierárquica e ao medo de que todo o processo de independência tivesse sido em vão.

Decreto[374]

Achando-se mutuamente ratificado o Tratado assinado nesta Corte aos vinte e nove de agosto do ano próximo passado pelos meus plenipotenciários e o senhor dom João Sexto, rei de Portugal e Algarves, meu augusto pai, mediante o qual pondo-se o desejado termo à guerra que infelizmente se fizera necessária entre os dois Estados, foi justamente reconhecida a plena Independência da nação brasileira, e a suprema dignidade, a que fui elevado pela unânime aclamação dos povos, com a categoria de Imperador Constitucional, e seu Defensor Perpétuo; hei por bem ordenar que se dê ao dito Tratado a mais exata observância e execução, como convém à santidade dos Tratados celebrados entre as nações independentes e a inviolável boa-fé, com que são firmados, o visconde de Inhambupe de Cima, do meu Conselho de Estado, ministro e secretário dos Negócios Estrangeiros, o tenha assim entendido, e faça executar, expedindo as devidas participações e exemplares impressos para as estações competentes desta Corte e províncias do Império, com as ordens mais positivas para que se cumpram e guardem como neles se contem. Palácio do Rio de Janeiro em dez de abril de mil oitocentos e vinte e seis.

Com a rubrica de SUA MAJESTADE IMPERIAL

Visconde de Inhambupe

---

374. Conjunto documental: Independência do Brasil: acontecimentos posteriores (impressos); caixa 740.3; título do fundo ou coleção: SDH – Diversos – "Caixas Topográficas" (2H).

Tratado

EM NOME DA SANTÍSSIMA E INDIVISÍVEL TRINDADE

SUA MAJESTADE FIDELÍSSIMA Tendo constantemente no seu real ânimo os mais vivos desejos de restabelecer a paz, amizade, e boa harmonia entre os povos irmãos, que os vínculos mais sagrados devem conciliar e unir em perpétua aliança, para conseguir tão importantes fins, promover a prosperidade geral e segurar a existência política, e os distintos futuros de Portugal, assim como os do Brasil; e querendo de uma vez remover todos os obstáculos, que possam impedir a dita aliança, concórdia, e felicidade de um e outro Estado, por seu diploma de treze de maio do corrente ano, reconheceu o Brasil na categoria de Império Independente, e separado dos reinos de Portugal e Algarves, e a seu filho DOM PEDRO por Imperador, cedendo e transferindo de sua livre vontade a soberania do dito Império ao mesmo seu filho, e seus legítimos sucessores, e tomando somente, e reservando para a sua pessoa o mesmo título.

E estes augustos senhores, aceitando a mediação de SUA MAJESTADE BRITÂNICA para o ajuste de toda a questão incidente à separação dos dois Estados, tem nomeado plenipotenciários, a saber. [...]

E vistos e trocados os seus plenos poderes, convieram a que, na conformidade dos princípios expressados neste preâmbulo, se formasse o presente Tratado.

ARTIGO PRIMEIRO

SUA MAJESTADE FIDELÍSSIMA reconhece o Brasil na categoria de Império independente, e separado dos reinos de Portugal e Algarves; e a seu sobre todos muito amado, e prezado filho DOM PEDRO por Imperador, cedendo, e transferindo de sua livre vontade a soberania do dito Império ao mesmo seu filho e a seus legítimos sucessores, SUA MAJESTADE FIDELÍSSIMA toma somente e reserva para a sua pessoa o mesmo título.

ARTIGO SEGUNDO

SUA MAJESTADE IMPERIAL, em reconhecimento de respeito e amor a seu augusto pai o senhor DOM JOÃO SEXTO, anui a que SUA MAJESTADE FIDELÍSSIMA tome para sua pessoa o título de Imperador.

ARTIGO TERCEIRO

SUA MAJESTADE IMPERIAL promete não aceitar proposições de quaisquer colônias portuguesas para se reunirem ao Império do Brasil.

ARTIGO QUARTO

Haverá de agora em diante paz e aliança e a mais perfeita amizade entre o Império do Brasil e os reinos de Portugal e Algarves. [...]

ARTIGO QUINTO

Os súditos de ambas as nações, brasileira e portuguesa, serão considerados e tratados nos respectivos Estados como os da nação mais favorecida e amiga, e seus direitos e propriedade religiosamente guardados e protegidos; ficando entendido que os atuais possuidores de bens de raiz serão mantidos na posse pacífica dos mesmos bens.
[...]

ARTIGO DÉCIMO

Serão restabelecidas desde logo as relações de comércio entre ambas as nações, brasileira e portuguesa, pagando reciprocamente todas as mercadorias quinze por cento de direitos de consumo provisoriamente, ficando os direitos de baldeação e reexportação da mesma forma que se praticava antes da separação.

ARTIGO UNDÉCIMO

A recíproca troca das ratificações do presente Tratado se fará na Cidade de Lisboa, dentro do espaço de cinco meses, ou mais breve, se for possível, contados do dia da assinatura do presente Tratado.

Feito na cidade do Rio de Janeiro aos vinte e nove dias do mês de agosto do ano de nascimento de nosso Senhor Jesus Cristo de mil oitocentos e vinte e cinco.

Os Mercenários De D. Leopoldina

Como imperatriz, D. Leopoldina buscou saber quem eram o povo e o país sobre os quais reinava e que não constavam nas páginas dos livros que havia lido ainda na Áustria. Era preciso construir uma unidade nacional, símbolos, uma nação destacada de Portugal, inclusive criando todo um cerimonial. Tinha noção disso, assim como tinha da necessidade de melhorar o bem-estar da população, sobretudo em termos de saúde, pois "estamos privados dos mais simples recursos"[375].

Para chegar a esses termos, era preciso manter D. Pedro no poder. Com a dissolução da Assembleia de 1823, ele havia criado inimigos além das tropas portuguesas que aportavam no Norte do país. Havia cisões internas. José Bonifácio havia ido para a oposição. Era preciso proteção. Numa carta a Johann Flach, ela comenta que é preciso o envio de 1500 homens, pois o "governo e ministério deste país" querem "ver o imperador sem poder"[376].

D. Leopoldina então enviou o major Schäffer para a Europa levantar mercenários que deveriam vir disfarçados como colonos. Uma vez que o erário estava vazio[377], a proposta de pagamento era em terras no Sul do Brasil, o que também estimularia a colonização. Estes jovens solteiros deveriam prestar serviço militar por três anos para pagar sua

---

375. Carta de 30 de setembro de 1824. LEOPOLDINA. *Cartas de uma Imperatriz*. KANN, Bettina e LIMA, Patrícia Souza (org.). São Paulo: Estação Liberdade, 2006, p. 431.

376. *Ibid.*, p. 414.

377. Numa carta, Leopoldina conta que precisa de dinheiro, pois deputados e senadores decidiram os estipêndios de oitocentos contos de réis e sessenta contos, para o imperador e a imperatriz, respectivamente, e que Pedro não a deixou reclamar, pois era preciso mais e "não conseguirei viver decentemente e terei uma vida cheia de preocupações [...] por amor ao Brasil eu perdi a subvenção de uma rainha de Portugal, que montava a mais de cem contos" (*Ibid.*, p. 416). Esta era uma grande questão, pois atingia diretamente a generosidade de Leopoldina. Ela queria poder continuar com suas obras de caridade, assistência aos pobres e órfãos e com esse valor baixo era até mesmo difícil manter uma equipe de cortesãos de sua confiança. Boa parte dos que haviam vindo com ela em 1817 foram embora com D. João VI, pois não havia dinheiro para pagá-los e foi preciso que ela pedisse ajuda ao pai para que honrasse os pagamentos.

vinda. Regiões como São Leopoldo (Rio Grande do Sul) e Santo Amaro (São Paulo) foram as primeiras a receberem essa leva de imigrantes provenientes das regiões do antigo Sacro-Império Romano Germânico, que havia sido dissolvido.

Nem tudo eram flores, como se diria, e algumas tinham espinhos. No meio das negociações, também vieram cento e quarenta e sete prisioneiros da cadeia do grão-ducado de Mecklenburg. Era uma troca pelo reconhecimento do país, o que deixou os imigrantes que vinham junto desconfortáveis.

Quanto à Áustria, não havia interesse em mandar pessoas. Para os Habsburgo, "a população era a verdadeira riqueza de uma nação", e isso era evidente para D. Leopoldina. O imperador José II havia decretado a proibição da emigração: "A ninguém é permitido emigrar, nem enviar a países estrangeiros seus filhos ou pessoas sob sua proteção e cuidado". O pai dela abrandaria tal decisão, legalizando a emigração desde que permitida pelas autoridades locais, e que os emigrantes perdessem a cidadania austríaca. Isso acabou sendo um fator inibidor para que a imigração austríaca acontecesse.

Aproveitando-se da figura da jovem arquiduquesa, o major Schäffer tentava atrair jovens de origem germânica, como soldados que haviam lutado nas guerras napoleônicas. A peça de propaganda falava do cotidiano da família imperial, colocando tanto D. Pedro I quanto D. Leopoldina como pessoas trabalhadoras, mas que tinham tempo para a família e para as artes. Ambos eram solícitos e recebiam todos, de fato, como mostram os relatos da época. "Nenhuma pessoa miserável jamais recorre a ela em vão; e seu comportamento, tanto público como privado, inspira justamente a admiração e o amor de seus súditos a sua família"[378], havia escrito Maria Graham.

Sempre vista como caridosa, figurando como uma mãe do Brasil, D. Leopoldina não deve ser esquecida pela governante que foi, como seus antepassados, e uma esposa que esteve ao lado do marido nos momentos mais decisivos. E, quando necessário, passando à frente dele e tomando-o

---

378. *Ibid.*, p. 317.

pela mão para que juntos fizessem a Independência do Brasil, que estaria acima de ambos.

 Sem D. Leopoldina não haveria um país livre e a população em geral o sabia, chorando nas ruas o anúncio da sua morte em 14 de dezembro de 1826 — nem um ano após o reconhecimento da Independência. A exumação dos corpos em 2012 permitiu que a tecnologia acabasse com lendas tais como a de que D. Pedro I tivesse empurrado D. Leopoldina de uma escada, o que teria causado uma fratura e a sua morte. Segundo a pesquisadora Valdirene do Carmo Ambiel, após análise em 1973 de laudos médicos da época, acredita-se que a primeira imperatriz do Brasil teria morrido de infecção intestinal causada por salmonela, o que é gravíssimo em caso de gravidez.

 Muitos à época achavam que era culpa da marquesa de Santos. Fora preciso que a casa da famosa amante, próxima ao Paço, fosse protegida pela polícia contra a população irada. Porém, as forças policiais não puderam protegê-la da ira de D. Pedro I. Ao chegar de uma viagem e saber que a marquesa, então dama de companhia da imperatriz, a havia proibido de ver os filhos no leito de morte, tratando-a com crueldade segundo testemunhas, expulsou-a e à sua família de São Cristóvão, não mais a querendo ver.

 Com a morte de D. Leopoldina, "uma dor muda, de desespero, tomava todas as fisionomias"[379]. A imperatriz teve "o mais pranteado enterro até então visto. Sepultava-se então uma jovem, austríaca de nascimento, brasileira por adoção, a quem a população aclamava como sendo o 'Anjo Tutelar do Império'"[380]. Anjo não só no sentido metafórico, mas pertencente a uma tradição "cívico-religiosa"[381] portuguesa. O povo a canonizava. Um anjo cuja bondade entrou para a história. Em 21 de

---

379. Mareschal. *Apud* REZZUTTI, Paulo. *Leopoldina: a História Não Contada.* São Paulo: Leya, 2017, p. 383.

380. MENCK, José Theodoro Mascarenhas. *D. Leopoldina: Imperatriz e Maria do Brasil.* Brasília: Câmara dos Deputados, 2017, p. 123.

381. A imagem de um anjo guardião de uma nação sempre foi forte em Portugal, antes mesmo de virar reino em 1139, mas foi apenas no período manuelino que foi pedido ao papa que pudesse se comemorar a data (que desde uma bula do papa Pio XII ficou na data de 10 de junho).

julho de 1827, o deputado Lino Coutinho pediu à Câmara de Deputados que o Estado assumisse as suas dívidas de caridade: "Não por ter ela sido unicamente Imperatriz do Brasil, mas por ter sido amiga deste país, e por ter sido uma Imperatriz virtuosa e santa"[382].

> Socorria a todas as pessoas indigentes que iam suplicar-lhe algum socorro, não somente nas portas do palácio ou nas suas viagens e passeios, mas em todos os tempos e lugares onde aparecia às vistas públicas. [...] a todos recebia com agrado, a todos escutava com clemência, a todos consolava com ternura, a todos socorria com largueza. [...] Ah, se acaso eu pudesse aqui expor-vos a lista, que depois de sua morte se achou no seu próprio gabinete, que pasmo não seria então o vosso, vendo a enorme despesa que fazia nos socorros mensais com que amparava tantas pessoas pobres e infelizes de toda a idade, sexo e condição[383].

Toda saga busca um herói. A Independência do Brasil encontrou os seus.

---

382. *Apud* MENCK, José Theodoro Mascarenhas. *D. Leopoldina: Imperatriz e Maria do Brasil*. Brasília: Câmara dos Deputados, 2017, p. 125.

383. MAGNA, Frei Francisco de Paula de Santa Gertrudes. *Oração Fúnebre que nas Exéquias de Sua Majestade Imperial, a Senhora Dona Maria Leopoldina Jozefa Carolina, Archiduquesa d'Áustria e Primeira Imperatriz do Brazil, celebradas no Mosteiro de São Bento*... Rio de Janeiro: Typographia Imperial e Nacional, 1827.

D. PEDRO I

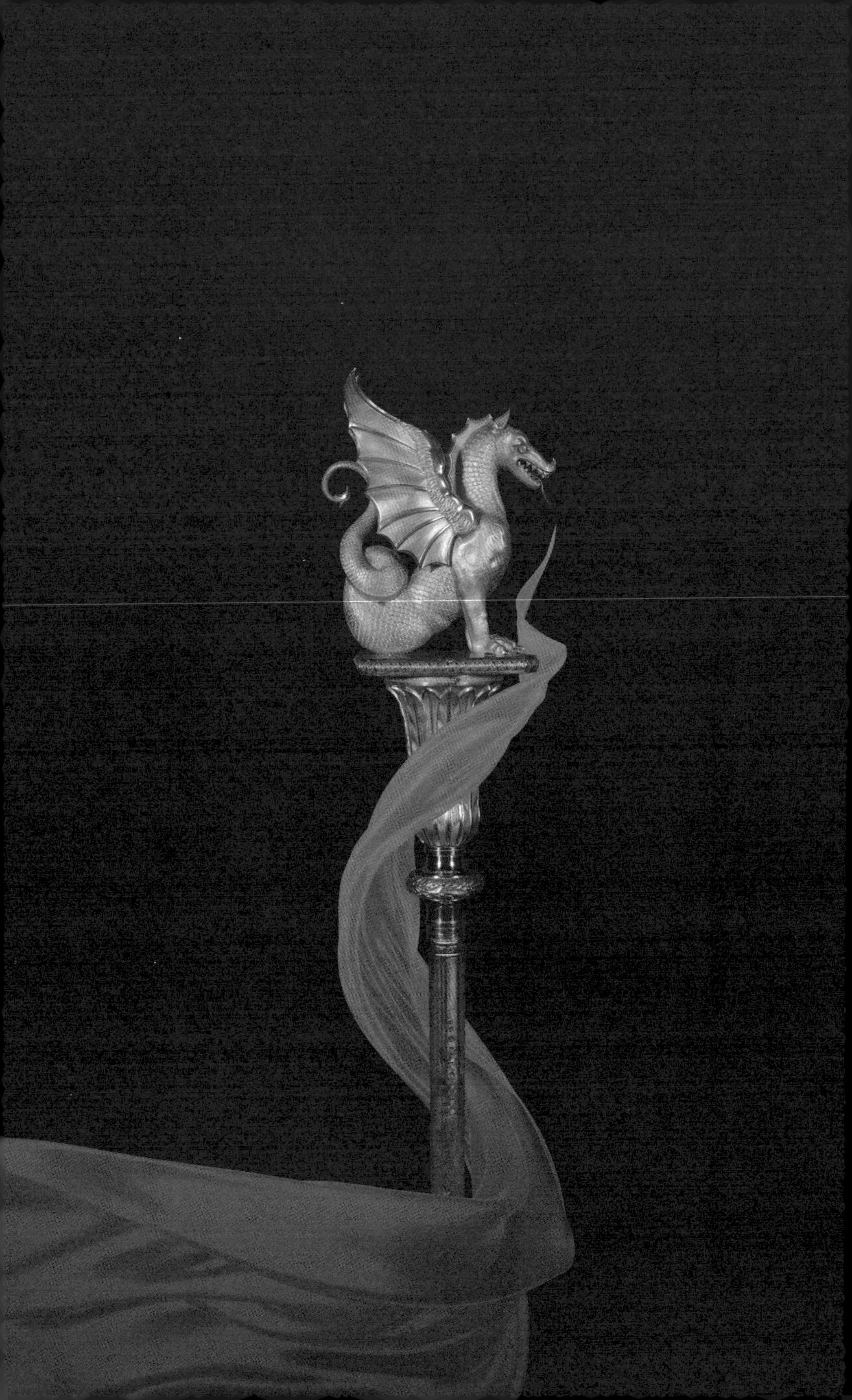

Filho de Rei, Imperador É

Na história do Brasil, depois de D. João VI, caricaturado como um glutão, indeciso e fujão, talvez o personagem histórico mais execrado tenha sido D. Pedro I, transformado num ditador e num libertino. Na fofoca que se tornou história, tudo o que ele fez pelo Brasil ou foi de autoria de outrem, ou das circunstâncias, ou foi ofuscado pelos boatos sobre sua vida pessoal.

Portanto, quando lemos sobre D. Pedro I do Brasil, ou D. Pedro IV de Portugal, nem parece que estamos falando da mesma pessoa. Enquanto o D. Pedro I dos brasileiros é, muitas vezes, retratado como tirano absolutista, aquele que, segundo seus opositores políticos, quis acabar com a Constituição que ele mesmo insistiu em criar, o D. Pedro IV dos portugueses ficou conhecido como o rei soldado, o libertador de Portugal, aquele que defenderia o povo português do absolutismo dos miguelistas, estando à frente de um exército liberal.

Não podemos esquecer que D. Pedro I era filho do seu tempo, e este estava mudando. O Antigo Regime combalia diante de um novo sistema, o constitucionalista. Quando recebeu de seu pai o cargo de regente do Brasil, em 1821, D. Pedro não tinha completado 23 anos, nem havia terminado seus estudos para se tornar governante, muito menos era politicamente formado. Faltava ainda a maturidade que somente a experiência é capaz de fornecer. E D. João VI, como regente cuidadoso que era, não dava espaço em seu governo para o filho aprender[384]. Seria preciso que D. Pedro I usasse as suas próprias capacidades, o que havia visto ou estudado, e a opinião de seus conselheiros para que conseguisse governar um dos períodos mais turbulentos da história do país, de 1821 a 1831.

E foi com o risco de perder a coroa que ele descobriria que o Brasil já contava com forças políticas sedentas pelo poder, e nenhuma delas tolerava iniciantes.

Um Príncipe Nada Ordinário

> A mais rigorosa etiqueta prende os infantes de Portugal dentro dos seus palácios, [...]; deste modo os seus lisonjeiros sorrisos ou confidenciais bocejos não são prodigalizados ao vulgo dos observadores. Esta forma de embalsamar príncipes vivos não é, no fim de tudo, má política: conserva-os sagrados, concentra-lhes a sua real essência, tão fácil de se evaporar pela exposição![385]

O político e escritor William Beckford (1760-1844), quando esteve presente na corte de D. José I — bisavô de D. Pedro I — deixou em seus diários vestígios das reuniões noturnas da família real portuguesa. Relatava um infante D. João, na companhia de seu irmão mais velho D. José, andando a esmo com as mãos nos bolsos e bocejando, sem se concentrar em nada por achar tudo desinteressante. Se estivéssemos na França, ou mesmo na Áustria, poderia não parecer estranha essa rigorosa etiqueta, mas para Portugal parece incomum diante das falácias criadas em torno da má educação da família real. Seria até difícil acreditar como eles conseguiam governar. Tanto D. José quanto D. João, assim como D. Maria I, haviam sido criados com todos os desígnios

---

384. D. Maria Teresa, a filha mais velha de D. João e D. Carlota Joaquina, era a única da prole que D. João VI permitia que estivesse consigo nas reuniões do Conselho de Estado e a passear por São Cristóvão. Ela se casaria com o primo, D. Pedro Carlos, um dos sobrinhos diletos de D. João VI, ficando viúva dois anos depois.

385. *Apud* PEREIRA, Ana Cristina; TRONI, Joana. *A Vida Privada dos Bragança – De D. João IV a D. Manuel II: o Dia a Dia na Corte.* Edição do Kindle: 2011, localização 1253-1255.

necessários para bem governar. Dentro de um sistema absolutista, em que tudo e todos eram de responsabilidade do soberano, a culpa de tudo e de todos também era.

Porém, esse cuidado excessivo com os membros reais não parece ter continuado na criação de D. Pedro e de seu irmão D. Miguel. Ao menos, ao ver do próprio D. Pedro I. Ele considerava a sua educação e a do irmão falhas, sendo "os últimos ignorantes da família". Essa percepção de si mesmo aponta para uma consciência ativa. Talvez ele admirasse a alta erudição a que toda família reinante da Europa tinha acesso, mas sabia que seu temperamento não era para ser acadêmico. É como diria o almirante escocês Charles Napier (1786-1860): "As suas boas qualidades eram propriamente suas; as más, devido à falta de educação; e homem nenhum conhecia melhor este defeito do que ele mesmo"[386]. De fato, D. Pedro I sabia quais as suas falhas, para ele fruto de sua criação, e isso se tornaria fonte de atenção especial para com os filhos. Exigia deles o que nunca lhe fora exigido: estudo. Seus pais viviam separados e nunca foram presentes na cobrança de sua educação. Apesar de terem tido os melhores tutores, a disciplina e organização são as áreas onde o exemplo e a presença da família fazem diferença.

Quando estava em Portugal, lutando pela causa da filha D. Maria II contra D. Miguel I, reclamava da escrita da jovem monarca portuguesa e exigia que ela estudasse mais. Os estudos eram fundamentais, segundo ele, para que encontrassem um lugar no mundo e não dependessem do seu berço. Preparava-os para o futuro político, num novo sistema não mais ditado pelo absolutismo. Seus filhos não eram filhos do absolutismo, como ele havia sido. Deveriam ser governantes preparados para governar, e não um peso morto sobre um trono, aguardando que o mundo os tratasse como divindades encarnadas.

Era uma visão totalmente diferente da que seus pais haviam tido. Também distinta de D. Maria I, D. Carlota Joaquina não se preocupara em gerenciar a educação dos filhos. E enquanto D. José I e o marquês de Pombal haviam organizado os estudos dos futuros reis de Portugal,

---

386. *Apud* COSTA, Sergio Correa. *As Quatro Coroas de D. Pedro I*. São Paulo: Paz e Terra, 1996, p. 117.

D. João VI não tinha tempo para gerir a educação dos infantes. Mas isso tampouco impediu que D. Pedro e D. Miguel fossem educados na idade apropriada.

O matemático, astrônomo e vice-reitor da Universidade de Coimbra José Monteiro da Rocha (1734-1819) foi tutor de D. Pedro I quando este tinha apenas cinco anos. Havia conseguido o cargo por indicação do médico de D. João VI, Domingos Agostinho Vandelli (1735-1816)[387], que acreditava a idade do príncipe ser "a mais própria para um mestre o ir educando" aos poucos, à medida em que crescia. José Monteiro da Rocha ficou a cargo de ensinar matemática. O aluno era tamanho entusiasta da matéria, que Rocha lhe legaria a sua livraria após a morte. Inclusive, essas lições seriam fundamentais para D. Pedro quando, anos depois, usaria o cálculo para descobrir um rombo financeiro nos cofres públicos[388]. Quanto ao latim e a literatura, ficariam a cargo de frei Antônio de Nossa Senhora de Salete[389].

Com a vinda da família real portuguesa ao Brasil, nem todos os tutores os acompanharam. Para o período de travessia, o ex-bibliotecário de Mafra, frei Antônio de Arrábia (1771-1850), seria o seu professor e confessor. Ao chegar ao Rio de Janeiro, colocaram o príncipe a encargo do plenipotenciário João Rademaker, homem culto e poliglota. Arrábia continuaria como confessor e ensinaria religião. Por duas horas diárias, Rademaker conseguia ensinar matérias diversas, que iam da matemática à economia política, passando por história, geografia, lógica e as línguas francesa e inglesa. Com a morte do tutor em 1814, o padre John Joyce[390] se encarregou do inglês e padre Renato Boiret do francês[391]. O resto ficou

---

387. Ele havia feito parte da comissão científica organizada pelo marquês de Pombal a Lisboa. Seu filho, o naturalista Alexandre Antônio Vandelli (1768-1850), seria o mestre de D. Pedro II.

388. Veremos adiante, em "Para Além da Constituição".

389. Existem divergências se ele foi alfabetizado pelo frade ou por sua governanta, D. Maria Genoveva do Rego e Matos.

390. Também teria tido aulas de inglês com o reverendo Guilherme Paulo Tilbury.

391. "Ele sabe latim e francês, traduz do inglês e entende o alemão que 'sua pobre Leopoldina' lhe ensinou". *Apud* COSTA, Sergio Correa. *As Quatro Coroas de D. Pedro I*. São Paulo: Paz e Terra, 1996, p. 101.

a cargo de Arrábia, que era especialista em teoria política e botânica, e é possível que daqui viesse a história que Marialva contara à D. Leopoldina de que o príncipe português era estudioso de botânica.

E certamente quem introduziu D. Pedro I às leituras de Henri-Benjamin Constant de Rebecque (1767-1830) e Gaetano Filangieri (1752-1788)[392] terá sido o próprio Arrábia. Foi o jornalista Eugène Monglave (1796-1878) quem deixou o relato de que D. Pedro I "meditou sobre os publicitas franceses cujos escritos passavam frequentemente da biblioteca pública para seu gabinete particular. Conhece a fundo todas as obras do senhor Benjamin Constant e devorou com entusiasmo a obra contendo os belos discursos do general Foy"[393]. Seu entusiasmo pelo primeiro era tamanho, que se correspondia com o pensador francês[394], político liberal, envolvido na Revolução Francesa[395], na abdicação do rei Carlos X (1757-1836) e na coroação do seu sucessor, o rei Luís Filipe I (1773-1850)[396].

---

392. Leu *La Scienza dela Legislazione*.

393. *Apud* COSTA, Sergio Correa. *As Quatro Coroas de D. Pedro I*. São Paulo: Paz e Terra, 1996, p. 101.

394. Outro governante brasileiro que trocaria diversas cartas com pensadores e inventores da sua época foi D. Pedro II. Entusiasta do conhecimento, tanto científico quanto artístico, ele se corresponderia com Louis Pasteur (1822-1895), Jean-Martin Charcot (1825-1893), Victor Hugo (1802-1885), Gabriel Daubrée (1814-1896), Félix Ravaisson (1813-1900), Stéphen Liégeard (1830-1925), Giuseppe Fiorelli (1823-1896), Alphonse Karr (1808-1890), Jean Louis Quatrefages (1810-1892), conde Angelo de Gubernatis (1840-1913), Jules Verne (1828-1905) e Heinrich Karl Brugsch (1827-1894), entre outros.

395. De acordo com Constant, a Revolução Francesa foi uma tentativa de instaurar o que ele chamava de Liberdade dos Antigos, em contraposição à Liberdade dos Modernos, ou seja, em uma sociedade comercial que elegia seus representantes para decidirem os rumos do país, pois não havia tempo para que toda uma população votasse em cada sentido de gestão — com instituições como o Consulado e o Tribuno da Plebe. A Liberdade dos Antigos era participativa, ou seja, o cidadão era chamado a debater e votar em assembleias públicas enquanto uma maioria, que seria de escravos, trabalharia em prol de todo o grupo. Esta escolha foi o que teria permitido a ascensão de Napoleão Bonaparte.

396. É Constant quem aponta a monarquia constitucional como o melhor exemplo da Liberdade dos Modernos, e não o republicanismo. A oportunidade de mostrar isso veio com a troca do absolutismo de Carlos X pela monarquia constitucional e liberal de Luís Filipe I, que D. Pedro I conheceria pessoalmente em sua estadia em Paris. A Constituição francesa de 1830 lembra a brasileira em muitos pontos, mostrando que ambas bebem da

Para Benjamin Constant, o comércio[397] estava acima da guerra num mundo moderno, e por causa disso acusava Napoleão Bonaparte[398] de não ser um liberal moderno. Segundo *A Liberdade dos Modernos*[399], os princípios seriam as liberdades civis, o regimento ditado pelas leis, a necessidade de se ter representantes da vontade popular numa Corte ou Parlamento e a proteção contra os abusos do Estado.

Leitor Voraz e Jornalista Eloquente

D. Pedro I considerava-se um ignorante, mas teria sido mesmo? Na verdade, era extremamente erudito, mesmo se comparado aos dias de hoje. Sua percepção de ignorância originava em parte do que esperava de si próprio, e em parte de seus modos mundanos, adquiridos nas ruas, impróprios para as cortes forjadas no absolutismo. Era esperto e autodidata, como fica evidente em seu ativismo em prol da criação das Constituições do Brasil e de Portugal, mas, apesar de estudar diariamente duas horas, não tinha método nos seus estudos, nem mesmo o de música, que tanto amava. "Eu tenho dois alunos (não conto com o príncipe real, que se ocupa da música como um príncipe)[400]", teria escrito seu mestre de teoria musical e composição, Sigismund von Neukomm (1778-1858), discípulo predileto de Haydn (1732-1809).

Isso, porém, não impedia que lesse o que pudesse e o quanto desse. A história guardou os relatos da própria esposa, D. Leopoldina, que recém-casada comentava que o príncipe adorava compor música e ler. Aproveitando-se do fato de D. Pedro I gostar de ler, D. Leopoldina

---

mesma fonte: Benjamin Constant (1767-1830). Ambas regulamentam uma monarquia hereditária que existe em paralelo a uma Câmara de Deputados e a um Senado vitalício.

397. D. Pedro lia igualmente Edmund Burke (1729-1797), e, segundo Maler, queria traduzi-lo.

398. Em 1815, o Ato Adicional decretado por Constant transformou, ainda que apenas por cem dias, o decaído império napoleônico em uma monarquia constitucional moderna, com Napoleão à frente.

399. O melhor modelo para Constant é o da Inglaterra após a Revolução Gloriosa.

400. *Apud* REZZUTTI, Paulo. *D. Pedro: a História Não Contada*. São Paulo: Leya, 2015, p. 102.

incentivava-o a estudar mais⁴⁰¹; "[...] como o príncipe gosta muito de música e de leitura, nosso dia fica todo ocupado"⁴⁰².

O hábito da leitura teria vindo com D. Pedro I ainda criança. Durante a travessia atlântica, na longa jornada para o Brasil, ou o menino de nove anos ficava entre os marinheiros, querendo aprender desde manobras até cálculos de longitude, ou ficava lendo a *Eneida*, de Virgílio, apoiado no mastro principal da nau⁴⁰³. O amor por Virgílio continuaria por muitos anos, sendo repassado em meio a citações de memória, e em discursos como o proferido ao seu pai, D. João VI, quando este o nomeou príncipe-real e elevou o Brasil a reino em 1815: "[...] como Enéas, Vossa Majestade acaba de lançar, após uma longa navegação, os alicerces de um estado que deve ser um dia o primeiro do mundo; como Enéas, Vossa Majestade será proclamada o modelo dos filhos e dos reis [...]"⁴⁰⁴.

Esse gosto pelos livros e pela leitura seria herdado por seu filho D. Pedro II, que entraria para a história como um grande leitor e conhecedor dos mais diversos assuntos, sobretudo os filosóficos e científicos. É também preciso fazer outro paralelo interessante: enquanto D. Pedro I tinha em suas mãos, a caminho do Brasil, o seu livro predileto, a *Eneida*,

---

401. "Não tenho palavras para descrever minha felicidade, pois meu esposo tem bom coração e muitos talentos e boa vontade em se instruir, pois não é sua culpa se algumas pessoas acham que deveria ser diferente; isso é porque não o conhecem bem, pois, quanto mais se conhece, tanto mais parece melhor; por isso peço ao senhor que não acredite no que contam sobre ele, mas apenas no que lhe escrevo" (Carta de São Cristóvão, de 1º de dezembro de 1817. LEOPOLDINA. *Cartas de uma Imperatriz*. KANN, Bettina e LIMA, Patrícia Souza (org.). São Paulo: Estação Liberdade, 2006, p. 316); "[...] estou usufruindo dessa felicidade por ter encontrado, em meu esposo, um amigo que eu adoro por suas excelentes qualidades e ao qual dedicarei, para sempre, todas as minhas atenções com prazer inexprimível" (Carta de São Cristóvão, de 24 de janeiro de 1818. *Ibid.*, p. 326).

402. *Ibid.*, p. 323.

403. "Durante a viagem da família real portuguesa para o Brasil, conta Monglave, quando se encontrava em meio à marinhagem, intrometendo-se como um grumete ousado e curioso nas manobras de bordo, era sempre visto sentado ao pé de um dos mastros do navio deliciando-se com a leitura de Virgílio. 'Este último exercício tornou-se para ele uma paixão; logo, não se passava nem um dia sem que dedicasse um tempo a essa leitura'". *Apud* COSTA, Sergio Correa. *As Quatro Coroas de D. Pedro I*. São Paulo: Paz e Terra, 1996, p. 100.

404. *Ibid.*

seu filho, no trajeto oposto em 1889, após o golpe republicano, teria em suas mãos *Os Lusíadas*, de Luís de Camões, que é inspirado na epopeia de Virgílio[405].

É sabido que quanto mais se lê, melhor se escreve. D. Pedro I não fugia à regra, por mais que ele próprio reclamasse da sua educação e de uma maneira exagerada — "a educação dos príncipes foi, em geral, tão desprezada que, eles próprios, se queixavam quando crescidos, de mal saberem ler e escrever"[406]. Apesar de escrever de maneira descuidada e com uma caligrafia sofrível em cartas íntimas e bilhetes particulares, quando se tratava de documentos oficiais, textos que fossem lidos por autoridades ou que tivessem alguma importância, ele caprichava na letra e na redação, ainda que com alguns erros ortográficos, tomando cuidado ao usar as palavras e bem estruturando as ideias. Esse talento se transfigurará na sua veia jornalística.

Há um D. Pedro I que poucos conhecem por ter assinado artigos para o *Espelho* e o *Diário Fluminense* com pseudônimos — Ultra-Brasileiro, P. B. ou P. Patriota, Piolho Viajante, Duende, entre diversos outros. Algumas vezes, ele "respondia" a ataques velados[407] à sua pessoa. Porém, a maioria dos seus artigos eram sobre o que ele não podia falar abertamente por causa de sua posição como imperador, aquele que deveria apenas mediar as situações com neutralidade, segundo os pensamentos de Benjamin Constant. Ou seja, D. Pedro I usava a sua pena jornalística para tecer sua verdadeira opinião, às vezes abusando do tom combativo, com sarcasmo e virulência.

---

405. Além da evidente inspiração, já percebida nos versos iniciais, ambos os livros relatam uma longa travessia marítima que levaria a uma expansão civilizatória.

406. GRAHAM, Maria. *Correspondência entre Maria Graham e a Imperatriz D. Leopoldina*. Belo Horizonte: Editora Garnier, 2020, p. 62.

407. Segundo a Constituição de 1824, era proibido atacar diretamente a figura do imperador, portanto, seus inimigos literários usavam de apelidos como "Poder" (anagrama de Pedro) para atacá-lo publicamente por meio dos jornais. Ao analisar os ritos de sagração de D. Pedro I, Eduardo Romero de Oliveira ressalta o valor religioso presente na cerimônia, enfatizando uma construção absolutista da imagem do imperador como "representação divina", o que garantiria a inviolabilidade do monarca, depois atestada na própria Constituição.

Também entendia a importância da imprensa na formação da opinião pública. Um exemplo desse conhecimento é o texto publicado no periódico *O Espelho*[408], de 30 de maio de 1823, na seção Correspondência. Assinando como O Filantropo, ele escreve:

> O amor que consagro à minha Pátria, os princípios de uma justa liberdade que tenho, e o quanto me interesso pela prosperidade, e grandeza d'este Império, me instam a que faça patentes ao público as minhas ideias, acerca do comércio da escravatura, que, segundo penso, é uma das causas do atrasamento [sic], em que por ora estamos. [...] Poucas pessoas ignorarão que a escravatura é um cancro que rói o Brasil; posto isto, é mister extingui-la. Esta extinção por aqueles que não sabem dançar senão da banda da papelaria, há de ser mal olhada, mas por aqueles que tiverem dois dedos de juízo seguramente não. Ao primeiro golpe de vista, saltam aos olhos os imensos e incalculáveis males, que a escravatura nos traz consigo. Estes males são o justo prêmio de um direito por nós arrogado, e não adquirido, porque não me consta que haja direito algum dos homens se escravizarem uns aos outros. [...] Todo senhor de escravo desde pequeno começa a olhar o seu semelhante com desprezo, acostuma-se a proceder a seu alvitro sem lei nem roque, às duas por três julga-se por seu dinheiro, e pelo hábito contraído, superior a todos os mais homens [...] Deixamos de ser industriosos, não buscamos modo algum de ganhar a vida, [...] porque quem tem um escravo, manda-o ao ganho [...] Se o escravo assim não o faz, pancada de criar bicho [...] Fazendo os governos provinciais um alistamento de todas as embarcações que andarem no tráfego da escravatura, [...] feito este alistamento, se proceda ao arqueamento das embarcações para se ver as pessoas que cada uma das respectivas embarcações puder conduzir, sem perigo de epidemia, da Europa ao Brasil [...] Ora lembro-me mais, e que me parece não

---

408. O rascunho do texto está no Arquivo Histórico do Museu Imperial. O texto publicado: PHILANTHROPE. "Correspondência". *O Espelho*, 30 de maio de 1823, nº 160, p. 3-4. Disponível em: <http://memoria.bn.br/DocReader/DocReader.aspx?bib=700916&pagfis=691>. Acesso em: 2 de outubro de 2021.

ser de pequena utilidade, que seja expressamente proibido a todo e qualquer indivíduo, que da data da lei da proibição do tráfico da escravatura, entrar neste Império, comprar um só escravo que seja, a fim de que eles sejam obrigados a trabalhar pelas próprias mãos. Assim se conseguirá a pouco e pouco a cura do cancro que rói o Brasil. Os negociantes não ficarão perdidos, o país em breve será povoado, os senhores olharão os escravos que tiverem com os olhos mais humanos, e aprenderão, por meio do amor à propriedade, a respeitarem os direitos do seu semelhante. O cidadão que não conhece os direitos do homem, não conhece os da sociedade, não conhece os seus e é desgraçado toda a sua vida [...] É de esperar que algum dos deputados da nossa Assembleia, daqueles que mais se interessam pela felicidade do Brasil, faça alguma indicação a este respeito, e que tomando-a em consideração, haja de acordar alguma medida ditada pela Humanidade, e a justiça a fim de nos fazer sair do letargo em que há trezentos anos temos estado [...]".

A visão abolicionista de D. Pedro I surge aqui com uma proposta que deveria ter sido apresentada à Assembleia, mas acabou tornando-se um texto de combate ao tráfico negreiro e uma tentativa de expor à opinião pública os malefícios de sua existência. Apresenta um olhar do homem que entendia a abolição como necessária, apesar de progressiva para impedir um desequilíbrio econômico no Brasil agrário e prevendo a substituição da mão de obra escrava pela livre. Buscando pontos para convencer o leitor da necessidade do seu fim, D. Pedro I apontava para o que na época poderia chamar a atenção: rentabilidade. Era mais rentável trocar um escravo por um trabalhador livre. Era também um investimento no desenvolvimento do país, tanto cultural quanto econômico, e no trabalhador. Como solução para a eventual falta de mão de obra, propõe que os negreiros fossem transformados em navios de imigração, e dessa forma acharia também a solução para o problema da povoação em regiões inabitadas, com o que seu pai também havia se preocupado. Porém, tudo isso com um princípio por trás: o direito do homem à liberdade: "não me consta que haja direito algum dos homens se escravizarem uns aos outros".

A escravidão foi motivo de brigas entre D. Pedro I e a Assembleia quando ele aceitou um acordo com a Inglaterra pelo qual navios da marinha britânica poderiam capturar qualquer navio que traficasse escravos com destino ao Brasil num prazo de dois anos a contar da assinatura. Como constava na Constituição de 1824, tratados internacionais — que não fossem de anexação territorial — poderiam ser diretamente assinados pelo imperador sem passar pelo aval dos deputados e senadores. Porém, era preciso que o Legislativo fizesse o acordo funcionar, e aí estava o problema. Com maioria escravocrata, a Assembleia não só se tornou oposição ao imperador, como votou em leis como a do crime de rebelião, que só condenaria à morte escravos, libertando assim de uma punição severa qualquer homem livre e habilitando-o a se levantar contra o governo.

Tentou-se, pela segunda vez, em 1º de outubro de 1829, por meio do ministro da Marinha, que fossem proibidos navios vindos da África para o Brasil traficando escravos. Tampouco adiantou, pois nada foi feito a respeito. Em setembro de 1831 finalmente seria promulgada a Lei Feijó, continuação do tratado assinado por D. Pedro I e a Inglaterra em 1826, mas somente a Lei Eusébio de Queiroz acabaria finalmente com o tráfico, vinte anos depois. Quem critica D. Pedro I por ser um tirano autoritário omite a clara separação de poderes da Constituição de 1824 que ele promoveu e respeitou.

Bons e Maus Exemplos

Era de comum entendimento, tanto para D. Pedro I em seu artigo, quanto para outros homens de sua época, que os bons e maus exemplos eram fundamentais para a construção do caráter de uma pessoa, ainda mais na infância. Domingos Vandelli, que defendia a educação precoce do príncipe, enfatizava que era importante que os educadores nomeados fossem dotados de "honra, prudência, desinteresse, religião das histórias e principalmente do conhecimento dos homens"[409]. Porém, demoraria alguns anos para que D. Pedro I tomasse essa iniciativa de "bons

---

409. PEREIRA, Ângelo. *Os Filhos d'El-Rei D. João VI*. Lisboa: Empresa Nacional de Publicidade, 1946, p. 71.

exemplos"[410] e exigisse o mesmo por parte dos tutores[411] de seus filhos, que deveriam ser pessoas conhecidas, bem-educadas e virtuosas.

Ainda criança, segundo o padre Boiret, o próprio príncipe havia dito ao pai que não aceitaria tal educação, preferindo a das ruas. Não era incomum vê-lo correndo e brincando com outras crianças, livres ou escravas, distanciado do ar de sagrado que era comum nos soberanos do passado. Enfiado nos quartos da velha aia, D. Pedro não havia tido bons exemplos a seguir. Era "largado" em meio a nobres portugueses, considerados pela ex-tutora do Paço Maria Graham (1785-1842) como mal-educados, sem caráter, "bando dos mais desprezíveis e degradantes agregados do palácio"[412].

Como exemplo da má conduta do meio em que possivelmente D. Pedro I havia crescido, Graham relata o caso do banho de Maria da Glória[413], que era dado numa sala aberta por onde transitavam desde escravos até a guarda da imperatriz, e sem qualquer pudor. Ainda havia o fato que a pequena tratava as outras crianças com rispidez, chegando a bater nelas como se uma tiraninha fosse, e todos viam aquilo com graça. Esse excesso de "vontades feitas" e jeito mimado são inclusive criticados pela própria imperatriz, D. Leopoldina. Ela reclamava que todos faziam

---

410. Veremos mais no capítulo "O Libertador".

411. Mesmo depois do rompimento político entre D. Pedro I e José Bonifácio, quando este voltasse do exílio o imperador o nomearia tutor dos filhos, pois confiava no velho Andrada. Pelo período que Bonifácio ficou no cargo — foi retirado por intrigas políticas, tendo que ser escoltado por 100 soldados e levado a prisão domiciliar em sua casa em Paquetá, pois se recusava a largar o posto —, recebia cartas de D. Pedro I querendo saber de todos os detalhes sobre a tutoria e o desenvolvimento do príncipe-imperial e das princesas.

412. Maria Graham menciona com certo impacto seu horror à corte portuguesa, por também ter sofrido nas mãos da tal corja, que teria planejado a sua saída do palácio por não coadunar com várias práticas que considerava desmoralizantes. Ela defendia os mesmos princípios educativos de D. Leopoldina, por quem tinha não somente admiração mas seu quinhão de amizade, o que ia de encontro com os das damas do palácio (GRAHAM, Maria. *Correspondência entre Maria Graham e a Imperatriz D. Leopoldina*. Belo Horizonte: Editora Garnier, 2020, p. 62).

413. Acreditava-se, de acordo com Maria Graham, que Maria da Glória seria a herdeira presuntiva do Brasil e que o menino que nascesse seria o de Portugal (*Ibid.*, p. 95).

a vontade do príncipe e que este obrigava-os a se adaptarem a ele. Por outro lado, ela era elogiosa ao considerar que o marido era muito fiel aos amigos, ainda que caíssem em desgraça, e implacável com os inimigos.

D. Leopoldina era uma forte crítica da corte no palácio da Boa Vista. Logo nos primeiros meses de casada, procurava estar com o marido a maior parte do tempo, aceitando a nova vida nos trópicos, aproveitando para conhecer as belezas naturais, mas sem esconder que o seu maior problema eram as pessoas que compunham o séquito real, de quem tinha verdadeira ojeriza, isolando-se cada vez mais, ficando em silêncio e tentando ser paciente: "[...] acho que é impossível fazer o bem, ajudar a enobrecer o país e os habitantes e isso custa muito sacrifício ao meu coração e razão"[414]. Havia um companheirismo recíproco[415] entre a inglesa Maria Graham e D. Leopoldina, "duas estrangeiras" que sentiam revolta contra as intrigas palacianas e a maneira como o entorno tratava as princesas[416].

Segundo consta nos textos de Graham, o séquito imperial era formado por portuguesas que só falavam a própria língua e cuja etiqueta se resumia à da corte. Sua instrução era apenas para ler e escrever, e que faziam suas intrigas diante da frustração que era ter como imperatriz alguém que não era das casas reais de Portugal ou Espanha, como de

---

414. São Cristóvão, 18 de abril de 1818, carta ao arquiduque Rainer. LEOPOLDINA. *Cartas de uma Imperatriz*. KANN, Bettina e LIMA, Patrícia Souza (org.). São Paulo: Estação Liberdade, 2006, p. 331.

415. Leopoldina tratava Maria Graham com afeto, chamando-a de "caríssima amiga" e beijando-lhe as faces. E foi com dor que teve de demiti-la. Tentou remediar ajudando-a a arrumar as suas coisas. "Ela não pretendeu queixar-se; amava seu marido e seus filhos e esperava ter forças para nunca se queixar do que fosse seu dever suportar; que era sua sina estar separada de todos de quem mais gostava [...]" (GRAHAM, Maria. *Correspondência entre Maria Graham e a Imperatriz D. Leopoldina*. Belo Horizonte: Editora Garnier, 2020, p. 100).

416. Isso era uma grande questão para D. Leopoldina e que Maria Graham bem entendia: "posso prometer ser uma zelosa e fiel assistente". Aproveitando que estava na Inglaterra, traria livros e material didático para a educação das meninas, uma vez que não havia isso no Brasil.

costume, e sim nada mais do que uma estrangeira[417]. As damas da corte achavam um absurdo as crianças brincarem com a terra, sujando os vestidos, pois isso era considerado coisa de escravo, ignorando que tanto a arquiduquesa e seus ascendentes faziam jardinagem quanto o próprio D. Pedro I, que tivera uma infância livre. Já quanto a levar pessoas para jogar na antecâmara do quarto da princesa enquanto esta dormia não era visto como um problema.

Depois da saída de Maria Graham, soube-se que a marquesa de Aguiar, mulher de caráter, boa educação e de uma família nobre, havia sido nomeada primeira-dama da princesa Maria da Glória. No mesmo período, novas regras foram feitas para os criados do Paço[418], redigidas por frei Antônio de Arrábia, o que havia levado à loucura as damas, que antes faziam o que bem entendiam.

Exercitar Também É Educar

Se D. João VI teve uma educação próxima ao primoroso, embora criação dura, fechada num palácio e em meio a um sistema que gravitava no entorno do rei absolutista, seu avô, D. Pedro I não teria a mesma sorte ao chegar no Brasil. Sua educação mais "arejada" tinha seus momentos de exercícios como parte do método educacional, pois era preciso um físico forte para uma mente ser robusta — o que já os romanos chamavam de "corpo e mente sãos". Ele tentou aplicar isso também na educação dos filhos. Quando estava em Portugal, lutando pela causa da filha D. Maria II contra D. Miguel, exigia que ela estudasse mais e que também fizesse mais exercícios físicos. Não bastava ser virtuoso de espírito — através do ensino religioso e moral — e proficiente com as letras e artes, mas também desenvolver-se com natação, caçada, equitação, adestramento, etc.

---

417. Ver GRAHAM, Maria. *Correspondência entre Maria Graham e a Imperatriz D. Leopoldina*. Belo Horizonte: Editora Garnier, 2020, p. 93.

418. Com o corte de gastos da imperial ucharia, vivandeiros do entorno do palácio ofereciam aquilo que o Paço não poderia às damas. Graham conta que à noite havia fogareiros à porta dos quartos e o cheiro da comida cozinhada em óleo e alho era apreciado por muitos, subindo pelos cômodos, entrando pelos corredores.

Como seu pai e antepassados, por exemplo, D. Pedro I aprendeu a caçar desde cedo, hábito que manteve ao longo de sua vida, sobretudo acompanhado de D. Leopoldina diariamente. São diversos os relatos de que ele cavalgava com destreza e rapidez[419], além de conhecer os segredos de ferrador e a arte da gineta e estardiota; muitas vezes, impaciente com a inaptidão alheia, ele mesmo trocava as ferraduras do próprio cavalo. Não temia nada, tendo caído do cavalo 36 vezes, segundo os próprios cálculos. Mesmo quando se acidentou em 30 de junho de 1823, deslocando a clavícula e quebrando duas costelas que lhe furariam o pulmão, dirigiu-se até o quarto. Tinha grande resistência física, sendo um homem de mãos grandes e traços fortes, voz poderosa, além de extremamente simpático e bem-humorado.

Como os Habsburgo e o sistema educacional dos príncipes absolutistas, D. Pedro I era incentivado a praticar a música e os trabalhos manuais. Nas belas artes, desenhava[420] e praticava a arte da litografia. "Os litógrafos estão bastante em voga, sobretudo desde que o próprio imperador do Brasil se ocupou deste tipo de talento"[421]. Esculpia e entalhava madeira, sendo muito bom marceneiro e torneiro. Tinha uma oficina de carpintaria cujas obras ele expunha, como testemunha o pastor Robert Walsh (1772-1852):

> Todas as artes mecânicas tornaram-se logo familiares para ele. Construiu e armou com as próprias mãos uma pequena nau de linha, miniatura perfeita que excitou admiração dos marinheiros e deve ter exigido um estudo aprofundado dos diversos ofícios ligados à ciência das construções navais[422].

---

419. E, assim como seu pai, gostava de pregar peças nos batedores ou na comitiva que o seguia. D. João VI não dizia ao estribeiro ou aos batedores para onde ia, deixando-os atordoados quando saía a cavalo. Certa vez, indo visitar o visconde de Santarém na Quinta do Cabeço, em Sacavém, enganou os batedores e chegou antes deles ao destino, rindo-se.

420. Desenhou uma mosquinha numa das paredes da sala da casa da marquesa de Santos em São Cristóvão e uma coruja na Quinta da Boa Vista.

421. Gestas, em 1827. *Apud* COSTA, Sergio Correa. *As Quatro Coroas de D. Pedro I*. São Paulo: Paz e Terra, 1996, p. 107.

422. *Ibid.*, p. 108.

O gosto pelo torno vem da época da adolescência, como atesta a sua governanta Maria Matos ao conde de Arcos: "[...] tem trabalhado muito na sua oficina de torno, em que teve muito gosto, principalmente em obras de madeira, para o que vossa excelência tem concorrido com as lindas amostras que lhe mandou"[423].

"São bem poucos os ramos da indústria nos quais ele não tenha feito prova de uma destreza impressionante"[424], comentou Eugène Monglave (1796-1878). Inclusive, a mesa de bilhar que havia em seus apartamentos com D. Leopoldina, no Paço da Boa Vista, havia sido construída por ele mesmo que, além de excelente marceneiro, era ótimo jogador.

Na época do cerco do Porto, D. Pedro I teve a oportunidade de empregar as suas habilidades manuais de maneira enfática e produtiva. Reparava as peças de artilharia danificadas nos ataques. Certa vez, reproduziu de memória uma modificação inovadora que havia lhe sido apresentada pelo tenente Manuel José Onofre, ainda no Brasil.

O Imperador Musicista

Quando chegou ao Brasil, em 1817, D. Leopoldina havia se encantado com a família real, sobretudo o seu sogro, a quem "amo e prezo como a um pai[425]". Afastada dos divertimentos comuns como o teatro, considerado inapropriado para mulheres desde a corte de D. José I, ainda assim incomodava-a que as pessoas fossem sempre as mesmas. O clima quente e úmido também não a ajudava, a ponto de não ter vontade de fazer nada. Diante desse cenário de isolamento e torpor, seu marido era a sua maior companhia: "Tenho me ocupado muito com a música, pela qual meu esposo é apaixonado; tudo para ele acontece com intensidade, pois é muito cheio de vida; compor é o que mais lhe agrada fazer e logo que fizer algo novo mandar-to-ei, pois é para piano [...]"[426]. "Passo o dia escrevendo, lendo e fazendo música, como o meu esposo, que toca muito

---

423. *Ibid.*, p. 109.
424. *Ibid.*, p. 109.
425. LEOPOLDINA. *Cartas de uma Imperatriz*. KANN, Bettina e LIMA, Patrícia Souza (org.). São Paulo: Estação Liberdade, 2006, p. 317.
426. *Ibid.*, p. 319.

bem quase todos os instrumentos; acompanho-o ao piano, e assim tenho a satisfação de estar sempre perto de sua querida pessoa"[427].

Antes mesmo de vir ao Brasil, ela havia sido avisada do amor do jovem príncipe pela música — e não somente ele: "[...] também cultivo a música, pois me dizem que *toda a família real gosta muito de música*; esse motivo me fez vencer todos os obstáculos que talvez me fizessem desanimar"[428]. A música fazia parte da Casa de Bragança. Tanto D. José I quanto D. João VI eram fascinados por essa arte, sobretudo pelo cantochão, de igual amor do trisavô, que criara uma escola em São José de Ribamar.

No Brasil, D. João VI investiria em músicos e no ensino da música, sendo uma das escolas mais conhecidas a que ficava em sua fazenda em Santa Cruz. Já havia ali um conservatório de música destinado ao ensino musical dos escravos, criado pelos jesuítas, assim como todas as instituições fundadas antes da chegada do rei, para a "civilização e instrução do povo". Com a supressão da ordem jesuítica, todas as suas propriedades passaram à Coroa, inclusive essa fazenda, depois convertida em casa de campo de D. João VI. Ao escutar, pela primeira vez, os músicos e cantores escravos, de ambos os sexos, a corte e o príncipe-regente ficaram encantados. Aproveitando-se dessa tradição da época dos jesuítas e que era ainda mantida, D. João VI estabeleceu, então, as escolas de primeiras letras, composição musical, canto e instrumentos com a finalidade de formar habilidosos músicos, ainda que escravos. Tanto Marcos Portugal quanto seu irmão Simão compuseram para eles, inclusive ópera, e os mais talentosos foram nomeados para as capelas em Santa Cruz e São Cristóvão[429]. Num dos eventos ocorridos na Capela Real, estava o escritor Louis Claude Freycinet (1779-1841), que relata o talento da orquestra e cantores:

---

427. Carta de 24 de janeiro de 1818. *Apud* COSTA, Sergio Correa. *As Quatro Coroas de D. Pedro I*. São Paulo: Paz e Terra, 1996, p. 107.

428. *Ibid.*, p. 80.

429. CERNICCHIARO, Vincenzo. *Storia Della Musica Nel Brasile*. Milano: Stab. Tip. Edit. Fratelli Riccioni, 1926, p. 74-75.

De todas as artes amadoras cultivadas por brasileiros e portugueses, a música é para eles a de maior interesse, e a qual eles melhor realizam. Ouvimos constantemente com admiração a música da Capela Real, onde quase todos os músicos são negros e a execução não deixa a desejar. O célebre compositor Marcos Portugal, que veio de Lisboa com o rei, foi o superintendente desta instituição musical, assim como o alemão M. G. [sic] Neukomm, hoje em Paris, que lhes escreveu as obras mais distintas do seu repertório.

Querendo alargar o campo artístico, D. João VI havia contratado o famoso Neukomm, que se juntaria ao organista José do Rosário e ao compositor Marcos Portugal, entre outros, estabelecendo as escolas de canto, instrumentos e composição, e tendo entre seus alunos escravos com raro talento musical[430]. O período joanino foi de riqueza musical, tendo o príncipe regente como patrono[431].

Tendo seu pai e bisavô como referências, D. Pedro I se tornaria um apaixonado pela música, o que o impulsionaria a ter aulas com o padre Maurício Nunes Garcia, com o famoso compositor erudito Marcos Portugal, a partir de 1811, e com Sigismund Neukomm, depois de 1816. E assim como D. João VI, tocava vários instrumentos e será aquele que mais demonstraria vocação para tal.

> [A] atividade que ele [D. Pedro I] mais se devotou foi a música, pela qual ele desenvolveu, em uma idade precoce, uma forte predileção, e demostrou um talento determinado. Ele não apenas aprendeu a tocar uma variedade de instrumentos, como compôs, eu fui informado, muitas das músicas para a capela de seu pai; e a peça mais popular agora no Brasil, tanto a letra quanto a melodia são de sua composição, atesta o seu talento[432].

---

430. *Ibid.*, p. 81.
431. *Ibid.*, p. 82.
432. WALSH, Robert. *Notices of Brazil in 1828 and 1829*, vol. I. Londres: Frederick Westley and A. H. Davis, p. 183.

Segundo consta, seu progresso na música foi rápido e aos 15 anos estudava harmonia e contraponto, e aos 20 anos tocava cinco instrumentos — "é forte no clarinete e fagote, mediano no violino, violoncelo e trombone, e fala da música como se fosse a sua profissão"[433]. Estudava as obras-primas e compunha quando podia, fosse uma missa, *Te Deum* ou ópera[434]. Além de ter estudado teoria e composição musical, D. Pedro I tocava ainda flauta, cravo e violão, este muitas vezes acompanhado de canto. Aproveitando sua voz forte, alta e grossa, cantava também em dueto com D. Leopoldina. Impressionava por ser penetrante, ainda que pouco flexível.

Assim como o canto, outra predileção era a composição, da qual vieram os mais belos motivos melódicos, sobretudo em seus hinos, que apesar de simples inspiravam o patriotismo[435]. Gostava de compor na Fazenda de Santa Cruz, longe da política e das intrigas palacianas. E era na Capela Real que poderia escutar as sinfonias do padre José Maurício e de Marcos Portugal, onde desde jovem suas composições eram tocadas. Às vezes, ele mesmo regia ou era o primeiro clarinete. Exigente, reclamava quando o segundo clarinete errava alguma parte.

Além das músicas sacras[436] e hinos, compôs modinhas populares. Das diversas obras que sobreviveram ao tempo, a mais conhecida é o "Hino da Independência", cuja letra é um poema de Evaristo da Veiga (1799-1837), e um dos menos conhecidos no Brasil é o "Hino da Carta Constitucional", criado em 1821 para Portugal, e que se tornaria o hino nacional português de 1834 até 1910. Numa carta ao pai, D. João VI, quando este já se encontrava em Lisboa, comenta a respeito de uma apresentação: "Houve o 'Hino Constitucional' composto por mim, com

---

433. CERNICCHIARO, Vincenzo. *Storia Della Musica Nel Brasile*. Milano: Stab. Tip. Edit. Fratelli Riccioni, 1926, p. 113.

434. A sinfonia foi executada em Paris em 1832.

435. CERNICCHIARO, Vincenzo. *Storia Della Musica Nel Brasile*. Milano: Stab. Tip. Edit. Fratelli Riccioni, 1926, p. 116.

436. Há uma menção a D. Pedro I como compositor no *Jornal do Comércio* de 13 de novembro de 1829, comentando o *Te Deum* na Capela da Nossa Senhora da Glória, em graças pelo restabelecimento da sua saúde e de sua esposa.

poesia minha, e a ópera 'O *Engano Feliz*' de Rossini, e a dança '*A Recruta na Aldeia*'. É o que posso informar a Vossa Majestade, como vassalo fiel e filho obedientíssimo que lhe beija a mão"[437].

Esta seria a primeira vez que sua música e a de Rossini se cruzariam, e não a última. Quando morando em Paris, chegou a se encontrar com o famoso compositor, com quem conversara avidamente a respeito de música. Os dois acabaram trocando partituras. O italiano teria gostado de uma de suas aberturas e convidou D. Pedro, então duque de Bragança, para reger sua própria peça antes do espetáculo de Rossini, sendo na ocasião ovacionado. E mais tarde, no Théâtre Italien, em 30 de outubro de 1831[438], o próprio Rossini apresentaria outra composição do duque, desta vez uma sinfonia que lhe encantara.

Neste prolífico ano de 1831, na capital francesa, mais precisamente em novembro, D. Pedro comporia marchas para as tropas imperais brasileiras. O rei francês Luís Felipe I gostara tanto das músicas militares que as adotou "nas paradas do exército francês durante as marchas de colunas de continência"[439]. Pouco tempo depois, num navio que ia de Belle-Isle a São Miguel, D. Pedro comporia o hino da expedição da conquista de Portugal. E há quem diga que foi trotando das colinas do Ipiranga para São Paulo que compôs o "Hino da Independência", que seria executado naquela mesma gloriosa noite de 7 de setembro de 1822.

No Brasil, mesmo após a sua abdicação, até 1860 as obras do imperador musicista eram tocadas em eventos de grande honra[440], como na Festa da Nossa Senhora da Piedade. Em 12 de julho de 1857, por exemplo, foi cantada uma missa composta por ele e regida pelo mestre

---

437. Carta ao pai, 8 de junho de 1821. PEDRO. *Cartas de D. Pedro, Príncipe Regente do Brasil, a Seu Pai, D. João VI, Rei de Portugal (1821-1822)*. EGAS, Eugenio (Org.). São Paulo: Tipografia Brasil, 1916, p. 4.

438. COSTA, Sergio Correa. *As Quatro Coroas de D. Pedro I*. São Paulo: Paz e Terra, 1996, p. 106.

439. *Ibid*.

440. Na entrada do seu diário de 2 de dezembro de 1840, o jovem D. Pedro II comenta sobre uma das composições do pai: "Chegando ao Paço descansei um pouco, depois fui para o *Te Deum*, grandezinho, mas suportável por ser composto por meu pai; houve muita gente, muitos criados que vinham a petiscar honras".

Francisco Manuel da Silva (1795-1865). Como ironiza o articulista do *Jornal do Comércio*:

> Esta ideia de um príncipe cultivando as artes, e compondo como artista, há de talvez fazer ferver muito sangue azul, e arrepiar muitos fidalgos de nariz torcido, que olham para os políticos por cima dos ombros, e para os músicos, pintores e outros artistas por baixo dos joelhos; mas o que há de ser: os tempos estão mudando e até já se faz mais caso de um artista de mérito do que um fidalgo tolo [...] bem entendido, se há fidalgos tolos[441].

Esse comentário lembra uma situação ocorrida na fazenda de Santa Cruz e prova o quanto a música era importante para D. Pedro I. Era costume acomodar os artistas no andar térreo da fazenda, que era úmido demais, prejudicando a voz dos cantores e a saúde de alguns professores e maestros. Quando informado dos problemas que estavam ocorrendo, D. Pedro I ordenou que fosse feita uma troca: os artistas fossem para o primeiro andar e a alta nobreza alojada no térreo. O mordomo insistiu que eram marqueses, condes, barões e que não poderiam ficar no térreo. E o imperador explicou: com uma canetada ele poderia criar marqueses, condes e barões, mas não poderia criar nem um só músico ou cantor[442].

Educação e Governo

Havia uma diferença em termos de educação entre D. João VI e D. Pedro I que pode ser usada como base para entender as maneiras de governar de pai e filho, talvez influenciando D. Pedro I a aceitar uma Constituição ao invés da soberania absolutista. Esse pendor para o lado constitucionalista era um rompimento com o Antigo Regime e o temor de D. Leopoldina, considerando o que o continente europeu havia vivido com a Revolução Francesa e as consequências desta com Napoleão Bonaparte, e que o pai da arquiduquesa era co-fundador da Santa Aliança, que deveria impedir a propagação dos ideais liberais.

---

441. *Jornal do Comércio*, 1857. *Apud* CERNICCHIARO, Vincenzo. *Storia Della Musica Nel Brasile*. Milano: Stab. Tip. Edit. Fratelli Riccioni, 1926, p. 114.
442. *Ibid*.

A própria disparidade da criação de uma arquiduquesa austríaca[443] com a do jovem príncipe foi importante para causar o equilíbrio durante a separação de Portugal, com ela ao lado de José Bonifácio dando apoio e assessorando D. Pedro I, e este como a figura que o povo aclamava[444]. E sua aclamação não era por questões de legitimidade, por mais que elas existissem, e por maiores os interesses políticos a esse respeito, e sim por sua figura popular, das ruas, em meio ao povo e distante da imagem palaciana. O próprio jornalista e político de oposição Evaristo da Veiga afirmava que "não era um príncipe de ordinária medida", fugindo de todos os padrões esperados pela sua humanidade e pelo seu lado "popular". E esta característica se sobressaía em meio a outras tantas de sua personalidade, sendo muito bem usada por José Bonifácio no processo de separação de Portugal.

Ter crescido fora dos muros do palácio, distante do "embalsamamento dos príncipes vivos", talvez o tenha aproximado do povo de tal maneira a entender o brasileiro e a criar o costume de estar nas ruas, participando ativamente do que acontecia no cotidiano do império. Não seria surpresa encontrá-lo de casaco e calças de algodão leve, chapéu de palha, chinelos sem meias, dando ordens com seu vozeirão.

Quando conhecia um estrangeiro, como com Maria Graham, fazia questão de recebê-lo com um *shake-hands* "à moda inglesa", mostrando-se uma pessoa receptiva e simpática à cultura das outras pessoas. Isso ficaria ainda mais patente quando em Paris, apertando as mãos de todas as pessoas do povo que vinham lhe cumprimentar ou conhecer, ganhando o coração dos franceses.

---

443. A noção de educação ia muito além do aprendizado palaciano, tomando conta de toda uma população. Não seria sensato comparar as instituições austríacas e a sua reforma educacional quando no Brasil apenas com D. João VI é que começaria a se pensar numa construção da cadeia de ensino, sobretudo com a abertura dos cursos de Medicina. Não havia uma educação formal como na Áustria, atrelada a uma maneira de construir o caráter em formação do futuro cidadão. Os austríacos acreditavam que para um cidadão se enquadrar e ser útil economicamente, ele deveria ser bom em matérias como matemática, economia e física ao invés de filosofia, por exemplo, além de uma preocupação com a educação de base — com o *Gymnasium* e a *Realschule* e as escolas politécnicas aos moldes da École Politechnique francesa.

444. No capítulo "Ela Deveria Ter Sido Ele" essa divisão é debatida amplamente.

No caso de Graham, quando ela se mudou para o palácio para cuidar da educação de Maria da Glória, o próprio D. Pedro a recebeu e fez questão de mostrar seus quartos, acima dos da princesa, o que ela recusou por considerar impróprio um imperador agir como um criado. Em outro momento, a inglesa narra quando ficou mal falada por outras damas de companhia por não beijar a mão do imperador quando ele entrava no mesmo ambiente; ao sabê-lo, ela foi fazê-lo e ele, simpaticamente, deu-lhe as mãos e balançou, dizendo "Esta que é a maneira inglesa de dizer bom dia", rindo-se.

Outro gesto de bom-humor foi quando, ao visitar Maria da Glória, que estava acamada, o então imperador pegou o livro que Graham lia, *Little Charles*, de Sra. Barbauld (1743-1825), em português. Começou a lê-lo e perguntou à Graham se "não era ele um 'bom menino' e se lia tão bem quanto Dona Maria" — como pai, D. Pedro sempre foi relevante: "[...] porque é o melhor dos pais, sempre ocupado com a filha; durante todo o passeio, ele levou-a no colo, prodigalizando-lhe uma infinidade de carícias"[445].

O povo amava o jeito comum de D. Pedro, "sagacidade natural e o bom-senso [...] que, com todas as desvantagens da falta de educação e da sua posição, havia aprendido por si, possuindo uma verdadeira e clara visão dos reais interesses do país"[446]. Caso caísse doente, milhares de pessoas iam até a Boa Vista saber de sua saúde.

Diferentemente de D. João VI, que tinha uma imagem de si como um monarca absolutista, D. Pedro I sentia-se mais próximo da gente comum, misturando-se sem qualquer problema, entendendo que ele era igual. "[...] E aflijo-me de ver os meus próprios semelhantes dando, a um homem, tributos próprios à divindade. Eu sei que o meu sangue é da mesma cor que o dos negros"[447]. Por exemplo, quando uma pessoa mais velha se ajoelhava para o beija-mão, D. Pedro I exclamava: "Trate-me como homem!".

---

445. São Cristóvão, 12 de abril de 1820. LEOPOLDINA. *Cartas de uma Imperatriz*. KANN, Bettina e LIMA, Patrícia Souza (org.). São Paulo: Estação Liberdade, 2006, p. 365.

446. GRAHAM, Maria. *Correspondência entre Maria Graham e a Imperatriz D. Leopoldina*. Belo Horizonte: Editora Garnier, 2020, p. 142.

447. A "carta escrita pelo sacristão da freguesia de São João de Itaboraí ao reverendo vigário da mesma freguesia, narrando os acontecimentos dos dias 9 e 12 de janeiro deste ano", na verdade foi redigida pelo próprio D. Pedro I e enviada aos periódicos. *Apud* VIANNA, Helio. *D. Pedro I Jornalista*. São Paulo: Melhoramentos, 1967, p. 18.

O Cotidiano de um Imperador

Além do bom-humor e simpatia, outra coisa que D. Pedro I aprendera com seu pai D. João VI havia sido na maneira de lidar com assuntos administrativos menores — o que era considerado um problema, tanto no governo de seu pai quanto no de seu sogro: "não é uma qualidade de rei o gosto de governar pequenas coisas"[448].

Porém, apesar de D. João VI se deter nas burocracias, D. Pedro I era mais "mão na massa". Ao troar do canhão nas primeiras horas da manhã, visitava repartições públicas e, com caderno na mão, ia de mesa em mesa ver quem estava ausente e aguardando que depois isso fosse justificado. Graham narra que, ao saber que as "medidas imperiais" não estavam sendo usadas pelos comerciantes, ele pegou a medida padrão na Alfândega, e depois foi de loja em loja, e aquelas réguas que não estavam dentro da medida eram confiscadas pelo próprio, levando-as debaixo do braço até seu cavalo.

Quando ia vistoriar as fragatas do almirante Cochrane, durante o período da Independência, todos os dias às seis da manhã,

> apressava os armadores, intervinha nos navios de provisão, exigia o impossível dos tanques de água, balançava-se pelas cordas de convés em convés até as baixas partes do porão, recusando todo o auxílio de escadas ou outras comodidades e, na sua alegria, trazia a imperatriz[449] para bordo, a fim de compartilhar do novo prazer que ela apreciava cordialmente[450].

Durante o período de pós-independência, o primeiro som da manhã que se podia escutar na Quinta da Boa Vista era a voz forte de D. Pedro I, falando com os colonos e escravos[451] da roça particular. Era

---

448. SEALSFIELD, Charles. *Austria as it is. Or Sketches of Continental Courts by an Eyewitness*. Londres: Hurst, Chance and Co., 1828.
449. É Maria Graham quem conta que D. Pedro levava D. Leopoldina com ele tanto nas reuniões e visitas administrativas e burocráticas quanto nos passeios após a sesta.
450. GRAHAM, Maria. *Correspondência entre Maria Graham e a Imperatriz D. Leopoldina*. Belo Horizonte: Editora Garnier, 2020, p. 73.
451. D. Pedro I já havia dito que seu sangue era igual ao dos negros e ninguém poderia possuir outro ser humano, como também havia libertado parte dos escravos da fazenda

costume visitá-los e ver se estavam bem de saúde. Em seguida, chamava a imperatriz para caçar, e podia-se ouvir os tiros das espingardas deles. Isso quando não ia vistoriar algo dos negócios de Estado, inclusive se necessário comendo o mesmo rápido almoço dos oficiais do governo[452] se fosse hora da refeição.

Após o compromisso matinal, se estivesse no palácio, o imperador recebia os ministros e despachos até o meio-dia, horário do seu almoço. Comia na companhia da esposa, que já havia comido meia hora antes numa alcova em que suas malas vindas da Áustria estavam empilhadas[453]. O cardápio do primeiro imperador do Brasil consistia em toucinho, arroz, couve, batatas, pepinos cozidos, carne assada, tudo temperado com alho, pimenta e verduras. Havia massas feitas com miolo ou carne de porco, de galinha ou fígado. D. Pedro I fazia a sesta por uma hora, e odiava que perturbassem o seu sono. Isso era motivo de mau-humor. Por maiores as explosões de gênio, de uma coisa ele era capaz: emendar seu erro, e disso foram testemunhas tanto Graham quanto D. Leopoldina. "[...] sujeito a explosões repentinas de paixão violenta, logo sucedidas por uma generosa e franca delicadeza, pronta a fazer mais do que o necessário para desfazer o mal que pudesse ter feito, ou a dor que pudesse ter causado nos momentos de raiva"[454], de "sentimentos retos e generosos"[455] como seu pai.

---

de Santa Cruz, nem se deixava transportar por escravos, e toda vez que um escravo o ajudava, tentava fazer com que o proprietário o libertasse. Mas isso não o impedia de manter alguns escravos que pertenciam à Coroa, o que é um aparente contrassenso da sua personalidade, contudo explicável quando nos lembramos que ele acreditava numa abolição gradual, a começar pelo fim do tráfico negreiro, e que era preciso substituir a mão de obra escrava pela imigrante. Não haveria tempo para que D. Pedro I implementasse as suas próprias ideias e alforriasse todos os escravos, pois logo teria de abdicar e partir para a Europa.

452. Maria Graham, que relata o cotidiano no palácio, conta que D. Pedro I havia ordenado que a mesa da tutora inglesa fosse a mesma que a dele, com a comida vinda da mesma cozinha, o que era uma honra — e possivelmente, o que haveria causado inveja por parte dos outros criados da Casa Imperial (*Ibid.*, p. 91).

453. Estariam repletas de vestidos, livros e material de estudo que D. Leopoldina sabia que não poderia usar no Brasil.

454. *Ibid.*, p. 104.

455. *Ibid.*, p. 108.

Ao acordar da sesta, ele e D. Leopoldina passeavam a cavalo ou coche até o cair da noite, e Maria Graham levava as crianças para brincar nos jardins. No caso de uma festa de gala no teatro, voltavam mais cedo para se prepararem, e levavam Maria da Glória junto, que se comportava como uma mini rainha. Se não havia festas, após da eia havia a recepção do beija-mão e, logo ao final desta, todos se retiravam para os próprios aposentos. No caso do imperador, era quando ele recebia algumas pessoas em particular, ou discutia política com seus ministros. Na época de D. João VI, neste horário D. Carlota Joaquina costumava a fazer jogos e diversões com os cortesãos, o que foi abandonado por D. Pedro I e D. Leopoldina.

Aos domingos, ia-se à Igreja Nossa Senhora da Glória, a predileta da imperatriz, e Maria da Glória costumava perambular durante a missa.

Um dos passeios prediletos de D. Pedro I era a ida ao Jardim Botânico, onde era recebido com galinha e arroz, ou café com queijo, por frei Leandro do Sacramento (1778-1829). Queria inspecionar as plantações de chá que ele e o pai tanto desejavam implementar no Brasil, mandando vir chineses para seu cultivo. Maria Graham chegou a relatar que os brasileiros estavam se habituando ao chá, assim como os ingleses, mas que ele era servido no café da manhã como o café.

Outra preocupação de D. Pedro I era com a fruta-pão, que seu pai havia se ocupado de plantar no Brasil, pois era um alimento barato para as populações mais carentes[456] e ajudaria na irradicação da fome.

Uma crítica que se fazia em torno do nome de D. Pedro I era quanto ao seu temperamento volátil, o que por um lado havia sido necessário para que a independência do Brasil tivesse ocorrido, e por outro dificultava a sua maneira de governar. Quando o comparamos com D. João VI e D. Pedro II, percebemos que estes dois são mais contemporizadores; governantes que deveriam aprofundar fundações, aperfeiçoar sistemas e examinar diversos lados das situações com neutralidade e parcimônia, enquanto D. Pedro I era mais dominador; o tipo de personalidade dos conquistadores.

---

456. Recentemente, estudos mostram que a fruta-pão é rica em fibras, minerais, vitamina C e B, a ponto de ser estudada como uma solução contra a fome pela *The Alliance to End Hunger*.

D. Pedro I era franco, direto, dizia tudo o que pensava, sem filtros, e isso deixava D. Leopoldina desconfortável, pois poderia chegar a ser grosseiro.

> [...] que tenha certeza de que sou muito feliz em meu casamento[457], pois espalham-se alguns boatos falsos, como o senhor bem sabe, e como meu esposo tem um caráter e temperamento muito peculiares, as pessoas que não o conhecem bem podem julgá-lo erroneamente[458].

Das próprias cartas de D. Leopoldina vem o relato de que quando ele era ríspido com ela, ao perceber seu erro, ou que a magoava, chorava junto. Era a sua maneira de pedir desculpas — "além disso estou convicta de que, com toda sua impetuosidade e maneira de pensar, me ama sinceramente"[459].

Aproveitando-se do temperamento dele, foi criado o mito de que era violento e teria chutado a imperatriz — ou a empurrado escada abaixo — causando uma fratura e a sua morte precoce[460]; o que foi desfeito com a exumação dos corpos imperiais.

D. Pedro I tampouco era um homem de picuinhas. Odiava mentiras e intrigas, não conseguindo esconder quando não gostava de alguém. Tinha dificuldades em perdoar os inimigos e não era benigno só porque alguém era seu amigo, apesar de ser fiel a estes.

Quando o cargo exigia, ele se esforçava a ser a pessoa mais educada e correta que existia, sobretudo quando morou em Paris. Com os pais era muito bem-comportado, não devendo em nada à etiqueta, e bem diferente

---

457. "Ela havia suportado a inconstância do imperador e durezas ocasionais, satisfazendo-se com o fato de não ter ele realmente estimado ou respeitado nenhuma mulher como a estimava e respeitava". GRAHAM, Maria. *Correspondência entre Maria Graham e a Imperatriz D. Leopoldina*. Belo Horizonte: Editora Garnier, 2020, p. 149.

458. São Cristóvão, 26 de janeiro de 1818. LEOPOLDINA. *Cartas de uma Imperatriz*. KANN, Bettina e LIMA, Patrícia Souza (org.). São Paulo: Estação Liberdade, 2006, p. 329.

459. LEOPOLDINA. *Cartas de uma Imperatriz*. KANN, Bettina e LIMA, Patrícia Souza (org.). São Paulo: Estação Liberdade, 2006, p. 332.

460. Como já referido, segundo o livro de Valdirene do Carmo Ambiel, após analisar laudos médicos da época o dr. Odorino Breda Filho, em 1973, acreditava que Leopoldina teria morrido de infecção intestinal causada por salmonela, o que é gravíssimo em caso de gravidez.

dos irmãos mais novos, que ainda viviam sob o controle da mãe[461] — de acordo com o testemunho de D. Leopoldina. As cartas do período de 1821 e 1822 comprovam inclusive essa deferência em relação a D. João VI, como se estivesse dividido entre apoiar o pai e Portugal, e participar da causa separatista brasileira[462].

Educação Como Fonte de Poder

Maria Graham deixaria em seus relatos um D. Pedro I obrigado a lutar contra essa educação ruim e viciosa, condições políticas aflitivas e difíceis, uma corte ignorante, grosseira e corrompida, o que não era fácil. Tamanha foi a sua dificuldade que ele mesmo acreditava que poderia ter evitado muitas situações se tivesse sido mais bem preparado. Para tanto, ele legava ao filho, o futuro D. Pedro II, um dos mais importantes conselhos e que seria a pedra basilar para toda a formação do pensamento do segundo imperador do Brasil, que, além de estudioso, saberia afastar a sua vida privada dos olhos públicos:

> O tempo em que respeitavam os príncipes por serem príncipes unicamente acabou-se; no século em que estamos, em que os povos se acham assaz instruídos de seus direitos, é mister que os príncipes igualmente sejam e conheçam que são homens e não divindades e que lhes *é indispensável terem muitos conhecimentos e boa opinião* para que possam ser mais depressa amados do que mesmo respeitados — o respeito de um povo livre para seu chefe deve nascer da convicção, que aquele tem, de que seu chefe é capaz de o fazer chegar àquele grau de felicidade a que ele aspira, e assim não sendo, desgraçado chefe, desgraçado povo [...][463]

---

461. São Cristóvão, 18 de abril de 1818. LEOPOLDINA. *Cartas de uma Imperatriz*. KANN, Bettina e LIMA, Patrícia Souza (org.). São Paulo: Estação Liberdade, 2006, p. 332.
462. Veremos mais sobre isso no capítulo "O Libertador".
463. *Apud* COSTA, Sergio Correa. *As Quatro Coroas de D. Pedro I*. São Paulo: Paz e Terra, 1996, p. 118.

D. Pedro I, de formação absolutista e de inclinação constitucional e liberal por escolha, compreendia que não adiantava ter nascido num berço de ouro ou ser amado por um povo, era preciso também ser respeitado, ser alguém a servir de inspiração, e para isso era preciso ter conhecimento e boa opinião. Era o seu *mea culpa* pelos erros cometidos por sua imperícia e despreparo em algumas ocasiões que havia vivido na formação do Estado brasileiro, ao compreender que o mundo não mais dispensaria regalias aos "homens-divindades"[464]. Por isso, enfatizava tanto a necessidade de estudar, principalmente história e geografia, pois tinha que se fazer digno de governar aquele império e não o contrário.

A preocupação com a educação iria muito além do próprio círculo familiar. Influenciado pela imperatriz D. Leopoldina, para quem a importância da educação era fundamental — sobretudo na Áustria e para os Habsburgo —, D. Pedro I colocaria a educação na Constituição de 1824 como o artigo 32: "[a Constituição garante] A instrução primária, e gratuita a todos os cidadãos". Diferentemente do que se poderia supor, a primeira escola não seria para crianças, e sim para os trabalhadores do Arsenal de Guerra.

Depois, ele regulamentaria as escolas primárias por meio de decretos. Em menos de um ano, lançava a decisão de número 49, que obrigava as províncias a fazerem um levantamento das escolas existentes, e a decisão de número 182, que instituía escolas primárias de método lancasteriano[465]. A lei de 15 de outubro de 1827 obrigaria escolas primárias em todas as localidades populosas para ambos os sexos, que deveriam ensinar desde matemática básica, geometria, alfabetização, gramática e

---

464. Veremos sobre essa dualidade mais adiante, ao falar sobre o ritual da cerimônia de sagração em 1º de dezembro de 1822.

465. "Conhecendo a vantagem do ensino mútuo, também fiz abrir uma escola pelo método lancasteriano" (ABREU E LIMA, J. I. *Compendio da História do Brasil*, vol. II. Rio de Janeiro: Laemmert, 1843). Criado por Joseph Lancaster, e implementado pela lei de 15 de outubro de 1827, o método consiste em dividir os alunos em grupos de dez de acordo com os seus conhecimentos e um aluno mais avançado (decurião) ensinaria ao grupo sob a supervisão do professor e abolindo os castigos corporais. Esse método era também a solução para um problema grave à época: a falta de professores.

religião católica. Posteriormente, foram ainda criadas comissões para regulamentar a educação e ainda organizar o material de ensino[466].

No artigo seguinte, de número 33, "[a Constituição garante] Colégios, e universidades, onde serão ensinados os elementos das Ciências, Belas Letras e Artes". Para poder fornecer isso, D. Pedro I cria os cursos de Direito, em 1827, tanto em Olinda quanto em São Paulo, rompendo com a Universidade de Coimbra, que gerenciava os estudos superiores no país durante o governo joanino. Diante das críticas referentes à necessidade de romper com Portugal e, consequentemente, com a Universidade de Coimbra, e de que eram necessários ótimos professores para a universidade brasileira que se pretendia instalar, o "jornalístico" D. Pedro I, sob o pseudônimo "Ultra-Brasileiro", em 6 de maio de 1823, ironizou: "[...] não há mais mestres no mundo senão os da Universidade de Coimbra, que agora estão ótimos! Em forte desgraça está a Europa! Todas as nações hão de mandar seus concidadãos à Universidade de Coimbra, senão ficam todos burros [...]"[467].

D. Pedro I entendia que era preciso incrementar as instituições que D. João VI havia fundado, fortalecê-las e, sobretudo, protegê-las[468]. E não seria à toa que vestiria uma farda militar na sua sagração como imperador constitucional.

> O 13 de Maio [data dos anos de D. João VI] foi, é e será para sempre um dia de júbilo no Brasil inteiro. É este o dia que os leais habitantes desta cidade escolheram para assinalar ao mesmo tempo duas épocas memoráveis: o nascimento de V. M., e a minha elevação ao título de Defensor Perpétuo do Brasil. Depois do beija-mão, a municipalidade mandou pedir-me uma audiência, que eu lhe concedi imediatamente, e esta corporação, pelo órgão de seu presidente, dirigiu-me um discurso muito enérgico, no qual me

---

466. RICCI, Angélica. "Aulas Régias", *Arquivo Nacional*, Mapa Memória da Administração Pública Brasileira, maio de 2013. Disponível em: <http://mapa.an.gov.br/index.php/menu-de-categorias-2/260-aulas-regias>. Acesso em: 21 de outubro de 2021.

467. *Apud* VIANNA, Helio. *D. Pedro I Jornalista*. São Paulo: Melhoramentos, 1967, p. 73.

468. Carta de D. Pedro ao pai, de 21 de maio de 1822. PEDRO. *Cartas de D. Pedro, Príncipe Regente do Brasil, a Seu Pai, D. João VI (1821-1822)*. EGAS, Eugenio (Org.). São Paulo: Tipografia Brasil, 1916, p. 99-102.

suplicou aceitasse o título de Protetor e Defensor Perpétuo do Brasil, pois que tal era a vontade de toda a província e do Brasil inteiro. Respondi-lhe: honro-me e me orgulho do título que me confere este povo leal e generoso; mas não o posso aceitar tal como se me oferece. O Brasil não precisa da proteção de ninguém; protege-se a si mesmo. Aceito, porém, o título de Defensor Perpétuo e juro mostrar-me digno dele enquanto uma gota de sangue correr nas minhas veias [...] Defenderei o Brasil que tanto me honrou, como a V. M., porque tal é o meu dever como brasileiro e como príncipe. Um príncipe deve sempre ser o primeiro a morrer pela pátria; deve trabalhar mais que ninguém pela felicidade dela; porque os príncipes são os que mais gozam da felicidade da nação e é por isso que eles devem esforçar-se por bem merecer as riquezas que consomem, e as homenagens que recebem dos outros cidadãos.

Uma das primeiras medidas do Brasil independente foi a criação da Marinha Imperial. A organização de uma defesa profissional permanente era essencial para garantir nossa soberania nos mares e rios, tanto contra Portugal quanto outros países interessados nos nosso território e recursos[469]. Outra medida, também referente a Lisboa, foi limitar a dependência econômica do Brasil. Os Estados Unidos da América foram os primeiros a reconhecer o país como soberano e independente, e logo se transformou num dos maiores parceiros comerciais, assim como a Inglaterra. Portugal, por sua vez, foi perdendo lentamente seu poder de barganha com o antigo vice-reino e deixou de ser a influência econômica dominante em poucas décadas. O que foi uma grande lição política para países recém-independentes, pois estava ali, gravada a ferro e fogo, a prova de que preservar a liberdade, território e interesses políticos e comerciais era essencial ao exercício de soberania.

---

469. Um dos exemplos de quando isso foi necessário ocorreu em 1862, quando os ingleses tentaram violar a soberania brasileira no que ficou conhecido como a Questão Christie. Ao invés de aceitar a vontade inglesa, tida como absoluta, D. Pedro II decretou o reforço das já formadas forças armadas do Brasil e ordenou o bombardeio de qualquer navio inglês que tentasse abordar embarcações mercantes brasileiros. O resultado foi o embaixador inglês Edward Thornton (1817-1906) se desculpar publicamente em nome da rainha Vitória (1819-1901), uma vitória diplomática internacional.

Dois Hinos, Duas Constituições

Por mais que tenham tentado desmerecer os feitos de D. Pedro I ou de D. João VI apontando-os como ineptos para governar, desmerecendo-os intelectualmente, exacerbando suas vidas privadas acima das suas ações públicas, não há como negar seu pragmatismo e sua necessidade de ouvir as vozes das ruas nos longos beija-mãos, sua economia liberal e seu avanço social[470]. Além disso, tanto o pai quanto o filho tiveram a força necessária para manter o país íntegro, sem fragmentações, vencendo as crises separatistas[471] com consciência de propósito.

Enquanto D. João VI fundava as estruturas principais do que depois seria o Estado brasileiro, D. Pedro I as organizaria e fortificaria para que, em seguida, durante o segundo reinado, seu filho D. Pedro II erigisse estruturas sobre elas — "[...] apenas direi que se no meu reinado tem havido verdadeira glória, a meu pai a devo"[472].

E de todos os feitos de D. Pedro I, talvez o mais benéfico, após a separação de Portugal, tenha sido a Constituição de 1824. Com ela o monarca provaria que sua educação pode não ter seguido os padrões praticados na época, como vimos, mas não lhe faltavam esperteza e inteligência. E diante de um aparente despreparo, ele se mostraria mais bem preparado e bem-intencionado do que muitos outros governantes brasileiros depois dele, além de garantir a legitimidade não só de seus atos como a de seus herdeiros.

---

470. Não podemos nos esquecer que foi D. Pedro I quem deu a Medalha do Mérito Militar à soldado Maria Quitéria (1792-1853) por ter lutado no batalhão dos periquitos na Guerra da Independência, enfatizando o fato de ser mulher e ter lutado pelo Brasil.

471. A Guerra de 1812 entre Estados Unidos e Inglaterra serviu como baliza na disputa entre aqueles que queriam descentralizar a política e os que queriam um poder central unificador. Responsáveis pela proteção de todo território nacional, os unificadores ganharam, o que foi essencial para que o Brasil sobrevivesse intacto ao que estava por vir no século XIX, como os conflitos com Argentina e Paraguai.

472. Entrada de 24 de março de 1862 no diário de D. Pedro II.

Sagração à Brasileira

Chovia bastante, o que não impediu o ajuntamento do povo no Campo de Santana para participar daquele dia histórico, o dia em que o Brasil aclamaria seu governante[473]. Como nos dias de festa que os cariocas puderam presenciar desde a chegada da família real, todo o campo estava enfeitado com arcos, e uma orquestra tocava por entre os sons das salvas vindas dos fortes e dos navios ancorados na Baía de Guanabara. Às nove horas da manhã a tropa chegou em uniforme de gala e se colocou a postos. Uma hora depois, surgia a guarda de honra à frente e três moços da estribeira representando as raças brasileiras — um índio, um negro e um mulato. Abriam caminho para a carruagem em que estava D. Pedro I acompanhado de sua família. Sob vivas, o novo imperador, que havia feito a separação do Brasil em setembro e agora a oficializava, foi recebido pelos vereadores da Câmara Municipal no antigo palácio do Conde dos Arcos.

Deu-se início ao discurso do presidente do Senado, Clemente Pereira (1787-1854), que ressaltava que o Brasil preferia morrer a perder a sua integridade e a sua independência[474], e deixava claro que a nova forma de governo seria um *império constitucional hereditário* e que o "santo liberalismo, o doce amor da verdadeira glória e da sólida grandeza" mostrassem ao jovem imperador a "fealdade da escravidão e a nobreza da liberdade". Ao que D. Pedro I respondeu aceitar, após escutar do Conselho de Estado, procuradores gerais, representações das câmaras de diversas capitanias, entendendo que era a "vontade geral". Vivas foram dados e a artilharia salvou 101 tiros. Em seguida, na Capela Imperial foi realizada uma bênção, e D. Pedro I caminhou pelas ruas da cidade, sendo ovacionado pelo povo.

Essa foi a sua aclamação, ocorrida no dia do seu aniversário de 24 anos, 12 de outubro de 1822. Mantinha-se assim o ritual português de aclamação, ou seja, era o povo que aceitava aquela proposição de que o filho

---

473. Seria a segunda aclamação em território brasileiro e a primeira do Brasil como nação independente. A aclamação anterior foi a de D. João VI, no dia 6 de fevereiro de 1818, quase dois anos após a morte de D. Maria I.

474. Referindo-se à tentativa das Cortes Portuguesas de dar ao Brasil o *status* de colônia novamente, dissolvendo todas as bases da fundação do reino que D. João VI havia construído ao longo de treze anos.

do monarca falecido, herdeiro do título, fosse o novo soberano[475]. No caso do Brasil, D. João VI não havia morrido; era o território que se separava e precisava de um novo governo, encabeçado por alguém confiável e alinhado aos interesses do país e a uma Constituição. E, sobretudo, alguém que trouxesse legitimidade a essa independência e ao governo que se formaria a partir dela. Como regente e herdeiro de D. João VI, D. Pedro I se provara ser essa pessoa durante os percalços de 1821 e 1822[476], defendendo o Brasil das Cortes, ficando no país para impedir uma guerra ou que voltasse a ser colônia, convocando uma Assembleia Constituinte e dando o "grito da independência". Somente ele poderia tomar a iniciativa da separação de Portugal e, ao mesmo tempo, ter legitimidade para ser o imperador.

José Bonifácio sabia disso e usou a sua imagem a esse favor quando o mandou para São Paulo para apaziguar os ânimos políticos. Também foi ele quem orientou a fazer logo a separação, antes que houvesse uma cisão como nas colônias espanholas, o que não era uma ameaça sem fundamento. As províncias da Bahia, Maranhão, Grão-Pará, Mato Grosso estavam mais propícias a se manterem leais a Portugal do que a participar da separação, causando assim a Guerra da Independência[477] (1822-1823). O que leva a crer que se D. Pedro não estivesse no trono, as chances de Portugal reconquistar o Brasil seriam ainda maiores e com apoio internacional, e possivelmente o país teria se partido, pois grande parte das províncias já não aceitava voltar ao estado colonial. Por isso, naquele momento, a importância de aclamar um imperador que tivesse legitimidade para tal, pois o risco era a própria independência e a integridade do território.

Como o Brasil não era mais Portugal, e como país precisava criar seus próprios ritos e símbolos, decidiu-se que era preciso um cerimonial de coroação. A escolha da data em si já possuía um forte simbolismo, pois em 1º de dezembro de 1640 a Casa de Bragança encabeçara a Restauração da Independência de Portugal. Consequentemente, ao depor a Casa de

---

475. A partir da aclamação de D. Maria I, o direito divino fundamentava o poder real.

476. Ver capítulo "Ela Deveria Ter Sido Ele".

477. Por não possuir um exército, o Brasil guarneceu suas tropas com militares portugueses a favor da separação, brasileiros e mercenários contratados, muitos deles provenientes das guerras napoleônicas.

Habsburgo espanhola e acabar com a União Ibérica por meio da Guerra de Restauração, D. João IV seria aclamado rei. Porém, ele não seria coroado; depositaria a coroa aos pés da imagem da Nossa Senhora da Imaculada Conceição em agradecimento pela proteção que teria recebido. Por isso, os monarcas portugueses não usavam a coroa.

No Brasil, contudo, era preciso uma coroação para que o povo, que não conhecia os ritos dos reis portugueses, visse e entendesse que agora havia um monarca. D. Leopoldina, José Bonifácio e uma Junta de Cerimonial se uniram para criar o ritual de coroação e sagração, que combinava o dos imperadores romano-germânicos e o do rei da Hungria. As próprias vestes também precisaram ser criadas para esse novo ritual que se inaugurava. D. Pedro I usaria um manto verde escuro, que lembrava um poncho, com a murça de penas de galo-da-serra[478] — uma releitura dos mantos reais europeus que usavam arminho e geralmente eram nas cores azul ou vermelho. Por dentro do manto, havia cetim amarelo dourado, cor dos fios de ouro que bordavam a parte superior com imagens de ramos de tabaco e cacau, serpes da Casa de Bragança, esferas armilares e estrelas, que simbolizavam o antigo reino e o novo império, respectivamente.

O verde e amarelo, que já apareciam unidos desde o 7 de setembro, tornar-se-iam as cores oficiais do Estado imperial, e em nada têm a ver com o verde das matas e o amarelo do ouro, como os republicanos depois explicariam. Era o símbolo da união do casal imperial: o amarelo dos Habsburgo e o verde dos Bragança. A bandeira vestia — e veste ainda hoje — as cores do casal imperial que se mantivera unido no processo de independência do Brasil.

O manto verde e amarelo era usado sobre a farda militar verde-escura. Esta enfatizava a imagem de "defensor perpétuo", título que D. Pedro I primeiro aceitou, formando a imagem do "rei soldado"[479] que defenderia o Brasil.

---

478. Para a coroação de D. Pedro II, em 1841, o manto foi reformado e as penas de galo-da-serra foram substituídas pelas de papo de tucano. Ele não o usava sobre a farda militar, como seu pai; usou as mesmas roupas do seu avô materno, o *kaiser* Francisco I, com a Ordem do Cruzeiro do Sul.

479. O cognome de D. Pedro quando chegasse a Portugal seria o de "o rei soldado", que variava com o de "o libertador".

O inusitado era que o monarca segurava uma espécie de báculo com um dragão no topo[480] no lugar do cetro, remetendo à ideia do "bom-pastor"[481], daquele que conduz o rebanho[482], de alguém escolhido por Deus. Enquanto rompia-se com o ideal dos reis absolutistas, sagrados com todo o poder, ao intitular D. Pedro I "imperador *constitucional* e defensor perpétuo do Brasil", mantinha-se a noção de representante divino. Isso quer dizer que a sagração possuía um duplo simbolismo — o que pode explicar algumas questões que ainda são difíceis de entender nas suas atitudes por parecerem absolutistas, enquanto ele era liberal.

Foi pegada emprestada a noção divina do trono, ou seja, aquele que foi escolhido por Deus como seu representante; e a noção de representante da nação, ou seja, aquele que foi escolhido pelo povo. É dual: ser absolutista enquanto constitucional, ser secular enquanto religioso, ser monarca enquanto cidadão. Era a validação de D. Pedro I tanto pelo critério absolutista — divino, hereditário, único e de ordem universal — quanto pelo constitucionalista — legalista, institucional, escolha do povo, direito natural[483]. De fato, o Brasil não é um país para iniciantes, pois é um país de dualidades que sabem encontrar sua harmonia.

---

480. Símbolo da Casa de Bragança.

481. OLIVEIRA, Eduardo Romero. "O Império da Lei: Ensaio Sobre o Cerimonial de Sagração de D. Pedro I (1822)", *Tempo*, nº 26, 2007, p. 133-159. Disponível em: < https://www.scielo.br/j/tem/a/q6Z4GY4XJk8D6rLYjY5HmBm/?lang=pt&format=pdf>. Acesso em: 2 de outubro de 2021.

482. Era para D. Pedro I também estar segurando uma Constituição, mas esta ficaria pronta muito depois.

483. "Assim, defender os direitos dos povos é também fazer cumprir a Lei suprema estabelecida pela vontade de Deus. Representante divino na terra, o imperador é também defensor da Constituição, dos direitos e liberdades da nação: operador de justiça humana e divina simultaneamente. Daí as imagens de sacerdote e soldado se superpõem de maneira coerente no cerimonial da sagração; cerimonial em que o princípio da inviolabilidade do monarca adquire tanto caráter sagrado, pois está posto na Lei de Deus, quanto também um valor político, já que é centro de unidade e defesa dos direitos constitucionais. De maneira que o poder político de D. Pedro fundamentará sua autoridade tanto nos próprios princípios de uma razão natural — aos quais a redação da Constituição deve igualmente se submeter —, quanto também na soberania divina, a que todo ser vivente e criatura de Deus está incondicionalmente sujeito", explica Oliveira no seu artigo (*Ibid.*)

À época, algumas pessoas que presenciaram o evento compararam-no à grandeza da coroação de Napoleão Bonaparte em 1804. Não é de estranhar que ambos os imperadores tivessem afinidades nos seus rituais, uma vez que ambos tiveram que os criar com base em modelos anteriores. Contudo, afirmar que a coroação e sagração de D. Pedro I foi modelada em cima da do corso é minimamente contraditório, e por três motivos: 1) D. Leopoldina, que teria participado da junta cerimonial, tinha ojeriza a Napoleão Bonaparte; 2) Bonaparte não tinha herança real ou unção divina, a popularidade, ou falta dela, pode fazer ou destituir um rei, mas não faz ou desfaz uma coroa; 3) no próprio sermão da cerimônia, feito pelo frei Francisco de Sampaio, padre-mestre da Capela Imperial, critica-se "o déspota" que, ao contrário de D. Pedro I, legítimo herdeiro, era "o soldado intruso na hierarquia dos reis"[484]. Nesse mesmo discurso era enfatizada a legitimidade de D. Pedro I, assim dando peso à coroação do imperador que, diferentemente de Napoleão, era descendente de reis e prova da vontade divina.

A ideia de juntar uma visão mais antiga de poder (absolutista) com uma mais moderna (constitucional), e ambas com as bênçãos de Deus e do povo e sob os auspícios da legitimidade não era do próprio D. Pedro I. Era uma construção de José Bonifácio. Para o velho Andrada, era preciso dar independência ao poder do imperador, que não poderia perder os ares da autoridade que havia lhe sido conferida por direito hereditário (legitimidade). Isso ocorria num momento em que havia sido ventilada a ideia de José Clemente Pereira (1787-1854) de colocar a Assembleia Constituinte como soberana, pois não só representava o povo, mas como redigiria a Constituição que deveria ser jurada pelo monarca. Inclusive, tanto Clemente quanto Gonçalves Ledo (1781-1847) queriam que D. Pedro I jurasse uma Constituição que ainda não havia sido sequer redigida, pois a Assembleia Constituinte foi iniciada somente em 3 de maio de 1823. Portanto, assim que jurasse a ideia de uma Constituição, D. Pedro I estaria se pondo abaixo dela e, consequentemente, abaixo da Assembleia que a criava.

---

484. *Ibid.*

Aqui começariam os conflitos entre o Poder Legislativo (Assembleia) e o Poder Executivo (Imperador) e o embate sobre a delimitação de poderes estabelecidos pelo direito natural e dos povos, o que levaria ao fechamento da Assembleia e à redação da Constituição (1824), em que o Poder Moderador surgiria como garantia de poder para o monarca.

Os Maçons de D. Pedro I

O título de Defensor Perpétuo do Brasil, que D. Pedro I aceitaria ainda como regente, antes da Independência, seria ofertado pela maçonaria — reorganizada no Rio de Janeiro após a sua proibição[485] a partir da Revolução Pernambucana em 1817, por causa do envolvimento de maçons nesta.

Durante o período joanino houve perseguição às sociedades secretas, dissolvendo-se as lojas e criando-se um "juízo de inconfidência", presidido pelo desembargador José Albano Fragoso (1768-1843) com o apoio de José Anselmo Correia (1777-1832), que denunciava todos que considerasse maçons, inclusive pessoas próximas ao rei, como o conde de Parati, um de seus validos. Com a partida do rei para Lisboa, a loja Comércio e Artes[486] reapareceria em 1821 na casa do comandante Domingos de Ataíde Moncorvo. Militares, religiosos, juízes, políticos, diversas pessoas interessadas na Independência do Brasil começariam a se reunir lá. Foram tantos que buscaram fazer parte, que foi preciso dividi-la.

Com o surgimento da Grande Oriente Brasílico, foram criadas três lojas[487], todas elas com nomes diretamente relacionados à vontade de Independência. Seriam elas: Comércio de Artes da Idade do Ouro (a principal,

---

485. A primeira loja maçônica fundada no Brasil teria sido em 1796, a Areópago de Itambé, pelo ex-frade carmelita e médico Arruda Câmara.

486. O ritual da Grande Oriente Brasílico seria adonhiramita, advindo da Comércio e Artes. Depois ela passou a usar o Rito Moderno, apesar de manter o calendário maçônico gregoriano adonhiramita (em que o ano se inicia em 21 de março) e a utilização de codinomes.

487. 3ª Sessão realizada no dia 29 de junho de 1822 (9º dia do 4º mês do ano da V∴L∴ de 5822. E 5ª Sessão realizada no dia 12 de julho de 1822 (22º dia do 4º mês do ano da V∴L∴ de 5822). SPOLADORE, Hercule. "Comentários Históricos Sobre o Livro de Ouro da Maçonaria Brasileira", *Estudos*, 6 de setembro de 2017. Disponível em: <https://iblanchier3.blogspot.com/2017/09/livro-de-ouro-comentarios-historicos.html>. Acesso em: 15 de outubro de 2021.

que representa a Idade de Ouro da maçonaria), União e Tranquilidade (representaria o Fico, pois seu nome saiu da fala do príncipe regente: "se é para o bem de todos e felicidade geral da nação diga ao povo que fico e recomendo união e tranquilidade") e a Esperança de Nicteroy (representando a vontade de fazer a Independência, da qual faria parte José Bonifácio). No juramento feito, determinava-se que todos se comprometeriam com a causa da Independência, sob pena de expulsão, e na sua defesa junto ao príncipe D. Pedro. José Bonifácio, sob o codinome Pitágoras, seria votado para o cargo de Grão-Mestre[488], apesar de não ter obtido o sétimo grau na Ordem Rosa-Cruz segundo o rito moderno, ou seja, a sua posição era política.

Quando D. Pedro se mostrara interessado em fazer parte da maçonaria, José Bonifácio ficara receoso[489]. Temia as implicações políticas, uma vez que a organização também servia como um contrabalanço aos poderes tradicionais da Igreja Católica, dos reis e da nobreza. Porém, era exatamente por este motivo que D. Pedro queria entrar para a maçonaria. A finalidade era a de orientar a organização para o lado monarquista ao invés do republicano, num momento decisivo em que a Independência ainda não tinha acontecido.

Convencido, Bonifácio indicou D. Pedro[490], o que foi aceito por unanimidade. O príncipe, que estava no aguardo dentro do prédio, foi iniciado no mesmo dia, 13 de julho de 1822.

> […] e dispensaram-se todas as formalidades de tais propostas. E constando achar-se o proposto perto do Templo, foi recolhido à câmara da reflexão e regularmente iniciado, sem dispensa de prova alguma; e tomou o nome heroico de Guatimozin[491], como era costume naquele tempo, sendo-lhe concedido, sem exemplo, o assento no Or.

---

488. 6ª Sessão realizada no dia 19/07/1822 (29º dia do 4º mês do ano da V∴L∴ de 5822).

489. DRUMMOND, Vasconcelos de. *Anotações de Vasconcelos de Drummond à Sua Biografia*. Brasília: Senado Federal, 2012.

490. 9ª Sessão. Esta foi a mais importante. Realizada no dia 2 de agosto de 1822 (13º dia do 5º mês do ano da V∴L∴ de 5822).

491. Nome do último imperador asteca, que significa tanto "sol se pondo" quanto "ataque da águia". Foi torturado por Hernán Cortez (1485-1547), mas nunca disse onde estava escondido o tesouro asteca.

"Sua Alteza exultou com a sua entrada na maçonaria, que foi para ele uma grande novidade"[492]. José Bonifácio havia cedido, pois "servia-se da maçonaria como um meio de reunir os homens para um fim, e não para criar um Estado no Estado, como queriam outros"[493]. Sabia-se à época que havia duas correntes partidárias na maçonaria que queriam a Independência. Uma baseada no Grande Oriente, com o primeiro grande vigilante Gonçalves Ledo (codinome Diderot) à frente, e com viés liberal e republicano, e a do Apostolado, com Bonifácio à frente e tendo uma posição mais conservadora e monárquica.

Gonçalves Ledo, que queria aproximar-se de D. Pedro, ajudaria-o a crescer na maçonaria com este intuito. Em três dias, Ledo propôs que fosse elevado ao grau de mestre, o que ocorreu com facilidade. Ainda por causa de problemas de saúde, Bonifácio se manteve ausente, e Ledo aproveitou para revestir D. Pedro do necessário para que fosse eleito Grão-Mestre no lugar do velho Andrada, e pelas costas deste[494].

Ao chegar de São Paulo, após o Grito do Ipiranga, D. Pedro foi até a loja para tomar posse[495] e Bonifácio descobriu-se rebaixado a grão-mestre adjunto[496]. Na sessão, comandada por Ledo, D. Pedro foi conduzido por quatro cavaleiros rosa-cruz e, após fazer o juramento, foi-lhe entregue o Grande Malhete e ele se sentou na Cadeira do Rei Salomão, assumindo a sessão. Neste mesmo dia, avisaram que ele seria aclamado imperador em outubro.

Quanto a José Bonifácio, este nada pôde fazer diante da perda da sua posição, mas aproveitou para se dedicar à loja Apostolado — instalada em 2 de junho de 1822, dias antes da Grande Oriente — da qual D. Pedro

---

492. Ibid.

493. DRUMMOND, Vasconcelos de. *Anotações de Vasconcelos de Drummond à Sua Biografia*. Brasília: Senado Federal, 2012.

494. Ledo fez a proposta em reunião particular e não na assembleia geral como seria preciso, e claramente não avisou Bonifácio, como deveria ser.

495. COSTA, Sergio Correa. *As Quatro Coroas de D. Pedro I*. São Paulo: Paz e Terra, 1996.

496. 17ª Sessão realizada no dia 4 de outubro de 1822 (14º dia do 7º mês da V∴L∴ de 5822).

também fazia parte como Arconte-Rei e seu diretor. "D. Pedro tomou o nome patronímico de Rômulo, José Bonifácio, o de Tibiriçá; Antônio Carlos, o de Falkland. [...] Na Apostolado se discutiu um projeto de Constituição política para o Brasil"[497].

Se Ledo achava que Bonifácio não daria o contragolpe, é porque não conhecia bem o velho santista. Espalhando a notícia de que os partidários de Ledo iriam pedir uma reforma ministerial, Bonifácio mandou que o intendente da polícia averiguasse e prendesse os envolvidos. Ao descobrir que Ledo, Nóbrega e José Clemente haviam pedido que D. Pedro I jurasse a Constituição antes de pronta e mais três assinaturas em branco, Bonifácio convenceu o novo monarca a pedir de volta as assinaturas e a ameaçá-los de prisão caso se negassem. Ainda sugeriu que a Grande Oriente tramava contra ele, o que fez D. Pedro I enviar a ordem de suspensão dos trabalhos daquela loja.

> Meu Ledo, convindo fazer certas averiguações tanto públicas como particulares na M∴. Mando primo como imperador e segundo como Gr∴M∴ que os trabalhos M∴ se suspendam até segunda ordem minha. É o que tenho a participar vos agora restante reiterar os meus protestos como Ir∴
>
> PEDRO GUATIMOZIM G∴M∴ São Cristóvão, 21, Obre.1822.
>
> P.S. Hoje mesmo deve ter execução e espero que dure pouco tempo a suspensão porque em breve conseguiremos o fim que deve resultar das averiguações[498].

Gonçalves Ledo procurou se defender das acusações e apontar a influência de José Bonifácio sobre o imperador. D. Pedro I, convencido por Ledo, restaurou os trabalhos na Grande Oriente.

---

497. COSTA, Sergio Correa. *As Quatro Coroas de D. Pedro I*. São Paulo: Paz e Terra, 1996, p. 53.
498. SPOLADORE, Hercule. "Comentários Históricos Sobre o Livro de Ouro da Maçonaria Brasileira", *Estudos*, 6 de setembro de 2017. Disponível em: <https://iblanchier3.blogspot.com/2017/09/livro-de-ouro-comentarios-historicos.html>. Acesso em: 15 de outubro de 2021.

Meu Ir∴ Tendo sido outro dia suspendido nossos augustos trabalhos pelos motivos que vos participei e achando-se concluídas as averiguações vos faço saber que segunda-feira que vem nossos trabalhos devem recobrar seu antigo vigor começando a abertura da G∴L∴ em Assembleia Geral. É o que por ora tenho a participar vos para que passando as ordens necessárias para assim o executeis. Queira o S∴A∴ do U∴ dar-vos fortunas imensas como vos desejo I∴P∴M∴R∴[499].

Antes de recomeçar, haveria uma reviravolta. Bonifácio pediria demissão como ministro, pois havia se sentido traído por D. Pedro I, mas foi convencido a voltar ao cargo. Desta vez, o ministro seria ainda mais implacável, mandando prender os maçons com quem tinha disputas políticas. Quanto a José Clemente Pereira (Camarão) e outros, foram exilados. Ao saber do que estava acontecendo, Ledo disfarçou-se de escrava para fugir e tomou um navio para Buenos Aires, onde ficou até a cisão do imperador com os Andrada.

Os inimigos dos irmãos Andrada não deixariam passar em branco o que havia acontecido na Grande Oriente. No dia 15 de julho de 1823, D. Pedro I recebe uma missiva anônima em alemão revelando uma trama contra ele entre as paredes da Apostolado. Desconfiado, o monarca mandou chamar Bonifácio. Após conversarem um pouco, deixou-o com a imperatriz. Montando um cavalo sem ferradura, D. Pedro I atravessou a noite chuvosa ainda com as ataduras de um acidente que o havia deixado de cama por mais de uma semana[500]. No quartel de artilharia montada, ordenou ao comandante Pardal e a oficiais e 50 soldados que o acompanhassem até a rua da Guarda-Velha. Ao chegar na sede, bateu na porta do edifício com a senha da Apostolado.

---

499. *Ibid.*

500. Em 30 de junho de 1823, às 18h, vindo da chácara do Macaco, tinha as silhas traseiras largas. Na tentativa de segurar a crina, ela se partiu, e ele caiu do cavalo, batendo as costas na ladeira de barro em São Cristóvão. Para se proteger do cavalo soltando coices, ficou deitado de lado. Foi acudido pelos soldados e por D. Leopoldina, que veio correndo ao saber do que havia acontecido. No total, foram duas costelas quebradas, clavícula e quadril. Foram nove dias de cama, preso num equipamento construído para imobilizá-lo.

O porteiro que os atendeu pareceu hesitar se deixaria D. Pedro I passar ou não. Os soldados então abriram caminho. Ao chegar na reunião que acontecia, por uma questão de respeito, D. Pedro I pediu que os soldados o aguardassem fora da sala, e caminhou até o trono em que estava Antônio Carlos Andrada (1773-1845) presidindo. Oferecendo o lugar, Antônio Carlos rapidamente tentou recolher os papeis da sessão que ocorria, mas foi impedido pelo imperador. Este mesmo fez questão de arrumar os papeis e passar os olhos sobre o que tratavam. Segundo o historiador Melo Morais (1816-1882), que era maçom grau 33, "eram os planos de conjuração e propostas *ad-hoc,* em um cofrezinho que estava ao lado, e que era próprio deles"[501]. Enfurecido, D. Pedro I fechou a Apostolado e exonerou os Andrada, que se tornaram oposição ao imperador dentro da própria Constituinte e terminariam, meses depois, exilados na França.

Maçons da Grande Oriente Brasílico e da Apostolado se uniram, e quando retornasse do seu exílio José Bonifácio assumiria a Grande Oriente do Brasil (1831) e assinaria o manifesto de 1832 redigido por Gonçalves Ledo, que dizia:

> Corra-se o espesso véu sobre esses tempos lutuosos em que a ingratidão, abusando da autoridade, mandou fechar as oficinas dos maçons onde se haviam reunido os mais puros votos de amor àquele que, trocando em férrea clava o malhete de ouro que se lhe confiara para manter a ordem, dirigir os trabalhos e defender os OObr∴, os feria e dispersou!!! Remoinhando no pélago das paixões, caiu ele mesmo com medonho estrondo, não achando a seu lado um amigo que o consolasse![502]

---

501. *Apud* COSTA, Sergio Correa. *As Quatro Coroas de D. Pedro I*. São Paulo: Paz e Terra, 1996, p. 57.

502. *Ibid.*, p. 58.

Uma Constituição Para Um Povo

> "Juro aos Santos Evangelhos
> [...] a Integridade, Independência e Felicidade do Brasil,
> como Império Constitucional, opondo-me tanto ao
> despotismo que o altera, como à anarquia que o dissolve".
> (do juramento da Apostolado[503])

Desde a sua regência, em 1821, D. Pedro se mostrava propenso a defender uma Assembleia e uma Constituição, fosse para Portugal, fosse para o Brasil. A ideia não veio nem de supetão e nem foi por pressão popular. O próprio D. João VI, quando ainda em solo brasileiro, ventilava a possibilidade de uma Constituição para o Brasil assim como a que estava sendo feita pelas Cortes portuguesas. Chegara a cogitar uma adaptação, porém os deputados portugueses não queriam a independência política do Brasil, não aceitando uma Constituição brasileira[504] — o que teria sido um dos diversos motivos para a separação abrupta do país.

Porém, os próprios ideais liberais que remexeram Portugal também eram semeados no Brasil, e haviam sido plantados em D. Pedro. O príncipe estava tão inclinado, que preocupava D. Leopoldina de estar semeando vento para depois colher tempestade. Nas cartas enviadas ao pai, o príncipe D. Pedro procurava deixar explícito o seu favoritismo, ainda mais sabendo que as Cortes leriam as missivas trocadas, e que faria de todo o possível por isso. Usava como base o princípio da igualdade entre os súditos e o da liberdade, ou seja, contra o modelo tradicional centralizador de Portugal.

> Peço a V. M. que mande apresentar esta às Cortes Gerais, para que elas saibam, que a opinião brasileira, e a de todo o homem sensato, que deseja a segurança, e integridade da monarquia, é que haja aqui Cortes Gerais do Brasil, e particulares relativamente ao Reino Unido, para fazerem as nossas leis municipais.

---

503. Juramento da maçonaria, mostrando que um dos intuitos era apoiar a independência do Brasil (*Ibid.*, p. 53).

504. Para mais, veja o capítulo "Ela Deveria Ter Sido Ele".

V. M., quando se ausentou deste rico, e fértil país, recomendou-me no seu real decreto de 22 de abril do ano próximo passado, que tratasse os brasileiros como filhos, eu não só os trato como tais, mas também como amigos; tratando-os como filhos, sou pai; e tratando-os como amigos, sou outro; assim quaisquer destas duas razões me obrigam a fazer-lhes as vontades razoáveis, esta (de quererem Cortes como acima fica dito) não só é razoável, mas útil a ambos os hemisférios, e assim ou as Gerais nos concedem de bom grado as nossas particulares, ou então eu as convoco, a fim de me portar, não só como V. M. me recomendou, mas também como tenho buscado, e alcançado ser, que é *defensor* dos direitos *natos* de povos tão livres, como os outros, que os querem escravizar.

Se há igualdade de direitos, e somos irmãos, como o proclamaram, concedam (que não fazem favor, antes nós de lho pedirmos); quando não, nós a buscaremos (não nos sendo difícil encontrá-la) porque não é justo que uns sejam reputados como filhos, e outros como enteados, sendo todos nós irmãos, e súditos do mesmo grande monarca que nos rege[505].

Diante das negativas das Cortes, o príncipe D. Pedro continuava insistindo, cada vez mais determinado a fazer cumprir a voz do Brasil e não a dos portugueses. Tentava trazer à razão os motivos, considerados justos. Um país não poderia fazer leis por outro, sobretudo por não entender as necessidades do lugar, nem deixar dependente de outra nação. E, por trás, claro, era uma maneira de impedir que o Brasil se separasse definitivamente de Portugal. O aviso estava dado.

É necessário que o Brasil tenha Cortes suas: esta opinião generaliza-se cada dia mais. O povo desta capital prepara uma representação que me será entregue para suplicar-me que as convoque, e *eu não posso a isso recusar-me, porque o povo tem razão, é muito*

---

[505]. Carta de D. Pedro a D. João VI, de 28 de abril de 1822. PEDRO. *Cartas de D. Pedro, Príncipe Regente do Brasil, a Seu Pai, D. João VI (1821-1822)*. EGAS, Eugenio (Org.). São Paulo: Tipografia Brasil, 1916, p. 97.

constitucional, honra-me sobremaneira, e também a V. M., e merece toda a sorte de atenções e felicidade. *Sem Cortes o Brasil não pode ser feliz. As leis feitas tão longe de nós por homens que não são brasileiros, e que não conhecem as necessidades do Brasil não poderão ser boas.* O Brasil é um adolescente que diariamente adquire forças. O que hoje é bom amanhã não serve ou se torna inútil, *e uma nova necessidade se faz sentir; isto prova que o Brasil deve ter em si tudo quanto lhe é necessário, e que é absurdo retê-lo debaixo da dependência do velho hemisfério.* O Brasil deve ter Cortes [...] *não posso recusar este pedido do Brasil porque é justo, funda-se no direito das gentes, é conforme aos sentimentos constitucionais, oferece enfim mais um meio para manter a união, que de outro modo breve cessará inteiramente.* Sem igualdade de direito, em tudo e por tudo não há união. Ninguém se associa para ver piorar a sua condição, e aquele que é o mais forte melhor deve saber sustentar os seus direitos. Eis porque o Brasil jamais perderá os seus, que defenderei com o meu sangue, sangue puro brasileiro, que não corre senão pela honra, pela nação e por V. M[506].

Sem depender das Cortes, ou de qualquer apoio de Portugal, D. Pedro cumpriu a promessa ao convocar uma Assembleia Constituinte em 3 de junho de 1822, ou seja, três meses antes da própria proclamação da Independência. A noção de uma independência política era anterior ao 7 de setembro, portanto não diretamente relacionada a ele. No próprio decreto de convocação, a proposta era de uma Constituição que primasse pela "independência moderada" e "pela união nacional" com Portugal, mantendo assim "uma justa igualdade de direitos entre ele [Brasil] e o de Portugal, sem perturbar a paz, que tanto convém a ambos, e tão própria é [*sic*] de povos irmãos"[507].

---

506. Carta de D. Pedro a D. João VI, de 21 de maio de 1822. PEDRO. *Cartas de D. Pedro, Príncipe Regente do Brasil, a Seu Pai, D. João VI (1821-1822)*. EGAS, Eugenio (Org.). São Paulo: Tipografia Brasil, 1916, p. 100-101.

507. *Apud* PEDRO. *Cartas de D. Pedro, Príncipe Regente do Brasil, a Seu Pai, D. João VI, Rei de Portugal (1821-1822)*. EGAS, Eugenio (Org.). São Paulo: Tipografia Brasil, 1916, p. 123.

Talvez fosse uma maneira de abrandar os ânimos dos brasileiros e de incentivar Portugal a reconhecer uma Constituição para o Brasil. Porém, não conseguiria nenhuma das duas coisas. Os brasileiros ficariam ainda mais envolvidos com a independência diante das constantes negativas das Cortes em Portugal, reafirmadas pelos envios de tropas.

As eleições tiveram lugar e, dos 90 deputados eleitos, 52 estavam presentes na primeira reunião, em 17 de abril de 1823, com o Brasil já independente. Os trabalhos começaram em 3 de maio de 1823 e de imediato podia-se perceber duas frentes: conservadores e liberais, sendo os primeiros aqueles que pretendiam uma monarquia absolutista e centralizadora, e os segundos pendiam em sua maioria pela limitação do Executivo e dos poderes mais distintos.

Em setembro de 1823 o anteprojeto da Constituição, contendo 242 artigos, foi repassado para D. Pedro I. Mesmo que estivessem afastados por causa das brigas políticas, José Bonifácio tentou convencer o imperador a aceitá-lo como estava e não permitir a discussão em plenário, mas aquele não acatou, considerando a proposta do ex-ministro "antiparlamentar". Os 242 artigos iriam para discussão pública, mesmo que não o agradasse muito.

No início do processo constitucional, José Bonifácio era contra uma Assembleia soberana ao imperador, criando disputa com Gonçalves Ledo até mesmo dentro da maçonaria. Após a briga com D. Pedro I por causa dos seus inimigos políticos, Bonifácio faria oposição acusando-o de despotismo, e estando à frente da proposta de limitação dos poderes do imperador e dos portugueses[508].

D. Pedro havia avisado na Fala do Trono, no dia da abertura da Assembleia, que era importante que ele estivesse também de comum acordo com o que estava sendo feito.

> Vós não as ignorais, e eu certo, que a firmeza dos verdadeiros princípios Constitucionais, que têm sido sancionados; pela experiência,

---

508. O Executivo ficava sujeito ao Legislativo e estrangeiros eram proibidos de ocuparem cargos políticos, o que era um agravante uma vez que boa parte da população era portuguesa, inclusive o próprio imperador. Este também não poderia comandar as forças armadas nem dissolver o Parlamento, e teria que receber ordens do Legislativo.

caracteriza cada um dos deputados, que compõe esta Ilustre Assembleia. Espero que a Constituição que façais *mereça a minha imperial aceitação, seja tão sábia e tão justa quanto apropriada à localidade e civilização do povo brasileiro*; igualmente, que haja de ser louvada por todas as nações; que até os nossos inimigos venham a imitar a santidade, e sabedoria de seus princípios, e que por fim a executem[509].

Quem conhecia sua personalidade impulsiva e temperamental sabia que ele não se deixaria ser "prisioneiro das Cortes" como D. João VI.

Além disso, essa nova Constituição que começava a ser votada era uma faca na ferida mal cicatrizada causada pelas brigas entre portugueses e brasileiros dentro do Brasil, o que vinha desde a partida de D. João VI e as tentativas do general Avilez[510] de atacar os brasileiros. A situação explodiu diante de uma confusão entre dois oficiais portugueses e um boticário no largo da Carioca. Os irmãos de José Bonifácio pediram na Assembleia que os militares portugueses perdessem seus direitos civis e fossem deportados, o que deixava os militares brasileiros revoltados.

Diante da indignação dos quartéis, D. Pedro I pediu que ficassem fora da cidade, para não causar um confronto até que se resolvesse a situação. Um novo gabinete foi criado para conversar com a Assembleia, que se recusava a ir contra os Andrada ou os jornais, que punham mais lenha na fogueira a favor da xenofobia. Ao perceber que não haveria uma resolução e que a Constituição estava parada com apenas 24 artigos discutidos, o impaciente D. Pedro I decidiu dissolvê-la e ele mesmo outorgar uma Constituição mais liberal e simples do que a discutida.

Na noite de 12 de novembro de 1823, D. Pedro I e as tropas cercaram a Assembleia e a encerraram. Os Andrada foram deportados para a

---

509. ABREU E LIMA, J. I. *Compendio da História do Brasil*, vol. II. Rio de Janeiro: Laemmert, 1843, p. 104.

510. No dia 9 de março de 1822 quase ocorreu a separação do Brasil por causa dos problemas com a esquadra de Avilez, por pouco não ocorrendo uma batalha na capital: "Se desembarcasse a tropa, imediatamente o Brasil se desunia de Portugal, e a independência me faria aparecer bem contra a minha vontade por ver a separação". *Apud* COSTA, Sergio Correa. *As Quatro Coroas de D. Pedro I*. São Paulo: Paz e Terra, 1996, p. 24.

Filho de Rei, Imperador É | 293

França. Um Conselho de Estado[511] foi nomeado com a função de redigir a nova Constituição, e a Constituição da Mandioca (1823), como ficou chamada a anterior, seria usada como base para a de 1824. Por duas semanas o Conselho se debruçou sobre leis e projetos, usando diversas bases, tais o liberalismo francês e de Benjamin Constant. Juntamente com Francisco Gomes da Silva (1791-1852), o Chalaça, D. Pedro I estudou as Constituições de Portugal, França e Noruega[512], e foi anotando e modificando o texto e depois devolvendo-o para a apreciação do Conselho. Queria-se uma Constituição liberal, executável, simples, porém justa, que não levasse a uma "anarquia". Para isso, manter-se-ia um Poder Executivo fortalecido, mas teria os poderes bem divididos e harmoniosos entre si, que não impedissem a liberdade nem levassem ao despotismo em nenhum deles[513].

---

511. O Conselho de Estado de 1823 deveria elaborar a Constituição e, a partir de 1828, aconselhar dentro do escopo do Poder Moderador (art.142), assuntos sobre "negócios graves e medidas gerais da pública administração; principalmente sobre a declaração de guerra, ajuste de paz, [e] negociações com as nações estrangeiras". Foi suprimido em 1834 durante o período da regência, uma vez que não havia imperador para ser aconselhado e nem Poder Moderador. Voltou com o Segundo Reinado em 3 de maio de 1841, sendo um cargo vitalício, a menos que o imperador removesse algum membro. Não havia uma predileção por conservadores ou liberais, podendo variar e assim haver um equilíbrio entre ambas as facções.

512. Fala do Trono: "Todas as Constituições, que à maneira das de 1791 e 92 têm estabelecido suas bases e se tem querido organizar, a experiência nos tem mostrado, que *são totalmente teoréticas e metafísicas, e por isso inexequíveis, assim o prova a França, Espanha, e ultimamente Portugal. Elas não têm feito, como deviam, a felicidade geral*; mas sim, depois de uma licenciosa liberdade ventos, que em uns países já apareceu e em outros ainda *não tarda a aparecer o despotismo em um*, depois de ter sido exercitado por muitos, sendo consequência necessária, ficarem os povos reduzidos à triste situação de presenciarem, e sofrerem todos os horrores da anarquia" (*Apud* ABREU E LIMA, J. I. *Compendio da História do Brasil*, vol. II. Rio de Janeiro: Laemmert, 1843, p. 104).

513. Fala do Trono: "Como imperador constitucional, e muito especialmente como defensor perpétuo deste império, disse ao povo no dia 1º de dezembro do ano próximo passado, em que fui coroado e sagrado, 'Que com a minha espada defenderia a pátria, a nação, e a Constituição, se fosse digna do Brasil e de mim'. Ratifico hoje muito solenemente perante vós esta promessa, e espero, que me ajudeis a desempenhá-la, *fazendo uma Constituição sábia, justa, adequada, e executável, ditada pela razão, e não pelo capricho* que tenha em vista somente a felicidade geral, que nunca pode ser grande,

Quando terminado, o anteprojeto foi enviado às Câmaras das províncias para ser aprovado diretamente por elas. Com mais da metade em aceite, foi outorgada em 25 de março de 1824. Ou seja, a outorga foi o primeiro passo e o segundo foi a validação nas paróquias eleitorais. Não foi uma Constituição imposta por meio de uma "canetada" autocrática, como diversos historiadores clamam. Ao contrário, foi a única das sete constituições brasileiras referendada por diversos distritos.

Numa carta ao marquês de Resende, em fevereiro de 1824, D. Pedro I explicou os motivos da mudança da redação da Constituição:

> [...] *um imperante que não ama a liberdade do seu país, e que não dá aos povos aquela justa liberdade, que lhes assegure suas propriedades e pessoas, e que antes trabalha com mil malhos em fazer grilhões, não só para agrilhoar seus súditos, mas para, junto com outros imperantes, agrilhoar o mundo inteiro, é indigno de ser imperante*, deve pertencer à classe das feras, e não dos homens, e ser proscrito da sociedade [...] Amo a liberdade. E se me visse obrigado a governar sem uma Constituição, imediatamente deixaria de ser imperador, porque quero governar sobre corações com brio e honra, corações livres e não sobre corações lodosos, podres e servis, como os daqueles povos onde ainda não há Constituição, e que ainda no século presente aturam um jugo de ferro, que quando chegar a quebrar-se (como em breve acontecerá), ai dos imperantes[514].

---

sem que esta Constituição *tenha bases sólidas, bases que a sabedoria dos séculos tenha mostrado, que são as verdadeiras, para darem uma justa liberdade aos povos, e toda a força necessária ao Poder Executivo*. Uma Constituição, em que os três Poderes sejam bem divididos de forma que não possam arrogar direitos que lhe não compitam, mas que sejam de tal modo organizados e harmonizados que se lhes torne impossível, ainda pelo decurso do tempo fazerem-se inimigos, e cada vai mais concorram de mãos dadas para a felicidade geral do Estado. *A final uma Constituição, que pondo barreiras inacessíveis ao despotismo, quer real, quer aristocrático, quer democrático, afugente a anarquia, e plante a árvore daquela liberdade,* a cuja sombra deve crescer a união, tranquilidade, e independência deste império, que será o assombro do Mundo novo, e velho" (*Ibid.*).

514. *Apud* REZZUTTI, Paulo. *D. Pedro: a História Não Contada*. São Paulo: Leya, 2015, p. 177.

É importante ressaltar que logo no início, o artigo primeiro já enfatiza o que a Constituição representa: "Art. 1. O Império do Brasil é a associação política de todos os cidadãos brasileiros. Eles formam uma nação livre e independente, que não admite com qualquer outra laço algum de união, ou federação, que se oponha à sua independência". Por meio do documento, ficava implícito que tanto o imperador quanto a Assembleia Geral e os cidadãos representavam a nação brasileira.

Os artigos 3 e 4 apontam o teor de qual seria o sistema de governo escolhido: "Art. 3. O seu governo é monárquico hereditário, constitucional e representativo. Art. 4. A dinastia imperante é a do senhor Dom Pedro I, atual imperador e defensor perpétuo do Brasil". A monarquia constitucional foi o sistema que já vinha sendo implantado pelas reformas liberais dos séculos XVIII e XIX. Ela surgiu pela primeira vez com a Revolução Gloriosa de 1688 na Inglaterra, quando a monarquia foi colocada abaixo de uma Constituição, e não acima dela, e limitada por esse conjunto de leis que separavam o poder absoluto do rei em três: Executivo, Legislativo e Judiciário. A monarquia constitucional brasileira, porém, estava mais próxima da visão do filósofo suíço do século XVIII Henri-Benjamin Constant. Um liberal de formação que, observando a experiência republicana trágica que foi a Revolução Francesa, tornou-se defensor da monarquia constitucional. No entanto, Constant defendia ajustes importantes que mais tarde se tornariam um padrão em toda a Europa. O mais significativo era que o poder real deveria ser neutro e passivo, ativado somente como um balanço e impedindo os excessos dos outros poderes. Para esse efeito o rei deixava de ser o chefe do Poder Executivo para ser o Chefe de Estado — o Executivo ficando com o Conselho de Ministros por ele nomeado. Dessa forma, o rei deixaria de ter poder para exercer governo, mas tinha poder para preservar o reinado. Entre seus poderes de moderação, estariam a dissolução da Câmara de Deputados, chamamento de novas eleições, nomeação de senadores vitalícios, etc. Esse monarca seria "traduzido" no Brasil e em Portugal como o Poder Moderador[515].

---

515. Durante o período do Primeiro Império, D. Pedro I encabeçava o Poder Moderador e o Poder Executivo. Somente a partir de 1847 o imperador ficaria com o Poder Moderador e o chefe do Poder Executivo seria o presidente do Conselho de Ministros.

> Art. 98. O Poder Moderador é a chave de toda a organização política, e é delegado privativamente ao imperador, como Chefe Supremo da Nação, e seu primeiro representante, para que incessantemente vele sobre a manutenção da independência, equilíbrio e harmonia dos mais Poderes Políticos.

Talvez uma das mais marcantes presenças na Constituição de 1824 seja a do Poder Moderador. Longe de ser um poder tirano ou absolutista, tampouco ditatorial ou despótico, é uma tentativa de equilibrar, moderar os poderes e impedir a limitação do monarca pelo Legislativo — motivo das batalhas entre D. Pedro I e a Assembleia durante todo Primeiro Reinado. Suas funções eram[516]:

> Art. 101. O Imperador exerce o Poder Moderador: I. Nomeando os senadores, na forma do Art. 43.; II. Convocando a Assembleia Geral extraordinariamente nos intervalos das sessões, quando assim o pede o bem do império; III. Sancionando os decretos, e resoluções da Assembleia Geral, para que tenham força de Lei, Art. 62; IV. Aprovando, e suspendendo interinamente as resoluções dos Conselhos Provinciais, Arts. 86, e 87; V. Prorrogando ou adiando a Assembleia Geral, e dissolvendo a Câmara dos Deputados nos casos em que o exigir a salvação do Estado; convocando imediatamente outra[517], que a substitua; VI. Nomeando e demitindo livremente os Ministros de Estado; VII. Suspendendo os magistrados nos casos do Art. 154; VIII. Perdoando, e moderando as penas impostas e os réus condenados por sentença; IX. Concedendo anistia em caso urgente, e que assim aconselhem a Humanidade e bem do Estado.

---

516. Segundo Maria Graham, a Constituição deveria ser inspirada na norte-americana e o Poder Moderador constituir uma forma entre as funções do presidente norte-americano e as do rei da Inglaterra.

517. Haveria eleições indiretas, ou seja, os eleitores de paróquia elegiam eleitores de província que votavam nos deputados. Os eleitores deveriam ser homens maiores de 25 anos e com renda acima de 100 mil réis anuais, no caso das paróquias, e 200 mil réis para eleitores de província. Também podiam votar os ex-escravos, desde que, nas eleições paroquiais.

Em comparação com o anteprojeto de 1823, a nova Constituição acabava limitando o poder da aristocracia agrária ao dar mais poder ao imperador. Inclusive, D. Pedro I usaria sua prerrogativa de fazer tratados com outras nações sem precisar do aval da Assembleia. Um exemplo é a assinatura do tratado com a Inglaterra contra o tráfico negreiro.

Se por um lado o soberano tinha poder, por outro o cidadão também, com a garantia das liberdades civis e políticas, direito à propriedade privada, segurança individual, liberdade religiosa[518], liberdade de expressão, saúde e educação primária públicas. O artigo 179 enumera todas os direitos civis e políticos dos cidadãos brasileiros:

> Art. 179. A inviolabilidade dos Direitos Civis, e Políticos dos Cidadãos Brasileiros, que tem por base a liberdade, a segurança individual, e a propriedade, é garantida pela Constituição do Império, pela maneira seguinte.
> I. Nenhum Cidadão pode ser obrigado a fazer, ou deixar de fazer alguma cousa, senão em virtude da Lei; II. Nenhuma Lei será estabelecida sem utilidade publica; III. A sua disposição não terá efeito retroativo; IV. Todos podem comunicar os seus pensamentos, por palavras, escritos, e publicá-los pela Imprensa, sem dependência de censura; com tanto que hajam de responder pelos abusos, que cometerem no exercício deste Direito, nos casos, e pela forma, que a Lei determinar; V. Ninguém pode ser perseguido por motivo de Religião, uma vez que respeite a do Estado, e não ofenda a Moral Publica; VI. Qualquer pode conservar-se, ou sair do império, como lhe convenha, levando consigo os seus bens, guardados os Regulamentos policiais, e salvo o prejuízo de terceiro; VII. Todo o Cidadão tem em sua casa um asilo inviolável. De noite não se poderá entrar nela, senão por seu consentimento, ou para o defender de incêndio, ou inundação; e de dia só será franqueada a sua entrada nos casos, e pela maneira, que a Lei determinar;

---

518. "Art. 5. A Religião Católica Apostólica Romana continuará a ser a religião do império. Todas as outras religiões serão permitidas com seu culto doméstico, ou particular em casas para isso destinadas, sem forma alguma exterior do Templo".

VIII. Ninguém poderá ser preso sem culpa formada, exceto nos casos declarados na Lei; e nestes dentro de vinte e quatro horas contadas da entrada na prisão, sendo em Cidades, Villas, ou outras Povoações próximas aos lugares da residência do Juiz; e nos lugares remotos dentro de um prazo razoável, que a Lei marcará, atenta a extensão do território, o Juiz por uma Nota, por ele assignada, fará constar ao réu o motivo da prisão, os nomes do seu acusador, e os das testemunhas, havendo-as; IX. Ainda com culpa formada, ninguém será conduzido á prisão, ou nela conservado estando já preso, se prestar fiança idônea, nos casos, que a Lei a admite: e em geral nos crimes, que não tiverem maior pena, do que a de seis meses de prisão, ou desterro para fora da Comarca, poderá o réu livrar-se solto; X. A exceção de flagrante delito, a prisão não pode ser executada, senão por ordem escrita da Autoridade legitima. Se esta for arbitraria, o Juiz, que a deu, e quem a tiver requerido serão punidos com as penas, que a Lei determinar. O que fica disposto acerca da prisão antes de culpa formada, não compreende as Ordenanças Militares, estabelecidas como necessárias á disciplina, e recrutamento do Exército nem os casos, que não são puramente criminais, e em que a Lei determina, todavia, a prisão de alguma pessoa, por desobedecer aos mandados da justiça, ou não cumprir alguma obrigação dentro do determinado prazo; XI. Ninguém será sentenciado, senão pela Autoridade competente, por virtude de Lei anterior, e na forma por ela prescrita; XII. Será mantida a independência do Poder Judicial. Nenhuma Autoridade poderá avocar as Causas pendentes, sustá-las, ou fazer reviver os Processos findos; XIII. A Lei será igual para todos, quer proteja, quer castigue, o recompensará em proporção dos merecimentos de cada um; XIV. Todo o cidadão pode ser admitido aos cargos públicos civis, políticos, ou militares, sem outra diferença, que não seja dos seus talentos, e virtudes; XV. Ninguém será exemplo de contribuir pera as despesas do Estado em proporção dos seus haveres; XVI. Ficam abolidos todos os privilégios, que não forem essenciais, e inteiramente ligados aos cargos, por utilidade publica; XVII. A exceção das Causas, que por sua natureza pertencem a juízos particulares, na conformidade das Leis, não haverá Foro privilegiado, nem comissões especiais nas causas cíveis, ou crimes; XVIII. Organizar-se-á quanto antes um Código Civil e Criminal, fundado nas sólidas bases da Justiça, e Equidade; XIX. Desde já ficam abolidos os açoites, a tortura, a marca de ferro quente, e todas as mais penas cruéis; XX. Nenhuma pena passará da pessoa do delinquente. Por tanto não haverá em caso algum confiscação de bens, nem a infâmia do réu se transmitirá aos parentes em qualquer grau, que seja; XXI. As cadeias serão seguras, limpas, e bem arejadas, havendo diversas casas para separação dos réus, conforme suas circunstâncias, e natureza dos seus crimes; XXII. É garantido o Direito de Propriedade em toda a sua plenitude. Se o bem publico legalmente verificado exigir o uso, e emprego da Propriedade do Cidadão, será ele previamente indemnizado do valor dela. A Lei marcará os casos, em que terá lugar esta única exceção, e dará as regras para se determinar a indemnização; XXIII. Também fica garantida a Dívida Publica; XXIV. Nenhum gênero de trabalho, de cultura, indústria, ou comércio pode ser proibido, uma vez que não se oponha aos costumes públicos, á segurança, e saúde dos Cidadãos; XXV. Ficam abolidas as Corporações de Ofícios, seus juízes, escrivães e mestres; XXVI. Os inventores terão a propriedade das suas descobertas, ou das suas produções. A Lei lhes assegurará um privilégio exclusivo temporário, ou lhes remunerará em ressarcimento da perda, que hajam de sofrer pela vulgarização; XXVII. O Segredo das Cartas é inviolável. A Administração do Correio fica rigorosamente responsável por qualquer infracção deste Artigo; XXVIII. Ficam garantidas as recompensas conferidas pelos serviços feitos ao Estado, quer civis, quer militares; assim como o direito adquirido a elas na forma das Leis; XXIX. Os empregados públicos são estritamente responsáveis pelos abusos, e omissões praticadas no exercício das suas funções, e por não fazerem efetivamente responsáveis aos seus subalternos; XXX. Todo o Cidadão poderá apresentar por escrito ao Poder Legislativo, e ao Executivo reclamações, queixas, ou petições, e até expor qualquer infracção da Constituição, requerendo perante a competente autoridade a efetiva responsabilidade dos infratores; XXXI. A Constituição também garante os socorros públicos; XXXII. A Instrução primaria, e gratuita a todos os Cidadãos; XXXIII. Colégios e universidades, onde serão ensinados os elementos das Ciências, Belas Letras e Artes; XXXIV. Os Poderes Constitucionais não podem suspender a Constituição, no que diz respeito aos direitos individuais, salvo nos casos, e circunstâncias especificadas no parágrafo seguinte; XXXV. Nos casos de rebelião, ou invasão de inimigos, pedindo a segurança do Estado, que se dispensem por tempo determinado algumas das formalidades, que garantem a liberdade individual, poder-se-á fazer por ato especial do Poder Legislativo. Não se achando porém a esse tempo reunida a Assembleia, e correndo a pátria perigo iminente, poderá o Governo exercer esta mesma providencia, como medida provisória, e indispensável, suspendendo-a imediatamente que cesse a necessidade urgente, que a motivou; devendo num, e outro caso remeter á Assembleia, logo que reunida for, uma relação motivada das prisões, e d'outras medidas de prevenção tomadas; e quaisquer Autoridades, que tiverem mandado proceder a elas, serão responsáveis pelos abusos, que tiverem praticado a esse respeito.

Para celebrar a nova Constituição, houve um espetáculo de gala em homenagem ao seu juramento no Real Teatro São João[519], mas numa dessas ironias da vida, após os festejos, em 25 de março de 1824, o local pegou fogo, vindo abaixo.

Para Além da Constituição

Quando estudamos com mais cuidado os fatos, acontecimentos e documentos, podemos observar não somente o que aconteceu mas as falácias construídas em torno do nome de D. Pedro I. Estavam tão preocupados em desmerecer a figura dele que não se ocuparam em

---

519. O Real Teatro São João era maior do que o King's Theatre (atualmente conhecido como Her Majesty's Theatre, erguido em 1705 em Haymarket), acomodando mais de 1020 pessoas e inaugurado em 12 de outubro de 1813.

perceber que, além de ter uma excelente capacidade intelectual — e isso nada tem a ver com o fato de ser mais ou menos culto —, D. Pedro I era ótimo em matemática. O que, por um lado, era excelente para lidar com as finanças combalidas após o retorno de D. João VI para Lisboa, mas poderia também se tornar um problema mais adiante com o marquês de Barbacena.

Em uma carta ao pai, ainda na época da regência, D. Pedro relatava — e reclamava — os problemas econômicos e financeiros em que o Estado se encontrava com a partida do rei, sendo obrigado a cortar a maior parte das despesas e exigindo ajuda.

> As despesas do Estado elevaram-se o ano passado a vinte milhões de cruzados. Julgo que este ano não excedam a quatorze ou quinze milhões. Não o posso afirmar, entretanto visto que o orçamento ainda não está pronto. Logo que m'o remetiam, estou no firme propósito de fazer grandes economias em todos os ramos em que até agora só houve *déficit*, porque todos devemos concorrer para o bem do Estado. Entretanto por grandes que sejam minhas reduções prevejo que não alcancem um milhão. Se chegar até lá a despesa elevar-se-á ainda a quatorze milhões. A receita da província não chega a seis. Haverá pois um *déficit* de oito, e as demais províncias recusam-se a entrar com qualquer cousa para as despesas. *Haja vista do exposto exijo de V. M. que me dê para tantos males um remédio eficaz e tão pronto quanto possível.* Tenho dele necessidade para sair do desassossego em que vivo e para tranquilizar a estes pobres empregados aos quais nada tenho que censurar, a não ser não desempenharem todas as respectivas funções com igual habilidade[520].

O mesmo problema econômico é repetido na Fala do Trono no dia da abertura da Assembleia Constituinte, 3 de maio de 1823, usando como maior exemplo o Banco do Brasil que, ao descapitalizar, quase quebrou.

---

520. Carta ao pai, 17 de julho de 1821. PEDRO. *Cartas de D. Pedro, Príncipe Regente do Brasil, a Seu Pai, D. João VI, Rei de Portugal (1821-1822)*. EGAS, Eugenio (Org.). São Paulo: Tipografia Brasil, 1916, p. 12.

Consegui, (e com quanta glória o digo) que o Banco [do Brasil], que tinha chegado a ponto de ter quase perdido a fé pública, e estar por momentos a fazer bancarrota, tendo ficado no dia, em que o senhor D. João VI saiu a barra duzentos contos em moeda, única quantia para troco de suas notas, restabelecesse seu crédito de tal forma, que não passa pela imaginação a indivíduo algum, que ele um dia possa voltar ao triste estado, a que o haviam reduzido [...][521].

Foi preciso reduzir os gastos do Estado para que as contas equilibrassem e o Brasil, que ainda não era independente, não quebrasse. Sem dinheiro, devendo, dificilmente conseguiria a sua independência de Portugal.

As circunstâncias do Tesouro Público eram as piores, pelo estado a que ficou reduzido, e muito principalmente, porque até a quatro, ou cinco meses foi somente provincial. Visto isto, não era possível repartir o dinheiro, para tudo quanto era necessário, por ser pouco, para se pagar a credores, a empregados em efetivo serviço, e para sustentação da minha casa, que despendia uma quarta parte da do rei, meu augusto pai. A dele excedia quatro milhões; e a minha não chegava a um. Apesar da diminuição ser tão considerável, assim mesmo eu não estava contente, quando via que a despesa que fazia era muito desproporcionada à receita, a que o Tesouro estava reduzido, e por isso me limitei a viver como um simples particular, percebendo tão somente quantia de 110.000$000 réis para todas as despesas da minha casa, excetuando a mesada da imperatriz, minha muito amada e prezada esposa, que lhe era dada em consequência de ajustes de casamento[522].

---

521. ABREU E LIMA, J. I. *Compendio da História do Brasil*, vol. II. Rio de Janeiro: Laemmert, 1843, p. 104.

522. Como vemos em uma carta de Leopoldina no capítulo "Ela Deveria Ter Sido Ele", a imperatriz reclama que ganhava muito pouco e mal conseguia cobrir as próprias despesas e praticar as obras de caridade que tanto apreciava.

E não somente os cortes foram feitos com o Estado. Como diz o provérbio, "o exemplo começa em casa", ou seja, a economia começava a partir dele, cujas despesas faziam parte dos cofres públicos:

> [...] mudei a minha casa para a Quinta de São Cristóvão a fim de irem para o Paço da Cidade os tribunais, secretarias, e tudo quanto estava em casa paga por conta do Estado [...] As cavalariças só exigem a despesa do milho, porque o capim que consomem é dos domínios de S. Cristóvão. Os mil e duzentos cavalos que as ocupavam foram reduzidos a cento e cinquenta e seis. [...] as despesas atuais são nenhumas em confronto com as de outrora. Mas se eu puder economizar ainda, prometo de o fazer para o bem da nação[523].

Para D. Pedro I, o importante era pagar os credores do Estado, os salários dos funcionários públicos e dos militares em serviço, além de enviar artilharia e o que mais fosse necessário paras as províncias em guerra, e sendo socorridas aquelas que precisassem para fechar as contas. "Em suma, consegui que a província rendesse onze para doze milhões, sendo o seu rendimento anterior à saída de meu augusto pai de seis a sete, quando muito"[524]. As despesas de guerra eram extraordinárias, entrando compra de embarcações, consertos, além dos pagamentos dos funcionários que foram expulsos das províncias por suas convicções a favor da Independência. Ainda que a soma tenha sido alta, garantia que não havia usado a Caixa dos Dons Gratuitos, nem do sequestro de propriedades abandonadas, da Caixa do Empréstimo e da Administração dos Diamantes.

Os gastos com obras públicas foram para a reforma do palacete da Praça da Aclamação, e no mesmo local foi preparada uma obra para evitar inundações, assim mantendo a preocupação de D. João VI de criar uma região salubre e agradável para seus habitantes. Continuou o processo de

---

523. Carta ao pai, 17 de julho de 1821. PEDRO. *Cartas de D. Pedro, Príncipe Regente do Brasil, a Seu Pai, D. João VI, Rei de Portugal (1821-1822)*. EGAS, Eugenio (Org.). São Paulo: Tipografia Brasil, 1916, p. 11-16.

524. ABREU E LIMA, J. I. *Compendio da História do Brasil*, vol. II. Rio de Janeiro: Laemmert, 1843.

calçamento das ruas e calçadas e o conserto dos aquedutos da Carioca e do Maracanã, construídos na época joanina, e do Passeio Público. Continuou a construção do cais da Praça do Comércio. Além disso, foram construídas e reparadas pontes e estradas. Inclusive, construiu-se o edifício da Casa da Assembleia, em que discursava. "Imensas Obras [...] se tem empreendido, começado e acabado, que eu omito, para não fazer o discurso nimiamente longo"[525]. Isso tudo dentro do orçamento, pois em abril de 1821 o caixa para obras públicas estava deficitário, e sob o governo de D. Pedro I estava no verde[526].

Em termos de investimentos, procurou-se aumentar a tipografia nacional e o acervo mineralógico da Casa do Museu e ainda criou-se uma galeria de pintura com obras que estavam guardadas, outras que foram compradas, e também algumas que eram do próprio acervo de D. Pedro I. E "comprou-se para engrandecimento da Biblioteca Pública uma grande coleção de livros dos de melhor escolha".

Da mesma maneira que seu pai D. João VI e seu filho D. Pedro II, D. Pedro I se preocuparia em promover a educação, "porém necessita-se para isto de uma legislação particular". Isso, no entanto, não o impediu de aumentar o número de escolas e "algum tanto o ordenado de seus mestres". E permitiu a existência de escolas particulares. Também procurou investir em instituições antigas para que não deixassem de existir, como no caso do Seminário de São Joaquim, "que seus fundadores tinham criado para educação da mocidade". Ele havia se transformado no Hospital da Tropa Europeia, mas D. Pedro I retomou à antiga atividade e "acha-se hoje com imensos estudantes". Para ajudar a mantê-lo, assim como no caso da Casa da Misericórdia e da Roda dos Expostos, abriu uma loteria "para melhor se puderem manter estabelecimentos de tão grande utilidade".

D. Pedro I se preocuparia também com os gastos nas repartições públicas, vigiando-os e procurando mudar algumas despesas e ficar de olho nos desvios que ocorriam. Afinal, corrupção e desvio de verba pública não são uma invenção atual. Ele tinha verdadeiro olho clínico para isso. Em uma visita à Roda dos Expostos, D. Pedro I reparou que havia

---

525. *Ibid.*
526. Era devedor de 60 contos de réis e em 1823 tinha "sessenta e tantos mil cruzados".

sete crianças sendo cuidadas por duas amas, e sem berços ou roupas. Para entender as finanças, pediu os livros e percebeu que em 13 anos entraram 12$ e apenas 1$ havia sido gasto, e o restante não se sabia onde estava[527].

Outro exemplo foi com os gastos com a Guerra da Cisplatina. Desconfiado de que estava sendo mal administrada, D. Pedro I sentiu que deveria vistoriar as tropas ele mesmo. Examinou locais, demitiu funcionários corruptos e nomeou pessoas mais competentes para os cargos vagos, além de se juntar à tropa e tentar melhorar a situação das instalações militares, experiência que seria importante durante a guerra contra seu irmão, D. Miguel.

Como diria naquele dia 3 de maio de 1823, "em todas as administrações se faz sumamente precisa uma grande reforma; mas nesta da Fazenda, ainda muito mais por ser a principal mola do Estado"[528]. E foi com astúcia — e sorte — que ele descobriria um problema sério com as contas da Fazenda.

Em 4 de dezembro de 1829, D. Pedro I sofrera um acidente muito grave. Dirigia seu coche em alta velocidade pela rua do Lavradio quando, perdendo o controle dos animais, o veículo capotou. Ele foi atirado para a rua, caindo inconsciente e quebrando a sétima costela no terço posterior, e a sexta no terço anterior. A filha, D. Maria da Glória, que estava dentro do veículo com a segunda esposa do imperador, D. Amélia, sofreu uma contusão na cabeça. A imperatriz nada sofreu além de alguns arranhões. E o irmão desta, que estava com eles, quebrou o braço direito. A situação de D. Pedro I era tão delicada que teve de ficar na casa do marquês de Cantagalo, que era na mesma rua, por semanas, até estar bom e poder voltar a São Cristóvão.

Enquanto se restabelecia, passava os dias fazendo cálculos sobre as despesas do Estado, buscando manter as contas simples e sem grandes absurdos. Também aproveitou para repor ao Tesouro o valor gasto com seu segundo casamento, pois não admitia que ele fosse exceção quando deveria ser o exemplo. Ao perceber algumas discrepâncias referente aos

---

527. Com a loteria permitida por D. Pedro I, conseguiram uma casa própria e mais de trinta berços e amas para cuidar dos órfãos.
528. PEDRO. "Discurso de Dom Pedro I", 3 de maio de 1823. *Domínio Público*. Disponível em: <http://www.dominiopublico.gov.br/download/texto/ws000041.pdf>. Acesso em: 18 de outubro de 2021.

gastos, pediu ao marquês de Barbacena, então responsável pelo arranjo marital e novo ministro da Fazenda, que lhe desse em detalhe os valores, despesas e explicasse o que não batia. Havia um aparente superfaturamento e câmbios incorretos.

Também quis saber mais a respeito dos envios de dinheiro a Caldeira Brant, que eram parte do valor a ser pago para Portugal por causa do tratado de 1825, e que havia sido separado para adiantar as tratativas do consórcio com D. Amélia. Miguel de Calmon, que era o ministro da Fazenda à época, foi questionado sobre o envio do montante. Calmon respondeu que explicaria somente pessoalmente e não por escrito. Isso bastou para que D. Pedro I ficasse furioso. Demitiu Calmon da pasta de Negócios Estrangeiros, de que agora ele cuidava, e pediu que o marquês de Barbacena lhe entregasse a pasta de Finanças para uma auditoria das contas. Para que Barbacena não se sentisse diminuído, afinal era grato a ele pelo seu casamento, D. Pedro I o nomeou para a de Negócios Estrangeiros. Barbacena se recusou a ir para outra pasta, dizendo preferir ir cuidar das suas plantações na Bahia, mas antes queria mais oito dias para concluir alguns afazeres na Fazenda.

D. Pedro I o demitiu imediatamente. Não podia esperar que adulterasse os números e as contas. Injuriado, o marquês de Barbacena foi aos jornais e expôs toda a verdade sobre as negociações do casamento e que D. Amélia havia sido a única a aceitar o imperador porque era de uma "nobreza menor". Uma tentativa de humilhação pública repleta de verdades, mas que não causou agravo na época e passaria totalmente despercebida nos dias de hoje.

A Segunda Constituição

Para quem acha que fazer uma Constituição já é um marco na carreira de qualquer estadista, imagine-se duas, e num período de dois anos. D. Pedro I conseguiu ser o único homem a não só governar dois países em momentos e continentes distintos e ainda compor dois hinos importantes para suas nações e outorgar duas constituições liberais. É bastante para quem viveu somente até os 36 anos. Vale ressaltar que todos esses feitos foram repletos de resistências, conspirações e lutas até serem completados.

Com a morte de D. João VI, em março de 1826, a coroa de Portugal foi para o seu legítimo herdeiro, D. Pedro I. O governo provisório, coordenado pela infanta D. Isabel Maria, confirmou o herdeiro real. As novas moedas foram cunhadas, e o duque de Lafões enviado ao Brasil para prestar as devidas homenagens a D. Pedro IV[529]. O primeiro ato de D. Pedro IV como rei, no dia 29 de abril de 1826, foi de outorgar a Carta Constitucional — como é conhecida a Constituição em Portugal — e confirmar o Conselho da Regência, com sua irmã D. Isabel Maria na presidência. Assim, D. Pedro IV finalizava a promessa que seu pai havia deixado de cumprir por sua morte prematura. No dia seguinte, marcou as eleições portuguesas. Somente abdicou em 2 de maio de 1826, em nome de sua filha D. Maria da Glória, que deveria se casar com seu irmão D. Miguel, que estava exilado em Viena desde a tentativa de golpe contra o pai. Assim mantinha a tradição de casamento entre familiares.

Ou seja, foi preciso pouco menos de uma semana para D. Pedro I resolver a situação de Portugal, mas contou o que havia se passado somente no 6 de maio de 1826, na abertura da Assembleia Geral. Explicou que havia aceitado a coroa de Portugal e outorgado uma Carta Constitucional, em seguida abdicando em favor da filha, D. Maria da Glória, pois era importante garantir a herança dos seus descendentes. Qualquer medo que tivessem de que o Brasil e Portugal voltassem a se unir terminou ali. Ao menos, para D. Pedro I, que se considerava um cidadão brasileiro, tendo vivido o dobro de anos no Brasil do que em Portugal. Era a pátria pela qual decidiu lutar e defender, aquela que o havia acolhido e escolhido como imperador. Seus inimigos políticos, porém, aproveitariam isso para esquentar o cenário político contra ele.

Não somente no Brasil havia um alvoroço com a aclamação de D. Pedro IV, ainda que tenha abdicado em nome da filha. Em Portugal, o povo também ficou alvoroçado. Primeiro por rancor de D. Pedro IV,

---

529. Enquanto no Brasil D. Pedro era o primeiro imperador com seu nome, em Portugal ele era o quarto. O primeiro rei D. Pedro de Portugal havia sido da Casa de Borgonha e reinou de 1357 a 1367. D. Pedro II era da Casa de Bragança, reinando de 1683 a 1706. Já D. Pedro III era o avô de D. Pedro IV e rei consorte, pois era a rainha que de fato governava, D. Maria I.

considerado um traidor ambicioso que havia feito a independência da colônia mais rica do reino para se tornar seu imperador. Em segundo, porque radicais tanto absolutistas quanto liberais se viram lesados com a nova Carta.

Assim como a Constituição brasileira, a Carta mantinha a monarquia hereditária, separava os poderes (Executivo, Legislativo[530], Judiciário e Moderador) — ficando o Executivo sob o julgo do monarca, que também teria o Moderador — e garantia a seus cidadãos os direitos à liberdade, segurança e propriedade[531]. Por seu apelo à monarquia,

---

530. Uma das divergências entre as constituições é que enquanto a brasileira permitia o cargo de senador vitalício nomeado pelo imperador, na portuguesa, o senador (Câmara dos Pares), além ter der o cargo vitalício também o tinha hereditário. Além disso, não havia número fixo. Também "garante a nobreza hereditária e suas regalias", o que não haveria no Brasil. A nobreza brasileira não era hereditária, salvo a família imperial e raríssimas exceções, e seus títulos não estavam relacionados a terras, como em Portugal.

531. Os direitos fundamentais dos cidadãos portugueses no artigo 145 consistia em 34 incisos relacionados à inviolabilidade dos direitos civis e políticos, que tinham por base a liberdade, a segurança individual e a propriedade asseguradas. Os incisos mais importantes diziam: "nenhum cidadão pode ser obrigado a fazer, ou deixar de fazer alguma coisa, senão em virtude da Lei"; "todos podem comunicar os seus pensamentos por palavras, escritos, e publicados pela imprensa sem dependência de censura, contanto que hajam de responder pelos abusos, que cometerem no exercício deste direito, nos casos, e pela forma que a Lei determinar"; "ninguém pode ser perseguido por motivos de religião, uma vez que respeite a do Estado e não ofenda a moral pública"; "todo o cidadão tem em sua casa um asilo inviolável"; "ninguém poderá ser preso sem culpa formada, exceto nos casos declarados na Lei"; "à exceção do flagrante delito, a prisão não pode ser executada senão por ordem escrita da autoridade legítima. Se esta for arbitrária, o juiz que a deu, e quem a tiver requerido serão punidos com as penas, que a Lei determinar"; "a Lei será igual para todos, quer proteja, quer castigue, e recompensará em proporção dos merecimentos de cada um"; "todo o cidadão pode ser admitido aos cargos públicos civis, políticos ou militares, sem outra diferença, que não seja a dos seus talentos e virtudes"; "ninguém será isento de contribuir para as despesas do Estado, em proporção dos seus haveres"; "ficam abolidos todos os privilégios que não forem essencial e inteiramente ligados aos cargos por utilidade pública"; "a exceção das Causas, que por sua natureza pertencem a juízos particulares, na conformidade das Leis, não haverá foro privilegiado, nem comissões especiais nas causas cíveis, ou crimes"; "organizar-se-á, quanto antes, um Código Civil e Criminal, fundado nas sólidas bases da Justiça e Equidade"; "nenhum gênero de trabalho, cultura, indústria ou comércio pode ser proibido, uma vez que não se oponha aos costumes públicos, à segurança e saúde dos cidadãos"; "o segredo das cartas é inviolável. A administração do Correio fica rigorosamente responsável por qualquer

ela desagradou os radicais vintistas, e por tratar da soberania nacional, desagradou os conservadores absolutistas. Não era possível agradar nem gregos, nem troianos e nem mesmo o clero, a nobreza menor e grande parte do judiciário e das forças armadas, pois com a Carta eles perdiam poder e diversos benefícios.

Diferentemente da Constituição brasileira, que ficaria em vigência até o golpe militar republicano de 1889, a Carta cairia pela primeira vez em maio de 1828, com o golpe de D. Miguel I. Seria retomada com a queda deste, em maio de 1834. Com a Revolução de Setembro, seria trocada pela Carta redigida na época das Cortes em 1822. Em janeiro de 1842, haveria o golpe de Costa Cabral e a restauração da Carta de D. Pedro IV em fevereiro do mesmo ano, e desta vez permanecendo em vigor até outubro de 1910, quando acaba a monarquia portuguesa, precipitada pelo assassinato do rei Carlos I e seu filho Luiz Felipe em 1908 pelos carbonários e sucedida por uma revolução republicana.

---

infração deste artigo"; "os empregados públicos são estritamente responsáveis pelos abusos, e omissões, que praticarem no exercício das suas funções, e por não fazerem efetivamente responsáveis aos seus subalternos"; "a Constituição também garante os socorros públicos"; "a instrução primária é gratuita a todos os cidadãos"; "Colégios e universidades, onde serão ensinados os elementos das ciências, belas letras e artes".

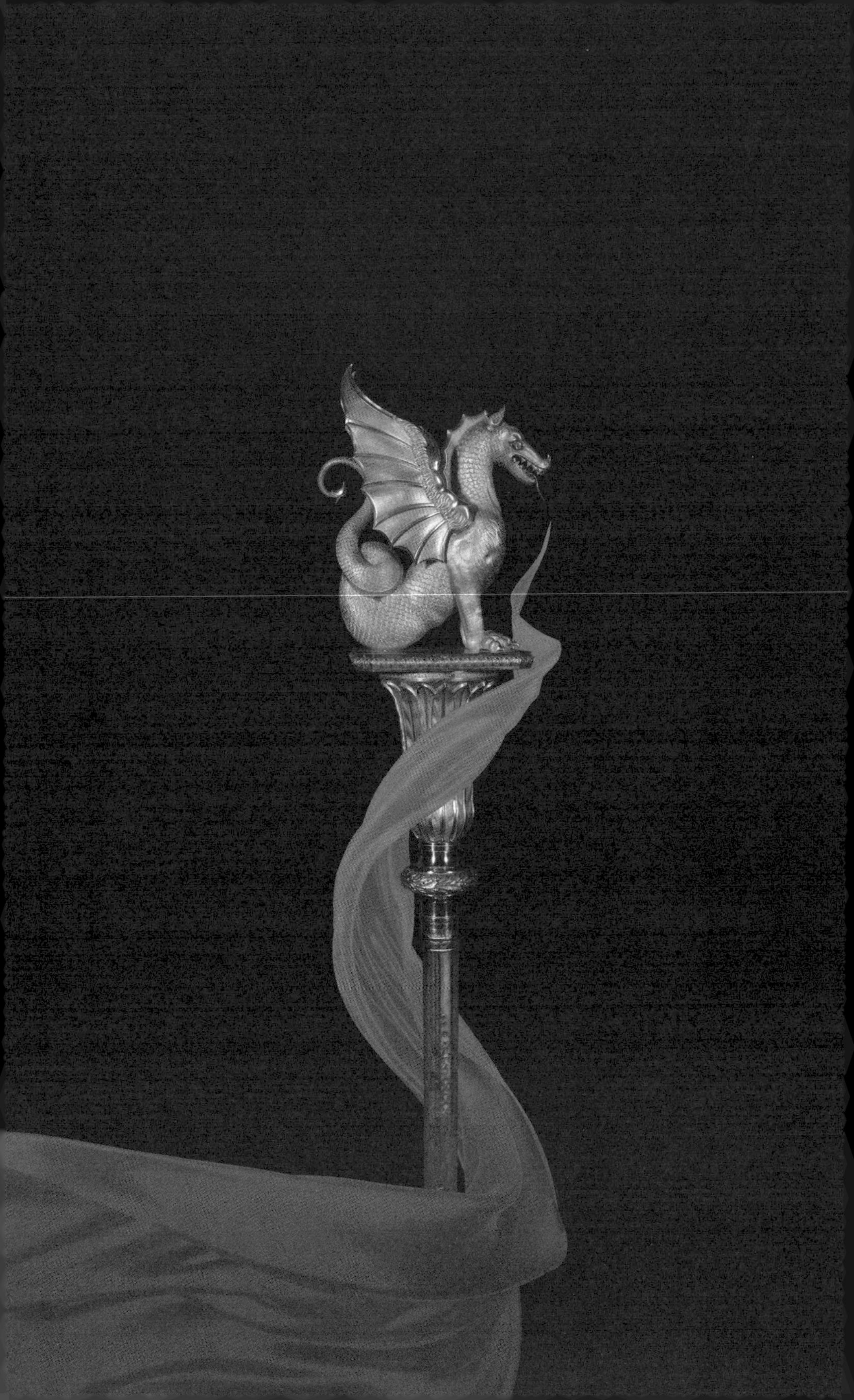

O Libertador

A natureza dotou Dom Pedro de fortes paixões e grandes qualidades. As últimas foram reveladas pelas circunstâncias, mas nem a educação, nem a experiência, haviam domado as primeiras, quando sua conduta, como príncipe soberano, se tornou importante aos olhos do velho e do novo mundo. Daí os depoimentos contraditórios que temos dele, partidos de várias pessoas, que poderiam supor terem estado em excelentes condições para julgá-lo[532].

Percebe-se que já à época de Maria Graham, que havia convivido por um período com a família imperial, a imagem de D. Pedro I era considerada dúbia. Não tanto pela sua educação, como gostariam seus detratores, nem pela sua inexperiência, como gostaria a oposição, mas por seu temperamento impulsivo e, eventualmente, explosivo. É preciso levar em consideração que se não fosse essa garra, o Brasil poderia não ter sido independente em 1822. Imagine se fosse D. João VI ou D. Pedro II, cujas maneiras de governar eram mais cautelosas, com recursos e instituições? Às vezes é preciso uma força propulsora e uma personalidade carismática para que determinadas decisões possam ser tomadas no campo político.

---

532. GRAHAM, Maria. *Correspondência entre Maria Graham e a Imperatriz D. Leopoldina*. Belo Horizonte: Editora Garnier, 2020, p. 62.

Por outro lado, essa impulsividade levaria a brigas constantes entre D. Pedro I e seus inimigos políticos, que usariam o seu temperamento contra o próprio imperador, montando uma falsa imagem despótica. Se ele fosse o déspota que tantos acusavam-no de ser, por que teria abdicado de dois tronos em favor de seus filhos, e recusado as coroas da Grécia[533] e da Espanha? Por que teria aceitado deixar de ser imperador do Brasil e rei de Portugal para se tornar o duque de Bragança?

O tempo e a experiência ajudaram D. Pedro I a acalmar o temperamento e aplainar seus impulsos, como é normal com qualquer jovem de vinte anos ao amadurecer. Os últimos anos de sua vida nos mostram uma personalidade mais ponderada, ainda que forte e destemida, e que não se colaria ao poder, como veremos. E, bem aproveitando a sua experiência e personalidade propulsora, se tornaria um "instrumento de libertação", nas palavras de Evaristo da Veiga, na história não só do Brasil, mas na de Portugal — esta praticamente ignorada pelos seus opositores.

A Coroa de Portugal

Quando as Cortes exigiram o retorno de D. João VI para Lisboa, colocava-se em risco o plano de um império nos trópicos após 13 anos de investimentos na sua maior colônia, então transformada em reino. Antes de embarcar em 25 de abril de 1821, o rei pensou em enviar o filho D. Pedro, príncipe herdeiro, para outorgar a Constituição que havia jurado e organizar o governo como exigiam as Cortes, porém nem o príncipe o quis, nem as Cortes. Dessa forma, D. Pedro foi nomeado regente do Brasil. Possivelmente percebendo que poderia haver uma revolução em território brasileiro com a sua saída, D. João VI aconselharia o filho, se as coisas estivessem indo por esse caminho, que D. Pedro tomasse a frente e fizesse ele a separação, assim não perdendo o território.

D. João VI ancorou em águas portuguesas em 3 de julho de 1821, e outorgou a Constituição redigida pelas Cortes um ano e três meses depois,

---

533. Foi oferecida a D. Pedro I a coroa da Grécia, remetendo ao fundador de Constantinopla, São Constantino Floro, que era português. Inclusive, isso havia sido ventilado pelos gregos ao próprio D. João VI anteriormente.

ainda que lhe tivesse tirado vários direitos. Não aceitando estar submetida a tal grupo de leis, D. Carlota Joaquina não aceitaria e acabaria tendo os direitos e o título cassados, sendo aprisionada em seu palacete. Dessa forma, ela e seu filho D. Miguel se tornariam o símbolo do movimento absolutista contra o liberalismo das Cortes.

Naquele mesmo ano de 1822, D. João VI perderia o Brasil. Apesar de tentarem transformar D. Pedro I em um usurpador, ele sempre se mostrou preocupado em explicar ao pai os motivos do que estava fazendo, o porquê de as coisas estarem acontecendo, e que não havia solução para o Brasil que não a independência — e o que ele sabia ser lido pelas Cortes. Na carta de 14 de dezembro de 1821, antes do Fico, D. Pedro escrevia avisando as circunstâncias e o que possivelmente se daria, e por isso era preciso alterar a maneira como as Cortes estavam lidando com o Brasil:

> [...] a publicação dos decretos [das Cortes de Lisboa] fez um choque mui grande nos brasileiros e em muitos europeus aqui estabelecidos, a ponto de dizerem pelas ruas: "Se a Constituição é fazerem-nos mal, leve o diabo tal cousa; *havemos fazer um termo para o príncipe não sair, sob pena de ficar responsável pela perda do Brasil para Portugal, e queremos ficar responsáveis por ele não cumprir os dois decretos publicados*; havemos fazer representações juntos com São Paulo e Minas, e todas as outras que se puderem juntar dentro do prazo às Cortes e sem isso não há de ir". Veja Vossa Majestade a que eu me expus pela nação e por Vossa Majestade. Sem embargo de todas estas vozes eu me vou aprontando com toda a pressa e sossego, a fim de ver se posso, como devo cumprir tão sagradas ordens, *porque a minha obrigação é obedecer cegamente, e assim o pede a minha honra, ainda que perca a vida; mas nunca pela exposição ou perdimento dela fazer perder milhares*. Faz-se muito preciso, para desencargo meu, seja presente ao soberano congresso esta carta[534], e Vossa Majestade lhe faça saber da minha parte que me será sensível sobremaneira *se for obrigado pelo povo*

---

534. D. Pedro sabia que as cartas ao pai eram lidas pelas Cortes de Lisboa, portanto, escrever ao pai era escrever às Cortes.

a não dar o exato cumprimento a tão soberanas ordens; mas que esteja o congresso certo que hei de fazer com razões ou mais fortes argumentos, diligenciando o exato cumprimento quanto nas minhas forças couber[535].

Ao que indica, para alguns políticos da época, ali já estavam cifradas as ordens trocadas entre pai e filho antes da ida de D. João VI para o continente europeu. Nem pai, nem filho eram estúpidos para perceber o que acontecia. Sabiam que nem Portugal e nem o Brasil se submeteriam um ao outro novamente. Lorde Canning (1770-1827) era um desses que acreditava que a posição de pai e filho diante da Independência do Brasil era "de acordo". Em mensagem a *sir* Charles Stuart (1779-1845), o ministro inglês ressaltava que "o príncipe regente absolutamente não tinha feito nada, nem nada permitira se fizesse, que não fosse em estrito cumprimento dos encargos a ele confiados por seu pai"[536]. Ainda no segundo semestre de 1821, o marquês de Angeja havia sido enviado por D. João VI para persuadir D. Pedro a resistir às Cortes. Sabia, porém, que isso levaria a um movimento contra D. Pedro em Portugal, mas era preciso para não perder também o Brasil. Na carta de 30 de dezembro de 1821, D. João VI avisava: "Sê hábil e prudente, pois aqui nas cortes conspiram contra ti, querendo os reacionários que abdiques em favor do teu irmão Miguel. Tua mãe é pelo Miguel e eu, que te quero, nada posso fazer contra os carbonários que não te querem"[537].

Em dois anos, D. Miguel também se tornaria *persona non grata* para as Cortes, ao virar o símbolo do absolutismo tomando a frente na revolta de Vila Franca, que levaria ao fim do governo de 1820 e colocaria D. João VI novamente na integralidade do seu poder. A Vilafrancada provou não só que Portugal apoiava o retorno do absolutismo, como o quanto D. João

---

535. PEDRO. *Cartas de D. Pedro, Príncipe Regente do Brasil, a Seu Pai, D. João VI, Rei de Portugal (1821-1822)*. EGAS, Eugenio (Org.). São Paulo: Tipografia Brasil, 1916, p. 37-38.

536. 28 de julho de 1825. *Apud* COSTA, Sergio Correa. *As Quatro Coroas de D. Pedro I*. São Paulo: Paz e Terra, 1996, p. 38.

537. *Ibid.*, p. 32.

VI era esperto. Percebendo o apoio popular e militar, se ele não tomasse a frente D. Carlota Joaquina e seu filho tomariam. O rei apoiou o filho, mostrando em público estar ao seu lado.

Em 5 de junho de 1823, D. João VI foi aclamado pela segunda vez, restaurando seus poderes como monarca absoluto. Porém, tanto ele quanto Portugal haviam mudado. Ao restaurar as magistraturas e instituições antigas, o fez de acordo com a nova perspectiva que havia se espalhado pela *terrinha*, assim como ordenou que uma nova Constituição fosse elaborada.

Insatisfeito com essa atitude liberal, e apoiado pela mãe, D. Miguel liderou a Abrilada (29 de abril de 1824). O intuito era o de prender o pai no Palácio a Bemposta e tomar o poder para si, mas o pretexto era fazer uma devassa atrás dos maçons e liberais que ameaçavam o rei.

Com a ajuda dos diplomatas da França e Inglaterra, D. João VI se abrigou no barco *Windsor Castle*. De lá tirou D. Miguel do cargo de comandante do exército, para o qual havia sido nomeado por causa da Vilafrancada, "proibindo a todas as autoridades, e a todo e qualquer dos meus vassalos de obedecer às ordens do mesmo infante, ou dadas em seu nome, debaixo da pena de serem tratados como rebeldes contra a autoridade real que unicamente me pertence por mercê divina"[538]. Ao libertar todos os presos da devassa, D. João VI aumentou a adesão a seu favor, tanto de absolutistas quanto liberais.

De volta ao seu palácio, em 14 de maio de 1824, fortaleceu-se contra D. Carlota Joaquina, mantendo-a em prisão domiciliar. Além disso, anistiou os revoltosos da Revolução do Porto e convocou as Cortes para a redação da nova Constituição. O rei também refez o ministério com aqueles que estariam a favor da independência do Brasil.

> Os dois ministros [Lacerda e Barradas, "afetos ao Brasil"], encarando a independência como uma consequência necessária dos últimos acontecimentos políticos nos dois países, estavam de acordo quanto à necessidade de pronto reconhecimento, e neste sentido tinham largas conferências com o senhor D. João VI, cujos

---

538. *Ibid.*, p. 208.

sentimentos eram favoráveis à independência, porém *querendo que tanto se considerasse obra sua; por isso que sustentava existir ela desde que o Brasil tinha sido elevado à categoria de reino, e seus portos abertos ao comércio estrangeiro; atos que eram seus*[539].

O Primeiro Imperador do Brasil: D. Pedro ou D. João?

Em fins de 1824 foi a retomada das negociações para o reconhecimento do Brasil como nação independente[540], o que só daria frutos a partir de 22 de janeiro de 1825[541] com a intermediação da Inglaterra e da Áustria.

Como testemunha o duque de Palmela, demorara não porque D. João VI era contra o reconhecimento, nem porque havia qualquer espécie de rancor, e sim por causa da "disposição do espírito público em Portugal"[542] diante de tantas turbulências. Sobre essa instabilidade política, o rei ainda não podia apoiar aquela separação publicamente, por maiores que fossem as suspeitas de sua concordância. O representante espanhol em Lisboa, Sr. Aguilar, escrevia em ofício datado de 7 de agosto de 1822: "eu sou do número dos persuadidos que o pai [D. João VI] está muito de acordo com as operações do filho [D. Pedro], apesar de manifestar-se em sentido oposto, e creio ainda que o sr. Pinheiro [Silvestre], o qual ele tem um alto apreço, é o ministro que o dirige".

---

539. Clemente A. de O. Mendes Almeida. *Memorando. Apud* COSTA, Sergio Correa. *As Quatro Coroas de D. Pedro I*. São Paulo: Paz e Terra, 1996, p. 35.

540. O pesquisador Sergio Correa da Costa comenta que D. João VI gostava tanto do Brasil que chegou a se preparar para se refugiar lá, onde vivera tão bons tempos, diante das tramoias de D. Carlota Joaquina e D. Miguel. "Em ofício secreto a Carvalho e Melo, com data de 19 de setembro de 1824, o visconde de Pedra Branca comunica que caso o infante D. Miguel, insistentemente chamado por seus partidários, volte do exilio, D. João partirá para o Brasil, onde deseja findar os seus dias, na ilha de Itaparica". COSTA, Sergio Correa. *As Quatro Coroas de D. Pedro I*. São Paulo: Paz e Terra, 1996, p. 33.

541. D. João VI escolheu a data para homenagear D. Leopoldina, tão envolvida com a causa da Independência, e manter o bem da relação entre pai e filho, para que em momento algum o rei português achasse que seu filho o estivesse traindo.

542. *Apud* COSTA, Sergio Correa. *As Quatro Coroas de D. Pedro I*. São Paulo: Paz e Terra, 1996, p. 35.

Por maiores que fossem as aparências, D. Pedro I e D. João VI nunca romperam relações. "Em Conselho de Estado, S. M. manifestou repugnância a que se cometa qualquer ato hostil a seu filho"[543]. E não somente isso. O rei de Portugal pediu a interlocutores de confiança para avisar os aliados que não fizessem nada contra o filho. Em *Eclaircissements Historiques*[544], o marquês de Resende conta que "no dia 12 de maio de 1822, em carta a mim confiada, e que, por ordem sua, mostrei então ao imperador da Áustria, o rei repetiu a seu filho os conselhos[545] que lhe havia dado quando partiu"[546]. Ou seja, D. João VI não só havia aconselhado o filho, como esclarecia isso ao imperador da Áustria, possivelmente temendo uma represália da nação aliada. Diante desse fato, a Áustria aguardou que Portugal tomasse a frente do reconhecimento, depois se juntando, assim como a Inglaterra.

> A Áustria, ligada a D. Pedro por estreitos laços de parentesco, e convencida, pela carta de D. João VI por mim transmitida, da boa fé do imperador [D. Pedro I] e do bom entendimento que, apesar dos fatos oficiais impostos pela sua posição, existia secretamente entre pai e filho, reuniu-se à Inglaterra para obter uma reconciliação patente entre os dois Estados[547].

George Canning, porém, tentava entender por que D. João VI queria ser considerado o imperador do Brasil, sendo que D. Pedro I foi quem fez o movimento e recebeu a aclamação da nação. Isso aparentemente era uma questão entre pai e filho. Na carta régia de D. João VI, em que dizia reconhecer o Brasil como império, enfatizava que seria ele o imperador

---

543. *Ibid.*, p. 38.

544. REZENDE, Marquês. *Éclaircissements Historiques Sur Mes Négociations Relatives Aux Affaires des Portugal*. Paris: Paulin, 1832, p. xxi.

545. Carta de 11 de junho de 1822 de D. Pedro a D. João VI: "Foi chegado o momento da quase separação e, estribado eu nas eloquentes e singelas palavras expressas por Vossa Majestade, tenho marchado adiante do Brasil, que tanto me tem honrado". *Apud* COSTA, Sergio Correa. *As Quatro Coroas de D. Pedro I*. São Paulo: Paz e Terra, 1996, p. 23.

546. *Ibid.*, p. 20.

547. *Ibid.*, p. 23.

e cedia a D. Pedro I "o pleno exercício da soberania do império do Brasil para o governar denominando-se imperador do Brasil e príncipe real de Portugal e Algarve". Ao ver de D. João VI, era ele que teria idealizado[548] a independência a partir do momento que abriu os portos para o comércio estrangeiro e o declarou reino, apesar de ter sido D. Pedro I a executar a etapa final e definitiva diante da pressão das Cortes.

Já D. Pedro I preocupava-se com o fato de o pai querer ser chamado de imperador do Brasil, e temia que com a sua eventual morte houvesse uma pressão para que as duas nações se unissem novamente. Ou pior, os próprios brasileiros fizessem a república diante da perspectiva de uma união futura. Isso por si só fez com que as tratativas demorassem um pouco mais. Ao mesmo tempo, era preciso, desde o início, deixar claro ao pai que só era imperador não por uma questão de "ego", mas porque o povo brasileiro assim o quis. Na carta de 15 de julho de 1824, enfatizava:

> [...] um filho tão seu amigo [...] um filho que se não fez imperador, pois foi o amor dos brasileiros em paga de serviços e as circunstâncias vistas de antemão por V. M. [...] a recomendação que V. M. lhe fez em carta sua de 31 de março de 1822: "assim regularás a tua conduta conforme as circunstâncias em que te achares, regulando tudo com toda a prudência e cautela"[549].

D. Pedro I nunca negou que fazia a Independência pelo Brasil, o que era também a vontade de seu pai e rei, nunca por ele podendo ser considerado um traidor: "[...] fiz de minha parte tudo quanto podia [...]

---

548. "Desde que o senhor D. João VI foi sabedor da tendência que aparecia no Brasil para a independência, e dos esforços, que por ela se fazia, não hesitou em apresentar às pessoas com quem mais confiadamente tratava, os seus sentimentos a tal respeito, manifestando sempre o maior desejo de que ela se firmasse por um ato seu; e se aquele monarca tivesse tido a resolução precisa para levar a efeito os sentimentos e desejos, que sobre tão importante assunto mantinha, a independência teria sido reconhecida em 1823, quando os comissários-régios foram mandados ao Rio de Janeiro". Clemente A. de O. Mendes Almeida. *Memorando*. Apud COSTA, Sergio Correa. *As Quatro Coroas de D. Pedro I*. São Paulo: Paz e Terra, 1996, p. 36.

549. *Ibid.*, p. 37.

Vossa Majestade alcançou todas as suas reais pretensões" — até mesmo o título a ele foi cedido[550].

Em 13 de maio de 1825, escreve oficialmente D. João VI:

E por sucessão das duas coroas, imperial e real, diretamente pertencer a meu sobre todos muito amado, e prezado filho o príncipe D. Pedro, nele, por este meu ato, e a carta patente, *cedo e transfiro já de minha livre vontade o pleno exercício da soberania do império do Brasil, para governar, denominando-se imperador do Brasil e príncipe-real de Portugal e Algarves*[551].

A data seria emblemática não só por ser o primeiro reconhecimento oficial da Independência do Brasil[552], a carta de libertação da nação, mas que só se efetivaria completamente 63 anos depois, quando, na mesma data, a sua bisneta assinava a libertação definitiva de todos os escravos do Brasil com a Lei Áurea.

---

550. O tratado de 1825 está presente no final do capítulo "Ela Deveria Ter Sido Ele".

551. Foram três cartas régias enviadas por D. João VI por meio do plenipotenciário inglês que estava mediando as tratativas do reconhecimento da Independência. Em uma carta patente de 13 de maio de 1825, o rei português explicita que seu filho cuidaria da administração do Brasil, mas "reservando a si" o título de imperador também: "D. João por graça de Deus [...] Faço saber aos que a presente Carta Patente virem [...] A Administração, tanto interna quanto externa, do Império do Brasil, será distinta e separada da Administração dos Reinos de Portugal e Algarves, bem como as destes da daquele. E por a sucessão das duas coroas, imperial e real diretamente pertencer a meu sobre todos muito amado e prezado filho, o príncipe Dom Pedro, nele, por este mesmo ato e Carta Patente, cedo, e transfiro já, de minha livre vontade, o pleno exercício da soberania do Império do Brasil, para o governar, denominando-se imperador do Brasil, e príncipe-real de Portugal e Algarves, reservando para mim o título de imperador do Brasil e o de rei de Portugal e Algarves com a plena soberania destes dois reinos e seus domínios". *Apud* COSTA, Sergio Correa. *As Quatro Coroas de D. Pedro I*. São Paulo: Paz e Terra, 1996, p. 153 e 209.

552. O Tratado de 29 de agosto de 1825, em que Portugal reconhece a Independência do Brasil, diz: "Sua Majestade Fidelíssima [...] por seu diploma de treze de maio do corrente ano, reconheceu ao Brasil a categoria de Império independente, e separado dos Reinos de Portugal e Algarves". *Apud* COSTA, Sergio Correa. *As Quatro Coroas de D. Pedro I*. São Paulo: Paz e Terra, 1996, p. 152.

Em 15 de novembro de 1825[553], dia de São Leopoldo da Áustria, em homenagem à sua nora D. Leopoldina[554] D. João VI mandou divulgar o aval ao tratado de 19 de agosto, em que se acertavam os pormenores da Independência, com o Brasil pagando uma dívida de sua ex-metrópole. Era a confirmação da carta patente.

Porém, algum estremecimento havia ocorrido na relação de pai e filho. Diante de uma carta em que D. Pedro I questionava se o pai iria aceitar o tratado, que parecia estar de bom tamanho para o Brasil[555], obteve de D. João VI uma resposta cortante:

> Na conformidade do que me pedes, ratifiquei o tratado, *tu não desconheces quantos sacrifícios por ti tenho feito, sê grato* e trabalha também de tua parte para cimentar a recíproca felicidade destes povos que a Divina Providência confiou ao meu cuidado, e nisto darás um grande prazer a este pai que tanto te ama e a sua benção te deita[556].

Até o final, como bom monarca de criação absolutista, D. João VI entenderia que estava em seu destino, por meio da vontade de Deus, que ele fizesse o possível pelo bem das nações que deveria governar.

Mesmo com D. João VI vendo com bons olhos essa independência política e administrativa, D. Pedro I ficaria malvisto para muitos portugueses, e ainda pela própria família, que não sabia dos pormenores envolvidos no processo de Independência do Brasil. Ao ser publicado

---

553. Exatamente 64 anos depois da confirmação por D. João VI, a Dinastia de Bragança sofreria um duro golpe militar republicano, acabando com a monarquia no Brasil.

554. *Apud* COSTA, Sergio Correa. *As Quatro Coroas de D. Pedro I*. São Paulo: Paz e Terra, 1996, p. 36.

555. "Vossa Majestade verá que fiz da minha parte tudo quanto podia e, por mim, no dito tratado, está feita a paz. É possível que Vossa Majestade, havendo alcançado suas reais pretensões, negue ratificar um tratado que lhe felicita seus reinos, abrindo-lhe os portos ao comércio estagnado, e que vai pôr em paz tanto a nação portuguesa, de que Vossa Majestade é tão digno rei, como a brasileira, de que tenho a ventura de ser imperador". Arquivo Histórico do Museu Imperial, maço LIII, doc. 2523.

556. Arquivo Histórico do Museu Imperial, maço LIV, doc. 2994.

em Portugal o tratado assinado, as irmãs de Pedro I que moravam na Espanha acharam um acinte a sua atitude, sobretudo D. Maria Francisca:

> Certamente que o mano Pedro tem sido um filho muito infiel a seu pai e que já não se podia esperar nada de bom dele, porém nunca se podia esperar que o seu alucinamento chegasse ao ponto de dizer "anuo a que Sua Majestade Fidelíssima tome para si o nome de imperador", [...] *ele quer mostrar é que recebeu a coroa do povo e não de Vossa Majestade*[557].

Era a legitimação sendo posta à prova, o que ganharia novos contornos com a morte de D. João VI e D. Pedro I do Brasil sendo aclamado D. Pedro IV de Portugal.

Morre o Primeiro Imperador do Brasil: D. João VI

No início de março de 1826, fazia dois dias que D. João VI não andava bem do estômago, reclamando de dores e vomitando. Os médicos o aconselharam a descansar; o repouso faria bem a um *workaholic* cujos últimos anos haviam sido de estresse, revoltas e reveses. Desacostumado a ficar parado, o rei resolveu passear às margens do Tejo, para ver se melhorava o espírito e o estômago. Na volta, quando no Palácio da Bemposta, recém-chegado de um almoço no Mosteiro dos Jerônimos, em que comera galinha com torrada e laranjas de sobremesa, D. João VI começou a passar mal novamente. Os médicos foram chamados e logo ele teve uma convulsão.

Ao melhorar, colocaram-no na cama para examiná-lo com mais cuidado, e então ele teve uma segunda convulsão, ainda pior que a primeira, seguida de vômitos e desmaio. Longe de uma possível melhora, no dia seguinte, 5 de março, mandaram chamar frei João da Nossa Senhora do Pilar para rezar com o enfermo. Enquanto isso, o Paço se encheu de gente que queria saber da saúde do rei, mas que era impedida de vê-lo. Começava-se então a falar que a situação poderia ser pior que o esperado.

---

557. *Apud* REZZUTTI, Paulo. *D. Pedro: a História Não Contada*. São Paulo: Leya, 2015, p. 194.

Não demorou para que começasse o burburinho de que o rei havia morrido, tendo recebido a extrema-unção do frei. Em 6 de março saiu o decreto[558] da regência provisória, com a infanta D. Isabel Maria à frente de um conselho do qual faziam parte o duque de Cadaval, o marquês de Valada e o conde dos Arcos, entre outros.

Por mais três dias os boletins médicos publicados na *Gazeta de Lisboa* iam anunciando a realidade dura de uma moléstia sem nome, que se agravava a cada hora. Por maiores que fossem as esperanças quando um dos boletins saía com uma aparente "melhora do quadro", a seguir vinha outro informando uma piora com vômitos e convulsões, o que terminaria apenas no dia 10 de março de 1826, às 5 horas da manhã.

A junta médica não foi capaz de determinar a *causa mortis*, apesar das suspeitas de envenenamento, enfatizadas pela própria D. Carlota Joaquina. Numa visita à rainha, o plenipotenciário A'Court ouviu da sua própria boca que D. João VI teria sido envenenado com "água tofana", mas que ela não teria dito por quem nem por que motivo.

O corpo do rei foi embalsamado, suas vísceras colocadas em potes de cerâmica chinesa, e foi sepultado no Panteão Real da Dinastia de Bragança, no Mosteiro de São Vicente de Fora[559]. No ano 2000, durante uma reforma no mosteiro, foram exumadas as vísceras de D. João VI. Examinando partes do intestino delgado e do fígado, foi encontrada grande quantidade de arsênico. À época o arsênico era um composto

---

558. Até hoje é questionável a assinatura do tal decreto, pois acredita-se que D. João VI teria morrido antes de implementar o conselho e que teriam feito isso temendo que forças contrárias ao seu governo, tanto liberais quanto absolutistas, começassem a digladiar-se pelo poder enquanto o herdeiro do rei morto estava do outro lado do Atlântico.

559. Numa das entradas do diário de D. Pedro II (20 de junho de 1871) ele menciona a visita ao mausoléu da família para ver os túmulos do pai e do avô, encontrando apenas o de seu pai, pois ninguém soube lhe dizer qual era o de seu avô ("S. Vicente de Fora, bela igreja onde rezei junto aos túmulos de meu pai, de minhas manas e de Pedro V — não souberam dizer-me onde estava o de meu avô"). Não imaginaria D. Pedro II que também ele ali seria sepultado, quando morresse em 1891, no exílio. Seu corpo só seria transladado para o Brasil com a revogação do artigo nº 78-A de 21 de dezembro de 1889 que se referia ao banimento da família imperial, isso por meio do decreto 4.120 de 3 de setembro de 1920, que autoriza transladar os despojos mortais de D.Pedro II e D. Thereza Christina.

comum do cotidiano, estando presente nos corpos dos seus contemporâneos, porém, no caso do rei, estava numa concentração muito maior do que em outros corpos exumados do mesmo período — 130 vezes mais —, reavivando a hipótese de D. Carlota Joaquina de que D. João VI havia sido envenenado[560].

Com a morte de D. João VI, temendo-se que os absolutistas tentassem um golpe novamente, a princesa regente faria questão de que o médico do falecido rei, Teodoro Ferreira de Aguiar, fosse avisar a D. Pedro I o que havia se passado. Enquanto isso, num primeiro momento, diante da notícia da morte do rei de Portugal, todos se voltaram a jurar lealdade ao novo rei português, D. Pedro IV. Afinal, segundo Palmela e o plenipotenciário A'Court, D. João VI deixara claro por meio dos acordos e tratados de 1825 que seu legítimo sucessor era D. Pedro I, e temia que a Independência do Brasil fosse prejudicá-lo em relação à coroa portuguesa.

As irmãs, que outrora acusaram D. Pedro I de ser "um filho infiel" a D. João VI, agora lhe prestavam lealdade, assim como o irmão exilado em Viena, D. Miguel. Foi imediato o reconhecimento do "muito amado

---

560. O arqueólogo Fernando Rodrigues Ferreira, da Associação dos Arqueólogos Portugueses, mantém essa teoria: "Efetivamente, o senhor D. João VI foi morto por uma intoxicação por arsénio, provavelmente numa só toma e sem possibilidade de recuperação". O anátomo-patologista e médico legista do Instituto de Medicina Legal de Lisboa, Armando Santinho Cunha, explica: "Ele teve de facto uma intoxicação pelo arsénio. Há uma diferença profunda entre a quantidade de arsénio que se encontra numa pessoa normal e a das vísceras de D. João VI". Eram de 5 a 10 miligramas, levando em consideração que 10 miligramas matam qualquer um. Segundo os cálculos de Cunha, se D. João pesava 80 quilos, bastava 120 miligramas para matá-lo e foram encontrados o equivalente entre 400 e 800 miligramas, o que teria explicado o sofrimento agudo relatado na *Gazeta de Lisboa* e por frei Cláudio da Conceição: "Baseando-me na sintomatologia exposta por frei Cláudio da Conceição, aponto para uma intoxicação subaguda. Ele tinha diarreia abundante e, ao mesmo tempo, convulsões ligadas à desidratação que acompanham situações de intoxicação arsenical [...] Libertou através dos vómitos parte do arsénio e provavelmente baixou a quantidade de arsénio, o que lhe permitiu resistir alguns dias e com a recuperação a meio da doença, própria de uma intoxicação subaguda. Na intoxicação aguda, morre-se no máximo em dois dias, na subaguda em dez dias". *Apud* FIRMINO, Teresa. "Quem Matou D. João VI", *Ípsilon*, 2 de junho de 2000. Disponível em: <https://www.publico.pt/2000/06/02/jornal/quem-matou-d-joao-vi-144687>. Acesso em: 18 de outubro de 2021.

irmão e senhor, o imperador do Brasil", D. Pedro I, como "legítimo herdeiro e sucessor"[561].

A essa altura, em Portugal, os absolutistas começavam a se levantar contra o futuro rei, que era um liberal declarado, e em favor do absolutista D. Miguel. Para evitar quaisquer problemas maiores, Metternich escreveu um memorial que refutaria as alegações dos miguelistas contra D. Pedro I, o qual D. Miguel assinou:

> Eu, abaixo assinado, infante D. Miguel, declaro estar perfeitamente de acordo com todos os pontos de direito estabelecidos e desenvolvidos em memorial datado de 28 de novembro do corrente ano a respeito da ordem de sucessão ao trono de Portugal, o qual, por ordem de S. M. I. e R. A., foi-me comunicado por sua alteza o príncipe Metternich e que se encontra anexo ao presente ato, pontos de direito em consequências dos quais confirmo novamente os princípios de fidelidade que devo ao senhor D. Pedro IV, meu legítimo soberano do qual jamais me afastei[562].

No Brasil, surgia um impasse para D. Pedro I que, apesar de saber que em algum momento teria de lidar com ele, talvez não imaginasse que seria tão cedo e num momento ainda volátil, com a nação brasileira se solidificando no cenário político mundial. Convocando o Conselho de Estado, D. Pedro I começou a listar uma série de perguntas para que o ajudassem a examinar com clareza a melhor solução para uma situação tão delicada, pois apenas uma coisa era certa: o Brasil não iria aceitar voltar a ser dependente de Portugal, nem que para isso destronasse o imperador. Se D. Pedro I fosse o déspota de que tanto seus detratores o acusavam, certamente não teria avaliado a melhor possibilidade para ambos os reinos, como teria reunido Brasil e Portugal para se tornar monarca em dois continentes.

---

561. *Apud* COSTA, Sergio Correa. *As Quatro Coroas de D. Pedro I*. São Paulo: Paz e Terra, 1996, p. 216.

562. Viena, 26 de novembro de 1826. (*Ibid.*, p. 217)

Dentre as possibilidades levantadas por D. Pedro I ao seu conselho, questionava-se se haveria problema em o rei de Portugal também ser o imperador do Brasil, e governasse ambas as nações do Rio de Janeiro, uma espécie de monarquia dual, e como isso se daria em termos de governo. Se não fosse viável ao Brasil, como seria a abdicação e em favor de quem?

D. Miguel I, o Absolutista, Rei de Portugal e dos Algarves

D. Pedro I decidiu abdicar da coroa portuguesa em favor de sua filha mais velha, D. Maria da Glória. E buscando paz e apoio entre as facções liberais e absolutistas, iria casá-la com o irmão, D. Miguel. Enquanto a jovem rainha ainda fosse menor de idade, D. Miguel poderia ser o chefe da regência em lugar da irmã, D. Isabel Maria. Essa ideia fez com que a infanta se preocupasse, pois ela antevia que a chegada do Bragança absolutista a Portugal traria sangue e poria a perder a nova Constituição outorgada por D. Pedro IV[563], e a própria coroa de D. Maria da Glória. O melhor seria esperar que o governo constitucional estivesse fortalecido e D. Maria da Glória fosse capaz de reinar.

D. Pedro I, porém, ignorou a irmã. Ao que tudo indicava, D. Miguel fazia o correto. Ainda em Viena, em 4 de outubro, ele jurou a Constituição e, quinze dias depois, assinava o contrato de casamento com D. Maria da Glória. D. Pedro I achava que ainda conseguiria trazê-lo para o Brasil e impedir o seu contato com os absolutistas, porém havia uma voz mais forte que clamava pelo filho: D. Carlota Joaquina.

> [...] nem metas o pé em nenhuma embarcação e muito menos na nau que vier do Rio de Janeiro buscar-te, porque sei de certo que está a tramar armada para te sacrificar, pois os pedreiros [...] não querem que tu cá venhas nunca; entretanto a nação toda e a tropa não querem para seu rei senão a ti, e estão fazendo os maiores sacrifícios para o conseguir, como tu hás de saber[564].

---

563. Para mais, leia "Filho de Rei, Imperador É".

564. Carta de D. Carlota Joaquina ao filho D. Miguel, de 26 de outubro de 1826. *Apud* REZZUTTI, Paulo. *D. Pedro: a História Não Contada*. São Paulo: Leya, 2015, p. 207.

A mãe ainda tinha ao seu lado as filhas que moravam na Espanha e por meio de cartas também rogavam que o irmão em Viena fosse para lá e com um exército invadisse Portugal como rei e retirasse o "usurpador" do trono.

Ao desembarcar em Portugal, imediatamente, D. Miguel jurou a Constituição e fidelidade ao rei D. Pedro IV e à rainha D. Maria II, em 26 de fevereiro de 1828, diante das duas câmaras do Parlamento e dos diplomatas estrangeiros. Em seguida, decretou que seus atos como regente viriam com o nome de D. Pedro IV. Essa lua-de-mel não duraria muito.

Havia ainda em Portugal um forte ressentimento quanto a D. Pedro por causa da separação do Brasil. Aqueles que eram contra os princípios liberais que impulsionaram a Independência, assim como a Constituição de 1826, apoiavam D. Miguel; tal o clero, a se sacudir no púlpito da pregação:

> Senhor! [D. Miguel] Em nome daquele Deus ali presente, em nome da religião, peço a V. M. que dê cabo dessa vil canalha liberal, porque são ímpios e pedreiros [maçons[565]]. E saiba V. M. que há três meios de dar cabo neles: enforcá-los, deixá-los morrer à fome nas prisões, e dar-lhes veneno, veneno, Senhor[566].

Aproveitando o dia do aniversário de D. Carlota Joaquina, 25 de abril de 1828, começou o movimento de aclamação de D. Miguel pelos portugueses[567]. Pelas ruas e no beija-mão da rainha iniciaram-se os gritos que já reverberavam nas naves das igrejas: "D. Miguel I!", "D. Miguel Absoluto!". Os vivas foram se seguindo até chegarem na Câmara do Senado que, diante do clamor que esquentava, tratando-se da vontade do povo, proclamaram da janela que dava para o Terreiro do Paço: "Real, Real, por El-Rei de Portugal o Senhor D. Miguel I". A notícia correu de

---

565. O clero considerava que a Constituição era maçônica e, portanto, não a apoiava.

566. Frei João. *Apud* COSTA, Sergio Correa. *As Quatro Coroas de D. Pedro I*. São Paulo: Paz e Terra, 1996, p. 214.

567. Sergio Correa da Costa comenta o curioso contraste nessa situação, pois o partido absolutista apoiava um rei "em virtude de eleição popular", enquanto negava o herdeiro legítimo do rei absolutista D. João VI, que nunca foi retirado da linha sucessória. (*Ibid.*, p. 215)

volta ao Palácio da Ajuda, onde ocorria o beija-mão, e em pouco chegava a deputação do Senado para explicar o ocorrido.

De imediato, D. Miguel lançou um decreto pedindo calma e que ele tomaria as medidas cabíveis[568]. Essa recusa inicial tinha o motivo de uma contraproposta: a de que os Três Estados — clero, nobreza e burguesia, sistemas do Antigo Regime[569] — lhe ofertassem o título se entendessem válido[570].

Obviamente eram absolutistas interessados no fim do liberalismo e da Carta Constitucional, uma vez que tanto o clero quanto os magistrados

---

568. "Sendo-me Presente a Representação que em data de hoje Subir à Minha Augusta Presença o Senado de Lisboa como Representante desta Nobre, e Sempre Leal Cidade: Sou Servido Responder-lhe, que exigindo a Minha Própria Dignidade, e a Honra da Nação Portuguesa, que objetos tão graves, como o que faz o assunto da referida Representação, sejam tratados pelos meios legais, que estabelecem as Leis fundamentais da Monarquia, e não, pela maneira tumultuosa, que infelizmente teve lugar no ano de 1820; Tenho por certo, que o Senado, e os honrados Habitantes desta Cidade, depois de haverem Representado nos termos, que somente lhes cumpria, darão ao Mundo, e à posteridade mais uma prova da sua fidelidade esperando tranquilamente em suas casas as ulteriores medidas que só a Mim pertence dar. Palácio de Nossa Senhora da Ajuda aos 25 de Abril de 1828". ARSEJAS, José Joaquim Nepomuceno. *História Contemporânea ou D. Miguel em Portugal – Motivo de Sua Exaltação, e a Causa da Sua Decadência.* Lisboa: Typographia do Centro Commercial, 1853.

569. A antiga estrutura absolutista, dividia-se em primeiro Estado para bispos e alto clero; segundo Estado para nobres militares e do judiciário; terceiro Estado para aristocracia e todo o resto.

570. "Tendo-se acrescentado muito mais, em razão dos sucessos posteriores, a necessidade de convocar os Três Estados do Reino, já reconhecida por El-Rei Meu Senhor e Pai, que na Santa Glória haja, na Carta de Lei de 4 de Julho de 1824, e querendo Eu satisfazer às urgentes Representações que sobre esta matéria tem feito subir à Minha Real Presença o Clero, e a Nobreza, os Tribunais, e todas as Câmaras, Sou servido, conformando-Me com o parecer de pessoas doutas, e zelosas do serviço de Deus, e do bem da Nação, convocar os ditos Três Estados do Reino para esta Cidade de Lisboa dentro de trinta dias, contados desde a data das cartas de convocação, afim de que eles por modo solene, e legal, segundo os usos, e estilos desta Monarquia, e na forma prática em semelhantes ocasiões reconheçam a aplicação de graves pontos de Direito Português, e por este modo se restituam a concórdia, e sossego público, e possam tomar assento, e boa direção todos os importantes Negócios do Estado. O Meu Conselho de Ministros o tenha assim entendido, execute, e faça cumprir. Palácio de Nossa Senhora da Ajuda aos 3 de maio de 1828". (*Ibid.*)

tinham perdido poder e ganhos, assim como a pequena nobreza, que não poderia fazer parte da Câmara dos Pares [Senado]. O argumento usado, porém, era o de que D. Pedro IV, por ser brasileiro[571] e morar no estrangeiro, segundo as cortes de Lamego e de Tomar, respectivamente, não poderia ser coroado rei de Portugal. Portanto, ele não poderia abdicar de uma coroa que, a princípio, nunca poderia ter sido sua, fazendo então que D. Miguel se tornasse o herdeiro legítimo.

Não demorou para que em 7 de julho, diante de uma tropa rebelada e liberais estarrecidos com tamanho acinte, a D. Miguel fosse ofertado o título de rei de Portugal, o qual ele aceitaria. O primeiro ato extremo foi anular a Carta Constitucional e o segundo foi perseguir, assassinar ou prender aqueles que protestaram contra o seu golpe. Os que conseguiram fugir, ou foram para a Inglaterra, ou para a Ilha Terceira, nos Açores, e viriam a se encontrar com D. Pedro IV para formar uma tropa liberal.

Uma Nova Esposa, Um Novo Pedro

Da mesma maneira que se buscou falar da higiene pessoal de D. João VI sem observar os costumes da época em que vivia e de todo o sistema social deficiente em trato higiênico, o mesmo pode se falar de D. Pedro I e sua vida amorosa, num período em que o casamento era por conveniência e o amor não estava no contrato. Na verdade, na maioria dos casamentos políticos[572] o amor estaria fora do "governo", atrelado às famosas amantes reais que, por possuírem o coração de seus soberanos, também eram vistas como influência poderosa pela própria corte. Não seria diferente com D. Pedro I, apesar de ser em diversos pontos mais complexa.

"Apesar da existência de uma favorita [Domitila de Castro], ele não deixou um só instante de mostrar-se bom marido, aproveitando cada ocasião para elogiar as virtudes de sua esposa e gabar a felicidade que presidiu

---

571. Vale lembrar que D. Pedro I nunca se naturalizou brasileiro, apesar de se considerar mais brasileiro por ter vivido mais tempo no Brasil. E mesmo que D. Pedro I tivesse se nacionalizado brasileiro, segundo Portugal, não perderia os direitos a cidadania portuguesa — isso será mudado na Carta por ele outorgada em 1826 (artigo 8, inciso 1).
572. Isso está mais bem desenvolvido em "A Aventura".

sua união"[573], comenta o barão de Mareschal (1784-1851), representante austríaco na corte carioca. E de fato, os relatos quanto à relação entre D. Leopoldina e D. Pedro I a descreviam como a de um casal respeitoso em público, unido politicamente, ainda que a futura marquesa de Santos estivesse rondando as noites do imperador. Porém, com o tempo, Domitila começou a se apropriar de sua condição de favorita, exigindo mais do que apenas estar nas sombras, e isso gerou problemas entre o casal imperial. Numa carta à sua amiga Maria Graham, a primeira imperatriz desabafava: "[…] estou acostumada a resistir e a combater os aborrecimentos, e quanto mais sofro pelas intrigas, mais sinto que todo o meu ser despreza estas bagatelas. Mas confesso, *e somente a vós* [ênfase da autora], que cantarei um louvor ao Onipotente, quando me tiver livrado de certa *canalha*"[574].

Durante o processo de reconhecimento da independência do Brasil, em que as tratativas estavam a pleno vapor, Maria Graham relata a decepção de D. Leopoldina quanto ao seu conterrâneo, Sir Charles Stuart. O enviado inglês e representante de D. João VI, como "o costume das cortes europeias […] começou a dar grande atenção a madame de Castro"[575], o que teria propiciado o seu "reconhecimento público como amante e a consequente mágoa nos insultos feitos à imperatriz"[576]. Em seguida, no aniversário de Maria da Glória, quando graças imperiais eram concedidas, a "madame de Castro" foi nomeada camareira-mor da imperatriz, o que significava que poderia estar presente em todas as reuniões e excursões em que a imperatriz estivesse e assumindo o lugar de honra na falta desta. Isso revoltou as damas do Paço, porém nada puderam fazer.

A situação se agravaria ainda mais quando D. Pedro I fosse ficar à cabeceira do pai de Domitila, de quem era amigo há anos. D. Leopoldina não suportou a situação e deu um ultimato ao marido: ele deveria escolher entre ela ou a amante. E se caso fosse Domitila, D. Leopoldina

---

573. *Apud* COSTA, Sergio Correa. *As Quatro Coroas de D. Pedro I*. São Paulo: Paz e Terra, 1996, p. 75.

574. Carta de D. Leopoldina a Maria Graham, de São Cristóvão, de 4 de novembro de 1824. GRAHAM, Maria. *Correspondência entre Maria Graham e a Imperatriz D. Leopoldina*. Belo Horizonte: Editora Garnier, 2020, p. 38

575. *Ibid.*, p. 142.

576. *Ibid.*

iria voltar para a casa do pai, na Áustria. Diante da falta de resposta, a imperatriz mandou que arrumassem as malas dele e enviassem à casa de Domitila, que ficava próxima ao palácio. Um criado foi correndo avisar ao imperador o que estava acontecendo e ele voltou. Discutiram e, no final, percebendo o que estava fazendo à esposa, D. Pedro I se arrependeu e, aos pés de D. Leopoldina, pediu perdão.

Pouco tempo depois, em 24 de novembro de 1826, antes de partir para o Rio Grande do Sul, onde tentaria resolver o grande problema que estava virando a Guerra da Cisplatina, com uma tropa desorganizada e mal administrada, D. Pedro I ofereceu à D. Leopoldina um anel com dois corações entrelaçados com seus nomes e dois brilhantes[577]. Foi quando ela lhe disse que quando retornasse de viagem já não a encontraria com vida.

D. Leopoldina faleceu em 11 de dezembro de 1826. Tamanha era a sua popularidade, que os testemunhos da época são das igrejas e capelas lotadas de pessoas ajoelhadas implorando por sua vida. Ao som dos dobres de finados, das fortalezas disparando, a população se pôs de luto. A morte de D. Leopoldina foi muito sentida nos asilos, nas escolas, nas ruas. Os escravos choravam: "Nossa mãe se foi! O que será de nós? Quem tomará o partido dos negros?"[578].

Ao saber da morte de D. Leopoldina, D. Pedro I se apressou a voltar para o Rio de Janeiro. Estava tão desnorteado, que queria chegar numa canoa, ou barco a remo, porque a nau em que estava não navegava por falta de vento. Impedido pelo comandante, desembarcou apenas em 15 de janeiro de 1827, "chorando, a um tempo aflito e colérico, furioso com os ministros"[579]. O barão Mareschal escreveu a Metternich, contando que "o imperador estava profundamente penalizado e acredito ser a sua dor tanto mais verdadeira quanto ele sente cada vez mais o vazio e o isolamento em que se encontra"[580].

---

577. Melo Morais. *Apud* COSTA, Sergio Correa. *As Quatro Coroas de D. Pedro I*. São Paulo: Paz e Terra, 1996, p. 86.

578. *Apud* GRAHAM, Maria. *Correspondência entre Maria Graham e a Imperatriz D. Leopoldina*. Belo Horizonte: Editora Garnier, 2020, p. 149.

579. *Apud* COSTA, Sergio Correa. *As Quatro Coroas de D. Pedro I*. São Paulo: Paz e Terra, 1996, p. 87.

580. *Ibid.*, p. 87.

Aproveitando os momentos de solidão, que eram os únicos em que podia pensar com maior clareza, escreveu um soneto pela morte de D. Leopoldina[581]:

> Deus eterno, porque me arrebataste
> A minha muito amada Imperatriz?!
> Tua divina bondade assim o quis.
> Sabe que o meu coração dilaceraste?!
>
> Tu, de certo, contra mim te iraste,
> Eu não sei o motivo, nem que fiz,
> E por isso direi como o que diz:
> Tu má deste, Senhor, tu m'a tiraste.
>
> Ela me amava com o maior amor,
> Eu nela admirava a sua honestidade,
> Sinto meu coração por fim quebrar de dor.
>
> O mundo nunca mais verá em outra idade
> Um modelo tão perfeito e tão melhor
> De honra, candura, bonomia e caridade[582].

A preocupação agora se tornava outra, muito bem lembrada por Mareschal: "Ela deixa um vácuo perigoso. Nada até agora indica que se pretenda preenchê-lo, nem por que pessoa. Tudo corre na forma de costume, da maneira que conheceis. Eis o bastante sobre um assunto tão aflitivo". Havia medo de que a marquesa de Santos conseguisse finalizar

---

581. A poesia faria parte da vida tanto de D. Pedro I quanto de D. Pedro II. Este igualmente escreveria um soneto em homenagem à esposa falecida, D. Teresa Cristina, intitulado "À Imperatriz": Corda que estala/ em harpa mal tangida,/ Assim te vais, ó doce companheira/ Da fortuna e do exílio, verdadeira/ Metade de minha alma entristecida!/ De augusto e velho tronco hasteia partida/ E transplantada à terra brasileira,/ Lá te fizeste a sombra hospitaleira,/ Em que todo infortúnio achou guarida./ Feriu-te a ingratidão no seu delírio;/ Caíste, e eu fico a sós, neste abandono,/ No teu sepulcro vacilante círio!/ Como foste feliz! Dorme o teu sono.../ Mãe do povo, acabou-se o teu martírio;/ filha de reis, ganhaste um grande trono!

582. *Apud* COSTA, Sergio Correa. *As Quatro Coroas de D. Pedro I*. São Paulo: Paz e Terra, 1996, p. 102-103.

seu intento. Era uma espécie de Ana Bolena (c.1501-1536), mas não conseguiria sua coroa, muito menos os seus 100 dias de reinado. O mais próximo que chegou foi ter sua filha Isabel Maria (1824-1898) transformada em duquesa. A duquesa de Goiás obteve sua posição por decreto em 24 de maio de 1826 e, tratada como sua alteza imperial, vivia com a mãe no Palacete do Caminho Novo e frequentava o Palácio de São Cristóvão. Ao fazer cinco anos, foi enviada para um colégio interno na França, e lá ela conviveria com o pai e a madrasta D. Amélia por alguns meses.

Maria Graham relata que soube, por cartas de conhecidos, que assim que a imperatriz caiu doente, a "madame de Santos" [já se referindo ao título que lhe foi conferido], aproveitando o cargo de camareira-mor, ficou junto da moribunda, e proibiu a entrada das crianças para que pudessem ver a mãe, que agonizava de dor e as mandava chamar. Num lapso, a brandura de D. Leopoldina se foi e gritava que chamassem o imperador para tirar aquela mulher dali. A madame de Santos aproveitava-se disso ficando ainda mais, até que alguém a pegou pelo braço e pôs à força para fora. Quando chegou em São Cristóvão e soube dos relatos de maus tratos, D. Pedro I baniu a madame de Santos do palácio e das vizinhanças — o banimento durou semanas, até que ela e seus parentes puderam voltar a habitar as antigas moradias ao redor do palácio e recuperaram suas posições. Isso a reaproximou do imperador viúvo, sobretudo por causa da filha juntos, mas a reconciliação não duraria, pois D. Pedro I já estava em negociação de um novo casamento.

Um casamento que, diferentemente, do primeiro, fosse pela personalidade da primeira esposa, fosse pela situação política do momento, ou ainda pela própria maturidade de D. Pedro I, não abriria lugar para Domitila de Castro.

A morte de D. Leopoldina parece ter mexido com D. Pedro I mais do que se poderia se imaginar. Depois de algum tempo, afastou-se de Domitila, e escreveu em uma carta a Francisco I relatando seus erros e o que deveria ser corrigido:

> Toda a minha maldade acabou, que *de hoje em diante não cairei nos erros em que até agora tenho caído e dos quais todos me arrependo* e tenho pedido a Deus perdão, prometendo nunca mais os cometer,

desejo casar-me para viver conforme a minha religião e edificando os meus súditos, que têm precisão de bons exemplos dados por mim[583].

Metternich, o Anticasamenteiro

Com a morte de D. Leopoldina, D. Pedro I perdeu mais do que uma esposa, amiga, conselheira e companheira política: ele perdeu a própria imagem como imperador. Durante o período entre 1823 e 1826, muitas das suas atitudes impulsivas acabaram por levar a um retrato negativo usado e enfatizado por seus inimigos políticos. E por mais que se recriminasse por essas atitudes, muitas vezes pautadas no temperamento explosivo, e das quais se arrependia em seguida, elas já haviam sido lavradas no fogo dos jornais de oposição.

Enquanto foi preciso, esse temperamento propulsor ajudou a fazer a Independência do Brasil e a cimentar as bases para uma Constituição, mas agora, em tempos de gestão, em que era preciso mais visão e flexibilidade e menos impulso, voltava-se contra ele a educação desregrada e a falta de bons exemplos ao seu redor, e por isso ele passaria a se preocupar com a educação esmerada dos filhos.

> [...] quis lisamente fazer justiça às grandes qualidades, e quando considero as extraordinárias desvantagens com que teve de lutar para se formar, devido aos maus exemplos — *uma educação viciosa, condições politicas aflitivas e difíceis, e uma corte ignorante, grosseira e mais que corrompida* — sou antes inclinada a pensar que ele demonstrou nas mais perigosas ocasiões de sua vida, que o distinguiram tanto e com tanta razão, no governo do Brasil e o levaram a uma conduta em Portugal, de que essa nação deve sempre ficar grata, por tornar as cenas finais de sua vida mais importantes do que costumam ser as dos monarcas, para o bem estar de seus sucessores, seja no velho trono da Europa, seja nesse imenso Império no Novo Mundo, que ele fundou[584].

---

583. *Apud* REZZUTTI, Paulo. *D. Pedro: a História Não Contada*. São Paulo: Leya, 2015, p. 225.

584. GRAHAM, Maria. *Correspondência entre Maria Graham e a Imperatriz D. Leopoldina*. Belo Horizonte: Editora Garnier, 2020, p. 150.

Exatamente por não ter tido uma educação regrada como seu pai, fechado num palácio e apartado do mundo, o que enfatizava ainda mais a posição de "representante divino" típico do absolutismo, D. Pedro I não possuía uma percepção de si enquanto figura pública, crescendo numa liberdade incomum à realeza e agindo segundo as convicções do momento. Isso foi importante para atrair o apoio popular, como bem acreditou José Bonifácio, mas depois seria uma faca de dois gumes usada por seus detratores, e o que o forçaria a abdicar tanto do trono português quanto do brasileiro.

Antes, contudo, D. Pedro I passaria a perceber a importância das boas atitudes dentro e fora de casa com a experiência dos anos, e, sobretudo, quando foram espalhadas *fake news* a seu respeito nos jornais europeus, com o intuito de atrapalhar as negociações do seu segundo casamento. O que mais o impressionaria em relação às mentiras publicadas a respeito do "bordel que havia transformado o palácio de São Cristóvão", com cenas dignas de Calígula e tendo a marquesa de Santos como a sua messalina favorita, seria a mente por trás de tais histórias: Metternich.

Desde a morte de D. Leopoldina, havia sido enviado para a Europa o coronel Luiz d'all Hoste com o intuito de arrumar uma nova esposa ao imperador do Brasil. Metternich, ao receber o pedido de ajuda na negociação de um novo contrato nupcial, aproveitou para impedir que D. Pedro I se casasse e sua coroa fosse herdada por outra dinastia que não a Habsburgo. A tática usada era simples: por um lado fingia apoiar e estar fazendo o possível ao indicar nomes potencialmente interessantes, enquanto por detrás falava mal do jovem imperador e plantava *fake news* nos jornais — como o famoso pontapé na imperatriz D. Leopoldina, ou sobre a existência de um bordel em São Cristóvão, ou as alegações de que ele se casaria com a amante.

Enfurecido com as histórias e a demora de conseguir uma segunda esposa, D. Pedro I esbravejava, escrevia, reclamava. Numa tentativa de mostrar que havia mudado, e provando que tudo o que os jornais diziam era mentira, afastou-se de Domitila por completo e foi para uma propriedade em Botafogo[585], longe o suficiente dela. Fazia também questão de

---

585. Com a chegada de D. Amélia e Maria da Glória, a jovem rainha de Portugal foi colocada na antiga residência da marquesa de Santos, próxima ao palácio de São Cristóvão.

chegar cedo em casa e sair sempre acompanhado do ajudante de ordens, para que nada mais pudesse ser dito a respeito da sua conduta.

Quem começou a suspeitar da tática de Metternich foi o marquês de Barbacena, juntamente com Caldeira Brant que, em 13 de fevereiro de 1828, escreveu o seguinte bilhete: "Secreto. Suspeito haver traição para que não tenha mais filhos. Não dê o menor indício desta suspeita porque antes de oito dias hei de ter o desengano"[586]. A suspeita se tornou certeza quando se descobriu, por meio de uma testemunha próxima ao ministro, que o plano de Metternich era o de impedir um segundo casamento metendo-se nas negociações com a Baviera, Württemberg, Baden, Suécia e Sardenha. A testemunha de tal traição? A própria sogra de Metternich.

Ao saber de que precisava de ajuda com alguns despachos, e que era faladeira, o marquês de Barbacena aproximou-se da sogra do poderoso ministro. Ela não só lhe confirmou o intento do genro, como indicou alguns nomes para segunda esposa, esperando cair nas bênçãos do imperador brasileiro.

D. Pedro I estava furioso com as maquinações do ministro austríaco. Já era 1829 e não havia sinal de um segundo matrimônio, e os poucos nomes indicados não agradavam o imperador. Diante da ironia de Metternich, que havia mandado uma carta lamentando os insucessos em arranjar uma esposa, a vontade de D. Pedro I era responder que nada que viesse do austríaco seria mais visto por sua majestade imperial[587]. Porém, era preciso ser frio e agir com inteligência.

Foi tomada uma nova direção. Fingindo escutar as propostas de Metternich, que se divertia com as negativas humilhantes por que D. Pedro I estava passando, os representantes brasileiros buscariam uma noiva longe da mão invisível austríaca. Levavam em consideração três dos quatro atributos considerado indispensáveis pelo imperador:

> O meu desejo e grande fim é obter uma princesa que por seu nascimento, formosura, virtude e instrução venha fazer a minha

---

586. *Apud* COSTA, Sergio Correa. *As Quatro Coroas de D. Pedro I*. São Paulo: Paz e Terra, 1996, p. 90.

587. Carta de Chalaça ao marquês de Barbacena. *Apud* COSTA, Sergio Correa. *As Quatro Coroas de D. Pedro I*. São Paulo: Paz e Terra, 1996, p. 93.

felicidade e a do império; quando não seja possível reunir as quatro condições, podereis admitir alguma diminuição na primeira e na quarta, contanto que a segunda e a terceira sejam constantes[588].

E de fato foi escondido da águia austríaca a nova negociação, desta vez com uma casa que não só não tinha nenhuma relação com a Áustria, como poderia ser considerada inimiga de Metternich.

Amélia de Leuchtenberg (1812-1873) era bela, bem-educada, virtuosa, e "descendente" de uma velha inimizade: Napoleão Bonaparte. Ela não era parente de sangue do corso, mas de "coração". Seu pai era o príncipe Eugênio de Beauharnais (1781-1824), filho do primeiro casamento da imperatriz Josefina (1763-1814), a primeira esposa de Napoleão, e portanto o enteado querido do imperador francês. Sua mãe era a duquesa Augusta de Leuchtenberg (1788-1851), irmã do rei da Baviera.

Parecia estar no destino de D. Pedro I desposar alguém relacionado a Napoleão Bonaparte. Quando ainda em 1807, diante de ameaça da invasão napoleônica, D. João VI havia mandado Marialva para a França pagar com diamantes o imperador francês e negociar um casamento entre D. Pedro com a sobrinha do corso, filha de Jacques Murat (1767-1815) com a irmã de Napoleão, Carolina (1782-1839). O primeiro casamento de D. Pedro I também estava relacionado ao imperador francês, pois tanto D. Leopoldina quanto D. Maria Luísa eram irmãs, fazendo deles co-cunhados.

O casamento entre D. Amélia e D. Pedro I foi acertado em Canterbury, Inglaterra, pelo marquês de Barbacena e Planat de La Faye. Em seguida, ela embarcou para o Brasil na companhia de D. Maria da Glória. Com o acerto, D. Pedro continuou a conduzir sua vida dentro da moral, provando que havia se comportado[589] — "desejo casar-me para viver conforme a minha religião e edificando os meus súditos, que têm precisão de bons exemplos dados por mim"[590].

---

588. *Apud* COSTA, Sergio Correa. *As Quatro Coroas de D. Pedro I*. São Paulo: Paz e Terra, 1996, p. 91.
589. Chalaça fala sobre essa mudança que se deu. (*Ibid.*), p. 90.
590. *Apud* REZZUTTI, Paulo. *D. Pedro: a História Não Contada*. São Paulo: Leya, 2015, p. 225.

Quando chegou D. Amélia com D. Maria da Glória, D. Pedro quase perdeu os sentidos ao rever a filha, e foi a nova imperatriz quem lhe deu apoio. Como narra Caldeira Brant a Palmela: "Desde aquele momento eu vi os noivos tão ocupados um com o outro, como se fossem namorados de muitos anos e o recíproco entusiasmo tem subido a tal ponto, que neste momento eu considero aqueles dois entes como os mais felizes do mundo"[591]. Ela ficou ao lado dele, dando-lhe o apoio necessário, até em seu leito de morte, em Queluz, e manteve seu nome vivo por anos a fio, cuidando dos enteados como se fossem seus próprios filhos.

A chegada de D. Amélia marcou uma nova fase na vida de D. Pedro I e na do palácio de São Cristóvão. Ela trouxe a imagem de família tradicional de volta à corte, e a marquesa e tudo o que esta representava foi afastado da Boa Vista. Além de reformar o palácio, a nova imperatriz alterou a etiqueta e o cerimonial e cuidou das contas da ucharia. Além de se tornar a musa da poesias do imperador:

> Aquela que orna o Sólio Majestoso
> É filha de uma Vênus e de um Marte.
> Enleia nossas almas e desta arte
> É mimo do Brasil, glória do esposo.

> Não temeu o oceano proceloso,
> Cantando espalharei por toda parte,
> Seus lares deixa Amélia por amar-te.
> És mui feliz oh! Pedro, és mui ditoso.

> Amélia fez nascer a idade de ouro!
> Amélia no Brasil é nova diva!
> É Amélia de Pedro um grão-tesouro!

> Amélia Augusta os corações cativa!
> Amélia nos garante excesso agouro!
> Viva a Imperatriz, Amélia, viva![592]

---

591. *Apud* COSTA, Sergio Correa. *As Quatro Coroas de D. Pedro I*. São Paulo: Paz e Terra, 1996, p. 96.

592. *Ibid.*, p. 103.

Se antes Metternich já não gostava de D. Pedro I, com o casamento com a "Napoleona" — como era conhecida — se tornaria seu desafeto.

O austríaco não via o imperador com bons olhos desde a Independência do Brasil. Primeiro, porque D. Pedro I seguia os princípios liberais que Metternich e a Santa Aliança tanto desprezavam e impediam que se espalhassem novamente pela Europa, após Napoleão Bonaparte e a Revolução Francesa.

O Ocidente tomou um novo rumo nessa corrida revolucionária. *Dom Pedro é congratulado o mais liberal dos príncipes* e, consequentemente, considerado um modelo para os monarcas por aqueles que nem há oito dias o acusavam de ser um tigre sedento de sangue republicano. Os extremos se acham na facção liberal, não conhecem nenhum meio termo. Aqueles que gostam de confusões, as terão [...] eu não erro em meus cálculos, e *o cabeça da Santa Aliança está, sem dúvidas, menos surpreso do que qualquer outro político no momento*[593].

E segundo porque, de acordo com o próprio ministro, o jovem imperador havia causado uma "anarquia" em Portugal ao outorgar uma Constituição[594].

Portugal se aproxima, a cada dia, de uma revolução. Não é uma Constituição de verdade, mas um sistema de anarquia introduzido pelo imperador D. Pedro naquele país, [...] Eu só irei apontar

---

593. Escritos de Metternich, datado de 2 de julho de 1826. METTERNICH, Richard. *Memoirs of Prince Metternich*, vol. IV. Londres: Richard Bentley & Son, 1880.

594. Despacho de Metternich em 4 de julho sobre o decreto de D. Pedro I a respeito da sua renúncia ao trono de Portugal em nome de sua filha D. Maria da Glória, com regência de D. Isabel, e do casamento da princesa com D. Miguel, e a outorga da Constituição para a nação. Expressa suas dúvidas quanto à Carta e as mudanças nas leis. Nos despachos para Londres (2 de setembro) Metternich pede que seja perguntado a Canning, por meio de Esterhazy, a seguinte questão: "quem é atualmente o soberano de Portugal, quando todos os atos da regente Isabel são expedidos em nome de D. Pedro, rei de Portugal? A regência de Isabela não seria uma contradição das leis fundamentais?". Ele queria saber para que lado a Inglaterra estava inclinada. Metternich não queria se envolver com a Carta portuguesa, apesar de se dizer a favor.

algumas coisas ao imperador Francisco, nosso augusto soberano, em vista à sua relação natural com o imperador do Brasil, e por causa da presença do infante D. Miguel em Viena[595].

Quando D. Pedro I abdicou ao trono de Portugal em favor de sua filha, D. Maria da Glória, Metternich havia ficado satisfeito. Temia que se D. Pedro I ficasse no trono português, piorasse uma situação que já via problemática, com o liberalismo criando raízes na Europa e tendo a França e a Inglaterra como apoiadores[596]. Visando isso, ele apoiaria o casamento da filha de D. Leopoldina, ou seja, da Casa de Habsburgo, com o príncipe de Bragança, D. Miguel, alinhado com os princípios absolutistas defendidos pela Santa Aliança e distante do perigo liberal.

Para garantir que a próxima rainha de Portugal também seguisse os princípios do absolutismo, Metternich incentivou a vinda dela para a corte vienense e que lá ficasse até atingir a maioridade e pudesse se casar de fato com D. Miguel — o que era, também para D. Pedro I, uma maneira de mostrar aos austríacos que ele era um bom soberano e pai. Porém, ao suspeitarem que Metternich tentaria mantê-la cativa, assim como havia feito com o filho de Napoleão Bonaparte, os representantes brasileiros Resende e Itabaiana enviaram uma carta em 2 de setembro de 1828[597] ao marquês de Barbacena, em Genebra. Este, responsável pela comitiva da jovem rainha, acabara decidindo mudar a rota para a Inglaterra e aguardar novas ordens de D. Pedro I.

Enquanto isso, D. Miguel, que havia ido embora de Viena, onde estava exilado desde a Abrilada, era aclamado rei em Portugal por grupos leais a ele. Diante desse novo cenário político, o primeiro-ministro inglês, lorde Wellington (1769-1852), tentava junto a Metternich pensar num

---

595. METTERNICH, Richard. *Memoirs of Prince Metternich*, vol. IV. Londres. Richard Bentley & Son, 1880.

596. "O atual gabinete inglês está de acordo com todas essas extravagâncias do momento, contudo não é o autor, apesar de dar suporte quando as coisas são feitas e às suas consequências", escreve Metternich em 1826 (*Ibid.*).

597. *Apud* COSTA, Sergio Correa. *As Quatro Coroas de D. Pedro I*. São Paulo: Paz e Terra, 1996, p. 45.

meio de apaziguar a situação. Ou enviariam a jovem Maria para Portugal ou para a Áustria, mas a manteriam com o título de rainha de Portugal e a obrigariam a se casar com o tio.

Antes que essa proposta chegasse aos ouvidos de D. Pedro I, o imperador do Brasil declarava o irmão golpista e assassino de seu pai e, por meio de um decreto de outubro de 1829, desfazia a sua renúncia em favor da filha, alegando que havia acreditado que o irmão D. Miguel respeitaria as suas ordens. Retomando para si a coroa de Portugal, D. Pedro IV anunciou que só abdicaria quando a filha fosse maior de idade.

Em Portugal, D. Miguel se instalou no reino e achava que estaria tudo bem entre ele e o irmão. Chegou a escrever uma carta com a notícia da morte de D. Carlota Joaquina em 6 de fevereiro de 1830. Perguntava também da saúde do irmão e dos sobrinhos, e dava detalhes da morte e o envio de uma joia que a mãe mandou entregar, assim como algo do pai e de uma tia. Assinada como "irmão muito amigo", desejava saúde e prosperidade. Estava tranquilo consciente que seu irmão nada poderia fazer contra ele.

D. Miguel não entendia que libertar Portugal do usurpador se tornaria o objetivo da próxima grande aventura de D. Pedro.

Se Correr o Bicho Pega, se Ficar o Bicho Come

O artigo 104 da Constituição brasileira de 1824 diz: "O imperador não poderá sair do Império do Brasil, sem o consentimento da Assembleia Geral; e se o fizer, se entenderá que abdicou a coroa". Nada nele, ou em qualquer outro artigo, dizia que D. Pedro I não poderia tomar a coroa portuguesa para si, apenas que não poderia sair do território sem permissão. Se ele precisasse, então, resolver as questões que se adensavam na Europa com o usurpador D. Miguel, que havia se legitimado usando a desculpa de que D. Pedro IV havia se naturalizado brasileiro, seria preciso enviar tropas, o que não era uma opção, ou abdicar da coroa brasileira.

D. Pedro I havia aprendido duas coisas durante a Independência do Brasil: 1) se você quer algo bem-feito, faça você mesmo; 2) quem é vivo, sempre aparece. Da mesma maneira que ele precisou tomar a frente da separação brasileira e ir até as províncias convencer o povo de que era a pessoa ideal para fazê-lo, o mesmo se daria em relação a Portugal. Se ele queria que sua filha fosse aclamada rainha, ele mesmo teria de lutar por seu reconhecimento.

No Brasil, a sua situação também não era das melhores, diante de tantos embates com as oligarquias escravistas. Havia tomado decisões precipitadas, lamentando-se por isso. Chegou a pensar em refazer a Constituição, escrita em tempo recorde, que acreditava estar incompleta diante da redigida para Portugal, ou talvez criar emendas, mas seu Conselho de Estado era contra. Lembravam que ele a havia jurado, segundo o artigo 103: "Juro manter a Religião Católica Apostólica Romana, a integridade e indivisibilidade do império; observar e fazer observar a Constituição Política da Nação Brasileira, e mais leis do império, e prover ao bem geral do Brasil, quanto em mim couber".

Dentro das tribunas, o imperador sofria com a oposição e fora delas também, com os jornais tentando retratá-lo como um tirano, um traidor da pátria e da Constituição. Havia turbulência no ar, com rixas cada vez mais acirradas entre portugueses e brasileiros. A cidade caía na baderna e no caos. E D. Pedro I estava confuso, sem saber como reagir. Acreditou que se mudasse o ministério, que havia lhe dito que a situação estava sob controle, a situação poderia melhorar. Não adiantaria.

Surgia também a falácia de que ele não era constitucionalista, e foi preciso que emitisse uma proclamação afirmando que o era. Tudo o que ele dissesse, porém, cairia torto nos ouvidos das pessoas e sairia roto na boca dos opositores. "Tudo farei para o povo, mas nada pelo povo", ou seja, ele faria as coisas em favor do povo e não no lugar do povo, mas as interpretações nunca eram a seu favor.

D. Pedro I começou a perceber que nada do que fizesse bastaria. O Exército o havia deixado, desguarnecendo o Paço, e ser português parecia mais um crime. Até mesmo reatar a amizade com José Bonifácio não lhe ajudaria, por mais que o velho Andrada tivesse lhe dito, sem medir as palavras, qual a situação do governo e a opinião pública. Chegou-se a pensar que a figura de D. Amélia ajudaria a construir uma imagem positiva — que havia sido perdida desde a morte de D. Leopoldina —, porém a briga com o marquês de Barbacena sobre os problemas econômicos e desvios financeiros havia sido levada para os jornais. O ex-ministro aproveitara para piorar a imagem do imperador ao contar uma série de detalhes sobre o consórcio nupcial, por fim desmoralizando a segunda esposa ao considerá-la de uma "nobreza menor".

Foi então, após muito pensar e se aconselhar com o Conselho e alguns plenipotenciários, que às três horas da manhã de 7 de abril de 1831, D. Pedro I escreveu um bilhete de abdicação em favor de seu filho de cinco anos, D. Pedro II. Segundo o próprio D. Pedro, seu filho havia tido a sorte de nascer no país que ele tanto amava e havia adotado para si, e somente ele poderia trazer a paz por ser brasileiro. Também deixaria José Bonifácio como tutor dos filhos, o que foi aceito pela Assembleia.

Às vezes é preciso renunciar a algo pelo bem da nação; se ele fosse o tirano que alegavam, nunca teria aberto mão do poder, lutando para se manter no posto em que estava até o final. A justificativa histórica da abdicação foi de ter sido a melhor decisão diante dos rogos das forças armadas e da polvorosa em que vivia a parcela da sociedade que acompanhava a política de perto. O ato de abdicação salvaria a honra de D. Pedro e preservaria a Constituição. No entanto, a ideia de proteger a herança legítima de sua filha e lançar-se contra o irmão em Portugal o havia consumido e se tornara sua prioridade. Afinal, ele e D. João VI já haviam sobrevivido a temporais muito piores e não havia nenhum impasse incontornável que o precipitasse a abdicar. Porém, a ideia de uma saída honrosa prevaleceu e chocou a todos.

E assim como D. João VI durante a Abrilada, D. Pedro IV conseguiu abrigo com a ajuda dos representantes da Inglaterra e França. Ficou no navio *Warspite*, ancorado na Baía de Guanabara, aguardando os próximos passos com resignação e dignidade, o que poucos conseguiriam, provando que tinha compromisso com o que acreditava ser justo e certo, e que se lançaria nesta última missão em Portugal.

> Vimos simultaneamente ao doloroso quadro do poder decaído, o nobre espetáculo da resignação e da coragem na desgraça, pois o imperador [...] soube melhor abdicar do que reinar. No decurso dessa noite inolvidável para quantos a testemunharam, o soberano se ergueu acima de si próprio e mostrou constantemente uma presença de espírito, uma firmeza e uma dignidade notáveis, provando

o que esse desditoso príncipe teria podido ser com uma educação melhor e com mais nobres exemplos sob as vistas[598].

Como seu pai, ficou na dúvida se levava consigo as filhas, e deixava somente D. Pedro II, ou apenas levaria uma das princesas. Por fim, decidiu que os três filhos ficariam no Brasil, pois caso acontecesse algo com o herdeiro da coroa, haveria outras duas possibilidades para governar.

Separar-se dos filhos não foi fácil. Tê-los-ia sempre em memória ao andar pelas ruas de Paris atrás de brinquedos para eles, ou durante sua campanha militar em Portugal, quando cercou a cidade do Porto[599].

Embarcado, procurou agir racionalmente, despachando ordens, acertando a doação de bens para amigos e fiéis servidores, o que poderia e deveria ser vendido e o que iria consigo, as dívidas feitas ou cobradas, cada centavo sendo contabilizado. A demora em organizar a vida que deixava para trás e a nova que buscaria fez com que a população começasse a achar que iria invadir o Brasil com ajuda de tropas inglesas e francesas. Os portugueses e os ingleses temiam por sua vida, tendo em vista esse falatório. Os ingleses então reacomodaram D. Pedro IV no *Volage* e se prepararam para protegê-lo, se preciso.

A partida se deu em 13 de abril de 1831, levando D. Amélia e D. Pedro IV. D. Maria II iria na companhia dos tios em outro navio, uma semana depois, e sob a expressa ordem de D. Pedro IV de que não poderia desembarcar em Portugal, ou qualquer ilha do reino português. Ele, por outro lado, ancorou em Faial. Lá se comunicou com o governo constitucional formado na Ilha Terceira. Depois, seguiu para Cherbourg,

---

598. Testemunho do plenipotenciário francês Pontois. *Apud* DORIA, Luiz Gastão d'Escragnolle. "Uma Testemunha Diplomática do Sete de Abril", *RIHGB*, nº 74, pt. 2, 1911, p. 188.

599. "Ah! meu amado filho [...] eu me interesso por ti, bem como pela pátria que adotei antes mesmo de a tornar independente; [...] espero que ainda poderei ter o gosto de ir ver-te e de abraçar-te: quando todos os espíritos estiverem convencidos de que eu nada mais ambiciono senão ver-te; ver o país em que fui criado e educado, do qual me separei saudoso, não só porque nele te deixei e a tuas manas, mas porque o amo tanto (tu me perdoarás) como te amo a ti". SOUSA, Octavio Tarquinio. *História dos Fundadores do Império do Brasil*, vol. IV. Brasília: Senado Federal, 2015.

onde desembarcou em 10 de junho sob salvas de tiros e marinheiros ingleses os recebendo em uniforme de gala e dando vivas. As autoridades o receberam muito bem, e deram seu nome a uma rua, pois entendiam que ele era um representante constitucional e liberal. Vários amigos foram ao encontro do ex-imperador do Brasil na Normandia, entre eles o marquês de Resende, que o convenceu a ir para Londres.

Entre jantares com autoridades e diplomatas, D. Pedro I tentava levantar dinheiro para montar um exército e conquistar Portugal para a filha, D. Maria II. Ao perceber que não conseguiria grande coisa na Inglaterra, partiu para a França.

"D. Perdu"[600] em Paris

Se D. Pedro havia aprendido algo ao longo da sua vida era que sem apoio, as chances de uma pessoa bem governar são mínimas ou inexistentes. Da mesma maneira que precisou de apoio político e da população na época da Independência, também percebeu que quando não detinha mais esse prestígio, ele perdia poder. Com a mácula que Metternich havia plantado nos jornais europeus, a necessidade agora era limpar seu nome e obter apoio político para a causa da filha, D. Maria II, e para isso ele se tornaria o homem mais educado, elegante e simpático que a Inglaterra e a França conheceriam, tornando-se alguém querido. E uma coisa que nunca faltou a D. Pedro foi magnetismo pessoal e senso de familiaridade.

Na Inglaterra ele pode não ter obtido todo o apoio que esperava, mas na França a coisa seria diferente. A própria conjuntura política francesa o ajudaria naquele ano de 1831. Havia ocorrido a Revolução de Julho de 1830, na qual o autoritário Carlos X caíra, e em seu lugar havia sido coroado o príncipe Luís Filipe I, duque de Orleans. Conhecido como "o rei cidadão", estava mais próximo aos liberais do que do absolutismo da Santa Aliança. Era mais moderado, burguês, e nomeou chefe do Conselho de Estado a Benjamin Constant, o suíço a quem D. Pedro admirava.

---

600. *Perdu* significa "perdido". Foi um dos apelidos que a imprensa francesa opositora ao governo do rei Luís Filipe I deu a D. Pedro. A ironia se referia à sua tentativa de conseguir apoio para a guerra contra o irmão D. Miguel I.

Benjamin Constant era da opinião que D. Pedro, como representante do constitucionalismo nas Américas, deveria vir mostrar à Europa com quantos artigos se faz uma constituição e retirar D. Miguel I do poder. A França não apoiava o usurpador absolutista — somente Roma, Espanha e Estados Unidos o faziam. E a situação havia se agravado diante da prisão e chicoteamento de um francês em Lisboa[601].

D. Pedro não levou a esposa a Paris, deixando-a em Londres, pois desde 1816 havia uma lei que impedia que os descendentes de Bonaparte pisassem no país, a qual ele não iria desrespeitar. No dia da sua chegada, em 26 de julho, de imediato recebeu um convite para jantar com o rei Luís Filipe I, por quem foi muito bem recebido[602], juntamente com a rainha, Maria Amélia — tia materna de D. Leopoldina. Tentando limpar a fama de libertino e mal-educado, D. Pedro procuraria ter uma conduta impecável, beirando ao tímido e causando uma ótima impressão.

Tomando o ex-imperador como a um amigo, entre outras cordialidades o rei francês permitiu que D. Amélia pudesse se juntar ao marido em Paris. Aproveitando que estava na capital francesa, D. Pedro conheceu o herói liberal constitucional Gilbert du Motier, marquês de La Fayette (1757-1834), que havia lutado na Revolução Americana e na Revolução Francesa. Encantando La Fayette com seu jeito nem um pouco pomposo ou imperial, da mesma maneira que havia encantado diversos brasileiros em apoio à Independência, conseguiu-o como aliado para sua causa. E não somente isso, o herói liberal permitiu que o neto lutasse ao lado de D. Pedro em Portugal.

Em pouco tempo, ao lado do rei, D. Pedro tornou-se uma sensação. Sua simpatia e jeito brasileiro o faziam ainda mais popular. Cumprimentava a todos que viessem lhe falar na rua com apertos de mão. Era recebido com vivas ao "imperador constitucional". Estava nas festas, bailes, óperas, jantares. Junto ao rei Luís Filipe lançou as bases para o

---

601. Injuriado, o almirante Roussin entrou no Tejo e aprisionou embarcações portuguesas, e só as devolveria quando D. Miguel I cumprisse com a indenização. Contudo, a França não devolveria a ninguém menos que à rainha de Portugal.

602. O filho de Luís Filipe I se casaria com a filha de D. Pedro I, e depois seu neto, o conde d'Eu, se casaria com D. Isabel, neta do primeiro imperador brasileiro.

monumento em homenagem ao movimento que combatera o absolutismo na França. Conheceu o compositor Gioacchino Rossini, com quem trocou composições. E chegou a reger uma de suas próprias peças na abertura de um concerto de Rossini, sendo ovacionado.

Foi convidado a morar num palácio do rei, mas ao perceber que não teria liberdade para receber a quem quisesse, optou por alugar uma casa no coração de Paris com os próprios recursos. Era o estilo de vida mundano burguês que lhe trazia mais energia. Apesar da boa fama, do nome e da causa que ia fazendo conhecida nos jornais, viver naquela capital começou a se desassociar da missão que ele se impusera em Portugal.

Depois de meses, D. Pedro voltou à Londres para tentar levantar homens e dinheiro. Os ingleses não se derreteriam ao seu charme como os franceses. Não conseguiu nada senão um local para arregimentar soldados e navios. Também não podia ficar muito tempo em terras inglesas por causa de dificuldades financeiras, precisando ele mesmo vender prataria e joias para que pudesse pagar as despesas pessoais daquela viagem.

Ao menos, em Londres foi possível conhecer exilados portugueses que começaram a levantar dinheiro pela causa de D. Maria II. Entre eles havia portugueses judeus e protestantes que haviam sido perseguidos por D. Miguel I, ao revogar a Carta Constitucional que permitia a liberdade religiosa. Um deles era o banqueiro Juan Alvarez y Mendizábal (1790-1853), com quem D. Pedro assinou um importante empréstimo. Aos poucos, os espanhóis liberais também foram se juntando ao "herói liberal" que vinha libertar a Península Ibérica do absolutismo. E não foram somente pessoas interessadas que apoiaram financeiramente a causa. O próprio D. Pedro desembolsou dinheiro para que conseguissem comprar uma fragata e uma corveta, que se juntariam aos navios mercantes da Companhia das Índias. Os barcos foram armados na Inglaterra e enviados para a Bretanha, e tanto a Inglaterra como a França fingiam nada saber.

D. Pedro aguardaria o nascimento do primeiro filho com D. Amélia para zarpar na sua última grande aventura libertária. A última princesa do Brasil nasceria em 1º de dezembro de 1831, e seria conhecida como "princesa flor" por sua beleza e delicadeza. Ela morreria da mesma doença que o pai, tuberculose, e jovem, aos 21 anos de idade, enquanto noiva do arquiduque da Áustria Maximiliano (1832-1867), cunhado da famosa imperatriz Sissi (1837-1898)[603].

A Guerra dos Dois Irmãos

Quando ainda criança, no Rio de Janeiro, D. Pedro costumava brincar de batalhas com seu irmão D. Miguel. Ambos reuniam um grupo de crianças, que lutavam sob o comando de ambos, e era sempre D. Pedro quem ganhava. Tamanha era a sua habilidade no comando, inspirando a criançada, que os convenceu a atacar os soldados de um posto da guarda, fazendo estes fugirem sob as pauladas dos meninos[604]. Desde pequeno admirava generais, sobretudo os franceses, e se vestia de forma a emulá-los. Esse tino natural para a batalha também se mostraria importante quando estudasse a arte da guerra. "Após ter treinado o exercício de batalhas e escaramuças, entregou-se assiduamente às altas combinações da estratégia e conheceu a fundo todos os autores que recuaram[sic] os marcos da arte da guerra"[605]. D. Pedro era um soldado completo. Manobrava os homens com a desenvoltura e possuía a técnica militar de um oficial. Além disso, tinha excelente habilidade manual. Como revela o mercenário Eduardo Bösche

---

603. D. Pedro II comenta o encontro com o arquiduque Maximiliano, que estava de passagem pelo Brasil. Na entrada de 8 de fevereiro de 1860 de seu diário, escreve: "Enquanto enche a maré visitei o arquiduque, que me deu suas viagens impressas e prometeu-me um impresso de suas poesias de que vi outro na sua biblioteca, que tem bons livros sobretudo de viagens e história natural. Mostrou-me os croquis de pintor que já passou pelo Brasil e na Novara e atestam bastante talento, e vi a miniatura da mulher que deve ser uma moça bonita, mas não bela, tendo também em gravura o retrato da imperatriz que muito me elogiou a quem dedicou as poesias por ser poetisa – *Ophir der Dichterin* – como a chama na dedicatória. [...] Vi a gôndola – é pequena – do arquiduque girar a roda do vapor assim como a tropina, pequeno batel dálmata de um só homem que rema e governa com o remo de duas pás. A Imperatriz da Áustria [Sissi] diverte-se em remar assim no lago de Schönbrunn. Gostei das ideias do Arquiduque sensatamente liberais tendo-se dado muito com Manzoni, Cantú, Cárcano e outros quando governou a Lombardia".

604. Apesar de sair vitorioso, ao descobrir que ele havia orquestrado o ataque, D. João VI mandou-o orquestrar a banda militar.

605. *Apud* COSTA, Sergio Correa. *As Quatro Coroas de D. Pedro I*. São Paulo: Paz e Terra, 1996, p. 112.

Não há talvez no mundo soldado algum que entenda melhor do que D. Pedro o manejo das armas e dos exercícios com a espingarda. Os soldados nunca a sabiam manejar convenientemente; D. Pedro, então, pegava uma espingarda, fazendo exercício junto com eles. Executava magistralmente todos os exercícios, obrigando veteranos que tinham estado a serviço de seus países a reconhecer que nunca haviam visto pessoa mais exímia no manejo das armas[606].

Porém, a questão da guerra dos dois irmãos envolvia mais do que aptidão pessoal, perícia em batalhas ou estratégias militares. Era uma batalha sobretudo de ideais que dividiam a Europa. Era a guerra entre absolutistas e liberais.

O liberalismo político havia surgido como pensamento alternativo às premissas que davam sustentação ao modelo tradicional de monarquias absolutistas. A fonte do poder, segundo o liberalismo, estava na permissão da população. Isso se colocava em contraposição direta aos direitos dinásticos hereditários, ao da unção divina, ao mérito, ao preparo e qualificação para exercer o poder. As monarquias absolutistas organizavam os poderes de forma centralizada, e exerciam comando frequentemente de forma arbitrária, sem lei que limitasse a vontade dos reis. Os liberais, por outro lado, procuravam organizar os poderes públicos de forma constitucional, ordenado por leis, e buscavam impor limites e descentralizar os poderes para impedir arbitrariedades e tirania. A forma "orgânica e natural" em que se regia a coisa pública durante as monarquias absolutistas passou a ser substituída pela forma burocrática e institucional. O pensamento liberal foi o responsável pela criação de constituições em todo o continente europeu durante os séculos XVII, XVIII e XIX, assim como pela abertura de portos e de livre comércio no mundo.

Como diria D. Pedro:

> Um governo forte e constitucional era só quem podia desempeçar o caminho para o aumento da civilização e riqueza progressiva do Brasil; quem podia defendê-lo de seus inimigos externos, e coibir as

---

606. *Ibid.*, p. 113.

facções internas de homens ambiciosos e malvados, que custassem atentar contra a liberdade e propriedade individual, e contra o sossego e segurança pública do Estado em geral, e de cada uma das suas províncias em particular. Sem este centro comum, torno a dizer, todas as relações de amizade e comércio mútuo entre este reino com o de Portugal e países estrangeiros, teriam mil colisões e embates; e em vez de se aumentar a nossa riqueza debaixo de um sistema sólido e adequado de economia pública, a veríamos pelo contrário entorpecer, definhar e acabar talvez de todo[607].

A guerra dos dois irmãos, portanto, é o ápice de uma polaridade em Portugal com os absolutistas miguelistas de um lado e os liberais pedristas do outro. Eram estes liberais da Revolução de 1820, estudantes, artistas, veteranos de guerra, voluntários da liberdade, legitimistas, ingleses e franceses também. Pessoas que, como D. Pedro, acreditavam na liberdade:

> Esta minha firme deliberação é filha somente do amor que eu consagro e sempre consagrarei às instituições livres; fui pelos meus concidadãos tachado de lhes ser desafeto e ao Brasil; mas o que eu sei é que quanto à primeira que vou pela causa da liberdade (que é uma só causa) bater-me e expor a minha vida, e quanto à segunda que eu sempre fui verdadeiramente brasileiro[608].

A história nos sorri com ironia. Percebemos hoje, no século XXI, como a institucionalização do poder público, por consequência das novas constituições, foi o que viabilizou a criação dos grandes impérios assim como novos métodos e sistemas de tributação e de controle do comércio no mundo. Em tempo, as ideias que visavam libertar os povos da "opressão do homem pelo homem" ressurgem para libertar o homem da opressão pela burocracia. De volta ao passado.

---

607. Texto de José Bonifácio proferido por D. Pedro I em 6 de agosto de 1822. ANDRADA, José Bonifácio de. "Sobre as Relações Políticas e Comerciais com os Governos e Nações Amigas", *Coleção de Leis do Império do Brasil*, vol. I, p. 132.

608. Carta de 16 de abril ao filho. SOUSA, Octavio Tarquinio. *História dos Fundadores do Império do Brasil,* vol. IV. Brasília: Senado Federal, 2015.

Em janeiro de 1832, D. Pedro foi para os Açores e depois para a Ilha Terceira, onde assumiu a regência em nome de D. Maria II e começou a compor um Estado português por meio de decretos, modernizando-o, acabando com os privilégios e tribunais especiais para os nobres, militares e clero. Manteve a rotina das inspeções de surpresa nas repartições públicas e exonerava quem não fazia um bom trabalho. Também participava dos treinos militares. Assim como havia feito durante os preparativos para a Guerra da Independência (1822-1824) e na Cisplatina (1825-1828), D. Pedro "metia-se no arsenal com os mecânicos, superintendia nos estaleiros as calafetagens, assistia montar as peças e rubricava sobre o joelho os despachos"[609], sempre ativo, vibrante.

Depois de três meses na ilha, desembarcou no Porto, sede do movimento revolucionário liberal de 1820, em 9 de julho. Os poucos militares miguelistas que lá se encontravam achavam se tratar de uma invasão e não ofereceram resistência. D. Miguel I esperava que as tropas liberais fossem atacar a capital Lisboa, e era onde estava aguardando. Portanto, a tomada do Porto foi tranquila para D. Pedro e uma surpresa para D. Miguel.

Buscando a população aderir à causa e entender que aquela não era uma invasão e sim uma libertação, D. Pedro fez seus soldados colocarem hortênsias azuis e brancas — cores da Carta — nos canos das armas para demonstrar que vinham em nome da liberdade e da Constituição. Porém, ele tinha contra si o clero, além de outros que perderiam seus poderes e privilégios caso o governo absolutista caísse; ou seja, todos aqueles dependentes do Antigo Regime.

Tinha apenas 8 mil soldados[610] — entre eles os famosos escritores portugueses Alexandre Herculano (1810-1877) e Almeida Garrett (1799-1854) — contra os 80 mil de D. Miguel I, porém os seus homens eram mais bem treinados. Além disso, as tropas miguelistas usavam sempre a mesma tática:

---

609. *Apud* COSTA, Sergio Correa. *As Quatro Coroas de D. Pedro I*. São Paulo: Paz e Terra, 1996, p. 224.

610. Composto em 80% por mercenários e o restante eram ex-soldados portugueses foragidos na França ou Inglaterra, e pessoas que acreditavam no ideal libertário: intelectuais, generais liberais, políticos constitucionais, judeus e protestantes, maçons, estudantes. Se juntaram a eles os prisioneiros políticos, que arrombaram as celas quando souberam que D. Pedro havia desembarcado.

bombardear e depois atacar o local, ou seja, depois do ataque dava tempo de D. Pedro planejar a defesa, seguir para o local e aguardar as tropas inimigas. Antes do raiar do sol até o adentrar da madrugada, dormindo somente quatro horas por noite, D. Pedro estava em todos os lugares, vistoriando os afazeres, visitando as linhas de defesa, oficinas militares, visitando hospitais, e ele mesmo pondo mão na massa, ou melhor, na enxada ao cavar trincheiras. Comia onde dava, às vezes no Paço, por entre despachos, ou com os oficiais, e depois seguia para as reuniões do Conselho de Estado, e se desse, ia ao teatro para manter o moral da população. Não tinha medo quando chuvas de balas passavam por sua cabeça, e nem mesmo quando uma bala de canhão acertou um soldado ao seu lado ele temeu. Seu único receio era não poder voltar ao Brasil e lá morrer.

Desde que desembarcou no Porto o baixo volume de homens e recursos à disposição de D. Pedro impedia que houvesse maiores conquistas terrestres além da defesa da ponta de terra tomada. O cerco do Porto por forças miguelistas tornou-se inevitável, mas o que poderia se evitar era a capitulação. D. Pedro e seu exército liberal permaneceram cercados e em estado de sítio no Porto por quase um ano, período este em que ele próprio começaria a cair doente. Chegou a contemplar retirar as tropas. Perguntou se os ingleses ajudariam e estes responderam que sim, mas que não mais apoiariam a causa de D. Maria II, cedendo ao futuro regime de D. Miguel I. Para D. Pedro, se ele desistisse do Porto, teria de desistir da guerra contra D. Miguel. Então resolveu resistir, ainda que em menor número, mas com a ajuda da população portuense.

Fome, tifo e cólera atacavam a cidade, que era constantemente bombardeada pelas tropas miguelistas, mantando mais gente do que as batalhas em si. Comia-se o que podia: cavalo, mula, cachorro, gato, rato. As condições de sobrevivência deterioraram para todos, inclusive para D. Pedro. As imagens que se tinha dele durante o cerco eram bem diferentes da sua experiência nas batalhas em solo brasileiro, sempre visto como alguém cordato, conciliatório, muito educado.

Foi decidido, com a ajuda do almirante Charles Napier (1786-1860) — esperto, ele perceberia que D. Miguel I estava tão concentrado no cerco do Porto que havia desguarnecido Lisboa — que era hora de atacar a capital, mas não diretamente e sim pelo Algarve. Com 2.600

homens comandados pelo duque da Terceira, Napier conquistou Faro sem qualquer resistência. Depois, foi lutar contra a armada miguelista, que tinha mais do que o dobro de canhões. A Batalha do Cabo de São Vicente, em 5 de julho foi uma vitória para os liberais, com a apreensão de dois navios de guerra, duas fragatas e uma corveta[611].

Desesperado com a perda da marinha e do Algarve, D. Miguel I atacou o Porto com tudo, mas perdeu 6 mil soldados numa batalha contra a cavalaria do general Saldanha — com 18 oficiais e 20 lanceiros apenas. Também perderia a capital por meio de uma revolta liberal.

A Revolução Liberal em Lisboa começou quando em 24 de julho de 1833, e da maneira mais simples que se poderia pensar. Um transeunte gritou: "Viva D. Maria II! Viva a Carta Constitucional!". E várias pessoas começaram a aderir ao grito e um caos foi se fazendo do cais do Sodré, subindo o Corpo-Santo, Pelourinho, Terceiro-do-Poço. Temendo a turba, miguelistas soltaram os liberais que estavam presos, no Castelo de São Jorge foi içada a bandeira azul e branca e amotinados, armados, conquistaram a cidade.

Ao saber que Lisboa era liberal, em quatro dias D. Pedro chegava à capital, donde havia partido às pressas em novembro de 1807. Fez questão de primeiro cumprimentar Napier, que havia tido aquela ideia considerada maluca por outros generais. Depois, seguiu para o Arsenal da Marinha, onde foi recebido com animação. A pedido da Comissão Municipal, tomou um cavalo e cavalgou pelas ruas da cidade mostrando que era quem havia ganho a batalha, sendo recebido com aplausos pelos lisboetas. Após assistir a um *Te Deum*, foi para o Palácio da Ajuda, ali recebendo perseguidos políticos e descobrindo as atrocidades praticadas pelo irmão, os enforcamentos, fuzilamentos, prisões arbitrárias.

Numa visita ao Mosteiro de São Vicente de Fora, fez questão de visitar o túmulo do pai, e lá chorou. Diante do sepulcro de D. João VI fez a promessa de que se um filho o assassinou, outro o vingaria.

A guerra civil ainda continuava partindo Portugal. Defensores de Miguel e do absolutismo de um lado, e do liberalismo e de Pedro do outro. Em todo o país a sociedade se dividia. Militarmente D. Pedro seguiria a

---

611. Ref. REZZUTTI, Paulo. *D. Pedro: a História Não Contada*. São Paulo: Leya, 2015.

praxe do Porto em Lisboa, sempre presente nas linhas defesa, organizando os batalhões, comendo na caserna, fazendo reuniões com políticos, condecorando os soldados pessoalmente — à moda napoleônica.

Era o homem mais ativo que tenho visto; levantava-se cedo, e para tudo olhava pessoalmente; e, conhecendo o caráter demorados dos portugueses, tinha razão; se não fosse a sua atividade a expedição jamais teria dado à vela das ilhas dos Açores. Era homem de valor, mas não de um repente, de impulso, ou então não o teriam persuadido a permanecer no Porto, em lugar de avançar no momento que desembarcou, ou a abandonar a intenção de embarcar na esquadra com cinco mil homens[612].

Estava Napier correto: D. Miguel I deixou o Porto e foi para Coimbra se juntar com as tropas do duque de Candaval. Demorou tanto para tentar atacar Lisboa, que no ínterim D. Pedro havia não só preparado a capital como ainda conseguido treinar novos soldados, aumentando o seu contingente para 38 mil homens.

D. Miguel perdeu, novamente. Porém, D. Pedro só se sentiria descansado com a filha D. Maria II sentada no trono. Ainda assim, a guerra continuaria pelo restante do território português, findando somente em 26 de maio de 1834, com a rendição das tropas absolutistas miguelistas.

No mesmo período a Espanha, que havia caído numa guerra de sucessão, continuaria a luta entre liberais e absolutistas carlistas. Para ajudar, e impedir que a Santa Aliança enviasse tropas, Inglaterra, França, Portugal e Espanha liberal se uniram. D. Pedro se dividia entre Lisboa e os assuntos de gabinete, e Cartaxo, onde estavam os exércitos liberais, o que fez a sua saúde declinar rapidamente.

---

612. NAPIER, Charles. *Guerra de Sucessão em Portugal*, vol. II. Lisboa: Typographia Commercial, 1841, p. 342.

O Fim do Herói da Libertação

O lado honrado e humano de D. Pedro sempre foi forte e ofusca qualquer de suas atitudes autoritárias. Após o fim da guerra, poderia ter retirado as posses, propriedades e soldo anual de D. Miguel, mas não o fez. Deu ao irmão o prazo de duas semanas para deixar Portugal, sob a ameaça de perder tudo se retornasse. D. Miguel, que foi para Roma, onde teria a proteção do papa, perderia apenas os benefícios do título, não podendo nem ele, nem seus herdeiros, serem coroados reis portugueses. Uma anistia geral também foi concedida aos presos políticos, e os praças e oficiais miguelistas puderam retornar aos seus postos.

Não era a primeira vez que D. Pedro anistiava presos políticos. Na época em que havia sido coroado imperador do Brasil, havia tido uma desavença com os irmãos Andrada ao saber que haviam mandado prender seus inimigos políticos. Para ele, prender pessoas com ideias diferentes não era a solução. Se apoiasse perseguições políticas, não teria feito, em 15 de julho de 1823, uma proclamação em que explicitava assegurar o direito à segurança pessoal, à propriedade e ao lar.

Porém, essa atitude benéfica gerou revolta por parte da população que queria justiça. Sentiam que D. Pedro beneficiava aqueles que haviam tratado a população com tirania. D. Pedro passou de libertador a traidor da noite para o dia, sendo publicamente ofendido por gestos e palavras. Tentou lidar da melhor maneira que conseguia, mas nem a situação e nem a sua saúde permitiriam. A tuberculose já tomava o seu pulmão saudável[613].

Uma de suas últimas promessas cumpridas foi levar a rainha D. Maria II ao Porto, cidade que amaria e onde legaria seu coração, sendo recebido com emoção e entusiasmo pela última vez.

Apesar de tentar refazer sua saúde nas Caldas da Rainha e trabalhar no seu posto de regente, tuberculoso o duque de Bragança retornou à Queluz. Havia sido naquele palácio que ele havia nascido e sido criado pela avó, D. Maria I. Havia sido pelos seus corredores que, ainda criança, havia se apaixonado pelo fardamento de hussardo do general Junot, quando este esteve em Lisboa como plenipotenciário em 1805. "E o seu

---

613. O outro havia sido perfurado numa das suas quedas a cavalo e havia ficado debilitado.

grande prazer era fardar-se, cingir o sabre recurvo e passear o seu imponente *shako* empenachado pelos corredores tristes do palácio de Queluz, sobressaltado pelo arrastador barulhento de suas enormes esporas [...]"[614] lutando contra os moinhos da sua imaginação.

Dessa vez, porém, não vestia mais a farda. O sabre estava aposentado. Os urros e risadas infantis foram silenciados pela tosse insistente e sanguinolenta[615]. Estirado no quarto em que nascera — chamado de Dom Quixote — ainda teve tempo de fazer um testamento que incluiria os filhos legítimos e os ilegítimos. Não deixaria de fora nenhum, reconhecendo a todos que sabia existirem.

Ainda não descansaria, porém, aquele jovem envelhecido de 36 anos de idade, soldado, pai, libertador, constitucionalista, liberal, amante e imperador, até que estivesse garantido que D. Maria II receberia a sua maioridade aos 15 anos de idade.

Diante do informe da sua doença, a Câmara dos Deputados e o Senado votaram a favor. A boa notícia não demorou a chegar e D. Pedro, rodeado de amigos e família, aproveitou para dar à filha dicas de governo, as suas últimas, dentre as quais se destacava o pedido de clemência — tal qual D. João VI — para seus inimigos.

Abraçou a todos para se despedir, e mandou chamar um representante do 5º Batalhão de Caçadores. Queria agradecer pelo heroísmo no Cerco do Porto. O soldado número 82, Manuel Pereira[616], entrou timidamente no quarto do moribundo. D. Pedro, sem qualquer embaraço,

---

614. *Apud* COSTA, Sergio Correa. *As Quatro Coroas de D. Pedro I*. São Paulo: Paz e Terra, 1996, p. 40.

615. Nos seus diários, já no exílio, D. Pedro II comenta sobre a visita ao quarto Dom Quixote, que descreve na entrada de 11 de dezembro de 1889, possivelmente impactado pela visita: "8h05 Dormi bem. 19h15 Acabei de jantar bem. Estive em Queluz onde vi todo o palácio e sobretudo a câmara onde nasceu e morreu meu pai, havendo nódoas de sangue no travesseiro, talvez do que ele expectorava".

616. Em 14 de junho de 1871, D. Pedro II registraria em seu diário que o sr. Ficalho havia lhe prometido "procurar o soldado talvez ainda vivo, que meu pai abraçou na hora da morte". Na entrada de 15 de dezembro de 1889, durante o exílio, D. Pedro II visitaria o Castelo de São Jorge e lá encontraria a "Chave do caixão do soldado reformado Manuel Pereira (lugar da chave). Pertenceu ao antigo 5º Batalhão de Caçadores, e nesta qualidade recebeu do duque de Bragança, D. Pedro IV, seu primeiro coronel honorário, um abraço

abraçou-o e pediu que transmitisse aquele abraço a todos os outros soldados, o que fez o militar se convulsionar num choro doído.

Estava D. Pedro, duque de Bragança, em suas horas finais quando D. Maria II subia ao Palácio das Necessidades e presidia o Conselho de Estado, e depois jurava a Constituição como rainha de Portugal. Logo retornou para junto do pai com a medalha da Torre e Espada, a qual pôs sobre seu peito, que chiava. Parecia que ele esperava apenas isso para poder partir.

"Ele expirou em meus braços", narra D. Amélia em carta a D. Januária, "no palácio de Queluz, a 24 de setembro, às 14h30, depois de longos e cruéis sofrimentos, que suportou com uma resignação e piedade edificantes"[617]. E, no pós-escrito, conta que até mesmo os miguelistas choravam, pois haviam perdido o seu protetor. As ruas se encheram de pessoas enlutadas que assistiram o cortejo fúnebre passar pela noite.

"[...] D. Pedro não morreu, só morrem os homens vulgares, e não os heróis. Eles sempre vivem eternamente na memória ao menos dos homens de bem, presentes e vindouros [...]"[618], escreveu José Bonifácio a D. Pedro II.

Os Órfãos no Brasil

Poucos sabem que, durante a guerra civil portuguesa, em 1833, os Andrada queriam que D. Pedro voltasse ao Brasil, assumindo a regência de seu filho D. Pedro II. Iniciaram-se abaixo-assinados pedindo o seu retorno. Haviam percebido as intrigas que haviam sido feitas sob seu nome e que nada havia mudado com a sua partida. Por outro lado, a oposição aterrorizava o plenário com ameaças de mercenários sob o comando de D. Pedro prontos a atacar o Brasil e que era preciso novas leis para proteger-se, fortalecendo o Estado. Assim, a censura chegou à imprensa e se persistiu até cair durante o Segundo Reinado.

---

por ocasião do passamento de Sua Majestade Imperial como tributo de reconhecimento aos serviços do mesmo e saudosa despedida dos seus imperritos camaradas".

617. *Apud* REZZUTTI, Paulo. *D. Pedro: a História Não Contada*. São Paulo: Leya, 2015, p. 345.

618. Arquivo Histórico do Museu Imperial, maço C, doc. 4904.

Os Andrada e aqueles que eram a favor do retorno de D. Pedro enviaram Antônio Carlos à Lisboa, mas o duque de Bragança negara o pedido, explicando que no momento estava cuidando da defesa do trono da filha e da Constituição portuguesa, mas que assim que terminasse lá o que havia pretendido junto à nação de Portugal, poderia ir ao Brasil para o que fosse preciso, desde que não sacrificasse a sua honra e nem a Constituição brasileira, e se esse fosse o desejo das municipalidades e da Assembleia Geral[619].

Uma coisa era certa: D. Pedro nunca quis gerar uma guerra no Brasil, assim como seu filho D. Pedro II não o quereria, preferindo ir para o exílio sem lutar a esfacelar o país numa guerra civil. O Brasil era a eternidade para ambos.

D. Pedro nunca havia escondido o entusiasmo quanto a um Brasil independente e livre, e isso nem a história e nem seus detratores puderam tirar dele. Como o seu opositor Evaristo da Veiga havia escrito diante da sua morte:

> Longe nisso de tantos reis que vivem e expiram sobre o trono, sem que a sua vida seja sentida, sem que a sua morte valha ou uma ocorrência notável, ou uma consideração de momento, *D. Pedro de Alcântara*, quer durante o curso agitado da sua existência, quer por seu falecimento, *abriu o campo a sucessos importantes, e influiu mais ou menos nos destinos do império do Brasil e do reino de Portugal*.
>
> Posto que ainda não seja chegado o tempo em que a voz imparcial da história se faça escutar a seu respeito, nos países ao leme de cujos negócios existiu; o tempo em que os diversos movimentos de afeição ou de ódio deixem de influir no juízo que se forma desse príncipe; todavia a religião da campa que cobre seus restos, reclama hoje que não se lhe insulte a memória, e *que se recordem mesmo*

---

619. Votado na Câmara dos Deputados, D. Pedro foi proibido de pisar no país, porém não passou a lei no Senado, uma vez que ele havia feito a separação de Portugal, e esse banimento era considerado desrespeitoso. D. Pedro I só "voltaria" ao Brasil em 1972. Seu corpo seria sepultado em solo brasileiro durante as comemorações dos 150 anos de Independência do Brasil.

algumas boas qualidades suas, os serviços que prestou à causa da humanidade, da civilização e da liberdade em ambos os mundos.

Agora que o nome de D. Pedro deixou de ser o estandarte de uma facção que ameaçava o futuro e a glória do nosso país, podemos dizer afoitamente que o ex-imperador do Brasil *não foi um príncipe de ordinária medida*; que existia nele o gérmen de grandes qualidades que defeitos lamentáveis e uma viciosa educação sufocaram em parte; e que *a Providência o tornou um instrumento poderoso de libertação, quer no Brasil, quer em Portugal. Se existimos como corpo de nação livre, se a nossa terra não foi retalhada em pequenas repúblicas inimigas, onde só dominasse a anarquia e o espírito militar, devemo-lo muito à resolução que ele tomou de ficar entre nós, de soltar o primeiro grito de nossa Independência. Portugal, se foi livre da mais negra e aviltante tirania, se teve estabelecidos seus foros, se goza dos benefícios que aos povos cultos assegura a fruição do regime representativo, deve-o a D. Pedro de Alcântara, e, grau subido o tributo da gratidão nacional*[620].

Ficaria para sempre gravado na memória do povo, no dia da festa de gala em 3 de maio de 1823, o momento em que surgiu o estandarte imperial com as palavras "Independência ou Morte", e, em meio à vibração da plateia, com palmas e longos vivas, um D. Pedro I emocionado, a esconder o rosto em lágrimas. Como diria Maria Graham, "o povo é menos feito para reis, que os reis para o povo."[621].

---

620. *Aurora Fluminense*, 5 de novembro de 1834. Nota-se que ele menciona a necessidade de um olhar neutro para D. Pedro I, coisa ainda impossível para ele, que era de oposição, mas isso não o faz ignorar o fato de que D. Pedro foi importante para a libertação de dois países.

621. GRAHAM, Maria. *Correspondência entre Maria Graham e a Imperatriz D. Leopoldina*. Belo Horizonte: Editora Garnier, p. 76.

Bibliografia

ABREU E LIMA, J. I. *Compendio da História do Brasil*, vol. II. Rio de Janeiro: Laemmert, 1843.

ADKINS, Roy. *Trafalgar: The Biography of a Battle*. Londres: Hachette Digital, 2004, p. 190.

"Alvará de 1808 que autoriza as fábricas de manufaturas no Brasil". *Arquivo Nacional e a História Luso-Brasileira*, 14 de junho de 2018. Disponível em: <http://historiacolonial.arquivonacional.gov.br/index.php?option=-com_content&view=article&id=3675&catid=145&Itemid=268>. Acesso em: 21 de outubro de 2021.

AMBIEL, Valdirene do Carmo. *O Novo Grito do Ipiranga*. São Paulo: Linotipo Digital, 2017.

ANDRADA, José Bonifácio de. "Sobre as Relações Políticas e Comerciais com os Governos e Nações Amigas", *Coleção de Leis do Império do Brasil*, vol. I, p. 132.

ARSEJAS, José Joaquim Nepomuceno. *História Contemporânea ou D. Miguel em Portugal – Motivo de Sua Exaltação, e a Causa da Sua Decadência*. Lisboa: Typographia do Centro Commercial, 1853.

AULER, Guilherme. "Os Bolsistas do Imperador". *Cadernos do Corgo Seco*, Tribuna de Petrópolis, 1956.

BARRA, Sergio. "Em Memória do Rei". In: Entre a Corte e a Cidade: o Rio de Janeiro no Tempo do Rei (1808-1821). Rio de Janeiro: José Olympio Editora, 2008.

BRAGANÇA, Carlos Tasso de Saxe-Coburgo. "A Imperatriz Dona Leopoldina – Sua Presença nos Jornais de Viena e a Sua Renúncia à Coroa Imperial da Áustria". Instituto Histórico de Petrópolis, 12 de fevereiro de 2008. Disponível em: <http://www.ihp.org.br/26072015/lib_ihp/docs/ctscb20080212b.htm>. Acesso em: 2 de agosto de 2021.

"Botica Real Militar", Arquivo Nacional, Mapa Memória da Administração Pública Brasileira, 9 de novembro de 2016. Disponível em: <http://mapa.an.gov.br/index.php/dicionario-periodo-colonial/140-botica-real-militar>. Acesso em: 21 de outubro de 2021.

CARDOSO, Antônio Barros. "Estrangeiros, Vinhos de Viana e Vinhos do Porto". Revista Iberoamericana de Viticultura, Agroindustria y Ruralidad, vol. 4, número 12, p. 163-179, 2017. Disponível em: <https://www.redalyc.org/journal/4695/469552915010/html/>. Acesso em: 12 de outubro de 2021.

CARVALHO, Marieta Pinheiro de. "D. João VI: Perfil do Rei nos Trópicos". Rede Virtual da Memória Brasileira, Fundação Biblioteca Nacional, 2008.

CARVALHO, Marieta Pinheiro. Uma Ideia Ilustrada de Cidade: as Transformações Urbanas no Rio de Janeiro de D. João VI (1808-1821). Rio de Janeiro: Odisseia Editorial, 2008.

CERNICCHIARO, Vincenzo. Storia Della Musica Nel Brasile. Milano: Stab. Tip. Edit. Fratelli Riccioni, 1926.

CLEMENTE, Fabiana Brett; CARRION, Michelle Karine Muliterno; DEDECEK, Thiago Schenkel. "Relações Diplomáticas Entre Brasil e Áustria No Período de 1822 a 1889". Portal de Revistas do UNICURITIBA. Disponível em: <https://core.ac.uk/download/pdf/235995863.pdf>. Acesso em: 23 de setembro de 2021.

Collecção das Leis do Brazil de 1808. Rio de Janeiro: Imprensa Nacional, 1891.

Collecção de Decretos, Editaes &c. &c. &c. Lisboa: Typografia Rollandiana, 1808.

COSTA, Sergio Correa. *As Quatro Coroas de D. Pedro I*. São Paulo: Paz e Terra, 1996.

DORIA, Luiz Gastão d'Escragnolle. "Uma Testemunha Diplomática do Sete de Abril", *RIHGB*, n° 74, pt. 2, 1911.

DRUMMOND, Vasconcelos de. *Anotações de Vasconcelos de Drummond à Sua Biografia*. Brasília: Senado Federal, 2012.

FIRMINO, Teresa. "Quem Matou D. João VI", *Ípsilon*, 2 de junho de 2000. Disponível em: <https://www.publico.pt/2000/06/02/jornal/quem-matou-d-joao-vi-144687>. Acesso em: 18 de outubro de 2021.

FREYRE, Gilberto. *Oliveira Lima, Dom Quixote Gordo*. Recife: Universidade Federal de Pernambuco, 1970.

GRAHAM, Maria. *Correspondência entre Maria Graham e a Imperatriz D. Leopoldina*. Belo Horizonte: Editora Garnier, 2020.

GRAHAM, Maria. *Diário de uma Viagem ao Brasil*. Belo Horizonte: Itatiaia, 1990.

JENNINGS, Paul. *A Colored Man's Reminiscences of James Madison*. Brooklyn: George C. Beadle, 1865.

JUNOT, Jean-Andoche. "Aviso do General Junot aos Habitantes de Lisboa sobre a ocupação de Portugal". *Biblioteca Nacional Digital de Portugal*. Disponível em: <https://purl.pt/26798>. Acesso em: 21 de setembro de 2021.

KAISER, Gloria. "The Austrian Painter, Thomas Ender", *Scribd*, janeiro de 2010. Disponível em: <https://pt.scribD.com/document/248566217/Thomas-Ender>. Acesso em: 1° de agosto de 2021.

KAISER, Gloria. "2nd September 1822 – Brazil Becomes an Independent Empire". *The World of the Habsburgs*. Disponível em: <https://www.habsburger.net/en/chapter/2nd-september-1822-brazil-becomes-independent-empire>. Acesso em: 23 de setembro de 2021.

LAZARO, Alice. *Se Saudades Matassem... Cartas Íntimas do Infante D. João (VI) Para a Irmã (1785-1787)*. Portugal: Chiado Editora, s/D.

LEOPOLDINA. *Cartas de uma Imperatriz*. KANN, Bettina e LIMA, Patrícia Souza (org.). São Paulo: Estação Liberdade, 2006.

LENCASTRE, Isabel. *Bastardos Reais: Os Filhos Ilegítimos dos Reis de Portugal*. Oficina do Livro: Edição do Kindle, 2012.

LIGHT, Kenneth. *A viagem marítima da família real*. Rio de Janeiro: Zahar, 2007.

LIGHT, Kenneth. "D. João: Que a Justiça Seja Feita", *Revista do Instituto Histórico e Geográfico de São Paulo*, ano CXIX, volume XCVII, p. 157-170, 2013.

LIMA, Oliveira. *D. João VI no Brasil (1808-1821)*. Brasília: Fundação Alexandre Gusmão, 2019.

LIMA, Oliveira. *O Movimento da Independência (1821-1822)*. Brasília: Fundação Alexandre Gusmão, 2019.

LISBOA, José da Silva. *Memória dos Benefícios Políticos do Governo de El-Rey Nosso Senhor D. João VI*. Rio de Janeiro: Impressão Régia, 1818.

LOYOLA, Leandro. "A Nova História de Dom João VI". *Revista Época*, nº 506, 30 de janeiro 2008. Disponível em: <http://revistaepoca.globo.com/Revista/Epoca/0,,EDG81336-5855,00-A+NOVA+HISTORIA+DE+-DOM+JOAO+VI.html>. Acesso em: 21 de setembro de 2021.

LOYOLA, Leandro. "Não Havia Brasil Antes de Dom João". *Revista Época*, nº 506, 25 de janeiro 2008. Disponível em: <http://revistaepoca.globo.com/Revista/Epoca/0,,EDG81368-5855,00-NAO+HAVIA+BRASIL+AN-TES+DE+DOM+JOAO.html>. Acesso em: 21 de setembro de 2021.

LUCCOCK, John. *Notas sobre o Rio de Janeiro e Partes Meridionais do Brasil: Tomadas Durante a uma Estada de Dez Anos Nesse País (1808-1818)*. São Paulo: Itatiaia, 1987.

MAGNA, Frei Francisco de Paula de Santa Gertrudes. *Oração Fúnebre que nas Exéquias de Sua Majestade Imperial, a Senhora Dona Maria Leopoldina Jozefa Carolina, Archiduqueza d'Áustria e Primeira Imperatriz do Brazil, celebradas no Mosteiro de São Bento, recitou...* Rio de Janeiro: Typographia Imperial e Nacional, 1827.

MALERBA, Jurandir. *A Corte no Exílio (1808-1821)*. São Paulo: Cia. das Letras, 2000.

MALERBA, Jurandir. "Sobre o Tamanho da Comitiva". *Revista Acervo*, v. 21, nº 1, p. 47-62, jan/jun de 2008. Disponível em: <http://revista.arquivonacional.gov.br/index.php/revistaacervo/article/view/87/87>. Acesso em: 21 de setembro de 2021.

MALHEIROS, Agostinho Marques Perdigão. *Índice Chronologico dos Factos Mais Notaveis da História do Brasil Desde seu Descobrimento em 1500 Até 1849*. Edição do Kindle, 2016.

"Manifesto de 6 de Agosto de 1822". Legislação, *Câmara dos Deputados*. Disponível em: <https://www2.camara.leg.br/legin/fed/manife_sn/anterioresa1824/manifestosemnumero-41437-6-agosto-1822-576171-publicacaooriginal-99440-pe.html>. Acesso em: 23 de setembro de 2021.

MARIE LOUISE. *Correspondance de Marie Louise, 1799-1847*. Vienna: Charles Gerold Fils Èditeurs, 1887.

MENCK, José Theodoro Mascarenhas. *D. Leopoldina: Imperatriz e Maria do Brasil*. Brasília: Câmara dos Deputados, 2017.

"Mesa do Desembargo do Paço", *Arquivo Nacional*, Mapa Memória da Administração Pública Brasileira, 10 de novembro de 2016. Disponível em: <http://mapa.an.gov.br/index.php/dicionario-periodo-colonial/198-mesa-do-desembargo-do-paco>. Acesso em: 21 de outubro de 2021.

METTERNICH, Richard. *Memoirs of Prince Metternich*, vol. III-IV. Londres: Richard Bentley & Son, 1880.

METTERNICH, Richard. *Memoirs of Prince Metternich, 1773-1815*, vol. I-II. Nova York: 1881.

MONDAINI, Marco. "Guerras Napoleônicas". *In*: MAGNOLI, Demétrio (Org.). *História das Guerras*. São Paulo: Contexto, 2013.

MORAES, Evaristo. *Extinção do Tráfico de Escravos no Brasil*. Capital Federal: Tipografia Martins de Araújo e Cia., 1916.

MOSSE, Benjamin. *Dom Pedro II, Imperador do Brasil*. São Paulo: Edições Cultura Brasileira, 1938.

MURRAY, John (ED.) *The confidential correspondence of Napoleon Bonaparte with his brother Joseph, sometime king of Spain*, vol. II. Londres: John Murray, 1855.

NAPIER, Charles. *Guerra de Sucessão em Portugal*, vol. II. Lisboa: Typographia Commercial, 1841.

Napoleon: Histoire du Consulat et du Premier Empire by Robert Ouvrard, 7 de agosto de 2019. Referência em: <https://www.napoleon-histoire.com/correspondance-de-napoleon-ier/>. Acesso em: 21 de setembro de 2021.

NEUKOMM, Sigismund. "L'Autobiographie de Sigismund Neukomm". *Musicologie.org*. Disponível em: <https://www.musicologie.org/theses/neukomm_01.html>. Acesso em: 23 de setembro de 2021.

NOBRE, Ricardo. "Proteger a Liberdade, Defender a Revolução: a Poesia de Intervenção de Almeida Garrett". *Faculdade de Letras da Universidade de Lisboa*, Centro de Estudos Clássicos. Disponível em: <https://repositorio.ul.pt/bitstream/10451/29155/1/Nobre%202015.%20Proteger%20a%20Liberdade%2C%20defender%20a%20Revolução.pdf>. Acesso em: 21 de outubro de 2021.

OBERACKER Jr., Carlos Henrique. *A Imperatriz Leopoldina*, Rio de Janeiro: Imprensa Nacional/Conselho Federal de Cultura/Instituto Histórico e Geográfico Brasileiro, 1973.

OBERACKER Jr., Carlos H. "'O Grito do Ipiranga' — Problemas que Desafia os Historiadores", *Revista de História*, [S. l.], v. 45, nº 92, p. 411-464, 1972. Disponível em: <https://www.revistas.usp.br/revhistoria/article/view/131868>. Acesso em: 24 de setembro de 2021.

OLIVEIRA, Eduardo Romero. "O Império da Lei: Ensaio Sobre o Cerimonial de Sagração de D. Pedro I (1822)", *Tempo*, nº 26, 2007, p. 133-159. Disponível em: <https://www.scielo.br/j/tem/a/q6Z4GY4XJk8D6rLYjY5HmBm/?lang=pt&format=pdf>. Acesso em: 2 de outubro de 2021.

PALMER, Alan. *Metternich*. Londres, 1972.

PEDREIRA, Jorge; COSTA, Fernando Dores. *D. João VI: Um Príncipe Entre Dois Continentes*. São Paulo: Cia. das Letras, 2008.

PEDRO I. *Cartas de D. Pedro, Príncipe Regente do Brasil, a Seu Pai, D. João VI, Rei de Portugal (1821-1822)*. EGAS, Eugenio (Org.). São Paulo: Tipografia Brasil, 1916.

PEDRO I. *Decreto: Tendo de ausentar-me desta Capital por mais de uma semana [...]*. Rio de Janeiro: Impressão Nacional, 1822. Disponível em: <https://digital.bbm.usp.br/handle/bbm/2409>. Acesso em: 21 de setembro de 2021.

PEDRO I. "Discurso de Dom Pedro I", 3 de maio de 1823. *Domínio Público*. Disponível em: <http://www.dominiopublico.gov.br/download/texto/ws000041.pdf>. Acesso em: 18 de outubro de 2021.

PEDRO II. *Diários de D. Pedro II*. Disponível em: <https://museuimperial.museus.gov.br/diarios/> Acesso em: 18 de outubro de 2021

PESSOA, Sarah Regina Nascimento. *As Interpretações do Brasil do Século XIX À Luz da Economia Institucional*. Disponível em: <https://www.anpec.org.br/sul/2020/submissao/files_I/i1-773a0ccb1e9e-535d128649102ad90931.pdf>. Acesso em: 21 de outubro de 2021.

PEREIRA, Ana Cristina; TRONI, Joana. *A Vida Privada dos Bragança – De D. João IV a D. Manuel II: o Dia a Dia na Corte*. Edição do Kindle: 2011.

PEREIRA, Angelo. *D. João VI, Príncipe e Rei*, 4 vols. Lisboa: Imprensa Nacional da Publicidade, 1953, vol. 1.

PEREIRA, Ângelo. *Os Filhos Del-Rei D. João VI*. Lisboa: Empresa Nacional de Publicidade, 1946.

PHILANTHROPE. "Correspondência". *O Espelho*, 30 de maio de 1823, nº 160, p. 3-4. Disponível em: <http://memoria.bn.br/DocReader/DocReader.aspx?bib=700916&pagfis=691>. Acesso em: 2 de outubro de 2021.

"Proclamação de 1º de Agosto de 1822", Legislação, *Câmara dos Deputados*. Disponível em: <https://www2.camara.leg.br/legin/fed/procla_sn/anterioresa1824/proclamacao-41282-1-agosto-1822-575736-publicacao-original-99010-pe.html>. Acesso em: 24 de setembro de 2021.

"Proclamação de 21 de Outubro de 1822". Legislação, *Câmara dos Deputados*. Disponível em: <https://www2.camara.leg.br/legin/fed/procla_sn/anterioresa1824/proclamacao-41489-21-outubro-1822-576283-publicacaooriginal-99504-pe.html>. Acesso em: 24 de setembro de 2021.

RASMUSSEN, Jens Rahbek. "When the Fleet was Stolen and the City Burned Down: the Bombardment of Copenhagen in 1807 and Its Consequences". Disponível em: <https://web.archive.org/web/20080229045603/http://www.fco.gov.uk/Files/kfile/Translation%20of%20Skolehefte%20pamphlet%20-final.pdf>. Acesso em: 21 de setembro de 2021.

REBOUÇAS, André. *Diário e Notas Autobiográficas*. Rio de Janeiro: José Olympio Editora, 1938.

REZENDE, Marquês. *Éclaircissements Historiques Sur Mes Négociations Relatives Aux Affaires des Portugal*. Paris: Paulin, 1832.

REZZUTTI, Paulo. *Leopoldina: a História Não Contada*. São Paulo: Leya, 2017.

REZZUTTI, Paulo. *D. Pedro: a História Não Contada*. São Paulo: Leya, 2015.

RIBEIRO, Arilda Inês Miranda. "Contribuição da Imperatriz Leopoldina à Formação Cultural Brasileira". ANPUH, *XXIII Simpósio Nacional de História*, Londrina, 2005. Disponível em: <http://snh2015.anpuh.org/resources/anais/anpuhnacional/S.23/ANPUH.S23.0144.pdf>. Acesso em: 1º de agosto de 2021.

RIBEIRO, Antônio Sérgio. "Acompanhe a Viagem de D. Pedro até as Margens do Ipiranga em 7 de Setembro de 1822". *Assembleia Legislativa do Estado de São Paulo*, 4 de setembro de 2003. Disponível em: <https://www.al.sp.gov.br/noticia/?id=285344>. Acesso em 21 de setembro de 2021.

RICCI, Angélica. "Aulas Régias", *Arquivo Nacional*, Mapa Memória da Administração Pública Brasileira, maio de 2013. Disponível em: <http://mapa.an.gov.br/index.php/menu-de-categorias-2/260-aulas-regias>. Acesso em: 21 de outubro de 2021.

SAINT-AMAND, Imbert de. *The Memoirs of the Empress Marie Louise*. Londres: Remington & Co Publishers, 1886.

SANJAD, Nelson. "Os Jardins Botânicos Luso-Brasileiros", *Ciência e Cultura*, vol. 62, nº 1, São Paulo, 2010. Disponível em: <http://cienciaecultura.bvs.br/scielo.php?script=sci_arttext&pid=S0009-67252010000100009>. Acesso em: 21 de outubro de 2021.

SANTOS, Luís Gonçalves dos. *Memórias para Servir à História do Reino do Brasil: Divididas em Três Épocas da Felicidade, Honra e Glória: Escritas na Corte do Rio de Janeiro no Ano de 1821*. Brasília: Senado Federal, 2013.

SARRAZIN, Jean. *Confissão Geral que Fez Napoleão Bonaparte ao Abbade Maury, em 15 de agosto de 1810, Escrita em Londres pelo General Sarrazin*. Rio de Janeiro: Impressão Regia, 1811.

SEALSFIELD, Charles. *Austria as it is. Or Sketches of Continental Courts by an Eyewitness*. Londres: Hurst, Chance and Co., 1828.

SCHULTZ, Kirsten. *Versalhes Tropical*. Rio de Janeiro: Civilização Brasileira, 2008.

SCHWARCZ, Lilia Moritz. *A Longa Viagem da Biblioteca dos Reis*. São Paulo: Cia. das Letras, 2002.

SCHWARCZ, Lilia Moritz. *As Barbas do Imperador – D. Pedro II, um Monarca nos Trópicos*. São Paulo: Companhia das Letras, 1998.

SERRA, Correia. *Elogio de Antonio Domingues do Paço*. Posterior a 17 de janeiro de 1788. Instituto dos Arquivos Nacionais, Torre do Tombo. Arquivos particulares, Caixa 2B, A38. Disponível em: <http://chcul.fc.ul.pt/correia_da_serra/transcricoes/IAN-TT_Arq_Part_Correia_da_Serra.Cx_2B-A38.%5Bpost_1788%5D.pdf>. Acesso em: 4 de outubro de 2021.

SIMONSEN, Roberto C. *História Econômica do Brasil: 1500-1820*. Brasília: Senado Federal, 2005.

SPOLADORE, Hercule. "Comentários Históricos Sobre o Livro de Ouro da Maçonaria Brasileira", *Estudos*, 6 de setembro de 2017. Disponível em: <https://iblanchier3.blogspot.com/2017/09/livro-de-ouro-comentarios--historicos.html>. Acesso em: 15 de outubro de 2021.

SOUSA, Octavio Tarquinio. *História dos Fundadores do Império do Brasil*, vol. IV. Brasília: Senado Federal, 2015.

TORRES, João Camilo de Oliveira. *A Democracia Coroada*. Brasília: Edições Câmara, 2017.

VIANNA, Helio. *D. Pedro I Jornalista*. São Paulo: Melhoramentos, 1967.

WALSH, Robert. *Notices of Brazil in 1828 and 1829*, vol. I. Londres: Frederick Westley and A. H. Davis.

WHEATCROFT, Andrew. *The Habsburgs: Embodying Empire*. Londres: 1996.

WRAXALL, Nathaniel William. *Wraxall's Historical and Posthumous Memoirs (1772-1784)*, vol. 1. Londres: Bickers and Son, 1884.

Acompanhe a LVM Editora nas Redes Sociais

https://www.facebook.com/LVMeditora/

https://www.instagram.com/lvmeditora/